시조와 성리학

원 용 우 지음

조 은

서 문

문학의 장르 발생은 시대사조나 그 시대를 풍미한 이념과 밀접한 관련이 많습니다. 향가는 통일신라 이후 들어온 불교에 영향을 받아 출현한 문학 장르입니다. 그래서 그 내용에 불교적인 냄새가 많이 나고 그 작가는 승려 출신이 많습니다.

고려시대는 계층에 따라 두 가지 문학 장르가 존재했습니다. 하나는 경기체가이고 다른 하나는 속요입니다. 경기체가는 귀족층이나 한문학자들이 불렀고, 속요는 서민층에서 불렀습니다. 경기체가는 작가가 분명히 밝혀졌고, 속요는 거의가 작자미상입니다. 경기체가는 정해진 형식과 율격이 있는데, 속요는 그런 것이 없습니다.

고려 말에 생긴 시조는 그 시기에 들어온 성리학의 영향을 받아 생겼습니다. 성리학을 우리나라에 들여온 이는 안향입니다. 그 제자가 역동 우탁입니다. 우탁은 성리학의 대가입니다. 성리학의 원리와 시조 형식의 원리가 같습니다. 그래서 고려 말과 조선 초의 시조시인들이 모두 성리학자입니다.

개화기는 대체로 갑오경장 이후 3.1운동 이전으로 봅니다. 이 시기는 지도층과 일반 민중이 서구 문물을 받아들이기에 열중할 때라 새로운 문학이 형성 전개될 수 있었습니다. 자주독립의식, 신교육의 전개, 민족어의 자각과 언문일치 운동입니다. 이러한 이념에 따라 형성된 문학이 개화기가사, 신체시, 신소설, 신시조 등입니다.

이처럼 새로운 시대사조나 새로운 이념이 풍미할 때에 새로운 문학 장르가 태동, 발생, 전개되는 것이지, 아무 때나 아무데서나 가져 오는 게 아닙니다. 시조는 고려 말 새로운 이념인 성리학이 발흥함에 따라 동시에 출현한 문학 장르입니다.

2022.8.15.
구의동 서실에서

차 례

제Ⅲ부 역동 우탁론

제Ⅳ부 사설시조론

제Ⅴ부 시조개념론

제Ⅵ부 육당 최남선론

제Ⅶ부 민족시조론

제 I 부 형성원리론

1. 시조문학의 연원

시조의 연원 문제는 그 내용면보다는 형태면을 염두에 두고 논의되어 왔다. 시조의 본질론에서 다른 것들도 설왕설래하는 이설이 많았지만, 시조가 어디에서 왔느냐 하는 연원 문제만큼 각인각색의 주장을 펼쳐나간 것은 없다고 생각한다. 그러면서도 수긍할 만한 정설이 확립되지 않아 혼란의 혼란만 거듭해 온 것이 현재까지의 실정이라고 하겠다.

그 예를 들어보면 ① 민요기원설 ② 한시기원설 ③ 佛歌기원설 ④ 神歌기원설 ⑤ 별곡기원설 ⑥ 향가기원설 ⑦ 속요기원설 ⑧ 음악기원설 등 다양하기 이를 데 없다. 한마디로 시조의 조상이 이처럼 많다고 하는 것은 무엇인가 잘못되어도 한참 잘못되었다고 생각한다.

그래서 필자는 이처럼 여러 가지 기원설이 난무하고 있는 것은 실상 어디에서 유래된 것이 아니고, 시대적 · 사회적 · 이념적 여건에 따라서 자연 발생적으로 형성되었을 가능성이 높다고 이야기한 바 있다. 다시 말해서 그 조상의 갈래가 너무 많다고 하는 것은 그에게 합당한 조상이 하나도 없고 그 자체가 始祖일 수 있다는 논리가 성립되기 때문이다. 향가 · 고려속요 · 경기체가 등은 어디에서 왔느냐 하는 문제를 따지지 않는데, 왜 시조만은 어디에서 유래되었느냐 하는 문제를 심각하게 논의해야 되는지 이해가 안 간다.

그래서 이글에서는 과거의 어느 문학 형태에서 시조가 유래되었다는 식의 연원설은 지양하고 다만 그 시조문학이 어떤 원리에 의하여 만들어졌나 하는 점만을 밝혀두고자 한다.

1) 외래연원설(外來淵源說)

앞 단락에서 이미 밝힌 바와 같이 시조의 연원설에는 그야말로 설왕설래하는 여러 가지 설들이 난무하고 있다. 그러나 이것들을 크게 갈래지워 보면 외래연원설과 재래연원설로 나누어 볼 수 있을 것이다. 우선 먼저 외래연원설을 살펴보고 다음에 재래연원설을 살펴보고자 한다.

① "朝鮮固有의 詩法이 있을지라도 그것을 마로 재어 漢詩의 聲調와 合하게 할 것은 不問可知의 것이다. 그런데 한시의 어떤 律調가 時調와 같다 하기는 未可必이나 漢歌詞의 短歌體와 時調와는 서로 비슷한 聲調로 된 것이라 하기 可하다. 고로 時調는 漢의 短律 즉 絕句의 調子을 본 받아 成型된 것으로도 상상된다."[1)]

② "본래 歌曲 24法은 明의 佛歌曲을 수입하여 世宗 때부터 유행하였던 바다. 고로 時調도 佛歌의 調子로 된 것인 바, 그 문장의 體段도 佛歌의 3分說을 본받은 것이 아닌지 모른다. 그러나 朝鮮의 歌法 · 舞法 등 음악의 拍子法은 新羅의 處容歌舞曲부터 三段으로 구성함이 있으니, 初次拍子는 徐緩하니 이를 慢機라 하고, 중간은 그 步調가 稍急하니 이는 中機라 하고, 終末에는 節奏가 매우 急迫하니 이는 數이라 하니"[2)]

③ "朝鮮에서 固有하다는 時調도 그 名詞까지가 中國의 것이 아닌가 하고 疑訝하는 중이다. …… 그 調子만은 中國 佛曲에서 나온 것이 事實인 것 같다. …… 時調가 한시를 번역하면서 발견된 詩型이 아닌가 하는 점이다."[3)]

④ "다만 時調가 한시에서 영향 받은 것 같은 점은 다음의 두 가지로 본다. 그 하나는 한구를 이룬 자수가 七字가 제일 많으니, 한시의 칠언의 영향이 아닌가 생각되고, 또 중장 첫구가 五字로 되는 것도 五言을 짓던 버릇에서가 아닌가 하는 정도다. 다른 하나는 한시를 구성하는 순서가 起

1) 安自山 : 朝鮮詩歌의 條理, 東亞日報, 1930. 9. 24.
2) 安自山 : 시조의 體格 · 風格, 東亞日報, 1931. 4. 2.
3) 丁萊東 : 中國民間文學概說 讀後感, 東亞日報, 1931. 12. 27.

承轉結의 四段階로 되어 있는데 시조도 이러한 구분을 할 수 있다는 점이다."[4)]

⑤ "시조는 그 형성에 있어서 音律(音數律)은 민족 고유의 리듬으로 구성되고, 詩形(句數) 및 詩想은 중국의 한시에서 영향 받음이 컸다고 생각한다. 漢詩를 읊조리는 과정에서나 해석하는 동안에 시조의 내용이나 詩型이 형성되어 갔으며, 한시를 음미하자면 자연 時調 終章과 같은 반복이 생겨나는 것이다."[5)]

이제까지 외래연원설들을 소개해 보았거니와, 그 주된 내용은 한시에서 왔다는 설과 佛歌에서 왔다는 설로 나뉘어진다. 먼저 한시연원설을 살펴보면 ①에서 安自山은 漢歌詞의 短歌詞와 시조와는 서로 비슷한 성조로 되었다는 것이고, 그래서 시조는 한시의 短律 즉 絕句의 調子를본받아 成型된 것이라고 하였다.

이러한 견해에 대하여 안자산 자신도 "한시의 어떤 律調가 時調와 같다 하기는 未可必"이라고 이야기한 바 있으니, 그야말로 논거도 없는 막연한 이야기를 지레짐작으로 설파해 본 것에 지나지 않는다. 인용 예문 ③에서는 시조라는 명칭이 중국에서 온 것이며, 시조는 한시를 번역하면서 발견된 시형이라는 이야기다. 이러한 정래동의 주장에 대하여 天台山人은 다음과 같이 반론을 제시한 바 있다.

"中國의 時調를 보면 그 명칭이 文獻에 오르지 못하고, 또 그 노래가 安徽·江蘇·浙江에 국한된 듯하다. 明·淸 이후의 중국 문화가 浙江·江蘇를 중심으로 하여 이것이 조선에 流轉된 바 아님은 아니나 名稱을 그대로 집어썼다는 의논은 수긍하기 어려울 것 같다. 調子가 중국의 佛曲에서 나온 것이라는 근거도 寡聞한 나로서는 알 수 없다. …… 時調가 漢詩를 번역하면서 생긴 詩形이라고 하였지만…… 차라리 時調가 있은 후 그 詩形으로 한시를 번역한 듯하고……"[6)]

---

4) 李泰極 : 時調概論, (새글사, 1959), 264쪽.

5) 金智勇 : 時調 終章의 位置, 淸大春秋, 1961.1.

6) 天台山人, 中國時調小論, 東亞日報, 1932, 1. 11(時調研究論叢, 150쪽)

상기 인용문을 참고할 때에 시조라는 명칭이 중국에서도 사용된 듯하다. 그러나 그 중국의 시조라는 것이 우리나라의 시조와 동일 형태의 것이라는 확증이 없기 때문에 우리의 고유문학인 시조가 중국의 시조에서 유래한 것처럼 이야기하는 것은 지나친 견강부회다. 또 시조를 한시를 번역하면서 발견된 시형이라고 했는데, 이 역시 天台山人의 견해처럼 時調가 있은 후 그 시형으로 한시를 번역했을 가능성이 높다고 하겠다.

다음은 리태극의 견해를 들어보자. 그는 시조의 한시연원설을 주장하지는 않았지만, 인용 예문 ④에서 시조의 한구를 이루는 자수가 7자로 된 것이 많은 것은 한시 七言의 영향이고, 中章 첫 句가 五字로 된 것은 5言을 짓던 버릇에서 유래된 것처럼 이야기하였다. 하여간에 시조의 틀과 한시의 틀은 같은 정형시이면서도 너무나 다르고, 그 詩法 또한 상이한 점이 한두 가지가 아닌데, 어떻게 그처럼 무근거한 이야기를 할 수 있는지 이해가 안 간다.

리태극의 논설이 설득력을 얻으려면 시조의 중장 첫구가 〈五字〉로 된 것이 얼마나 많은가 하는 점을 따져보아야겠고, 시조 한 구에 5자나 7자 중심이 많다는 것과 한시에서 5언이나 7언이 많다는 것에 어떠한 공통 분모와 상관관계가 있는지 검증하는 작업이 선행되어야 했을 것이다. 이러한 작업을 마친 다음에 공통되는 요소가 많다는 객관적인 데이터가 나오고, 피차간에 영향 관계가 많다는 확증을 얻은 다음에 그러한 주장을 펼쳐나가는 것이 사리에 합당하다고 생각된다.

다음 인용 예문 ⑤에서는 시조의 시형 (구수) 및 시상은 중국의 한시에서 영향 받았다는 것이고, 한시를 읊조리는 과정이나 해석하는 동안에 시조의 내용이나 시형이 형성되었다는 것이고, 또 한시를 음미하자면 자연 시조 종장과 같은 반복이 생겨난다고 하였다. 여기 김지용의 이야기는 그야말로 무책임한 발언이다. 어떻게 해서 시조의 시형(구수)과 한시의 시형(구수)이 같단 말인가? 또 한시를 읊조리는 과정이나 해석하는 동안에 시조의 내용과 시형이 형성되었다는 말은 무슨 근거에서 나온 말인가?

또 한시를 음미하자면 자연 시조의 종장과 같은 반복이 생겨난다고 했는데, 시조의 종장이 초장·중장의 내용을 반복하도록 되어있는 것만도 아니고, 수사법 상으로도 시조의 종장이 반복법만 사용하게끔 되어 있는 것도 아닌데, 그처럼 무근거한 주장을 나열하는 것은 상당히 문제가 많다고 생각한다.

그리고 우리어문학회 편 『국문학개론』에서는,

> "시조 3장의 結構 樣式이 漢詩 絕句의 起·承·轉·結의 법칙과 관련이 있는지 없는지는 아직 확실치는 못하나, 初章은 起句, 中章은 承句, 終章은 轉·結 兩句를 겸비하였고, 終章의 첫句는 轉句에 해당한다고 할 수 있으니……"[7]

상기 인용문을 보면 한시의 구성이 起·承·轉·結 형식을 따랐고, 시조의 의미구조나 형식구조도 起·承·轉·結 형태를 취하고 있으니, 이 양자 사이에 영향 관계나 수수 관계가 성립되지 않았겠느냐 하는 이야기다. 여기서 문제되는 것은 한시 형태는 주로 기·승·전·결 형식에 맞는다고 하겠으나, 3장 6구 형식의 시조는 그 모든 작품들이 이러한 구성 법칙을 준수했다는 확실한 근거가 없다는 점이다. 또 이러한 기·승·전·결 형태란 것이 한시의 구성에만 있는 것이 아니요, 신라시대의 향가나 고려시대의 속요에도 있는 결구 형식이며, 심지어는 고소설이나 수필 장르에도 적용되는 법칙이기에 우리 어문학회의 논리는 그만큼 타당성이 희박하다고 하겠다.

한 가지 첨언하자면 현재까지 전하는 고시조집 중에 한시를 번역했거나, 한시에 토를 달아놓은 것과 같은 작품이 어느 정도 있다는 점이다.

---

7) 우이어문학회, 國文學槪論, (一成堂書店, 1949), 214쪽.

이것을 時調形이 漢詩에서 기원했다는 근거로 삼는다면 本末을 전도한 것 같은 감이 있으니, 오히려 時調形이 있은 후에 그 시형을 이용하여 한시를 번역하기도 하고, 토만 붙여 戱作해 보기도 한 것[8]에 불과하다는 생각이 든다.

다음은 외래연원설 중의 〈佛歌起源說〉을 생각해보자. 이 문제에 대하여 안자산은 본래 歌曲 24法은 明의 佛歌曲을 수입하여 세종 때부터 유행시킨 것이고, 그래서 시조도 佛歌의 調子로 된 것이고, 그 文章의 體段도 佛歌의 3分說을 본받은 것이라고 하였다. 그런가 하면 정래동 또한 〈時調〉라는 명칭이 중국에서 온 듯하다는 것이고, 그 調子만은 중국 佛曲에서 나온 것이 사실인 것 같다고 하였다. 이제 안자산 · 정래동 양씨의 주장을 다시 정리해 보면 다음과 같다.

① 時調의 調子가 중국의 佛曲에서 왔다.
② 그 文章의 體段이 佛歌의 3分說을 본받은 것이다.

먼저 時調의 調子가 중국의 佛曲에서 왔다는 설을 생각해 보자. 여기서 〈調子〉란 말은 요즈음의 〈리듬〉이란 말로 인식되는데, 시조의 리듬과 율격은 어느 정도 짐작할 수 있겠거니와 佛歌의 리듬과 율격은 그 분야의 전문가 아니면 확실하게 답변하기 어렵다. 시조는 대체로 율격상 음수율로 인식되어 왔고, 3 · 4조나 4 · 4조가 기본 율조를 이루었으며, 전체적으로 초장 3 · 4 · 4 · 4, 중장 3 · 4 · 4 · 4, 종장 3 · 5 · 4 · 3이라는 기본 음수율을 지니고 있다. 아울러 시조의 한행이 4음보로 이루어졌다는 것도 시조문학의 특징이다.

그런데 문제는 중국의 佛曲이 과연 우리의 시조와 동일한 율격과 리듬을 형성하고 있느냐 하는 점이다. 필자가 중국의 불곡에 대하여 문외한이기는 하지만 우리의 시조와 중국의 佛曲과는 여러 가지 정황에서 동일한 율격과 리듬을 형성할 수 없다는 것이 필연적이라고

8) 崔東元, 古時調論, (三英社, 1980), 16쪽.

생각한다. 하여간에 안자산 · 정래동씨의 설이 사실이라면 양씨는 우리의 시조 유형과 중국의 佛曲과를 면밀히 대조하고 검증하는 작업을 선행한 다음에, 누구나 수긍할 수 있는 객관적인 결론에 도달했을 때 그러한 주장을 펼치는 것이 도리에 맞는다고 행각한다.

다음은 그 문장의 體段이 佛歌의 3分說을 본받았다는 점에 대하여 생각해 보자.

> "時調의 初 · 中 · 終 3章으로 나누어진 원인을 佛歌에서의 序分 · 正宗分 · 流通分의 3分說을 본받은 것이란 說은 수긍하기 어렵다. 왜냐하면 序分은 本經을 일으키는 由序因緣이요, 正宗分은 바로 本經의 所說이요, 流通分은 本經의 利益을 들어 正說의 流通을 권하는 것이므로, 時調의 初 · 中 · 終 3章과 같이 3分된 점은 같으나, 그 구성 내용에 있어서는 전혀 같지 않은 때문이다."[9]

이 문제에 대하여 金根洙의 所論을 들어보았거니와, 그 文章의 體段이 3分된 것에 대하여 논의하자면, 중국의 佛曲 말고 우리나라의 향가에서도 얼마든지 그 예를 찾아볼 수 있다. 〈균여전〉의 기록을 보면 "歌排鄕語 切磋於三句六名"이라고 했는데, 여기서 3句6名의 〈3句〉는 10구체 향가의 의미 분단을 3분할 수 있다는 의미로 해석되고 있다. 따라서 그 文章의 體段이 3分된 것으로 말하면, 중국의 불곡보다는 우리나라의 향가에 영향 받았을 가능성이 더 많다고 하겠다.

또 한 가지 시조의 발생 시기를 고려 말로 잡고, 그 담당 계층이 양반사대부라는 사실에 대하여는 이미 통설화 되어 있는데, 고려 말의 성리학자요 유학자인 시조작가들이 언제 중국의 佛曲을 받아들여 탐구하고 익혀서 우리 고유의 시조형을 만들어냈다는 것인지 이에 대한 확실한 답변이 요구된다고 하겠다.

---

9) 金根洙, 時調文學論攷2, 現代文學 통권 80호, 1961.8.

2) 재래연원설(在來淵源說)

① "朝鮮의 原始宗敎였던 薩滿敎(지금의 巫堂敎)의 神歌 중의 「노래가락」이라는 것이 現今까지 불리는 것을 볼 수 있고, 이것이 口頭로만 傳誦되었을 망정 저 薩滿과 그 起源을 한 가지 하였으리라고 생각된다.… 그리고 이 神歌로부터 脫化한 것이 즉 이 「노래가락」의 형식을 빌어서 부르는 俗謠(民謠)가 있으니, 이른바 또한 「노래가락」이라는 것이다.… 이와 같은 俗謠의 노래가락은 神歌의 노래 가락에 淵源된 것이요, 이것이 再轉하여 時調를 産出하게 된 것이라 생각한다."[10]

② 高麗末葉부터 순한문으로 된 宮中의 樂章과 대립하는 別曲이 생기었는데, 이것이 近代 朝鮮 中葉에 이르러 從來의 別曲의 定型이 깨뜨려져서 長歌와 短歌의 두 가지가 되어 長歌는 歌詞로 短歌는 時調로 分化된 것이다. …… 新羅의 鄕歌의 句法이 時調의 形式과 얼마큼 비슷한 點이 있으므로 보아 鄕歌가 時調의 前身이나 아닐가."[11]

③ "時調의 原形은 本是 六句三節式인 民謠形에서 派生되었다고 봄이 옳을 것이다. 이는 三國時代부터 器樂과 伴奏하던 唱詞의 一種이었을 것이다. 그러나 三國時代에는 신라를 중심으로 하여 鄕歌文學이 盛行하였기 때문에 이 時調形의 原形인 唱詞는 세력을 잃고 있다가 麗朝에 들어 향가가 哀亡하게 되매, 약간 그 形의 장점을 섭취하여 우리 민족의 명석한 條理性과 음운이 풍부한 우리 언어의 自然性을 발휘하여 이 時調形은 형성되었을 것이다."[12]

④ "대체로 나는 생각하기를 시조가 그리 오랜 시대에 成立하였다고는 보지 않고 또 그렇다고 하여 後代에 突然히 나타난 類型의 文學이라고도 생각하지 않는다.…… 卽 俗謠에서 또는 民謠에서 後世의 類型이 될지도 모르고, 그냥 無意識 중에 써 내려 오다가 漸漸 그 形式美가 認證되게 될 때에 비로소 독립적인 시조가 성립하지 않았는가 생각되는데, 그것이 高麗 初期라면 아직 이르고 大綱 高麗 中期쯤이라 하는 것이 無妨하

---

10) 李熙昇, 時調起源에 대한 一考, 學燈 第一卷 第二號(時調研究論叢, 267~ 269쪽)
11) 天台山人, 別曲의 研究, 東亞日報, 1932.1.15.
12) 李秉岐, 國文學全史, (新丘文化社, 1960), 97쪽.

지나 않을까 한다."[13]

⑤ "時調의 淵源은 어디까지나 우리의 在來 詩歌에서 온 것이요, 결코 外來的인 것이 아니라 함이 한 번 더 다시 肯定되라라 믿는다. 時調는 어디까지나 우리 국어로 우리의 생활을 우리의 리듬으로 노래하였고, 우리의 情緖를 읊조렸던 것인 만큼, 鄕歌와 더불어 貴重한 우리 詩歌의 代表的 존재이며 장르인 것이다. 그러므로 在來한 民謠니 巫歌니 鄕歌니 하는 詩歌 形式 속에서 胚胎되고 그 속에서 呱呱의 소리를 내도록 자랐다고 본다."[14]

⑥ "형태적인 면에서 시조의 발생은 결론적으로 고려의 별곡체(고속가, 고려속요 등)가 붕괴되면서 형성되었다고 본다. 그 구체적인 예증으로 「만전춘」의 제2연 및 제5연에서 시조 형태에 아주 가까운 두 개의 詩聯을 들 수 있다. …… 여기에서 우리는 리듬의 템포, 또 호흡의 완급, 나아가서는 수사의 방법에서까지 시조가 지니고 있는 풍격에 접근하여 가는 자취를 파악할 수 있고, 더욱이 3장으로 분장되어 하나의 시련을 이루는 형태론적인 성격은 시조 형태의 모체 됨에 조금도 어색함이 없는 것을 본다."[15]

⑦ "나아가 俗謠는 문학적인 詩로서 보다는 음악으로 즐겼으리라는 것, 時調의 形成者이었던 당시의 新興士大夫들은 음악의 훌륭한 이해자이기도 했으리라는 것, 記寫方式이 없었던 당시의 특수성으로 시조 역시 문학적인 詩形의 創案으로부터 출발했다기 보다는 음악과의 관련 속에서 형성되었으리라는 것 등을 아울러 고려할 때, 俗謠의 문학적인 分章보다 音樂的인 分段이 시조 형성에 보다 큰 영행을 준 것이라 하겠으며, 俗謠의 音樂的인 分段은 時調 形成의 母胎이었다고 할 수 있으리라."[16]

⑧ "이로써 10句體 詞腦歌와 平時調의 구조를 대비해 볼 때, 詞腦歌의 三句六名形이 時調의 三章六句形과 일치하고, 또 10句體 詞腦歌에 後句, 阿也 · 阿耶 · 阿耶也 · 歎曰 · 隔句 · 落句 · 後言 · 城上人 · 打心 · 病吟 等句가 感歎語로 사용된 것도 時調 終章 第1音步에서 感歎語 等이 쓰이

13) 趙潤濟, 國文學槪說, (探求堂, 1973), 110쪽.

14) 李泰極, 앞의 책, 264~ 265쪽.

15) 정병욱, 한국고전시가론, (신구문화사, 1980), 20~ 30쪽.

16) 崔東元, 古時調論, (三英社, 1980), 29~ 30쪽.

고 있는 점에서 비추어 볼 때 時調는 10句體 詞腦歌에서 발생했다고 본다."[17)]

⑨ "詩歌는 그 나라의 民謠를 뿌리로 발달하였기에 우리 時調도 民謠形에 基礎를 두고 生成 發達하였으되, 民謠形의 2句體歌에서는 複雜한 思想感情을 담기에 불충분하므로 이것을 半折하여 4句體에서 8句體歌로 倍加 했고, 다시 後節을 붙여서 6句體歌 · 10體歌의 鄕歌로 發展, 나아가 別曲으로 進化시켰더니, 이들은 3章 6句體의 흐름을 繼承하여 마침내 時調로 定型化했으니, 이것은 우리 民族의 三段敍述의 原始信仰에 연유했을 것으로 본다."[18)]

⑩ "시조도 〈가〉인 민요를 근거로 해서 생겼다. 그런데 시조에는 필자가 이미 〈광의의 시조〉라고 한, 3행시이기만 하고, 결말 규칙은 갖추지 않은 것도 있는데, 이것은 시조 1이라고 하자. 결말 규칙 즉 이른바 종장 서두의 특이한 음보 구성까지 갖춘 예사 평시조를 시조 2라고 하자. 사설시조는 시조 3이라고 하자. …… 문제는 사설시조인 시조 3인데, 이것은 시조2를 이은 것이면서, 또한 (다)인 민요를 받아들여서 이루어진 것이다. 시조 2를 이었기 때문에 초장 · 중장 · 종장에는 해당하는 구분이 있고, 결말의 특이한 규칙마저 지니며 길이도 제한되어 있지만, (다)인 민요를 받아들였기 때문에 2음보가 거듭 중첩되면서 길어진다."[19)]

⑪ "지금까지 음악의 3분절 형식과 5분절 형식을 가곡과 시조의 문제에 관련하여 살펴보았다. 이러한 고찰은 시조창과 가곡의 공존성에 대한 가정 이외에도 우리에게 더 많은 단서를 제공할 수 있을 것으로 생각된다. 예를 들어, 앞에서 본 만대엽 형식의 노랫말 편성이나 음악적 구성은 시조의 종장이 음절수를 많이 지니게 되는 이유를 설명해 줄 수 있을 것이다. 만대엽의 4지와 5지 즉, 시조의 종장에 해당하는 부분은 다른 부분에 비해 음악적인 박자수(정간수)가 많기 때문에 노랫말의 3분절 성에도 불구하고 길어지게 된 것이고 이 점도 가곡의 형식성과 일치하는 것이다."[20)]

17) 徐元燮, 時調文學硏究, (螢雪出版社, 1982), 67쪽.
18) 柳增善, 時調와 民族性 「時調論」(趙奎卨 · 朴喆熙 共編, 一潮閣, 1980). 71쪽.
19) 조동일, 한국시가의 전통과 율격, (한길사, 1982), 40쪽.
20) 김대행, 시조유형론, (이화여대출판부, 1986), 85쪽.

지금까지 시조의 재래연원설을 장황하게 소개했는데, 그렇게 해야만 각 이론의 장단점을 어느 정도 가려낼 수 있다는 생각이 들었기 때문이다. 이상 11분의 이론을 요약해 보면 ① 신가기원설 ② 향가기원설 ③ 민요기원설 ④ 속요기원설 ⑤ 별곡기원설 ⑥ 음악기원설 등으로 대별해 볼 수 있다. ①에는 이희승, 리태극 ②에는 天台山人, 서원섭, 리태극 ③에는 이병기, 조윤제, 리태극, 유증선, 조동일 ④에는 조윤제 ⑤에는 정병욱 ⑥에는 최동원, 김대형 등 제씨가 해당된다.

먼저 이희승의 신가기원설을 보면 俗謠의 노래가락은 神歌의 노래가락에 淵源된 것이요, 이것이 再轉하여 時調를 産出하게 된 것이라고 하였다. 그런가 하면 리태극은 시조는 재래한 民謠니 巫歌니 鄕歌니 하는 시가 형식 속에서 배태되고 그 속에서 고고의 소리를 내도록 자라났다는 설을 내세웠다. 이 문제에 대하여 이병기는 "무당의 노래가락이라는 말은 雅樂部의 河圭一氏의 말을 들으면, 근자 光武皇帝 때 처음 생겨났는데, 그 때 閔中殿이 궐내에 무당들을 불러 들여 굿도 하고 놀리기도 하며, 무당의 소리도 시켜보다가 그 소리가 너무 野卑無稽하다 하므로 무당들이 가곡으로나 시조로 부르던 단가를 외어가지고 그 가락으로 부르던 것"[21]이라는 반론을 제시하였다.

또 리태극은 "이 神歌나 俗謠가 말 自體도 近代謠요 內容 詞說도 近代的인 것과 그들 노랫가락의 시대적 존재 위치를 파악할 수 없으므로 오히려 그 반대의 의견을 진술하고 싶은 터이다. 한편 무당의 노랫가락에서 온 시조라면 그렇게 王侯將相과 道學者들이 즐겨 불렀을 것인가 의문스러운 점"[22]이라고 신가기원설에 대한 반대 의견을 제시했는데, 그렇다면 리태극은 언제는 신가에서 온 것처럼 이야기하고 언제는 그것이 아니라고 해서 어떤 견해가 그의 정설인지 갈피를 잡을 수 없다. 그러니까 이 신가기원설이 설득력을 얻으려면 神歌

21) 李秉岐, 時調의 發生과 歌曲과의 區分, (時調研究論叢, 272~273쪽)
22) 李泰極,, 앞의 책, 261쪽.

의 발생이 시조의 발생기인 고려 말보다 어느 정도 앞선다는 확증을 얻어내야만 재론할 수 있다는 논리가 성립된다.

두 번째로 향가기원설을 내세운 天台山人은 향가의 구법이 시조의 형식과 어느 정도 비슷한 점이 있기 때문에 향가가 시조의 전신이라는 견해를 밝혔다. 또 서원섭은 사뇌가의 三句六名形이 時調의 3章6句形과 일치한다는 점을 들어, 시조는 10구체 사뇌가에서 온 것으로 단언하였다. 향가와 시조를 대비해 볼 때, 그 형식구조와 의미구조에 공통분모가 많은 것은 사실이나, 그렇다고 해서 시조는 향가에서 온 것이라고 단언하는 것은 지나친 비약이라 아니할 수 없다. 향가에서 왔다고 하는 것보다는 바로 직전의 우리 문학 형태인 고려가요에서 왔다고 하는 편이 훨씬 더 합리적이라고 생각된다. 좀 더 자세히 이야기하면 시조의 형성에 큰 역할을 담당했던 고려 말 유학자들이 언제 불교 냄새가 물씬 나는 신라시대 10구체 사뇌가를 읽고 심취해서, 그것을 발전적으로 개혁해 새로운 문학형태인 시조를 발생시킬 수 있었다는 것인지, 아무리 좋게 해석하려고 해도 이해가 안 간다.

고려 말 신흥사대부들은 그 사상적 배경을 유교이념으로 했는데, 여기에 속하는 작가군들을 들어보면 禹倬 · 李兆年 · 李穡 · 鄭夢周 · 鄭道傳 · 李存吾 · 趙浚 · 吉再 등이다. 이들이 언제 어디서 사뇌가를 자유자재로 접할 수 있었단 말인가. 어쩌면 이들은 광덕의 〈원왕생가〉나 월명사의 〈제망매가〉나 균여대사의 〈보현십원가〉 등을 한번 접해 보지도 못하고 그들의 생을 살아 갔을 가능성이 높다고 하겠다. 참고로 리태극의 소론을 다음에 한 번 더 인용해 두고자 한다.

> "시조 형식의 배태는 오랜 옛날부터 民謠와 巫歌에 있었으리라고 보나, 그 형태적인 직접적인 영향은 鄕歌와 別曲에 있다고 본다.……時調의 章句構成이 鄕歌와 같음을 李鐸님도 가람님도 말하였다. 향가의 3구는 別曲의 3행 형식과도 시조의 3장 형식과도 통한다. 또 가람님이 말한 민요의

6구3절형도 시조의 6구3장 식과 같다. 그러나 이 6구3절형으로 된 민요로서 〈시집살이〉 노래를 들었는데 그것은 시대 고증을 하기 전에는 그것에서 시조 형식이 연원되었다고 말하기는 어려울 것 같다. 다만, 定型詩로서 그 형태를 완전히 보존하고 있는 향가를 대상삼지 않을 수 없는 것이다."[23]

세 번째로는 민요기원설에 대하여 생각해 보자. 이 민요기원설을 주장한 이로는 이병기, 조윤제, 리태극, 유증선, 조동일 등 제씨들을 들수 있는데 다른 어느 주장보다도 동조자가 많다는 것이 특징이다. 이병기는 시조의 원형은 본래 6구 3절식인 민요형에서 파생된 것이라고 보았다. 약간 그 형의 장점을 섭취하여 우리 민족의 명석한 조리성과 음운이 풍부한 우리 언어의 자연성을 발휘하여 시조형을 만들게 되었다는 것이다.

조윤제의 견해를 다시 인용해 보면 속요에서 또는 민요에서 후세의 유형이 될지도 모르고, 그냥 무의식 중에 써 내려 오다가 점점 그 형식미가 인증될 때에 비로소 독립적인 시조가 성립하게 되었다는 내용이다.

다음 유증선은 시가는 그 나라의 민요를 뿌리로 발달하였기에 우리 시조도 민요형에 기초를 두고 생성 발달하였다는 설을 내세웠고, 조동일 또한 시조는 민요를 근거로 해서 생겨났다는 논리를 내세우고, 이것을 시조 율격의 기본형과 변형 규칙이라는 원리에 의하여 설명해 놓았다. 그러나 시조가 민요에서 온 것이라는 가설을 내세운다면 향가도 민요에서 온 것이라는 설명이 가능하다. 그러니까 민요는 우리 고전시가의 뿌리가 된다고 이야기해야지, 시조가 민요에서 온 것이라는 이야기는 이미 상식화된 원론적인 이론을 그냥 답습해 본 것에 불과하다는 생각이 든다.

네 번째는 속요기원설에 대하여 생각해 보고자 한다. 아울러 이 항

23) 李泰極, 앞의 책, 262~ 263쪽.

목에서는 ⑤별곡기원설도 함께 논의하는 것이 마땅하다고 본다. 왜냐하면 정병욱이 별곡기원설을 내세웠는데, 그는 고려가요 중 청산별곡류와 경기체가류를 합쳐서 〈별곡〉이라 명명하고 있기 때문이다. 그런데 이 속요기원설과 별곡기원설을 내세운 이로는 조윤제와 정병욱이 있다.

조윤제의 경우는 민요기원설을 설명하면서 논의했기에 생략하고, 정병욱의 이론만 다시 인용하면서 장단점을 가려보고자 한다. 그는 형태적인 면에서 시조의 발생은 결론적으로 고려의 별곡체(고속가. 고려속요 등)가 붕괴되면서 형성되었다는 견해를 밝혔다. 그 구체적인 예증으로 「만전춘」의 제2연 및 제5연에서 시조 형태에 아주 가까운 두 개의 詩聯을 발견할 수 있다는 것이다.

더욱이 3장으로 분장되어 하나의 시련을 이루는 형태적인 성격은 시조 형태의 모체 됨에 조금도 어색함이 없다는 것이다. 이러한 정병욱의 이론은 한편으로 상당히 타당한 것 같으면서도 과연 그런 것임에 틀림없다고 선뜻 긍정하기에는 어딘지 석연치 않은 점이 있어 다음에 조동일의 반론을 제시해 보고자 한다.

> "정병욱은 「만전춘별사」에서 보이는 형식이 별곡체라고 한 고려가요가 붕괴되는 과정에서 나왔다고 했다. 알려진 바와 같이 고려가요는 대체로 보아 3음보격이고, 여러 연이 연속되어 있어서, 시조와는 아주 이질적이다. 그러므로 고려가요에서 시조가 나왔다고 하는 것은 성립될 수 없는 설명이고, 「만전춘별사」 에서 보이는 형식은 고려가요로서는 예외적인 것이며, 고려가요의 〈붕괴〉를 전제로 해야 그 출현이 설명될 수 있는 것도 사실이다. 그러나 고려가요가 붕괴되면서 「만전춘별사」 에서 볼 수 있는 바와 같은 형식이 나타난 것은 우연이었던가 하는 점을 생각해 보지 않을 수 없다. 어떤 정형 율격이 새로 나타나서 그것이 정형시형으로까지 나아가 광범위한 세력을 갖게 되는 것은 우연에서 단서가 마련되었다고 보기는 어려울 것이다. 오히려 고려가요가 세력을 떨치던 때에도 이와는 이질적이고 장차 시조로 정착될 수 있는 율격이 고려가요로 부각되지 않

은 민요 속에서 전승되고 있다가 문학사의 표면에서도 지배적인 율격의 교체가 이루어졌다고 보는 것이 타당한 추정일 것이다." [24]

조동일의 견해를 장황하게 인용해 보았거니와, 우리 시가 형태 가운데서 시조 형태와 비슷한 것이 있기 때문에, 그 비슷한 「만전춘별사」를 모방해서 시조를 만든 것처럼 선전하는 것은 찬성할 수 없다. 또 정병욱은 시조가 고려의 별곡체에서 왔다고 했는데, 이것보다는 차라리 「만전춘별사」에서 왔다고 하는 편이 나을 것이다. 왜냐하면 고려 노래 전부나 아니면 상당수가 「만전춘별사」와 같은 형태를 취하고 있다면 모르겠는데, 조동일의 설명처럼 「만전춘별사」에서 보이는 형식은 고려가요로서는 예외적인 것이며 일반화되고 보편화된 형식이라 할 수 없기 때문이다.

마지막으로 음악기원설에 대하여 생각해 보겠는데, 이 음악기원설을 주장한 이로는 최동원과 김대행을 들 수 있다. 최동원은 기사 방식이 없었던 당시의 특수성으로 볼 때 시조는 문학적인 시형의 출발이라기 보다는 음악과의 관련 속에서 형성된 시형일 것이라는 이야기고, 속요의 문학적인 분장보다는 음악적인 분단이 시조 형성에 보다 큰 영향을 주었을 것이라는 논리를 전개해 나갔다.

그런가 하면 김대행의 논설은 만대엽 형식의 노랫말 편성이나 음악적 구성은 시조의 종장이 음절수를 많이 지니게 되는 이유를 설명해 줄 수 있다는 것이다. 또 만대엽의 4지와 5지 즉 시조의 종장에 해당하는 부분은 다른 부분에 비해 음악적인 박자수가 많기 때문에 노랫말의 3분절성에도 불구하고 길어지게 된 것이고 이 점도 가곡의 형식성과 일치한다는 것이다.

먼저 최동원의 이론을 보면 시조가 음악과의 관련 속에서 형성된 시형일 것이라는 이야기는 어느 정도 수긍이 간다. 그러나 속요의 문학적인 분장보다는 음악적인 분단이 시조 형성에 보다 큰 영향을 주

24) 조동일, 앞의 책, 90~91쪽.

었을 것이라는 이야기는 이해가 안 간다. 왜냐하면 시조는 그 많은 작품들이 누가 보아도 공통적으로 느낄 만큼 일정한 틀을 지니고 있는데, 속요의 음악적 분단이 누가 보아도 공통적으로 느낄 만큼 일정한 틀을 지니고 있느냐 하는데 대한 의문을 떨쳐 버릴 수 없기 때문이다.

다음 김대행의 이론은 만대엽의 노랫말 편성이나 음악적 구성은 시조의 종장이 음절수를 많이 지니게 되는 이유를 설명해 준다고 했는데, 이것은 만대엽과 시조 형태 사이에 어떠한 공통분모와 밀접한 영향 관계가 있었느냐 하는 점이 먼저 규명돼야 하겠고, 또 그 다음으로 만대엽의 4지와 5지가 다른 부분에 비해 음악적인 박자수가 많기 때문에 노랫말의 3분절성에도 불구하고 길어지게 되었다고 했는데, 이 또한 음악의 박자수와 시조의 음절수가 어떠한 관계가 있느냐 하는 점이 규명되지 않고서는 선뜻 수긍하기 어렵다. 필자는 음악에 대하여 문외한이니까 할 말은 없지만, 이 음악기원설을 그대로 인정한다면 시조의 조상은 문학이 아니고 음악이라는 이야기가 되어 논리상 모순이 이만저만이 아니라고 생각한다.

지금까지 시조의 연원 문제를 해명해 보기 위하여 크게 외래연원설과 재래연원설로 나누어 살펴보았다. 외래연원설 중에서 대표적인 것은 佛歌起源說과 漢詩起源說이다. 여기서 명나라의 佛歌曲을 수입하여 시조를 만들었다는 불가기원설을 인정한다면 고려 말 시조를 형성시켰다고 하는 신흥사대부들이 佛歌에 심취하고, 거기서 새로운 형태의 문학을 창출해 낼 만큼 대단한 실력과 수련을 쌓았다는 이야기가 되는데, 이러한 논리가 성립될 수 없다는 것은 더 이상의 구구한 설명을 필요로 하지 않는다.

다음 한시기원설에 대하여는 필자가 이미 본론에서 반론을 제시했지만, 그것으로도 부족한 것 같아서 조동일의 견해를 한 번 더 들어보고자 한다.

"시조의 기원을 찾는 사람들 중에는 시조가 한시 특히 절구 형식을 본받아서 이루어졌으리라고 주장한 분이 적지 않고, 이러한 생각은 아직도 잠재론적인 영향력을 행사하고 있다. 그러나 한시의 절구와 시조는 단형시의 형식이라는 점 외에는 공통점을 찾을 수 없다. 한시 절구의 기 · 승 · 전 · 결과 같은 구성을 시조에서 찾을 수 있다고 하는 것은 절구와 시조는 단형시 구성의 일반적인 원리를 함께 지니고 있다는 증거 외에 다른 아무 것도 아니며, 문제를 해결하는데 조금도 도움이 되지 않는다. 절구가 시조의 기원이었다는 생각이 터무니없다고 하지 않을 수 없는 가장 결정적인 증거는 한시 절구는 자수가 고정되어 있고 더욱이 평측의 규칙까지 갖추고 있는데, 시조에는 이러한 특징이 존재하지 않는다는 이질성이 있다. 이 이질성까지 무시하고 한시기원론을 주장하는 것은 우리 문학 또는 우리 문화는 무엇이든지 중국의 것을 이식해서 이루어졌다고 하는 잘못된 사고방식의 발로라고 하지 않을 수 없다. 물론 시조에도 한시의 영향이 적지 않게 나타난 것은 사실이지만, 그것은 어디까지나 내용상의 영향이고, 내용상의 영향은 율격상의 영향과 구별되어야 한다."[25]

다음은 재래연원설 문제가 되겠는데, 이것들을 정리해 보면 ① 신가기원설 ② 향가기원설 ③ 민요기원설 ④ 속요기원설 ⑤ 별곡기원설 ⑥ 음악기원설 등으로 요약된다. 이중에서 현재까지 논의된 바로는 민요기원설이나 속요기원설이 가장 많은 공감을 얻은 듯하고, 특히 시조는 고려 속요에서 왔다는 설이 지배적인 것으로 안다. 그렇더라도 필자는 본론을 통하여 이러한 제설들을 모두 부정하면서 반론을 제시한 바 있다.

이제 김수업의 설명을 한 번 더 들어보자.

"지난날 여러 학자들은 어떤 문학의 갈래가 새로 생겨났을 경우 그 갈래의 발생 시기와 기원을 따지면서 흔히 그보다 먼저 있었던 어떤 갈래에서 그와 비슷한 점을 찾아 그것으로 설명하려고 애를 썼다. 그런 태도에는 은

25) 조동일, 앞의 책, 88~89쪽.

> 연중에 어떤 문학의 갈래는 반드시 그 앞의 어떤 문학 갈래의 바통을 받아서야 생겨난다고 하는 전제를 진리로 믿고 있었다고 볼 수 있다. 그러나 사실은 하나의 문학 갈래가 사라지면서 반드시 그와 비슷한 다른 갈래를 생겨나게 해놓고야 마는 것도 아니고, 따라서 어떤 문학 갈래가 생겨날 때에는 반드시 그보다 먼저 있던 어느 문학 갈래를 이어받아야만 하는 것도 아니다."[26]

이러한 김수업설을 받아들여 향가는 고려가요를 낳고 고려가요는 시조를 낳고 시조는 가사를 낳았다는 식의 도식적인 이론을 그대로 인정할 수는 없다. 그것을 그대로 받아들인다면 향가는 어디에서 왔느냐 하는 또 다른 문제가 제기된다. 혹자는 향가도 민요에서 왔고 고려가요도 민요에서 왔고 시조도 민요에서 왔고 가사도 민요에서 왔다는 설을 제시한 바 있다. 그러나 이러한 시가 장르들이 자연스럽게 민요와 교류하면서 넘나든 것은 사실이지만, 이들 장르의 모태가 모두 민요라고 하는 것은 마치 우리 배달겨레의 시조가 단군 할아버지라고 하는 이야기와 똑같다고 생각한다.

시조의 연원문제에 대하여 이처럼 여러 가지 기원설이 난무하고 있는 것은 실상 어디에서 유래된 것이 아니고 누군가 시조 형식을 창안했을 것이라는 가설을 제안한다.

그렇기 때문에 앞으로의 과제는 시조가 어디에서 유래되었느냐 하는 연원문제에 집착할 것이 아니라, 그 시조가 어떤 원리에 의하여 만들어졌는가 하는 형성원리를 규명하는데 초점이 맞추어져야 할 것이다. 그것은 훈민정음의 제자원리를 해명했던 것과 동궤의 것이라고 생각한다. 한마디로 시조는 고려 말 신흥사대부들의 이념적 · 철학적 배경을 바탕에 깔고 새로이 등장한 문학형태이고, 그 형성원리는 천지인 삼재설과 음양오행설을 바탕으로 한 동양철학의 원리란 점을 밝혀둔다.

---

26) 김수업, 시조의 발생시기에 대하여, 「時調論」(一潮閣, 1980), 13쪽.

2. 시조의 형성 시기

어느 문학 장르이든지 그 발생 시기를 정확하게 알아야 하는 것은 당연하다. 그러나 고려가요나 시조는 그 발생 시기를 정확하게 몰라서 어느 것이 효시 작품인지도 모르고 있는 형편이다. 고소설에서는 김시습의 「금호신화」를 효시 작품으로 보고, 신체시에서는 1908년 소년 창간호에 발표된 육당의 〈해에게서 소년에게〉를 최초의 작품으로 간주하고 있지 않은가?

그렇기 때문에 고소설이나 현대소설, 신체시나 현대시 등에 대해서는 그 발생 시기나 형성 시기에 대한 논란은 거의 없는 형편이다. 다만 가사는 고려 말 나옹화상의 〈서왕가〉를 최초의 가사 작품이라 보기도 하고, 신득청의 〈역대전리가〉를 효시작품으로 보기도 한다. 또한 조선 성종 때 정극인의 〈상춘곡〉을 최초의 가사 작품으로 보기도 해서 갈피를 잡을 수 없다.

하여간에 옛시조는 누구의 무슨 작품이 효시작인지도 모르고, 그러한 이유로 해서 시조 형성 시기에 대한 문제가 의견의 일치를 보지 못했다. 더구나 현전하는 작품 가운데 고구려의 을파소, 백제의 성충, 신라의 설총 등의 작품까지 있는 형편이니, 논의자에 따라서 그 시간적 격차가 심하게 나타나는 것은 어쩔 수 없는 현상이라고 하겠다.

그렇더라도 이것들을 정리해 보면 麗初, 麗中, 麗末 등 고려시대로 보는 견해와 朝鮮初, 朝鮮中期 등 조선시대로 보는 견해 등 두 갈래로 나누어 생각할 수 있다. 시조의 형성시기 문제는 시조의 연원 문제와도 밀접한 관련이 있다. 시조의 연원 문제는 ① 민요기원설 ② 불가기원설 ③ 신가기원설 ④한시기원설 ⑤ 향가기원설 ⑥ 별곡기원설 ⑦ 속요기원설 ⑧ 역학기원설 등 다양하기 이를 데 없는데, 시조가 어디에 연원을 두었느냐에 따라서 그 형성시기 문제도 가늠해 볼 수 있기 때문이다.

필자는 다른 글에서 시조가 어디서 왔다는 그 연원설을 이미 부정한 바 있기에, 이 글에서는 어떤 선구자가 무슨 원리에 의하여 시조 형식을 창안했을 것이라는 전제 하에서 논의를 전개해 나가고자 한다. 따라서 시조문학사에서 초기 담당 계층들이 어떠한 사람들이었는가 하는 점이 중요하고, 그 담당 계층들의 이념과 성격이 시조문학의 본질과 어떤 상관관계를 가지고 있는가 하는 점이 중요하다고 하겠다. 만약에 이러한 문제들이 자연스럽게 해결된다면 시조의 형성 시기 문제 또한 자연스럽게 확정지을 수 있다

1) 선행 연구의 검토

(1) 李秉岐說

時調가 노래의 一種으로 발달된 것이라 함은 위에도 말하였거니와, 신라 融天師의 「彗星歌」가 전하던 시대(千三百餘年前 眞平王代)부터 벌써 時調가 있었던 줄로 생각이 된다. 물론 時調라는 明文을 어느 文獻에서 본 것은 아니다. 〈三代目〉에는 時調가 아마 실리었을 것이로되 失傳이 되었고, 〈史乘〉에도 記錄은 없으나 다만 「歌曲源流」나 「靑丘永言」에서 傳하는 成忠(千二百七十餘年前 百濟人)의 노래라는 것을 보아도 짐작할 수 있다.[27)]

(2) 天台山人說

高麗末葉부터 純漢文으로 된 궁중의 樂章과 대립하는 別曲이 생기었으니, 麗朝의 李益齋 · 安謹齋集 속에 「別曲」이란 것이 발견되고, 이어서 李朝의 卞季良의 「華山別曲」과 權近의 「霜臺別曲」 등이 생기었으며, 그후 白光勳의 「關西別曲」, 鄭澈의 「關東別曲」 등 諸別曲類에 이르러서는 종래의 別曲의 定型이 파괴되어, 長歌와 短歌의 두 가지가 되어 長歌는 歌詞로, 短歌는 時調로 分化되었으리라 하는

27) 李秉岐, 時調源流論, 新生六月號, 1929.1(時調硏究論叢, 241쪽)

것이다. ……新羅의 鄕歌의 句法이 時調의 形式과 얼마큼 비슷한 점이 있으므로 보아 鄕歌가 時調의 前身이나 아닐까.[28)]

(3) 崔南九說

時調의 起源에 대하여는 그 理論이 區區하다, 혹은 舜帝의 五絃琴에서 起因 되었다고도 하고, 혹은 箕子來東時에 教化의 第一課로 사용되었다고도 하고 其外에도 막연한 抽想的 理論이 許多하나 時調는 高句麗로부터 시작된 것이요 王山岳 先生의 所作이라 함이 大差없는 듯하다.[29)]

(4) 李能雨說

필자의 論調로서는, 여기서 그 가장 직접적인 C의 방법에서, 時調의 格調는 李朝 中葉 이후의 것이라는 것을 알았으며, 또 하나 B의 b에서 時調的인 安定物은 社會의 安定 속에서 산출되는 것이라는 두 개의 假說을 얻었다. 그리고 한편 이 形態上의 고찰이라면 다른 한편은 內容上의 感察로서 여기 안팎의 짝이 맞은 셈이 된다. 그리하여 필자는 이제 또 하나, 여기 앞으로 示顯될 全 時調史를 들어, 그 15세기 후반과 16세기의 미묘성을 들어, 時調의 本格態의 出現은 전 우리나라 歷史上에서의 封建完成期인 李朝에서, 그 절정인 16세기에서 구할 것이 아닌가 推論하는 바이다.[30)]

(5) 趙潤濟說

진실로 時調라고 할 만한 형식이 독립적으로 성립된 것은 훨씬 後代 혹은 高麗期에 들어온 이후의 일이고, 그것도 극히 점진적이라서 겨우 時調라고 이를 만한 때에는 그 형식은 오늘과 같은 整齊된 形式이 아니고, 혹은 마치 百濟의 井邑詞와 같이 章句의 구별이 불분명하

28) 天台山人, 別曲의 硏究, 東亞日報, 1932.1.15.
29) 崔南九, 時調唱法小考, 朝光 11月號, 1940, (時調硏究論叢, 110쪽)
30) 李能雨, 李朝時調史, (以文堂, 1956), 9~10쪽.

고 句의 長短도 불규칙하여 그저 단순한 六句體歌에 벗어남이 머지 않았을 것이다. 그러므로 오늘의 형식에 固定하게 된 것은 아마 高麗에도 末葉에서야 기대할 수 있고, 그에 가까이 整齊되기만도 아직 그 中葉을 기다려서만 될 수 있을 것이다.[31)]

(6) 李泰極說

結言的으로 말하면 향가와 민요 등에 연원을 둔 시조는, 鄕歌의 形式이 사라지고 別曲이 旺盛하던 高麗 中葉期에 이르러서 그 孽兒期를 맞이하였고 그 形態가 別曲과 넘나들고 있다가 麗末에 와서 完成되었다고 보겠다. 즉 圃隱集 · 海東樂府에 적힌 漢譯歌인 丹心歌와 太宗의 何如歌는 다음과 같다. ~중략 ~ 이와 같이 漢詩形態가 아닌 吏讀表記가 섞인 것으로 보아서, 이것이 國語歌謠의 漢譯歌임을 알 수 있다. 이러한 점에서 시조는 고려 중엽부터 싹터서 別曲 사이에 섞여 있다가 高麗 末頃에 와서는 完成된 形態를 갖추었음을 알겠다.[32)]

(7) 鄭炳昱說

형태적인 면에서 시조의 발생은 결론적으로 고려의 별곡체(別曲體; 이른바 고속가 · 고려속요 등의 이름으로 불려지는 일련의 가요군)가 붕괴되면서 형성되었다고 본다. 그 구체적인 예증으로 「滿殿春」의 제2연 및 제5연에서 시조 형태에 아주 가까운 두 개의 詩聯을 들 수 있다.

> 耿耿 孤枕上에 어느 잠이 오리오
> 西窓을 열어하니 桃花發하도다
> 도화는 시름없이 笑春風하나다.
>
> 〈제2련〉

---

31) 趙潤濟, 韓國文學史, (東國文化社, 1963), 96쪽.
32) 李泰極, 時調槪論, (새글사, 1959), 266쪽.

남산에 자리보아 玉山을 비여누어
錦繡山 이불안에 麝香 각시를 안아누어
藥든 가슴을 마초압사이다.

〈제5련〉

여기에서 우리는 리듬의 템포, 또 호흡의 완급, 나아가서는 修辭의 방법에서까지 시조가 지니고 있는 風格에 접근하여 가는 자취를 파악할 수 있고, 더욱이 3장으로 분장되어 하나의 시련을 이루는 형태적인 성격은 시조 형태의 모체 됨에 조금도 어색함이 없는 것을 본다.[33)]

(8) 崔東元說

속요의 문학상의 의미 분단과 音樂的 分段은 반드시 일치하는 것이 아니며, 속요의 후렴구나 감탄사는 문학상의 의의보다 음악적인 요구에서 이루어진 것으로 이것은 음악적 분단의 특징임을 확인할 수 있었다.

시조는 俗謠가 盛唱되던 가운데 俗謠의 이 음악적 분단을 모태로 하여 태동된 것이다. 그리하여 시조의 종장은 속요의 후렴구를 계승하였고, 시조의 종장 제1구는 感歎詞의 殘形으로서 그 모습을 지니게 된 것이다. ~中略~ 종래 時調의 形成期를 高麗 中葉이라 하고 그 完成期를 高麗末이라고 한 통설은 재검토되어야 할 것으로 본다. 그리하여 필자는 時調의 形成期는 元支配 時代라 주장하는 바이며, 그 형식은 점진적인 발달을 거쳐 高麗末에 어느 정도 整齊되었고, 朝鮮初에 들어서 오늘과 같은 完成된 詩形態로 굳어졌다고 생각하는 바이다.[34)]

(9) 徐元燮說

하나의 文學形態가 整齊完成되기까지는 오랜 기간이 걸려야 한다

33) 정병욱, 한국고전시가론, (신구문화사, 1980), 134쪽.
34) 崔東元, 古時調論, (三英社, 1980), 34~53쪽.

는 점과 또 高麗 末葉初 · 中에 생존한 禹倬 · 李兆年 등의 시조가 나왔다는 점 등으로 미루어 볼 때 平時調는 高麗 中葉의 中 · 末경에 詞腦歌로부터 派生하여 高麗 末葉初에 와서 時調形으로 形成된 것이라고 본다. 그렇다고 한다면 平時調의 形成期는 高麗 末葉初가 된다.[35)]

(10) 金守業說

다음과 같은 이유로 보아 14세기 이전에는 시조(4음보 3행의 정형)가 생겨나지 않았다고 본다.

① 18세기에 들어와서 평민 노래꾼들이 엮은 노래책에 적힌 지은이와 시대는 그대로 믿을 수가 없는 것이다.

② 18세기에 엮은 노래책에 실린 14세기의 노래들은 모두 400년 이상이나 입으로 흘러오면서 노래의 모습이 바뀌었을 것이고, 특히 16세기에 생겨난 시조의 모습대로 바뀔 수 있었다.

③ 말의 책임을 무겁게 여기던 선비들의 머리글에는 고려 때의 노래를 모았다는 말이 없는데 김 천택의 발문에 고려 때의 노래를 모았다는 말을 하고 있는 것은 믿을 만한 것이 못 된다.

④ 정몽주와 변안열이 같은 때 같은 자리에서 지었다는 노래가 하나는 정형의 시조로, 하나는 파격의 만횡청으로 18세기에 적힌 것은 그것들이 입으로 흘러오면서 바뀌었다는 증거가 되고 그 때문에 정몽주의 시조가 그 모습대로 14세기에 지은 것이라 볼 수 없다.

⑤ 고려 노래에는 시조의 가락이나 짜임새를 지닌 노래가 거의 없고, 15,6세기에 와서 고쳐졌을 수도 있는(그래서 노래 이름에 "別詞"라는 말을 붙여 놓은) 「만전춘 별사」에 4음보의 가락과 3행의 짜임새가 있으나 시조의 그것에는 아직 멀리 미치지 못한다.[36)]

---

35) 徐元燮, 時調文學硏究, (螢雪出版社, 1982), 85쪽.
36) 金守業, 시조의 발생 시기에 대하여, 「時調論」, (朴喆熙, 一潮閣), 25쪽.

(11) 朴乙洙說

이 시기는 고려 중엽에서부터 시작된 시조가 麗末에 가서 그 형식이 완성된 것을 전제로 하여 時調文學의 胎動期라 할 수 있는 시기다. 고려는 신라의 뒤를 이어 일어난 나라로 31왕조 5백년의 사직을 누려오던 나라로, 政治面에서의 큰 일은 先土 高句麗를 회복하는 일이 가장 큰 이슈로 등장하여 거의가 그 方面에 國力을 기울이다시피 했던 시기다.~중략~ 時調의 起源이 高麗歌謠, 別曲體의 崩壞 過程에서 온 것이라 함이 支配的인 견해이고 보면 고려가요와 시조는 밀접한 관계가 있는 것이다. 고려가요는 悠久한 民間 傳承의 노래가 조선조에 들어와 文字로 정착된 것이므로 엄밀한 의미에서는 고려 이전의 國文定着歌謠라 할 수 있다.[37)]

이제까지 많은 분들이 시조 형성시기에 대하여 언급한 내용을 자세하게 인용해 보았다. 그것은 이 많은 주장들 중에 어느 것이 합리적이고 어느 것이 비합리적인지 검증하는 작업을 시도해 보기 위해서다.

(1) 이병기의 논설을 보면 신라시대 융천사의 〈혜성가〉가 전하던 시절부터 시조가 있었다는 이야기다. 그래서 〈삼대목〉에도 시조가 실려 있었는데 실전되었을 것이라는 이야기고, 그것은 1270여 년 전의 성충의 작품이 「청구영언」이나 「가곡원류」에 전하는 것을 보아도 알 수 있다는 이야기다.

이러한 내용이 이병기의 정설이라면 이병기는 향가와 시조를 구분 못했다는 이야기가 된다. 혜성가는 신라 진평왕 때 융천사의 작품으로 현존 향가 25수 중에서도 그 시기가 가장 오래된 것으로 알려졌는데, 어떻게 시조가 이때부터 있었고 더구나 〈삼대목〉에까지 실려 있었을 것이라는 추정을 한단 말인가? 신라인으로는 설총의 시조가 1

37) 朴乙洙, 韓國時調文學全史, (成文閣, 1978), 30~31쪽.

수 전한다고 하는데, 이것을 액면 그대로 믿는 사람은 아무도 없다. 어떻든 시조의 신라 발생설은 이병기 스스로가 자신의 발언을 뒤집는 논설을 뒤에 발표했으니 그 부분만 인용해 두고자 한다.

> "지금에 와서는 시조도 우리 문학의 한 중요한 지위를 차지하고, 그 作으로나 硏究로도 퍽 떠들게 되니만큼 這間 時調 發生에 대하여도 여러 가지 말들이 있다. 〈靑丘學叢〉 제4호에 조윤제씨는 「時調名稱의 文獻的 硏究」를 하여 高麗 忠烈王 때 金元祥이가 지어낸 것이라 하고, 〈學燈〉 제2호에 李熙昇氏는 「時調起源에 대한 一考」라 하여 무당의 노래 가락에서 산출한 것이라 하고, 또는 漢詩나 宋詞에서 굴러온 것이라 하는 이도 있으며, 중국으로부터 수입된 佛歌에서 나온 것이라 하는 이도 있으며, 이같이 말하는 筆者自身도 향가의 일종으로 삼국시대부터 있어온 것이라 한 적도 있었다. 그러나 삼국시대부터 있었다던 것도 한때 막연한 생각이고, 佛歌에서 온 것이라 함도 孟浪한 말이고, 漢詩나 宋詞에서 온 것이란 말도 당치 못한다."[38)]

(2) 天台山人의 논설은 고려 말엽부터 別曲이 생기었는데, 그 별곡의 정형이 파괴되어 장가(가사)와 단가(시조)로 분화되었다는 것이다. 그러니까 시조는 안축의 관동별곡이나 변계량의 화산별곡, 권근의 상대별곡과 같은 한림별곡류에서 파생되었다는 것이고, 그러면서도 향가가 시조의 선신이라고 이야기해 놓았으니, 어느 것이 그의 정설인지 가늠할 수가 없다.

(3) 최남구의 논설은 시조가 고구려로부터 시작되었다는 이야기고, 바로 왕산악 선생의 소작이라 함이 대차가 없다고 했다. 이야말로 기상천외의 발언이 아닐 수 없으며, 시조가 고구려 때부터 있었다는 것

38) 李秉岐, 時調의 發生과 歌曲과의 區分, 1934.1. 震壇學報 第一卷(時調硏究論叢, 272쪽)

은 금시초문이고, 고구려 을파소의 작품이 전한다는 이야기는 들었어도 왕산악의 작품이 전한다는 이야기는 들어본 바가 없다. 그리고 그 을파소의 작품이란 것도 믿지 못하겠다는 것이고, 후세인의 의작일 것이라는 이야기가 지배적이다.

(4) 이능우설은 시조의 발생을 조선조 중엽쯤이라 한데에 그 특징이 있다. 하여간에 시조의 본격태의 출현은 우리나라 역사상에서 봉건완성기인 이조에서 찾아야 한다는 것이고, 그것도 그 절정기인 16세기에서 구해야 한다는 것이 그의 지론이다. 이렇게 되면 고려 말과 조선 전기에 있었던 그 많은 시조작가들과 그들의 작품을 어떻게 처리할 것인지 이에 대한 방안까지 제시해 놓고 그와 같은 주장을 했어야 된다.

(5) 조윤제는 시조가 오늘날과 같은 형식으로 고정된 것은 고려 말엽이라는 것이고, 이러한 형식은 점진적으로 이루어진 것이며, 어쩌면 백제의 정읍사와 같은 六句體歌에서 비롯되었을 것이라는 이야기다. 조윤제의 이러한 학설을 이어받아 많은 사람들이 시조는 고려속요에서 왔다는 설을 내세웠고, 그 중에서도 〈정읍사〉 〈서경별곡〉 〈동동〉 〈만전춘별사〉등에서 유래되었다고 주장하였다. 특히 〈정읍사〉는 민요 계통의 노래인데, 그 정읍사의 有意語만의 分段 發展 과정에서 시조 형식을 얻게 되었다는 것이 지금까지의 통설이다. 그러면 참고로 〈정읍사〉전문을 인용해 보자.

① ᄃᆞᆯ하 노피곰 도ᄃᆞ샤
② 어긔야 머리곰 비취오시라
③ 어긔야 어강됴리
④ 아으 다롱디리
⑤ 全져재 녀러신고요

⑥ 어긔야 즌ᄃᆡ롤 드ᄃᆡ욜세라
⑦ 어긔야 어강됴리
⑧ 어느이다 노코시라
⑨ 어긔야 내가논ᄃᆡ 졈그롤세라
⑩ 어긔야 어강됴리
⑪ 아으 다롱디리

여기에 정읍사 전문을 인용해 보았거니와 이 작품이 6구체가라는 것도 잘 이해가 안 간다. 후렴구 부분인 ③ ④ ⑦ ⑩ ⑪ 행을 제거했을 때 有意語 부분인 ① ② ⑤ ⑥ ⑧ ⑨ 행만 남게 되어 6구체가 아니냐는 설명이 가능하다. 그런데 3음보로 구성된 시행 하나를 〈구〉라고 할 수 있는가가 의문이고, 더구나 윗 작품은 문자로 정착된 것이 후대의 일이고, 구전되었거나 노래로 불리어져 온 것이 사실인데, 그 노래에서 중요한 역할을 담당하는 후렴구를 임의로 제거하는 것이 가능한 일인지도 의문스럽다.

그리고 有意語 부분인 ② ⑥ ⑨행에서 "어긔야"라는 감탄사까지 제거하게 되면 불안전하나마 6구체가 성립된다고 볼 수 있겠는데, 그 옛날 시조 형태를 형성했던 사람들이 〈정읍사〉만 반복해서 노래들었을리도 없고, 더구나 음악에서 중요시하는 그 후렴구를 일부러 제거시킨 채 노래 부르거나 낭송해가면서 시조 형태를 발견해 냈을 리가 만무하다고 생각한다. 감탄사 부분을 모두 제거하게 되면 "ᄃᆞᆯ하 노피곰 도ᄃᆞ샤 머리곰 비취오시라// 全져재 녀러신고요/ 즌ᄃᆡ롤 드ᄃᆡ욜세라// 어느이다 노코사라/ 내가논ᄃᆡ 졈그롤세라"가 되어 시조 형식에 근접한 모습이 나타나지만, 이러한 노래가 문자로 정착되어 시각적으로 확인할 수 있었던 시절이 아니고, 다만 구전되어 청각적으로만 감상하던 시절이란 점을 십분 고려했어야 될 것이다.

그리고 고려 말 시조문학을 담당했던 계층들은 성리학에 조예가 깊은 신흥사대부들이었지, 음악이나 가곡에 조예가 깊은 전문 가객이 아니었다는 점도 조윤제의 논설을 부정적으로 받아들이게 한다. 하여간에 이 문제에 대하여는 김대행의 논설을 인용하는 것으로 그 마무리를 대신하고자 한다.

"고려 때의 시가에서 시조 형식의 연원을 찾기도 한다. 그리고 이는 논리적으로는 가장 유리한 조건이 될 것이다. 왜냐하면 어떤 장르의 형식이 바로 그 앞 시대의 형식과 관련을 갖는다는 것은 타당성이 있기 때문이다. 그리하여 滿殿春別詞의 제2 · 5연이라든가 井邑詞 가운데서 여음을 제외하고 나서 그 실사에 해당하는 부분들이 시조의 형식과 흡사하다는 점 등이 중요한 단서로 제시된다. 이는 그 개연성의 측면에서 상당히 유리한 입장이긴 하나 좀 더 살펴져야 할 면이 아직 많은 것도 사실이다.

가령, 정읍사에서 여음을 제외하고 실사만으로 시 형식을 논의하는 것은 타당한 것인가 하는 문제가 있다. 시조가 음악으로 발전해온 사실에 눈을 돌린다면 井邑詞의 노래 말도 음악의 측면에서 논의가 되어야 할 것이고, 그렇다면 여음 부분을 제외한다는 것이 온당한 태도일 수 없다. 노래는 뜻이 있는 말만 노래 말이 아니고 여음도 똑같은 자격으로 노래 말이 되는 것이기 때문이다."[39]

(6) 리태극은 시조가 향가나 민요에 연원을 두었다고 했다. 그래서 고려 중엽에는 영아기를 맞이했는데, 이것이 싹터서 別曲 사이에 섞여 있다가 고려 말경에 와서는 완성된 형태를 갖추게 되었다는 이야기다. 그러나 문학 장르의 발생이 식물의 진화론에서 이야기되는 것처럼 싹 트고 자라고 완성되면서 이루어지는 것인지 의문스럽다. 그렇다면 신라의 향가는 언제 싹터서 자랐다가 언제쯤 완성된 형태란 말인가? 그 이후의 경기체가, 고려속요, 가사, 신체시 등에 대해서도 똑같은 물음을 던질 수 있다.

---

39) 김대행, 시조유형론, (이화여대 출판부, 1986), 48~49쪽.

(7) 정병욱 설을 보면 시조의 발생은 고려의 별곡체가 붕괴되면서 형성되었다는 것이 논리의 핵심이다. 그중에서도 그 구체적인 예증으로 〈만전춘〉의 제2연 및 제5연에서 시조 형태에 아주 가까운 시련을 발견하게 된다는 이야기다. 시조의 발생 문제를 따질 때에 향가가 붕괴 되면서 고려별곡을 낳고, 별곡이 붕괴되면서 시조를 낳았다는 식의 순차적 발생설은 대단히 위험하다고 생각한다. 그래서 이 문제에 대하여는 김수업의 이론을 인용해서 좀 더 확실하게 반론을 펴고자 한다.

"지난 날 여러 학자들은 어떤 문학의 갈래가 새로 생겨났을 경우 그 갈래의 발생 시기와 기원을 따지면서 흔히 그보다 먼저 있었던 어떤 갈래에서 그와 비슷한 점을 찾아 그것으로 설명하려고 애를 썼다. 그런 태도에는 은연중에 어떤 문학의 갈래는 반드시 그 앞의 어떤 문학 갈래의 바통을 받아서야 생겨난다고 하는 전제를 진리로 믿고 있었다고 볼 수 있다. 그러나 사실은 하나의 문학 갈래가 사라지면서 반드시 그와 비슷한 다른 갈래를 생겨나게 해놓고야 마는 것도 아니고, 따라서 어떤 문학 갈래가 새로 생겨날 때에는 반드시 그보다 먼저 있던 어느 문학 갈래를 이어 받아야만 하는 것도 아니다."[40]

따라서 고려 말 신흥사대부들이 〈만전춘〉의 제2연과 제5연을 본따서 시조 형태를 만들어냈다는 이야기는 설득력이 없다. 더구나 옛날의 국악은 곡조를 붙여 노래를 불렀을 때에 그 가사의 의미 내용을 파악하기가 어렵다는 점을 도외시해서는 안 될 것이다.

(8) 최동원설은 시조는 속요가 성창되던 가운데 속요의 음악적 분단을 모태로 하여 태동된 것이라는 이야기다. 그리고 시조의 형성기는 원나라 지배 시대라고 했으며, 점진적인 발달을 거쳐 고려 말경에 정제되었고, 조선 초에 완성된 형태라는 것이다. 하여간에 무슨 소

40) 김수업, 앞의 논문, 15쪽.

리인지 알 수 없는 것이 최동원의 주장이다. 그는 분명히 속요의 문학상의 의미분단과 음악상의 분단은 반드시 일치하는 것은 아니라고 했다. 그렇게 이야기해 놓고 시조가 속요의 음악적 분단을 모태로 해서 생겨났다고 하니, 그게 무슨 소린가?

그리고 지금 우리들이 고려속요라고 알고 있는 작품들은 그 형식과 내용이 모두 다른데 구체적으로 속요의 어느 작품을 모태로 했다는 말인가? 모르긴 몰라도 그 고려속요의 음악적 분단이나 창법도 작품마다 모두 다를 텐데, 그 모두 다른 음악적 분단을 놓고 어떻게 시조 형태를 만들어낼 수 있단 말인가? 심한 예로 국립 국악원에 가서 속요 노래 부르는 것을 직접 들어보라. 과연 그 노래 소리를 듣고 시조 형태를 만들어낼 수 있겠는가?

더욱이 시조는 원 지배 시대에 형성되고 고려 말에는 어느 정도 정제되고, 조선 초에는 완성된 형태로 굳어졌다고 했는데, 문학 장르의 발생이 그처럼 생겨서 자라나고 완성된다는 원리를 따르게 되었다는 말인가? 그렇다면 소설은 언제 싹터서 점진적인 발달을 거쳐 정제되고 어느 시기에 그 소설 형태가 완성되었다는 말인가? 이러한 물음에 대하여 정확한 답을 내린다면 최동원의 시조 발생설은 어느 정도 타당성을 인정받을 수 있으리라.

(9) 서원섭은 하나의 문학 형태가 정제 완성되기까지는 오랜 기간이 걸려야 한다는 것이고, 평시조는 고려 중엽에 사뇌가로부터 파생하여 고려 말엽 초에 시조형으로 형성되었다고 했다. 평시조는 고려 중엽에 사뇌가로부터 파생 되었다고 했는데, 고려 중엽에 노래로 불리어진 사뇌가에 무슨 작품이 있단 말인가? 구체적으로 그 작품 이름들을 열거해야 될 것이다. 그리고 그 하나의 문학 형태가 정제 완성되기까지는 오랜 기간이 걸린다고 했는데, 그 오랜 기간이란 구체적으로 몇 년을 일컫는 말인가? 10년이던 100년이던 어느 정도의 명시적인 기간이 있어야 되지 않겠는가? 또 시조 이외에 그처럼 오랜

기간에 걸쳐서 파생 · 정제 · 완성된 문학의 갈래를 예로 들어 설명해야 옳았을 것이다.

(10) 김수업은 18세기에 엮은 노래책에 실린 14세기의 노래들은 모두 400년 이상이나 입으로 흘러오면서 노래의 모습이 바뀌었을 것이라고 했다. 특히 16세기에 생겨난 시조의 모습대로 바뀌었을 것이라는 이야기다. 그래서 이황의 〈도산곡〉 시조가 온전히 영글어진 맨 처음의 작품일는지 모른다고 했다.

시조가 오랜 기간 구전되었기 때문에 노래의 모습이 바뀌었을 것이라는 이야기는 충분히 이해가 간다. 그렇다고 해서 16세기 특히 이황의〈도산곡〉 이전의 작품들을 모두 인정할 수 없다는 것은 문제가 아닌가? 비록 시조가 노래집으로 묶인 것은 4백년 이후라 하더라도, 훈민정음 창제 이후에는 부분적으로나마 문자에 정착되어 전해졌을 것이라는 것은 미루어 짐작되는 바다. 하여간에 김수업의 주장을 그대로 믿는다면 고려 말이나 조선 초의 작가들, 예를 들면 우탁, 최영, 이조년, 성여완, 이색, 이지란, 길재, 원천석, 정몽주, 이방원, 변계량, 맹사성, 황희, 김종서, 남이, 성삼문, 이개, 하위지, 원호, 이현보, 주세붕 등 그 많은 학자들과 그들의 작품들을 합리적으로 처리하는 방안이 제시되었어야 할 것이다.

(11) 박을수 설은 시조의 기원이 고려가요나 별곡체의 붕괴 과정에서 온 것이 지배적인 견해이기 때문에 이에 따르겠다는 것이고, 그래서 고려가요와 시조는 밀접한 관계에 놓여있다는 내용이다. 이러한 주장에는 새롭게 내세운 이론은 없고 기왕의 선배 학자들이 이야기해 놓은 것을 그저 되풀이한 것에 지나지 않는다.

이제까지 시조 형성 시기 문제에 대하여 여러 학자들이 논의한 내용을 소개해 보았거니와, 그 내용을 간추려 보면 시조의 형성 시기는 멀리는 삼국시대부터 가깝게는 조선조 중엽 즉 16세기까지 내려잡는 주장들이 있어 그 시대적 차이와 괴리감이 너무나 크다는 데에 놀라지 않을 수 없다. 그것들을 구체적으로 예시해 보면 고구려설, 신라말설, 고려초설, 고려중엽설, 고려말엽설, 조선초설, 조선중엽설 등 각양각색이라고 하겠다. 그러나 언제까지나 이러한 제설들이 난무해서는 곤란하다 생각되고, 무엇인가 합리적인 방안을 찾아서 더 이상의 혼란이 없도록 정설화시키는 것이 급선무라고 생각된다.

2) 형성시기에 대한 논의

시조 형성기가 어느 시대인가를 정확하게 알기 위해서는 첫째로 옛 문헌의 기록을 참고하는 방법이 있고, 둘째로 현존하는 작품들과 그 작품들의 작자를 미루어 결론을 내릴 수밖에 없다. 먼저 옛 문헌에는 시조 형성기를 어느 시대로 잡고 있는지 인용해 보자.

① 我東自麗季至國朝 名公碩士 及閭巷閨秀之作 爲永言以傳於世者 皆錄而其間 雖不以絕作 鳴若聞人則皆記之 雖其人不足取也 其永言可觀則 亦取有記之云爾(靑丘永言 有名氏分後跋)

② 自麗季至國朝以來 列聖御製及 名公碩士歌者漁者 吏胥閭巷 豪遊名妓與無名氏之作 及自製長短歌 一百四十九章 一一蒐輯 正訛繕寫 釐爲一卷名之曰 海東歌謠 (海東歌謠序)

여기 『청구영언』과 『해동가요』의 기록들을 인용해 보았거니와, 두 책 모두 시조는 고려 말부터 있었던 것으로 적어놓았다. 그러나 김수업의 논의대로 18세기에 엮은 이 책들의 내용을 그대로 믿는다 해도 고려 말부터는 4백년 이상의 거리가 있으니, 그 신빙성 여부를 문제 삼는 것은 당연하다고 생각한다. 그것도 문자에 정착되어 전해진 것이 아니고, 구전되거나 노래로 전해져 왔다는 것은 공인된 사실이니, 그 기록들을 액면 그대로 받아들이기는 곤란하다고 하겠다.

그러면 두 번째로 현존하는 작품들과 그 작품들의 작자를 미루어 신빙성 여부를 검증하는 방법밖에 없다. 그렇게 하자면 가장 오래 되었다는 삼국시대의 작품부터 고려와 조선의 왕권 교체기까지의 작품들을 시대 순으로 나열해 놓고 이것들을 면밀히 검토해 나가야 할 것이다. 그러한 과정에 최동원이 제시한 몇 가지 기준들, 이를테면 ① 신흥사대부의 대두와 그 세력의 신장 ② 개혁운동의 진전 ③ 신흥사대부의 정치이념이었던 주자학의 발달 ④ 개혁파에게 배격되었던 불교의 쇠퇴 ⑤ 속요의 발달과 이에 대한 유교적 지성들의 反立 등[41] 의 조건들도 시조 등의 형성과 그 발달을 미루어 추정하는데 좋은 참고가 되리라 생각한다.

여기 이 일람표[42]는 최동원이 제시한 것을 그대로 인용해 본 것이다. 그 배열순서는 출생 연대를 기준으로 했다는 것이고, 작품 통번은 『역대시조전서』의 작품번호이며, ( )로 묶은 것은 작가의 混記, 기타의 이유로 그 작가의 작품으로 인정하기 곤란한 것들이라고 했다. 상기 일람표를 보면 고구려의 을파소, 백제의 성충, 신라의 설총 등이 각각 한 작품씩 남겼다고 되어 있는데, 이들의 작품은 아무리 많은 시조집에 실려 있다 하더라도 그것을 액면 그대로 받아들일 수 없다는 것이 현재 학계의 통설이다.

또 삼국시대나 신라시대의 이두로 표기된 향가가 있었다는 이야기는 공인된 사항이지만, 그 시대부터 시조가 함께 있었다는 것을 그대로 믿을 사람은 아무도 없다. 그러기에 상기 3인의 작품은 후세인의 의작이거나 모방작으로 보아야 한다.

41) 崔東元, 앞의 책, 47쪽.
42) 위의 책, 49쪽.

姓 名	年 代	王 朝	作品數	作品番號
乙巴素	?~203	高句麗	1	2224
成忠	?~656	百濟	1	1092, (1097)
薛聰	742~764	新羅	1	2592, (2411)(2071)
姜邯贊	948~1031	定宗3~顯宗 22		209, 2431,
崔 沖	984~1068	成宗3~文宗 22	2	524, 2086
郭 輿	1058~1130	文宗12~仁宗8	2	2202
鄭知常	?~1135	? ~ 仁宗13	1	2425
李奎報	1168~1241	毅宗22~高宗28	1	2982, 3177.
禹倬	1263~1342	元宗4~忠惠3	2	
李兆年	1269~1343	元宗10~忠惠4	1	2376
成汝完	1309~1397	忠宣1~太祖6	1	2436
崔 瑩	1316~1388	忠肅3~禑王14	1	649
李穡	1328~1396	忠肅15~太祖5	1	1195
李之蘭	1331~1402	忠惠1~太宗2	1	2941
鄭夢周	1337~1392	忠肅6~恭讓3	1	2325
成石璘	1338~1423	忠肅7~世宗5	1	1991
李存吾	1341~1371	忠惠2~恭愍20	1	293
元天錫	麗末~鮮初		2	674, 3325
鄭道傳	?~1398	?~太祖7	1	1583
趙 浚	1346~1405	忠穆5~太宗5	1	1741,(1565)
吉 再	1353~1419	恭愍2~世宗1	2	2079, 2336
孟思誠	1360~1438	恭愍9~世宗20	4	115,116,124,127

이러한 논조는 고려 중기의 작품들에까지 그대로 적용되어 강감찬, 최충, 곽여의 작품이라 하여 전하는 것도 믿을 수 없다는 것이고, 작가가 와전되었거나 후세인의 의작이라 보는 것이 현재까지의 통설이라 하겠다. 그러면 강감찬의 작품이 왜 믿을 수 없다는 것인지 이 문제에 대하여는 서원섭이 논의한 내용을 인용해 보고자 한다.

> "歌番 2071의 時調는 19책의 歌集에 실려 있는데, 一石本 海東歌謠, 서울大本 樂府, 六堂本 永丘永言, 國樂院本, 奎章閣本, 河合本, 六堂本, 佛蘭西本, 朴氏本, 舊皇室本, 一石本, 東洋文庫本, 歌曲源流, 海東樂章, 協律大成, 花源樂譜, 陶南本, 東歌選 등 18책에는 無名氏의 시조로 되어 있고, 洪氏本 靑丘永言에는 作者를 姜邯贊이라하고, 「高麗顯宗時人侍中致仕文曲星精」이라는 소개까지를 하고 있으나, 洪氏本 靑丘永言은 원래 前節 數面이 누락되고 表題도 없는 完備되지 못한 歌集이라 이 책에 作者를 姜邯贊이라 밝히고 있다고 해서 이 時調를 그의 作이라 보기는 어렵다."[43]

서원섭의 논설을 인용해 보았거니와, 거의 모든 시조집에 歌番 2071이 無名氏作으로 되어 있어 강감찬의 작품으로 인정할 수 없다는 이야기다. 그런가하면 國樂院本 歌曲源流에는 河緯地의 작품으로, 高大本樂府에는 鄭來僑의 작품으로 되어 있다고 하니, 그 신빙성에 문제가 많다고 하는 것은 더 이상의 재론을 요하지 않는다. 다음은 최충의 작품이라 전하는 시조 2편을 인용해 보자.

(가) 白日은 西山에 디고 黃河는 東海로 들고
古今 英雄은 北邙으로 든닷말가
두워라 物有盛衰니 恨ᄒᆞᆯ쫄이 잇사랴

(나) 一生에 恨ᄒᆞ기를 羲皇時節 못난줄이

43) 徐元燮, 앞의 책, 72쪽.

草衣를 무릅고 木實을 머글만정
人物이 淳厚ᄒᆞ던줄을 못내 블워ᄒᆞ노라

(가)의 초장에서 白日은 서산으로 지고 황하수는 동해로 흘러들어 간다고 했다. 마찬가지로 고금의 영웅호걸 즉 모든 인간들은 죽어서 북망산으로 가게 되어 있다는 것이 중장의 내용이다. 이것은 무엇을 의미하는가? 만물은 성하면 반드시 쇠한다는 자연의 이법이 있으니, 그처럼 죽는 것을 한탄할 필요가 없다는 것이 종장의 내용이라고 하겠다. 차면 기울고 흥하면 망하게 되어 있는 것이 자연 순환의 법칙이니, 그것을 한탄하지 말고 자연의 순리대로 살아가기를 권고하는 교훈적 의미가 함축된 작품이다.

(나) 초장에서는 한평생 원망스러운 것이 희황시절, 즉 복희씨 때와 같은 태평성대에 못 태어난 것이 한스럽다고 했다. 중 · 종장의 내용은 풀로 엮어 만든 옷을 무릅쓰고 나무 열매를 먹고 살아갈망정 인심이 순박하고 후덕하던 그 시절이 못내 부럽다는 것이다. 이 작품에서는 그 옛날 복희씨 때와 같은 태평 시절이 못내 부럽다고 했는데, 그것은 시적 자아가 살던 시대가 상대적으로 불안하고 혼란스럽고 갈등이 심화된 사회였다는 것을 반증해 주는 좋은 예라고 생각된다.

이 두 작품은 최충의 것이라 전하고 있는데, 최충은 984년에서 1068년까지 생존했던 인물이다. 고려 태조 왕건이 즉위한 것이 918년, 그러니까 고려조가 건국한지 백년 뒤의 인물이니 그의 생존 연대는 고려 초기에 해당된다고 하겠다. 최충은 1005년 甲科에 장원했으며, 현종 때는 습유보궐한림학사 · 예부시랑 · 간의대부 등의 벼슬을 역임했다. 이어서 성종 때는 형부상서중추사를 받고 문종이 즉위하자 문하시중의 자리에 올랐다. 私學을 일으켜 海東孔子라 추앙되었고 만년에는 九齋를 만들어서 후진 양성에 심혈을 기울였다.[44]

이제까지 최충의 작품에 대하여 자세하게 살펴보고 그에 대한 전기

44) 한국인명대사전, 신구문화사, 1983.7, 963쪽.

적 고찰까지 해보았거니와, 상기 작품을 최충의 시조로 간주해야 되느냐 안되느냐 하는 문제는 쉽게 결론을 내릴 수가 없다. 상기 두 작품은 그 형식면이나 내용면에서 시조로서의 결격 사유는 없고 조선시대의 시조들과 비교해 보아도 하등의 손색이 없다고 생각된다.

그러나 고려 초기부터 시조 형식이 발생했다고 한다면 그 학설을 누가 믿겠는가? 비교적 신빙성이 있다고 하는 우탁의 작품들과는 250년 이상의 시간적 거리가 있다. 그리고 어떠한 문학 장르이던지 새로운 문학형태가 발생하려면 그 시대를 대표할 수 있는 새로운 이념이 대두 되어야 한다. 고려 초에는 그러한 이념의 대두가 없었다는 점도 시조의 고려 초 발생설을 부정하게 만드는 커다란 요인이 된다고 하겠으며, 따라서 최충의 작품이란 것도 후세인의 의작이거나 모방작으로 보아야 한다. 다음은 곽여의 작품을 어떻게 처리할까 하는 문제이다. 그의 작품이라 전하는 2편의 시조를 인용해 보자.

(가) 南陽에 躬耕혐은 伊尹의 經綸이요
三顧草廬흠은 太公의 王佐才라
三代後 正大人物은 武候ㅣ런가 ᄒᆞ노라

(나) 五丈原 秋夜月에 에엿블쓴 諸葛武候
竭忠報國다가 將星이 썰어진이
至今히 兩表忠言을 못내 슬허 ᄒᆞ노라

먼저 (가)의 초장을 보면 "南陽에 躬耕"이란 말이 나오는데, 남양은 중국 하남성 신야현의 서쪽 지방을 가리키며, 이곳에는 諸葛孔明이 숨어살던 臥龍岡이 있다는 것이다, 그러니까 이 말은 諸葛亮이 莘野縣 서쪽 남양에 숨어살면서 몸소 농사를 지었던 일을 의미한다. 그리고 伊尹은 段나라 賢相으로서 처음에는 莘野에서 밭을 갈다 탕왕의 초빙으로 탕왕을 도와 桀을 쳤던 인물이다. 그러니까 "伊尹의 經綸"이란 말은 伊尹이 湯의 초빙으로 출사하여 桀을 친 계책을 의미한

다고 하겠다.[45)]

그리고 중장에서의 "三顧草廬"는 중국 삼국시대 촉한의 유비가 남양 융중에 있는 제갈량의 초려를 3번씩이나 찾아간 사실을 의미한다. 그러면 太公이란 어떠한 인물인가? 그를 달리 呂尙이라고도 하는데, 渭水濱에서 낚시질하기 10년만에 周文王을 만나게 되었고, 그 주문왕이 스승으로 삼았던 인물이다. 또 〈王佐才〉란 왕을 보좌하기에 족한 재능이란 말이니, 바로 呂尙의 才能을 일컫는 말이다.

그다음 종장의 3代란 상대의 세 왕조 夏 · 殷 · 周를 가르키며, 武候란 촉한의 명상으로 유비를 도운 전략가 재갈량의 시호이다. 이 작품을 알기 쉽게 현대어로 풀이해 보면 제갈량이 남양에서 몸소 농사지었던 것은 伊尹이 농사를 짓다 탕왕을 도왔던 일과 같은 것이고, 유비가 제갈량의 초려를 3번씩이나 방문한 것은 강태공과 같이 왕을 보좌하는 재능을 지녔기 때문이다. 그러나 하 · 은 · 주 3대 이후에 제일 크고 바른 인물을 찾아보면 제갈무후라고 해야겠다는 것이 윗 작품의 내용이라고 하겠다.

(나)의 초장에서 五丈原이란 어디를 말하는가? 〈五丈〉은 협서성 봉상현의 서남쪽에 있는데 이곳에서 제갈량이 죽었다고 한다.

그리고 종장의 〈兩表忠言〉이란 말은 제갈량이 出陣에 임하여 임금에 게 바쳤던 두 번의 出師表를 가리키는 말이다. 이 글들은 마디마디 그의 至誠至忠이 넘쳐 사람들의 눈물을 자아내기에 족하다고 한다.

이 작품을 알기 쉽게 현대어로 풀이해 보면 다음과 같다. 오장원 가을 밤에 밝은 달이 떠오르니, 그곳에서 싸우다가 죽은 제갈량이 불쌍하게 느껴진다. 충성을 다하여 나라의 은혜에 보답하다가 장군은 죽어 갔으니, 지금도 당신이 올렸던 두 편의 출사표를 생각하면 못내 슬퍼하지 않을 수 없다.

그러면 이 두 편의 시조를 지었다고 하는 곽여는 어떠한 인물인가?

45) 박운수 편저, 한국시조대사전 上, 아세아문화사, 1992, 216쪽.

그는 1058년에서 1130년까지 생존했던 인물로 고려 초기의 문인이라고 하겠다. 과거에 급제 후 궁중의 閤門祗候로 있다가 洪州의 수령으로 나갔다. 그 다음에는 禮部員外郎이 되었다가 고향인 金州에 은거하였다. 예종이 이를 알고 불러들여 禁中의 純福殿에 살게 하며 선생이라 칭하니 사람들이 그를 金門羽客이라 칭하였다는 전설이 전한다.[46]

이제까지 곽여가 지었다고 하는 작품 두 편을 자세하게 해설해 보고 그의 전기적 측면까지 살펴보았거니와, 상기 두 작품을 곽여의 진품으로 보아야 하느냐 마느냐 하는 문제는 쉽게 판가름되지 않는다. 솔직히 말해서 상기 두 작품은 중국의 고사성어를 지나치게 인용했다는 결점 말고는 그 형식면이나 내용면에서 조선시대의 시조와 비교해 보아도 손색이 없는 것들이다. 그러나 고려 초기에 과연 시조가 발생했느냐 하는 문제에 부딪히게 되면 앞서 논의한 최충의 작품들과 똑같은 답을 내릴 수밖에 없다. 시조는 어디까지나 고려 말 신흥사대부의 이념을 담기 위하여 형성된 문학이고, 그 신흥사대부의 이념이란 다름 아닌 성리학 즉 주자학을 의미하기 때문이다.

그러면 주자학이란 어떠한 학문인가? 중국 송대의 학문으로 주자가 완성했으므로 주자학이라 한다. 주자의 학설은 주돈이 · 장횡거 · 정명도 · 정이천 · 나종언 등의 학설을 계승하여 대성했다. 그는 만물의 근원을 理, 음양 · 오행을 氣라고 하여 理는 만물에 性을 주며, 氣는 만물에 形을 준다고 하였다. 사람의 性에 있어서는 理는 본연의 性, 氣는 기질의 성이 된다. 대학의 明德은 이 본연의 性으로 虛靈不昧하여 衆理를 갖추어 만사에 응하는 것인데, 기질의 성에 있어서는 선악의 구별이 있고 완전한 인격을 가지려면 居敬과 窮理가 필요하게 된다. 敬에 居한다고 하는 것은 기질의 性에 생하는 人慾을 끊고 외부의 유혹을 물리쳐 마음을 항상 조용히 하는 것이다. 理를 구명한다는 것은 만물의 이치를 구명한다는 것이다, 그 理는 內在하여 있기

46) 앞의 책, 한국인명대사전, 35쪽.

때문에 객관적 사물에 대하여 그 理를 구명해야 한다.

이것을 格物이라 하며, 그 격물에 따라 우리의 지식을 완전하게 만들고, 그것을 일러 致知라고 한다. 그러니까 격물치지란 말은 실제 사물의 이치를 연구하여 지식을 완전하게 한다는 뜻을 가지고 있다. 주자학은 이처럼 우주만물의 이치를 궁리하는 학문인데, 그런 의미에서 이것을 달리 성리학 또는 이학이라고 불렀다. 그밖에 이것을 정주학 · 송학 · 도학이라 불렀다는 점도 아울러 첨언해 둔다.

이러한 주자학을 우리나라에서 처음으로 받아들인 것은 고려 때의 안향부터라고 하니, 시조문학의 형성은 바로 이 성리학의 도입과 밀접한 관련이 있다는 것은 학계의 통설처럼 되었다. 다음은 정지상과 이규보의 작품이라 하여 전하는 것을 인용해 보자.

(가) 雨歇長堤 草色多ᄒᆞ니 送君南浦 動悲歌을
大同江水 何時盡고 別淚年年 添綠波ㅣ라
勝地에 斷腸佳人이 몃몃친줄 몰ᄂᆡ라

(나) 日暖코 風和ᄒᆞᆫᄃᆡ 鳥聲이 喈喈로다
滿庭洛花에 閑暇히 누어시니
아마도 山家 今日이 太平인가 ᄒᆞ노라

(가)는 정지상의 시조이고 (나)는 이규보의 시조이다. (가)는 六堂本 靑丘永言에만 실려 있는데 얼핏 보아도 漢文縣吐體의 작품이란 것을 알 수 있다. 우선 먼저 정지상의 한시인 〈送人〉을 인용해 보자.

雨歇長堤草色多　送君南浦動悲歌
大同江水何時盡　別淚年年添綠波

정지상의 시조와 한시를 비교해 보면, 한시의 기구와 승구는 (가) 시조의 초장이 되었다. 한시의 전구와 결구는 (가) 시조의 중장이 되었다. 그리고 (가)의 종장은 한시에서 덧붙일 말이 없으니까 離別哀傷의 주제에 맞는 어구를 붙여 시조화한 것이다.

그러나 여기에도 문제는 있다. 정지상의 시조가 먼저냐 한시가 먼저냐 하는 선후 문제가 논란의 대상이 된다. 만약에 시조가 먼저라면 어느 정도 우리말을 애용해서 자연스럽게 노래 불렀을 일이지, 그처럼 한시 전편이 시조 속에 그대로 들어와 적혔을 리 없다. 더욱이 鄭知常이〈送人〉의 슬픔을 칠언절구의 짧은 한시형에 모두 노래할 수 있었기에 이는 일찍이 人口에 膾炙되었던 것이다. 그렇다고 한다면 그는 무엇이 부족해서 한시에 토를 달아 이를 다시 時調化할 필요가 있었겠는가?[47] 그런 점에서 정지상의 시조라고 알려진 상기 작품은 후세인의 위작이라 보아야 한다. 그 다음은 (나)에 대해서 생각해 볼 차례인데, 우선 먼저 이규보의 한시 〈春日訪山寺〉를 인용해 보자.

風和日暖鳥聲喧　垂柳陰中半掩門
滿地洛花僧醉臥　山家猶帶太平痕[48]

사실 시조의 한시와인지 한시의 시조화인지 구분 안 가는 것이 이규보의 작품이다. 다시 말해서 그 선후 문제를 따질 수 없다는 이야기다. 왜냐하면 이규보의 시조는 바로 이규보의 한시를 교묘하게 의역해 놓았기 때문이다. 하여간에 두 작품을 비교해 보면 시조의 초장에는 한시의 기구가 들어가 있고, 시조의 중장에는 한시의 전구가 들어가 있고, 시조의 종장에는 한시의 결구가 들어가 있다. 그렇게 되니까 한시의 승구는 온데간데 없이 사라지고 말았다. 한시를 시조화 했을 때의 결함이 그대로 노출된 것이라고 하겠다.

이규보는 고려를 대표하는 문인이라 할 수 있으니, 그의 재능으로 보아 시조를 짓고도 남을 만하다. 그렇기 때문에 이 문제는 작품을

---

47) 徐元燮, 앞의 책, 81쪽.
48) 李奎報, 東國李相國集, 卷第十四一張, 春日訪山寺.

가지고 해결하기는 어렵고, 이규보가 생존했던 시대에 과연 시조 형식의 문학 형태가 존재했겠느냐 하는 원론적인 문제를 따져보아야 한다.

이규보는 1168년에서 1241년까지 생존했던 고려시대의 정치가며 문인으로 호를 백운산인 또는 백운거사라고 했다. 9세 때부터 작문에 능했고, 經史 · 百家 · 老佛의 문헌들을 모두 섭렵하여 한번만 읽으면 기억하는 기발한 재사였다고 한다. 1189년(명종 19) 사마시에 장원, 左諫議大夫 · 翰林學士 등을 거쳐, 1234(고종 21) 政堂文學, 이듬해에 叅知政事 등를 역임하다가 1237년 守太保門下侍郎平章事로 치사했다. 이렇듯 관계에 들어선 후부터는 벼슬에 누진, 비교적 순탄한 생애를 보냈다. 1 · 2차의 좌천과 귀양도 있었지만 짧은 기간이었고 글 한수에 벼슬 하나를 얻은 문재로써 관운이 틔었던 사람이다. 그의 저서는 東國李相國集 · 白雲小說 · 麴先生傳 등이 전한다.[49]

그러면 우리나라 성리학을 제일 먼저 받아들인 사람으로 알려진 안향은 어떠한 인물인가? 그는 1243년에서 1306년까지 생존했던 고려시대의 명신으로, 연경에 가서 〈朱子全書〉를 보고 손수 그 책을 베껴 왔다. 또 공자와 주자의 화상을 그려 가지고 돌아와서 주자학을 연구하였다. 朱子를 숭배하여 그의 초상을 벽에 걸어두고 주자의 호인 晦庵의 晦자를 따서 스스로 호를 晦軒이라 하였다. 이것은 주자의 저서를 보고 거기에 심취하였음을 단적으로 증명해 주는 것이다.

안향은 이처럼 주자에 심취했고 주자를 존경하고 그의 학문을 철저하게 연구했던 인물이니 그를 우리나라에 주자학을 받아들인 최초의 인물로 간주하는 것은 당연하다고 본다. 안향이 원나라로 가서 주자학을 접하게 된 해는 1286년(충렬왕 12)이니, 그때는 이미 이규보가 이 세상을 떠나고 없을 때라고 하겠다. 다시 말해서 시조를 형성한 계층들은 주자학을 그들의 생활 이념으로 신봉한 신흥 사대부들이고, 시조의 형성원리는 바로 음양오행설과 같은 이기론에 의하여 만

49) 이규보, 앞의 책, 한국인명대사전, 604쪽.

들어졌다고 보기 때문에 시조와 성리학과는 불가분의 관계에 놓여있다고 해야겠다.

따라서 우리나라에 성리학의 도래 이전의 시조 작품이란 것들은 그 시대의 진품으로 받아들일 수 없다는 것이 필자의 생각이다. 때문에 정지상과 이규보의 한시는 그 작자가 고려를 대표할 만한 시인인 데다가 그 시 또한 유명하여 오래도록 인구에 회자되어 오는 동안 어느 好事家에 의하여 시조화 되었다[50]고 보는 것이 타당한 입론이라고 하겠다.

그 다음은 우탁에 대하여 생각해 볼 차례다. 그는 1263년에서 1342년까지 생존했던 고려 말기의 학자로 자는 天章, 시호는 文僖라고 했다. 문과에 급제하고 寧海司錄으로 있을 때 고을에 妖神의 사당이 있어 민심을 현혹하므로 이를 없앴고 監察糾正으로 있을 때 충선왕이 淑昌院妃를 밀통하여 흰옷을 입고 도끼와 돗자리를 들고 궐내에 들어가 極諫하고 물러났다. 그런 일이 있은 다음에 충숙왕이 그의 충의를 깨닫고 다시 불렀으나 사퇴하고 글을 벗 삼아 살아왔다.[51] 이때 송나라에서 程子의 學이 처음 들어와 아무도 해득치 못하므로 우탁이 문을 닫고 들어앉아 한 달을 두고 연구, 해득하여 후진들에게 가르치니 이는 우리나라의 理學의 시초였다. 經史와 易學·卜筮 등에도 통달했다는 것이고, 그렇기 때문에 세인들은 그를 가리켜 易東先生이라 했다는 것이다. 다음에 그의 작품 2수를 인용해 보자.

(가) 春山에 눈 노긴 ᄇᆞ람 건 듯 불고 간ᄃᆡ 업다
져근듯 비러다가 불리고쟈 마리 우희
귀 밋틔 ᄒᆡ 무근 서리를 노겨 볼가 ᄒᆞ노라.

(나) ᄒᆞᆫ 손에 가시를 들고 ᄯᅩ ᄒᆞᆫ 손에 막ᄃᆡ 들고
늙는 길 가시로 막고 오는 白髮 막ᄃᆡ로 치랴터니
白髮이 제 몬져 알고 즈럼길로 오더라.

---

50) 徐元燮, 앞의 책, 81쪽.
51) 우탁, 위의 책, 한국인명대사전, 495쪽.

우탁의 작품 2수를 인용해 보았거니와 모두가 인생의 늙음을 한탄하는 탄로가이다. 자연의 이법, 즉 자연의 섭리를 그대로 노래하고 있다. 그가 이처럼 인생의 허무를 노래하면서 자연의 섭리라고 가르쳐주는 이유는 어디 있을까? 그는 누구보다도 경사백가와 역학에 뛰어나고 심지어는 복서에까지 능통했기 때문이다. 우탁은 우리나라에서 아무도 해득 못하는 정주학 즉 성리학을 연구하여 후진들에게 가르쳐주었고, 그래서 세인들은 그를 일러 易東先生이라 불렀다고 하니, 그가 우리나라에서 성리학의 대가로서는 뛰어난 인물임에 틀림없다.

또한 필자는 다른 글에서 누누이 밝힌바 있지만, 3장 6구 12소절의 시조 형식은 천지인 삼재설이나 음양오행설과 같은 동양철학 즉 성리학의 원리에 의하여 만들어졌다는 것을 다시 한 번 강조해 둔다. 다시 말해서 3장 6구 12소절의 시조 형식은 성리학의 대가가 아니고서는 그 형식을 창안해 낼 수 없다는 이야기다.

아울러 시조 형성기인 여말 선초의 모든 시조 작가들이 대부분 성리학에 조예가 깊었던 신흥사대부였다는 점도 부정할 수 없는 사실이다. 소위 고려 말 신흥사대부라고 일컬어지면서 한두 수의 시조 작품을 남겼던 이조년 · 성여완 · 이색 · 길재 · 정몽주 · 정도전 · 원천석 등이 모두 성리학의 대가들 아닌가? 그런 점에서 상기 두 작품은 우탁의 진품임에 틀림없고, 더 나아가서 우리 시조문학사에서 효시작품을 찾아낸다면 상기 우탁의 시조 외에 더 거슬러 올라갈 만한 작품이 없다는 것을 첨언해 둔다.

그리고 3장 6구의 시조 형식이 하늘에서 떨어져 내려왔거나 땅에서 솟아올라온 것이 아니고, 그렇다고 해서 우발적으로 생긴 문학 장르가 아니라고 한다면 누군가는 창안해낸 이가 있을 것이다. 지금까지의 통설은 시조가 고려 중엽에 발생해서 그것이 차츰차츰 정제되었다가 고려 말엽에 완성되었다고 하는 주장이 지배적인데, 이러한 가설이 사실이라면 향가는 언제 발생해서 차츰차츰 정제되었다가 언제쯤 완성된 장르란 말인가? 이러한 물음은 경기체가, 가사, 고소설 등타 장르의 발생에 대해서도 똑같이 적용할 수 있다. 다른 장르는 그 문학 형태가 발생해서 차츰차츰 정제되어 나가다가 어느 시기에 완성되었다는 학설이 필요 없는데, 왜 시조에만 그러한 허무맹랑한 가설이 필요하다는 것인지 도무지 이해가 안 간다.

또한 시조가 우발적으로 발생했거나 자연 발생적으로 아무도 모르게 태어났다고 하는 논리도 성립 안 된다. 그렇다면 시조는 누군가에 의해서 창안해낸 문학 형태임에 틀림없고, 그것은 마치 훈민정음이 세종대왕과 집현전 학자들에 의해서 창제되었다고 하는 논리와 마찬가지고, 그리고 그 시조 형태를 창안해낼 수 있는 사람은 시조의 형성원리가 理學이나 易學의 원리에 의하여 만들어졌다고 한다면, 그 시조 형식을 창안해낸 이는 성리학에 정통한 대학자일 수밖에 없다는 결론에 도달하게 된다.

그렇다면 시조 형식을 창안해 낸 이는 누구란 말인가? 필자는 고려말의 대성리학자요 시인이었던 우탁이 시조 형식을 창안해낸 창시자라고 감히 단언하는 바이다. 왜냐하면 이 땅에 주자학 즉 성리학을 들여온 이는 안향이지만, 그 성리학을 연구하고 해득해서 체계를 세우고 후진들에게 가르쳐준 이는 우탁이기 때문이다. 얼마나 그가 理學과 易學에 정통했으면 易東先生이라는 별호까지 얻게 되었겠는가? 그는 3장 6구 12소절의 시조 형식을 창안해내고, 그 형식에 맞춰 시조를 지어서 전수했던 창시자임에 틀림없다고 생각한다. 그리고 우탁의 윗 작품 (가)에 대하여는 다음과 같은 한역가가 전한다는 사실도 유의해 두어야겠다.

① 春山解雪風 ② 而今何處去 ③ 霎然借得來 ④ 願吹吾寢處
⑤ 鬢上年久霜 ⑥ 庶幾盡消除(李衡祥: 芝嶺錄)

두 작품을 비교해 보면 시조의 초장은 한시의 1 · 2구가 되었다. 시조의 중장은 한시의 3 · 4구가 되었다. 시조의 종장은 한시의 5 · 6구가 되었다. 이렇게 따져본다면 시조와 한시는 형식적 차이와 표현 문자 상의 차이만 있을 뿐이지, 두 작품의 내용상에는 아무런 변개가 없다. 그러니까 우리말 시조를 한역했을 때는 위의 이형상의 시처럼 되는 것이 당연하다고 생각한다. 다음은 정몽주의 단심가를 살펴보자.

(가) 이몸이 주거주거 一白番 고쳐 주거
白骨이 塵土ㅣ 되어 넉시라도 잇고 업고
님향ᄒᆞᆫ 一片丹心이야 가싈줄이 이시랴

(나) ① 此身死了死了 ② 一百番更死了
③ 白骨爲塵土 ④ 魂魄有也無
⑤ 向主一片丹心 ⑥ 寧有改理也歟 (海東樂府)

(가) 시조를 한역해서 (나)의 한시가 되었다. 두 작품을 비교해 보면 시조의 초장은 한시의 ① ②구가 되었다. 시조의 중장은 한시의 ③ ④구가 되었고, 시조의 종장은 한시의 ⑤ ⑥구가 되었다. 앞에서 이미 밝힌 바 있지만 시조와 한시는 그 형식과 표현 문자 상의 차이가 있을 망정 똑같은 작품이다. 그리고 한시는 시조의 원뜻을 손상시키지 않는 범위 내에서 충분히 번역되었다. 그러기에 3장 6구체의 시조형을 본떠서 한시도 6구체로 번역되었던 것이다. 다만 그 한시가 한시로서 지켜야 할 모든 규칙을 잘 지키고 성공했느냐의 여부는 별개 문제라고 생각한다. 같은 방법으로 이방원의 하여가에 대해서도 생각해 보자.

(가) 이런들 엇더ᄒᆞ며 져런들 엇더ᄒᆞ료
萬壽山 드렁츩이 얼거진들 엇더ᄒᆞ리
우리도 이ᄀᆞᆺ치 얼거져 百年ᄭᆞ지 누리리가

(나) ① 如此亦如何 ② 如彼亦如何

③ 萬壽山葛　④ 藟亦如何
⑤ 我輩亦如此　⑥ 百年享如何 (謏聞鐘錄)

역시 (가)의 시조를 (나)처럼 한역해 놓은 것이다. 두 작품을 비교해보면 시조의 초장은 한시의 ① ②구가 되었다. 시조의 중장은 한시의 ③ ④ 구가 되었고, 시조의 종장은 한시의 ⑤ ⑥구가 되었다. 또한 두 작품의 차이점은 그 형식과 표현 문자가 다르다는 것뿐이지 내용상에는 별로 변개된 것이 없다. 시조의 내용을 충실하게 번역하다 보니까, 시조와 마찬가지로 6구체 한시가 되어 버렸고, 그 한시 자체도 정형시로서의 형태를 갖추지 못했다. 결국 시조가 먼저이고 한시가 나중이라는 것을 극명하게 보여준 좋은 예라고 생각된다. 따라서 앞서 논의한 정지상과 이규보의 시조라는 것은 그들의 원형적인 시조 작품이 아니고, 그들의 유명한 한시를 후세인이 시조화 했다는 결론에 도달하게 된다.

시조의 형성기를 알아보기 위하여 선행 연구들을 검토한 결과 이병기는 신라시대 융천사의 혜성가가 전하던 시절부터 시조가 있었다고 주장하였다. 天台山人은 향가가 시조의 전신이라 했고, 최남구는 고구려 때부터 있었는데, 왕산악이 시조를 지었다는 것이다.

이능우는 시조의 발생 시기를 조선 중엽, 즉 16세기 경이라 했고, 조윤제는 고려 중엽 〈정읍사〉로부터 분단 발전된 것처럼 이야기했다. 리태극은 시조가 향가나 민요에 연원을 두었는데, 고려 중엽에 영아기를 맞이해서 고려 말경에 완성된 형태를 갖추게 되었다고 주장하였다. 정병욱은 고려 별곡체가 붕괴되면서 시조가 발생했는데, 그 구체적인 예를 〈만전춘별사〉에서 찾아볼 수 있다고 했다.

최동원은 속요가 성창되던 시절에, 그 속요의 음악적 분단을 모태로 해서 시조가 태동했다는 것이고, 그 시조의 형성기는 원나라 지배시대라는 설을 내세웠다. 서원섭은 평시조는 고려 중엽에 사뇌가로부터 파생하여 고려 말엽 초에 형성되었다고 했고 김수업은 16세기에 시조의 모습이 생겨났는데, 이황의 〈도산곡〉이 효시 작품일 가능성이 높다고 했다. 박을수는 고려 중엽에서부터 시작된 시조가 고려말에 와서 그 형식이 완성된 것을 전제로 하여 이 시기를 시조문학의 태동기라 보아야 한다는 것이다. 그러니까 제가들의 설을 참고해 보면 멀리는 삼국시대부터 가깝게는 조선조 중엽까지를 시조의 형성기라고 이야기해서, 어느 것이 정설에 가까운 것인지 도무지 판가름해내기 어려웠다.

그래서 필자는 현존하는 작품들과 그 작품들의 작자를 미루어 아주 옛날 것부터 그 신빙성 여부를 검토해 나가는 방법을 선택했던 것이다. 그러한 과정에서 최동원이 제시한 몇 가지 기준들 ① 신흥사대부의 대두와 그 세력의 신장 ② 개혁운동의 진전 ③ 신흥사대부의 정치이념이었던 주자학의 발달 ④ 개혁파에게 배격되었던 불교의 쇠퇴 ⑤ 속요의 발달과 이에 대한 유교적 지성들의 반립 등 여러 가지 조건들을 시조의 형성기를 추정하는데 중요한 기준으로 삼았다.

특히 시조의 형성원리는 천지인 삼재설과 음양오행설과 같은 성리학과 역학의 원리에 의하여 만들어졌다는 전제 아래, 1243년에서 1306년까지 생존했던 안향이 이 땅에 주자학을 들여오기 이전의 작품들은 신빙성이 없고 거의가 후세인의 위작일 것이라는 결론을 내렸던 것이다. 이러한 전제 아래 다음과 같은 몇 가지 사항들을 결론으로 도출해낼 수 있었던 것이다.

(1) 고구려의 을파소, 백제의 성충, 신라의 설총 등이 각각 한 작품씩 남겼다고 되어 있는데, 이들의 작품은 액면 그대로 받아들일 수 없다는 것이 현재 학계의 통설이고, 따라서 상기 3인의 작품은 후세인의 의작이거나 모방작으로 보아야 한다. 이러한 논조는 고려 중기의 작품들에까지 적용하여, 강감찬, 최충, 곽여의 작품이라 전하는 것도 믿을 수 없고, 작가가 와전되었거나 후세인의 의작이라 보았다.

(2) 정지상의 시조는 그의 한시 〈送人〉을 후세인이 시조화한 것으로 보았고, 이규보의 시조는 그의 한시 〈春日訪山寺〉를 후세인이 시

조화한 것으로 보았다. 문제는 이들 두 작품이 시조를 한시화한 것이냐, 한시를 시조화한 것이냐가 문제되겠는데, 시조를 한시화한 것은 그 이후 우탁, 정몽주, 이방원 등의 작품에서 그 전범을 찾아볼 수 있었다. 한시를 시조화한 것은 한시든 시조든 그 형식면에서 변개가 없었고 정형시로서의 모습을 잘 갖추었다.

그러나 그 내용상에는 구절을 더 첨가하거나 더 생략해서 한시의 내용이 시조에 와서는 많이 변개되었다. 한편 시조를 한시화한 것은 시조의 내용을 완전에 가깝게 한역하였고, 그러다 보니 3장 6구의 시조 형식을 따라 6구체의 한시로 변역하였다. 따라서 그 한시 자체는 정형시로서의 형태를 제대로 갖추지 못한 기형적인 작품이 되고 말았다.

(3) 3장 6구 12소절의 시조 형식은 성리학의 대가가 아니고서는 그 형식을 창안해낼 수 없다고 보았고, 그 이유는 시조의 형성원리가 천지인 삼재설이나 음양오행설과 같은 성리학이나 역학의 원리를 따라서 시조가 만들어졌다고 보았기 때문이다. 그래서 시조가 그 이전의 다른 문학장르에서 왔다는 연원설을 부정하였고, 또한 시조가 우발적으로 발생했거나 자연 발생적으로 아무도 모르게 태어났다고 하는 논리도 성립 안 된다고 하였다. 이러한 전제 아래 고려 말엽의 안향이 중국에서 성리학을 들여오기 이전의 작가와 작품들은 모두 믿을 수 없다고 하였던 것이다

(4) 이러한 논리 아래 고려 말의 대성리학자요 시인이었던 우탁이 시조 형식을 창안해낸 창시자라고 보았다. 왜냐하면 이 땅에 성리학을 들여온 이는 안향이지만, 그 성리학을 연구하고 해득해서 체계를 세운이는 우탁이라고 알려졌기 때문이다. 그는 理學과 易學에 정통해서 易東先生이라 불리었고, 그러한 실력을 바탕으로 3장 6구 12소절의 시조 형식을 창안해내고, 그 형식에 맞춰 스스로 시조를 지어서 전수했던 시조시인이라고 보았다. 때문에 우탁 이후의 작가들 예를 들면 이조년, 성여완, 이색, 원천석, 정몽주, 정도전 등 성리학자들의 시조작품도 진품으로 인정해야 한다. 그러니 시조 형성기의 시조

문학을 담당했던 계층은 성리학자들이고, 그들이 주로 작품 활동을 했던 고려 말엽이야말로 시조 형성기임에 틀림없다고 본다.

3. 시조형성기의 담당 계층

시조가 어떻게 해서 발생했는지, 어느 때 발생했는지에 대해서 그동안 나온 학설만 정리해도 논문 1편이 될 정도이다. 시조가 발생된 시기는 신라말설, 고려 초기설, 고려 중기설, 고려 말기설, 조선 전기설 등이 제각기 자기주장을 굽히지 않고 있는 형편이다.

그 연원설에는 외래연원설과 재래연원설로 나뉘고, 전자에는 한시기원설과 불가기원설이 있으며, 후자에는 민요기원설, 향가기원설, 별곡기원설과 속요기원설, 神歌기원설, 음악기원설 등이 있다. 여기에서도 외래연원설은 대부분의 학자들이 찬동하지 않고 있으며, 주로 재래연원설쪽으로 기울고 있는데, 그 중에서도 향가기원설과 속요기원설이 많은 사람들의 지지를 받아왔다.

향가기원설을 살펴보면, 사뇌가의 3구 6명이 시조의 3장 6구 형식을 만드는데 그 영향을 끼쳤다는 것이며, 속요기원설은 고려가요의 〈정읍사〉나 〈만별춘별사〉 등에서 시조의 모태가 될 만한 유형을 발견할 수 있다는 것이고, 그런 것들을 전범으로 해서 시조형식을 만들어 냈다는 이야기다.

하여간에 이러한 제설들은 시조 형식이 어떤 위대한 문학인에 의하여 창안된 것이 아니고, 그보다 전래의 문학 장르에서 영향을 받아 만들어졌다고 하는 데에 문제가 있다. 향가, 별곡, 속요, 가사, 악장, 소설 등은 전대의 문학 장르에서 영향 받아 만들어졌다는 학설을 펴지 않는 데, 왜 유독 시조만은 어디에서 유래되었다고 하는 연원설이 난무하는지 이해가 안 간다.

"시조는 국문학의 가위 유일한 정형시요 국문학사상에 가장 오랜 생명을 유지하여 온 시가이다. 여기에 있어 시조의 형식미는 우리 민족의 율동생활과 잘 조화되고 ~중략~ 시조는 고려 중기에 성립하여 조선을 거쳐 지금에까지 그칠 줄 모르고 의연 우리의 생활 문학으로서 쇠퇴함이 없다.~중략~즉 위로는 왕공 귀족으로부터 아래로는 사서인 천기에까지 이 시조를 애호하고, 그들의 감정은 확실히 이 시조를 통해 상통되었던 것이니, 이 점에 있어 시조는 명실 그대로 민족문학이 되었다." [52]

조윤제의 논설을 인용해 보았거니와, 그는 시조가 고려 중기에 성립한 것으로 간주하였다. 이 글보다 앞쪽에서 그는 "유전하는 작품상으로 보면 청구영언, 가곡원류와 같은 가집에는 고구려의 을파소, 백제의 성충 등의 작품이라 하여 수록한 것이 있어 마치 시조는 고구려, 백제 시대에 이미 있었는 듯이 보이나, 시조가 벌써 삼국시대에 성립하였으리라고는 생각하기 어렵다."[53]는 견해를 밝혔다. 그리고 고려 말에는 이미 완성된 시조를 가지고 있었으니, 시조의 완성은 다시 그 이전 시기에서 구해야 된다고 하였다.

"고려 말기에 완성된 시조가 있었다는 確證이 선다면 그 완성된 시조 형은 그 때에 돌발적으로 성립된 것이 아닐 것이고, 그 이전에서부터 점진적으로 발달하여 온 것일 것이니, 그것은 아마 中期로부터 시작 되었으리라 하여도 좋을 듯하다. 그러니까 郭輿의 作品을 그대로 신용하지 않는다 하더라도 그 당시에는 이미 時調라 하는 類型의 문학이 있었으리라고 쯤은 능히 말할 수 있을 것 같다.~中略~ 類型의 성립은 要는 그 형식의 가치를 인증하였다는 문제이고, 그 형식의 존재는 이미 그 이전에 있어 왔었으리라 생각된다. 즉 俗謠에서 또 民謠에서 후세의 유형이 될 지도 모르고 그냥 무의식 중에 써내려오다가 점점 그 형식미가 인증되게 될 때에 비로소 독립적인 시조가 成立하지 않았는가 생각되는데 그것이 고려 초기라면 아직 이르고 대강 고려 중기쯤이라 하는 것이 無妨하지 않을가 한다."[54]

52) 조윤제, 국문학 개설, (탐구당, 1955), 114쪽.

53) 위의 책, 109쪽.

54) 위의 책, 110쪽.

조윤제의 의도를 정확하게 파악하기 위하여 그의 논설을 다시 한 번 장황하게 인용하였다. 이것을 요점적으로 정리해 보면 ① 고려 말기에는 완성된 시조 형식이 있었고, 그 때 쓰여진 작품은 진품으로 간주할 만하다. ② 시조는 고려 말에 돌발적으로 성립된 것이 아니니, 그 이전 고려 중기쯤에 미완형의 시조 형식이 형성된 것으로 보아야 한다. ③ 그것은 속요나 민요에서 후세에 유형이 될지도 모르고 무의식중에 써내려 오다가 그 형식미가 인증되면서 독립적인 시조형이 성립되었다.

이러한 조윤제의 학설이 그대로 공인 받아서 시조 형식은 고려 중기에 발생해서 이것이 차츰차츰 발달하고 정리되다가 고려 말에 완성되었다는 설이 학계는 물론 중고등학교 교과서에까지 그대로 실려서 정설처럼 굳어지게 되었다. 그러나 아무리 현존하는 국문시가 작품을 들춰봐도 그 미완형의 시조 작품이 고려속요나 민요 가운데 없는데, 어떻게 그런 주장을 할 수 있다는 것이며, 다른 장르는 언제 발생해서 차츰차츰 발달하고 언제 완성되었다는 학설이 없는데 왜 유독 시조에만 그런 논리가 성립되고 적용되어야 하는지 이해가 안 간다.

그런 점에서 시조가 마치 자연적으로 발생해서 자연적으로 발전하다가 자연적으로 완성된 것처럼 이야기하는 조윤제의 주장은 막연한 추측일 뿐 실제로 시조의 발생과는 무관하다는 것을 강조하는 바이다. 시조는 민요나 속요를 모태로 해서 자연 발생한 것이 아니라 어떤 계층의 사람들이 그들의 철학과 이념을 배경으로 해서 창안해낸 문학 형식이란 것을 감히 주장하는 바이다.

1) 형성기 작가 작품의 진위 문제

시조가 고려 말에 발생했다는 것은 이미 통설처럼 되어 있다. 그리고 그 시조가 발생해서 향유된 계층은 고려 중기 이후 또는 고려 말기에 비로소 중앙 관계에 등장하여 士門家族으로 등장한 新興士大夫

들이었다. 이들은 대부분 유학을 깊이 공부하고 과거를 통하여 관리가 된 學者官人 즉 최고의 유학적 지성들이었다.[55] 그러면 士大夫란 어떤 성격의 인물들인지 다음 인용문을 통하여 알아보자.

> "士大夫는 과거의 文臣 · 武臣과 型을 달리하는 支配階級이었다. '讀書曰士, 從政爲大夫' 라고 한 바와 같이 學者的 官僚이며 官僚的 學者인 이 新興階級은 고려 후기에 와서 말기로 접어들면서 정치적 · 사회적 기반을 확립시키고, 나아가 李氏朝鮮의 建國에 주동적 사명을 담당했던 것이다."[56]

新興士大夫들은 新興이란 말이 암시하듯이, 고려 초기부터 집권한 훈구세력들이 아니고, 고려 말기에 이르러 새로이 등장한 지배 계층들을 일컫는 말이다. 그들은 과거의 문신이나 무신과는 달리, 그들 스스로 학문적인 실력을 쌓고, 그 실력을 바탕으로 중앙 정계에 진출하여 정치적, 사회적 기반을 닦은 사람들이다. 이들은 특히 고려 말 원나라로부터 수입한 정주학 즉 성리학을 그들의 이념과 철학으로 했다는 데서 과거의 관료 계급들과는 구분되는 것이다.

그런데 문제는 고구려 을파소의 작품부터 현존한다고 하는 마당에 누구의 작품까지는 위작이고 누구의 작품부터는 진품으로 간주하느냐는 것이 선결과제이다. 이것은 시조의 발생 시기와도 연관되는 문제인데, 먼저 최동원은 "鄭知常의 작품은 靑丘永言(六堂本)에만 실려 있고, 李奎報의 작품은 大東風雅에만 실려 있으니 더욱 신빙성이 없다. 위에서 살핀 바에 의하면 時調作家로서 인정될 수 있는 것은 禹倬, 李兆年 이후로 보겠는데, 이것은 앞에서 살핀 시조의 형성계층 문제와 결부시켜 생각하더라도 타당성을 지닌다."[57]라고 하였다.

또 이 문제 대하여 서원섭은 "정지상의 시조는 原本이라 추정되는 珍本 靑丘永言을 비롯한 모든 歌集에는 볼 수 없고, 오직 六堂本 靑

55) 최동원, 고시조론, (삼영사, 1980), 40쪽.
56) 李佑成, 高麗末의 吏에 대하여, 역사학보 23집, 1964. 4.
57) 최동원, 앞의 책, 50쪽.

丘永言에만 실려 있는 점과 李奎報의 시조 또한 초기의 歌集인 瓶窩歌曲集, 靑丘永言, 海東歌謠를 비롯한 모든 歌集에는 볼 수 없고, 오직 隆熙 2년(1908 A.D)에 金喬軒이 편찬한 大東風雅에만 실려 있다는 점이다. 하기에 필자는 이규보 이전의 7인을 시조 작자로 볼 수 없고, 오직 禹倬 이후로부터 時調 作者로 보고자 한다"[58]라고 하였다. 이처럼 禹倬의 작품부터 진품이고 신빙성이 있다는 이야기인데, 이러한 견해는 정병욱도 마찬가지라고 생각한다.

"현재 남아 있는 시조집에서 비교적 초기에 속하는 작가들(삼국시대는 논외로 하고)을 들어보면 忠肅王 때의 우탁, 忠惠王 때의 李兆年, 恭愍王 때의 李存吾, 吉再, 元天錫, 李穡, 鄭夢周, 다시 조선왕조 초기의 鄭道傳, 卞季良, 孟思誠, 黃喜 등을 들 수 있으며, 이들은 전부가 고려 말 조선 초의 유학의 중진대가였음을 주목하지 않을 수 없다. 이 같은 당대의 쟁쟁한 性理學의 碩學師宗 들로서 초기의 시조작가가 조직 망라되어 있다는 사실은 곧 시조가 형성되는 데 있어서 그 내용적인 형성 요건을 제시하는 데에 중대한 의의를 가졌음을 표시하여 주는 바이다."[59]

이러한 제가의 설들을 미루어 보면 문학사상에서 李奎報의 시조라는 것은 못 믿겠고, 禹倬의 시조부터는 진품으로 간주할 수 있다는 것이 공통된 견해이다. 그런데 우리 역사상에서 고려 태조 왕건이 즉위한 것이 서기 918년이고 마지막 공양왕이 폐위된 것이 1392년이다. 여기에 최초로 진품의 시조를 썼다고 하는 우탁이 1263년에서 1342년까지 생존했으니, 시조가 고려 말엽에 형성되었다는 것은 그대로 증명되는 바이다.

아울러 현존 시조 작품 중에서 효시 작품을 찾아낸다면 우탁의 〈탄로가〉라고 할 수 있다. 時調文學史上에서 진품과 위작의 경계선을 이루는 작가는 李奎報와 禹倬의 사이이다. 그렇다면 이규보는 어

58) 서원섭, 시조문학연구, (형설출판사, 1982), 82쪽.
59) 정병욱, 한국고전시가론, (신구문화사, 1980), 137쪽.

떠한 사람인가. 이규보는 1168년에서 1241년까지 생존했던 고려시대의 정치가이며 문인으로 호를 백운산인 또는 백운거사라고 했다. 9세 때부터 작문에 능했고, 經史, 百家, 老佛의 문헌들을 모두 섭렵하여 한 번만 읽으면 기억하는 기발한 재사였다고 한다. 1189년(명종 19) 사마시에 장원, 左諫議大夫. 翰林學士 등을 거쳐 1234년(고종21년) 政堂文學, 이듬해에 參知政事 등을 역임하다가 1237년 守太保門下侍郎平章事로 치사했다.

이렇듯 관계에 들어선 후부터는 벼슬에 누진 비교적 순탄한 생애를 보냈다. 1,2차의 좌천과 귀양도 있었지만 짧은 기간이었고 글 한 수에 벼슬 하나를 얻은 문재로서 관운이 트였던 사람이다.

이에 비하여 우탁은 어떠한 사람인가? 우탁은 1263년에서 1342년까지 생존했던 고려 말기의 학자로 자는 天章, 시호는 文僖라고 했다. 문과에 급제하고 寧海司錄으로 있을 때 고을에 妖神의 사당이 있어 민심을 현혹하므로 이를 없애고 監察糾正으로 있을 때 충선왕이 淑昌院妃를 밀통하매 흰옷을 입고 도끼와 돗자리를 들고 궐내에 들어가 극간하고 물러났다.

그런 일이 있은 다음에 충숙왕이 그의 충의를 깨닫고 다시 불렀으나 사퇴하고 글을 벗 삼아 살아왔다. 禹倬은 經史에 능통하고 더욱 易傳에 조예가 깊어서 점치는 것이 잘 맞았다. 程伊川의 易傳이 처음 들어왔을 때 우리나라엔 잘 아는 이가 없었다. 禹倬이 곧 문을 닫고 月餘를 연구하니 드디어 해득되어, 생도들에게 교수하였다. 이것은 義理의 學이 처음 행해진 것이다.[60] 여기서 程伊川의 易傳이란 程子와 주자의 性理學을 일컫는 것이다.

그러니까 李奎報는 經史 · 百家 · 老佛의 문헌들을 모두 섭렵했고, 禹倬은 經史와 易傳에 조예가 깊다고 했으니, 두 분의 차이점은 중국으로부터 들여온 性理學을 접했느냐 접하지 못했느냐 하는 데 있다. 주지하다시피 우리나라에 성리학을 제일 먼저 받아들인 사람은 安珦

60) 劉明鍾, 韓國思想史, (이우출판사,1985), 168쪽.

이다. 그는 1243년에서 1306년까지 생존했던 고려시대의 명신으로 연경에 가서 「朱子全書」를 보고 손수 그 책을 베껴왔다. 또 공자와 주자의 화상을 그려가지고 돌아와서 주자학을 연구하였다.

주자를 숭배하여 그의 초상을 항상 벽에 걸어두고 주자의 호인 晦庵의 晦子를 따서 스스로 호를 晦軒이라 하였다. 이러한 안향이 원나라로 가서 주자학을 접하게 된 해는 1286년(충렬왕 12)이니, 그 때는 이미 이규보가 이 세상을 떠나고 없을 때라고 하겠다. 이러한 제반 사정으로 미루어 볼 때에 이 땅에 性理學이 들어오기 이전의 시조 작품이란 것은 후세인의 위작이란 것이 드러났고, 性理學이 들어온 이후의 작품은 진품으로 인정받는다는 결론이 나온다. 때문에 시조 문학은 고려 말엽 안향이 우리나라에 성리학을 들여옴으로써 그 성리학적 이념과 철학을 바탕에 깔고 생성된 문학 형태란 것을 다시 한 번 강조해 둔다.

2) 형성기 시조 담당 계층의 성격

다음에는 진품으로 인정받는 우탁 이후의 시조작가로서 고려 말과 조선 건국 초기의 작가들을 나열해 보고 그들의 출신 성분을 분석해 보자. 그러면 어떠한 계층의 사람들이 시조를 생성시켰고, 주로 전담했는지 저절로 풀리리라고 본다. 그 당시 시조를 한 작품이라도 남긴 사람들은 우탁, 이조년, 성여완, 최영, 이색, 원천석, 이지란, 정몽주, 성석린, 이존오, 정도전, 조준, 길재, 맹사성 등이다. 이들에 대한 자세한 내력은 신구문화사에서 나온 『한국인명대사전』(1983)의 것을 전사했음을 밝혀둔다.

① 禹倬 1263(원종 4)~1342(충혜왕 복위 3). 자는 天章 · 卓甫, 호는 易東, 본관은 丹陽, 進士 天珪의 아들이다. 문과에 급제, 寧海司錄으로 부임한 뒤 민심을 현혹하는 妖神의 祠堂을 철폐했다. 1308년 監察糾正으로서

충선왕이 淑昌院妃와 밀통하자 이를 극간, 뒤에 물러나 禮安에 돌아갔다. 충숙왕이 그 충의를 가상히 여겨 누차 불렀으나 듣지 않고 글을 벗하다가 뒤에 成均祭酒가 되어 치사했다. 당시 원나라를 통하여 程朱學에 관한 서적이 들어왔으나, 이를 해득할 자가 없자 한 달 동안 연구하여 처음으로 이를 해득, 후진을 가르쳤다. 經史와 易學은 물론 卜筮에도 통했다. 시조 2수가 전해지고 있다. 단양의 丹巖書院, 안동의 道東書院, 영해의 丹山書院, 예안의 易東書院에 祭享되었다.

② 李兆年 1269(원종10)~1343(충해왕 복위4). 자는 元老, 호는 梅雲堂 · 白花軒, 본관은 京山, 長庚의 아들, 1294년(충렬왕 20) 進士로 文科에 급제, 安南書記에 보직되고, 禮賓內給事를 거쳐 知陜州事 · 秘書郎을 지냈다. 1306년(충렬왕 32) 秘書丞으로 왕을 원나라에 扈從했을 때 王惟紹 · 宋邦英 등이 충렬왕 부자를 이간시키고 충선왕을 모함하여 瑞與候琠으로 충렬왕의 후계를 삼으려 획책하다 충선왕의 세력이 커지자 처벌되었는데, 그는 어느 파에도 가담하지 않았으나 연루되어 유배되었다.

1330년 충숙왕이 귀국하자 監察掌令으로 발탁되고 典理摠郎으로 關東지방을 按撫했다. 이어 軍簿判書에 승진, 그 후 여러 번 충혜왕을 따라 원나라에 내왕했고, 1340년 충혜왕이 복위하자 정당문학에 승진, 藝文館大提學이 되어 星山君에 봉해졌다. 왕의 음탕함을 여러 번 간했으나 받아들이지 않으므로 이듬해 사직, 뒤에 誠勤翊贊勁節功臣이 되어 壁上에 圖形되었다.

③ 成汝完 1309(충선왕 1)~1397(태조 6). 호는 怡軒, 본관은 昌寧, 版圖摠郎 君美의 아들. 1336(충숙왕5) 文科에 급제, 藝文春秋檢閱을 거쳐 軍簿正郎이 되어 楊廣道를 安廉하고 尙書右丞 · 知刑部事 · 御史中丞 · 典法判事를 지냈다. 그 후 海州 · 忠州의 牧使를 역임, 공민왕 때 民部尙書가 되고, 辛旽이 誅殺되자 그 일당으로 몰려 유배되었다. 후에 풀려나와 우왕 때 政堂文學商議에 이르러 昌寧府院君에 봉해졌다. 1392년 정몽주가 살해되자 고려의 국운이 이미 기울어졌음을 알고 포천 왕방산에 들어가 은거했다.

④ 崔瑩 1316(충숙왕 3)~1388(창왕 즉위). 고려의 명장. 본관은 昌原, 守司空 惟淸의 5대손, 司憲糾正 元直의 아들, 楊廣道 都巡問使의 휘하에서 수차 왜구를 토벌하여 공을 세우고 우달치가 되었으며, 1352년(공민왕

1) 安祐 등과 趙日新의 난을 평정한 공으로 護軍에 올랐다. 1358년 楊廣全羅道 倭賊體覆使로 吾乂浦에 침입한 왜구의 배 4백여 척을 격파한 뒤 1359년 紅巾賊 4만이 서경을 함락시키자 이듬해 西北面 兵馬使 李芳實 등과 함께 이를 물리치고, 平壤尹 兼 西北面 巡問使에 이어 西北面 都巡察使 · 左散騎常侍를 지내고, 1361년 紅巾賊이 창궐하여 開京까지 점령하자 이방실, 안우 등과 이를 격퇴하여 수도를 수복한 공으로 勳 1등에 圖形壁上功臣이 되었다.

1364년 원나라에 있던 崔濡가 德興君을 왕으로 추대하고 군사 1만으로 쳐들어오자, 西北面 都巡慰使가 되어 李成桂 등과 이들을 義州에서 섬멸, 그 공으로 말과 은을 하사받고, 이어 朴伯也가 延州에 침입하자 부하 장수를 보내어 격퇴시킨 뒤, 왕이 國淸寺에서 베푸는 凱旋酒宴을 받았다.

1376년(우왕 2) 왜구가 삼남 지방을 휩쓸고 元帥 朴元桂가 참패하자, 출정을 자원하여 鴻山싸움에서 적을 크게 무찔러 그 공으로 鐵原府院君에 봉해졌다. 1380년 判三司使로 海道都統使가 되어 왜구의 침입으로 鐵原에서 서울을 옮기려는 계획에 반대하여 이를 철회시켰으며, 이듬해 守侍中을 거쳐 領三司使를 지내고, 1384년 判門下府事 · 門下侍中에 임명되었으나 이를 모두 사퇴하다가 1388년 守門下侍中이 되었다. 이때 명나라가 鐵嶺衛의 설치를 통고하여 북변 일대를 遼東에 귀속시키려 하자 요동 정벌을 계획하고 군사를 調發하여 八道都統使에 취임, 왕과 함께 평양에 가서 군사를 독려했으나 李成桂 등이 威化島에서 回軍함으로써 요동 정벌이 좌절되었다.

이성계군이 개경에 난입하자 소수의 군사로 이를 맞아 싸우다 패전, 체포되어 高峰에 유배되고 合浦에 옮겨졌다가 攻遼罪로 개경에 압송되어 참형 당했다. 고려 구파 세력의 마지막 보루로서 신진 세력 이성계의 軍閥과 대결하여 고려를 지키려 한 剛勇 · 淸廉한 장군이었으나 그의 죽음과 함께 구파 세력이 몰락하여 고려 왕조의 종막을 초래했다.

⑤ 李穡 1328(충숙왕 15)~1396(태조 5) 고려의 문신. 학자. 삼은의 한 사람. 자는 穎叔. 호는 牧隱. 본관은 韓山, 贊成事의 穀아들. 李齊賢의 문인. 1341년(충혜왕 복위2) 진사가 되고, 1348(충목왕 4) 원나라에 가서 國子監의 生員이 되어 性理學을 연구했다. 1351년 父親喪으로 귀국하

여 1352년(공민왕 1) 田制의 개혁, 국방개혁, 교육의 진흥, 불교의 억제 등 당면한 여러 정책의 시정 개혁에 관한 건의문을 올렸다.

1356년 吏部侍郎·翰林直學士 兼 史館編修官·知製敎 兼 兵部郎中이 되어 인사행정을 주관하고 개혁을 건의하여 政房을 폐지하게 했으며, 이듬해 右諫議大夫가 되어 儒學에 의거한 三年喪 제도를 실시하게 했다.

1367년 大司成이 되어 성균관의 학칙을 새로 제정하고 金九容·鄭夢周·李崇仁 등을 學官으로 채용, 성리학의 발전에 공헌했다. 1373년에 韓山君에 봉해지고 이듬해 예문관 대제학·지춘추관사 겸 성균관 대사성에 임명되었으나 병으로 사퇴했다.

1388년(우왕 14) 鐵嶺衛 문제가 일어나자 主和論을 주장했다. 1389년 威化島回軍으로 우왕이 江華로 쫓겨나자 曺敏修와 함께 昌을 옹립 즉위케 하고, 判門下府事가 되어 명나라에 사신으로 가서 창왕의 入朝와 명나라의 고려에 대한 監國을 주청, 李成桂 일파의 세력을 억제하려 했다.

이 해 이성계 일파가 세력을 잡게 되자 長湍에 유배, 이듬해 咸昌으로 移配되었다가 彝初의 獄에 연루되어 淸州에서 옥에 갇혔으나 水災로 함창에 안치되었다.

1391년(공양왕 3) 석방되어 韓山府院君에 봉해졌으나 1392년 衿州로 추방되었다가 驪興·長興 등지로 유배된 뒤 석방되었다. 1395년(태조 4) 韓山伯에 봉해졌으며 이듬해 驪江으로 가던 도중 죽었다. 문하에 權近·金宗直·卞季良 등을 배출하여 조선 성리학의 주류를 이루게 했다.

⑥ 元天錫(1330~?). 고려의 隱士. 자는 子正, 호는 耘谷, 본관은 原州, 고려말의 정계가 문란함을 보고 雉岳山에 들어가서 농사를 지으며 부모를 봉양하는 한편, 李穡 등과 교제하면서 時事를 개탄했다. 일찌이 芳遠을 가르친 바 있어 조선 건국 후인 1400년 태종이 즉위하자 자주 기용되었으나 응하지 않았다. 작품으로 망국 고려를 회고한 시조 1수가 전하며, 野史 6권을 저술했으나 증손 때에 이르러 국사와 저촉되는 점이 많아 화가 두려워 불살랐다고 한다.

⑦ 李之蘭 1331(충혜왕 1)~1402(태종 2). 조선의 공신. 자는 式馨, 본성은 佟, 본명은 쿠룬투란티무르(古倫豆蘭帖木兒), 본관은 青海, 여진의 金

牌 千戶 阿羅不花의 아들. 아버지의 직위를 세습, 천호가 된 후 고려 공민왕 때 부하를 이끌고 귀화, 北靑에 거주하면서 李씨의 성과 靑海를 본관으로 하사 받았다. 그 후 李成桂의 휘하에서 雲峰 싸움 등에 무공을 세우고 공양왕 때 知門下府事 · 判都評議使司事를 역임했다.

1392년 이성계를 도와 조선 건국에 공을 세워 開國功臣 1등에 책록되고 靑海君에 봉해졌으며 參贊門下府事에 올랐다. 1393년(태조 2) 慶尙道 節制使로 왜구 방어를 담당, 이어 東北面 都安撫使가 되어 甲州 · 孔州의 두 성을 축조했다. 1398년 門下侍郞平章事로서 제1차 왕자의 난을 평정한 공으로 定社功臣 2등이 되고, 그후 명나라를 도와 建州衛 정벌에 공을 세웠다. 1400년(정종 2) 제2차 왕자의 난 때 다시 공을 세워 佐命功臣 2등이 되었으며 左贊成에 이르러 태조가 永興에 은퇴하자 그를 시종했다가 과거 南征 · 北伐 때 많은 사람을 죽인 것을 속죄하고자 중이 되었다.

⑧ 鄭夢周 1337(충숙왕 복위 6)~1392(공양왕 4). 고려의 문신 · 학자. 초명은 夢蘭 · 夢龍, 자는 達可, 호는 圃隱, 본관은 延日, 樞密院 知奏事 襲明의 후손, 云瓘의 아들, 永川 출신으로서, 1357년(공민왕 6) 監試에 합격한 뒤 1360년 文科에 장원, 藝文 · 檢閱 · 修撰 등을 거쳐 1363년 郎將 兼 閤門祗侯 · 衛尉寺丞을 역임한 후 이 해 東北面 都指揮使 韓邦信의 從事官으로 女眞族의 토벌에 참가하고, 成均 大司成으로 李仁任 등이 주장하는 排明親元의 외교 방침을 반대하다 彦陽에 유배, 이듬해 풀려나와 사신으로 규우슈우(九州)의 지방장관 이마가와 (今川了俊)에게 가서 왜구의 단속을 청하여 응낙을 얻고 왜구에게 잡혀간 고려 백성 수백 명을 귀국시켰다.

1381년 誠勤翊贊功臣에 봉해지고 이듬해 명나라에 사신으로 가다 입국 거부로 遼東에서 돌아왔고, 1383년 東北面 助戰元師로서 함경도에 쳐 들어온 왜구를 토벌, 다음해 정당문학에 올라 聖節使로 명나라에 가서 歲貢의 삭감과 5년간 미납한 세공을 면제받고 긴장 상태에 있던 대명 국교를 회복하는 데 큰 공을 세웠다. 1390년 壁上三韓 三重大匡 · 守門下侍中 · 判都評議使司兵曹尙瑞寺事 · 領景靈殿事 · 右文館 大提學 · 益陽郡 忠義伯이 되었다.

당시 이성계의 威望이 날로 커가서 趙浚. 南誾 · 鄭道傳 등이 그를 추대하려는 음모가 있음을 알고 이들을 숙청할 기회를 노리던 중, 1392년 명나라에서 돌아오는 세자를 마중 나갔던 이성계가 사냥하다가 낙마하여 황주에 드러눕게 되자 그 기회에 이성계 일파를 제거하려 했으나 이를 눈치 챈 방원이 이성계를 그날 밤으로 개성에 돌아오게 함으로써 실패, 이어 정세를 엿보러 이성계를 찾아보고 귀가 도중 善竹橋에서 방원의 門客 趙英珪 등에세 擊殺되었다. 지방관의 비행을 근절시키고 義倉을 세워 빈민을 구제, 불교의 폐해를 없애기 위해 유학을 보급했고 性理學에 뛰어나 東方理學의 시조로 추앙되었으며, 〈朱子家禮〉를 따라 사회 윤리와 도덕의 합리화를 기하며 개성에 5부 學堂과 지방에 鄕校를 세워 교육 진흥을 꾀하는 한편, 〈大明律〉을 참작, 〈新律〉을 간행하여 법질서의 확립을 기하고, 외교 정책과 군사 정책에도 관여하여 기울어지는 국운을 바로 잡고자 노력했으나 이성계의 신흥 세력에 꺾였다. 시문에 능하여 시조 〈丹心歌〉 이외에 많은 한시가 전하며, 書畵에도 뛰어 났다. 고려 三隱의 한 사람으로, 1401년(태종 1) 영의정에 追贈, 益陽府院君에 追封되었다.

⑨ 成石璘 1338(충숙왕 복위 7)~1423(세종 5). 문신. 자는 自修, 호는 獨谷, 본관은 昌寧, 부원군 汝完의 아들, 1357년(공민왕 6)에 文科에 급제, 學諭·直史館. 三司 都司·典儀 注簿·典理 佐郎·典校 副令을 지낸 후 辛旽에 아부하지 않아 海州 牧使로 나갔다가 다시 불리어 成均 司成이 되고, 密直 代言·知申事에 올랐다.

1384년(우왕 10) 密直 提學으로 있을 때 倭寇가 昇天府에 쳐들어오자, 助戰元師로서 원수 楊伯淵과 함께 출전하여 적을 격퇴하고 輸誠佐理功臣이 되었으며 同知密直司事에 올랐다. 이어 門下評理 兼 大司憲이 되었고 이성계 등과 함께 우왕에 뒤이어 창왕을 폐하고 공양왕을 세워 그 공으로 贊化功臣에 昌城郡 忠義君에 봉해졌으며, 藝文 大提學·門下贊成事에 올랐다. 1392년 조선이 건국되자 門下侍郎贊成事·判開城府事를 거쳐 判漢城府事를 역임, 1399년(정종 1)에 西北面 都巡察事·平壤府尹을 거쳐 門下 石政丞이 되고 昌寧伯에 봉해졌으며 左政丞에 올랐다. 1401년(태종 1) 佐命功臣 3등으로 昌寧府院君에 進封되고, 1415년 영의정이 되었다.

⑩ 李存吾 1341(충혜왕 복위 2)~1371(공민왕 20). 고려의 문신. 자는 順卿,

호는 石灘 · 孤山, 본관은 慶州. 1360년(공민왕 9) 문과에 급제, 水原書記를 거쳐 史翰에 발탁, 1366년에 右正言이 되어 辛旽의 횡포를 탄핵하다가 왕의 노여움을 샀으나 李穡 등의 변호로 극형을 면하고 長沙 監務로 좌천, 후에 石灘에서 은둔생활을 하다가 울분으로 병이 나서 죽었다. 신돈의 專橫을 풍자한 시조 1수가 전한다.

⑪ 鄭道傳 ?~1398(태조 7). 문신. 학자. 자는 宗之. 호는 三峰, 본관은 奉化, 刑部 尙書 云敬의 아들, 李穡의 문인, 1362년(공민왕 11) 文科에 급제, 이듬해 忠州司祿을 거쳐 典校 注簿 · 通禮門 祗侯를 지내고 1370년 成均 博士를 거쳐 禮曹 正郎 兼 成均 太常博士가 되어 銓選을 관장하였다. 1388년 威化島의 回軍를 계기로 신진 세력이 집권하게 되자, 이성계의 右翼으로서 知貢擧 · 知申事를 역임, 趙浚의 田制改革案을 단행토록 건의하고 斥佛을 주장하며 曺敏修 등 구세력을 탄핵, 유배케 하여 조선개국의 정지 작업을 시작했다.

1390년 (공양왕 2) 知經筵事를 지낸 뒤 聖節使 兼 辨誣使로 명나라에 가서 이성계가 명나라를 침범하려 한다는 尹彝 · 李初의 무고를 밝히고, 이듬해 이성계가 군사권을 장악하여 三軍都摠制府를 설치하자 右軍 都摠制가 되었다. 이어 政堂文學으로 재직 중 구세력이 득세하자 탄핵을 받아 관작을 삭탈당하고 봉화에 유배, 1392년 한때 풀렸다가 정몽주의 탄핵으로 甫州의 옥에 투옥되었으나 정몽주가 살해된 뒤 풀려 충의군에 복작되고, 조준 · 남은 등과 이성계를 추대, 조선 건국 후 개국공신 1등으로 門下侍郎贊成事가 되어 謝恩 兼 正朝使로 명나라에 다녀와 1394년(태조 3) 漢陽 遷都를 주장하여 실현케 했다. 이듬해 鄭摠 등과 『高麗史』 37권을 撰進했고, 1397년 東北面 都宣撫巡察使가 되어 성을 수축하고 驛站을 신설했으며 成均 提調가 되었다.

이듬해 명나라에서 正朝使가 올린 表文이 잘못되었다 하여 기초자를 잡아오라 하자, 그는 명나라와 실력으로 항쟁할 것을 주장, 군사의 훈련, 군량미 확보에 전력을 기울이다가 남은 등과 방석을 옹호하고 정실 소생의 왕자들을 죽이려 한다는 혐의로 방원에게 참수되었다(제1차 왕자의 난), 유학의 대가로 조선 개국 후 군사 · 외교 · 성리학 · 역사 · 행정 · 저술 등 다방면에 걸쳐 초기의 건국 작업에 활약했으며, 斥佛崇儒

를 국시로 삼게 하여 유학의 발전을 기했다.

⑫ 趙浚 1346(충목왕 2)~1405(태종 5). 고려 말기의 문신. 자는 明仲. 호는 吁齋·松堂, 본관은 평양. 1374년(공민왕 23) 문과에 급제. 1388년 위화도 회군 이후 이성계 일파의 신진 세력에 가담하여 개국공신이 되었고(1392), 8년간 영상을 지냈다. 고려 말엔 전제 개혁안을 발표하여 토지 제도를 정비했다. 하윤 등과 함께 經濟六典을 편찬, 태조의 廟庭에 배향되었으며 시호는 文忠이다. 시문에 뛰어났으며, 시조 2수가 전하는데 태평 한민의 閑情을 읊은 것이 특색이다.

⑬ 吉再 1353(공민왕 2)~1419(세종 1). 학자. 三隱의 한 사람. 자는 再父, 호는 冶隱·金鳥山人, 본관은 海平. 1362년(공민왕 11) 冷山 桃李寺에 들어가 글을 배웠다. 1370년 開京에서 李穡·鄭夢周·權近 등으로부터 성리학을 배우고, 1374년 생원시, 1383년 (우왕 9) 사마감시에 합격, 1386년 문과에 급제, 淸州牧司錄에 임명되었으나 부임하지 않았다. 1387년 成均館 學正, 이듬해에 成均館 博士가 되어 공직에서는 학생들을, 집에서는 양가의 자제를 교육했다.

1389년(창왕 1)에 門下 注書가 되었으나 노모를 봉양하기 위해 사직하고 고향으로 돌아갔다. 조선 건국 뒤 1400년(정종 2) 친교가 있던 세자 芳遠에 의해 太常博士가 되었으나 두 왕조를 섬길 수 없다 하여 거절하고 고향 善山에서 후진 교육에만 진력, 특히 金叔滋에게 성리학을 가르쳐 김숙자·김종직·김굉필·조광조로 그 학통을 잇게 했다. 1403년(태종 3)에 知郡事 李揚, 경상도 관찰사 南在 등의 도움으로 초옥을 마련하고 영주했다. 죽은 후 錦山의 星谷書院, 善山의 金鳥書院, 仁同의 吳山書院에 제향되었다.

이제까지 고려 말과 조선 건국 초기 무렵의 시조 작가들의 내력을 『韓國人名大事典』의 내용에 의거하여 자세하게 소개하였다. 이처럼 장황하게 소개한 것은 그 당시 시조를 생성시키고 향유한 계층들이 어떤 부류의 사람들인가를 파악하기 위해서였다. 우탁은 원나라를 통하여 程朱學에 관한 서적이 들어왔을 때, 이것을 연구하고 해득하여 후진들에게 가르쳤다. 進士 天珪의 아들로서 文科에 급제하고

監察糾正이 되었으니 신흥사대부라 일컬을 만하다. 그의 행적으로 미루어 볼 때에 철저한 유학자요 특히 성리학에 정통한 학자라 할 수 있다.

이조년은 본관이 경산이요 長康의 아들로서 文科급제하고 벼슬이 누진하여 예문관 대제학까지 이르렀으니 철저한 유학자요 고려 말의 신흥사대부라 할 만하다. 白上黨, 權菊軒, 禹易東 등은 서로 간에 年輩로써 차례로 安文成公 선생에게 師事하였다.

성여완은 본관이 창녕이요 판도총랑 君美의 아들로서 문과에 급제하고 벼슬이 누진하여 政堂文學商議에 이르렀으니 여말의 신흥사대부라 할 만하다. 성리학에 조예가 깊었는지는 알 수 없으나 그의 행적으로 보아 儒學에 정통한 인물임은 짐작할 수 있다.

최영은 고려 말의 명장으로 왜구를 토벌하여 공을 세우고 홍건적의 침입을 막아내는 등 혁혁한 공을 세웠다. 특히 요동 정벌에 나섰다가 이성계의 위화도 회군으로 좌절된 것은 널리 알려진 사실이다.

이색은 고려 삼은의 한 사람으로 贊成事 穀의 아들이며 李齋賢의 문인이다. 원나라에 가서 國子監의 생원이 되어 性理學을 연구했으며, 1367년에는 金九容, 鄭夢周, 李崇仁 등을 學官으로 채용 성리학 발전에 공헌했다. 그리고 門下에 權近, 金宗直, 卞季良 등을 배출하여 조선 성리학의 주류를 이루게 했다.

元天錫은 1330년 고려 충숙왕 17년 7월 8일에 출생하고 90여세의 생을 누리었는데 별세한 날짜는 분명하지 않다. 그는 고려 말 신흥사대부들과 비슷한 출생 배경과 사상적 기반을 지녔는데도 그들과는 달리 벼슬 길을 단념하고 치악산에 은거하였다. 벼슬이 진사 밖에 되지 않았으니 신흥 사대부란 말을 쓰기는 어렵고, 이색 등과 교유하면서 時事를 개탄하였다고 하니 性理學的 이념에 투철했던 인물로 간주된다.

이지란은 여진 사람으로 조선에 귀화하여 이성계의 휘하에서 무공을 세웠다. 1393년에는 왜구를 토벌했고, 1398년에는 제1차 왕자의 난을 평정했다. 그 후 명나라를 도와 건주위 정벌에 공을 세웠다. 이러한 행적들로 보아 이지란은 무장으로 간주하는 것이 마땅하다고 본다.

정몽주는 云瓘의 아들로서 文科에 장원한 뒤 벼슬이 누진하여 壁上三韓三重大匡守門下侍中이 되었으니 고려말 신흥사대부라 할 만하다. 불교의 폐해를 없애기 위해 유학을 보급했고 性理學에 뛰어나 東方理學의 시조로 추앙되었다.

성석린은 부원군 汝完의 아들로 1357년 문과에 급제하고 벼슬이 누진하여 예문관 대제학. 문하찬성사 등을 거쳐 영의정이 되었다. 원래 명문가에서 성장하였으니 철저한 유학자라고는 할 수 있다.

李存吾는 본관이 경주이고 1360년 문과에 급제한 다음 水原書記를 거쳐 史翰에 발탁되었으니 유학자이면서 신흥사대부라 할 만하다. 鄭道傳은 형부상서 云敬의 아들로 이색의 문인이다. 1362년 文科에 급제한 후 벼슬이 누진되었고, 이성계가 건국한 다음에는 개국공신 1등으로 門下侍郎贊成事가 되었다. 그는 유학의 대가로서 조선 개국 후 군사 · 외교 · 성리학 · 역사 · 행정 · 저술 등 다방면에 걸쳐 뛰어난 활동을 하였다.

趙浚은 본관이 평양으로 1374년 문과에 급제하였고 이성계가 조선을 건국한 다음에는 개국공신으로서 8년간 영상을 지냈으니 최고의 부귀영화를 누렸다고 하겠다. 이러한 그의 행적으로 미루어 보아 조준은 유학자요 신흥사대부라 할 만하다.

吉再는 1370년 이색 · 정몽주 · 권근 등으로부터 성리학을 배웠고, 1386년에는 문과에 급제했고, 1389년(창왕 1)에는 門下注書가 되었으니 신흥사대부라 할 만하다. 특히 金叔滋에게 성리학을 가르쳐 金叔滋 · 金宗直 · 金宏弼 · 趙光祖로 그 學統을 잇게 했다.

	우탁	이조년	성여완	최영	이색	원천석	이지란	정몽주	성석린	이존오	정도전	조준	길재	맹사성
유학자	○	○	○		○	○		○	○	○	○	○	○	○
성리학자	○	○	○		○	○		○	○	○	○		○	○
신흥사대부	○	○	○		○			○	○	○	○	○	○	○
기타				○			○							

고려말 시조작가들의 성격을 알아보기 위하여 위와 같이 도표화 하였다. 그 결과 시조를 담당했던 계층들은 전적으로 고려 말 조선 초기의 문인이요 유학자들이란 사실이 밝혀졌다. 다시 말해서 시조는 고려 말 유학자들의 손에 의해서 만들어진 문학형태란 것이다. 그리고 새로운 문학형태가 출현할 때는 그저 우연히 발생하는 것이 아니라, 시대사조나 이념이 새롭게 바뀔 때 출현하는 것이니, 시조는 그 당시 새롭게 등장한 성리학의 이념을 배경으로 출현했다고 보아야 한다. 그런 점에서 형성기 시조작가들의 대다수가 성리학자들이요 신흥사대부들이었으니, 시조를 발생시킨 이는 바로 이들 성리학자이면서 신흥사대부였다는 결론이 나온다.

이러한 결론을 밑받침 삼아 가장 초기 시조작가들의 출생 연대를 따져보면 우탁(1263), 이조년(1269), 성여완(1309), 최영(1316), 이색(1328) 순서로 된다. 이중에서 성리학자가 아닌 최영이 시조 형태를 만들었을 리는 없고, 우탁과 이색 두 사람 중에서 시조 형태를 만들었다고 보아야 한다.

이 두 사람의 나이 차이는 65세이니, 65세 연하인 이색이 만든 시조 형태를 본 따서 우탁이 시조를 썼다는 논리는 성립 안 된다. 우탁이 만든 시조 형태를 보고 65살 아래인 이색이 시조를 썼다고 해야 논리상 틀림이 없다. 그런 점에서 진품으로 인정받은 우탁의 시조는 고시조의 효시 작품이고, 그 효시 작품을 써낸 우탁이 시조 형태를 창안해 낸 장본인이란 것을 이 자리를 빌어 주장하는 바이다.

시조가 언제 발생했으며, 어떤 부류의 사람들에 의하여 만들어졌으며, 누구의 작품은 위작이고 누구의 작품부터는 진품인지, 이런 것들을 알아보려는 것이 본 연구의 목적이었다. 그래서 본론에서는 1) 형성기 작가작품의 진위문제, 2) 형성기 시조담당 계층의 성격 문제 등을 중심으로 논의했는데, 논의된 내용을 정리하는 것으로 결론에 대신하고자 한다.

1)에서는 문헌상에 전해오는 그 모든 작가들을 그대로 인정할 수 없고 진품과 위작을 구분하여 보았다. 이 문제에 대하여 최동원은 시조 작가로서 인정될 수 있는 것은 禹倬, 李兆年 이후로 보아야 한다는 주장을 펼쳤고, 서원섭은 李奎報 이전의 7인을 시조작자로 볼 수 없고 禹倬 이후로부터 진정한 시조작자로 본다고 하였다. 정병욱 또한 삼국시대의 작자들은 논외로 하고 충숙왕 때의 우탁, 충혜왕 때의 이조년, 공민왕 때의 이존오의 시조는 믿을 수 있다 하였고, 초기의 시조작가들이 성리학의 석학사종들로 구성된 것은 시조의 내용적인 형성 요건을 제시해 준다고 하였다.

이러한 제가들의 설을 종합해 볼 때 시조문학사상에서 진품과 위작의 경계선을 이루는 작가는 李奎報와 禹倬의 사이이다. 이 두 분 사이의 큰 변화는 이규보는 중국으로부터 성리학이 들어오기 이전의 문신이고, 우탁은 중국으로부터 성리학이 들어온 다음의 문신이란 점이다. 안향이 원나라로부터 주자학을 접하게 된 해가 1286년(충렬왕 12)이란 사실이 그것을 증명해 준다. 이러한 사정으로 미루어 볼 때 안향이 성리학을 들여오기 이전의 시조 작품은 위작이고 성리학이 들어온 이후 의 작품은 진품으로 인정받는다는 사실이 확인되었다.

2)에서는 고려 말기의 시조작가 13분의 신상명세서를 자세하게 소개하였다. 그런 다음에 이들의 신분상의 특징을 유학자, 성리학자, 신흥사대부, 기타 등으로 항목을 나누어 살펴보았다. 그 결과 시조 형성기의 시조를 담당했던 계층들은 전적으로 고려 말 조선초기의 문인이요 유학자들이란 사실을 알게 되었다.

그 의미는 시조가 고려 말 유학자들의 손에 의해서 만들어졌다는 사실을 증명해주는 것이라 생각했다. 그 출신 성분을 분석한 결과 유학자들 중에서도 성리학자이면서 신흥사대부 계층에 해당하는 사람들이 시조를 만들었다고 생각했던 것이다. 더 나아가서 진품으로 인정받는 우탁의 〈탄로가〉는 고시조의 효시 작품이요, 그 효시 작품을 써낸 우탁이 시조 형식을 창안해낸 장본인일 것이라고 단언한다.

4. 시조형성의 원리

지금까지 시조연구가들은 시조가 어디서 왔느냐 하는 연원문제에 접착했지, 그 시조를 언제 누가 창안했느냐 하는 문제는 염두에 두지 않았다. 그 많은 연원설 중에서도 최동원은 음악연원설을 주장하여 속요의 음악적 분단과 문학상의 의미 분단이 일치하는 것이 있는데, 바로 이 음악적 분단이 시조의 기원이 된다고 하였다.

> "俗謠의 分章이 독립해서 時調形이 성립되었다는 주장은 수긍되는 바가 있다. 여기서 分章은 문학상의 의미 분단을 말하고 있다고 하겠는데, 속요의 음악적 분단과 문학상의 의미 분단 즉 章區分은 반드시 일치하는 것은 아니나, 서로 일치되는 것도 있는 것이다. 靑山別曲 · 가시리 · 思母曲 등이 그러하고, 動動을 西京別曲과 같은 음악 형태의 것이라고 한다면, 문학상의 分章과 音樂的 分段은 일치한다 하겠고, 滿殿春이 음악적으로 6

分段 된다는 설을 인정한다면 문학과 음앙상의 분단이 거의 공통된다고 볼 수 있는 것이다."[61]

최동원설은 청산별곡 · 사모곡 · 가시리 등은 음악적 분단과 문학적 분단이 일치하는 작품이란 것이고, 만전춘이 음악적으로 6분단되니, 6구체 시조 형식과 같지 않느냐는 이야기다. 그렇다면 청산별곡 · 사모곡 · 가시리 · 동동 · 서경별곡 등이 모두 음악적 분단과 문학적 분단이 일치 한다는 것인지, 그것이 일치하면 3분단 된다는 것인지 6분단 된다는 것인지 위의 설명만 가지고는 이해할 수 없다. 설사 만전춘이 음악적으로 6분단되고, 문학적으로도 6분단된다고 가정하더라도 6구체의 시조 형식이 어떻게 음악적으로 6분단되는 만전춘에서 왔다고 주장할 수 있는지 견강부회라 아니할 수 없다.

"俗謠는 문학적인 시로서 보다는 음악적으로 즐겼으리라는 것, 시조의 형성자이었던 당시의 신흥사대부들은 음악의 훌륭한 이해자이기도 했으리라는 것, 기사 방식이 없었던 당시의 특수성으로 시조 역시 문학적인 詩形의 創案으로부터 출발했다기 보다는 음악과의 관련 속에서 형성되었으리라는 것 등을 고려할 때 속요의 문학적인 분장보다 음악적 분단이 시조 형성에 보다 큰 영향을 주었다."[62]

최동원 설을 더 인용해 보았거니와 그는 속요의 음악적 분단은 시조형식의 모태가 된다고 하였다. 그런데 상기 인용문에서 ① 속요는 문학적인 시로서보다는 음악적으로 즐겼다는 것은 십분 수긍이 간다. 그러나 ② 시조의 형성자인 신흥사대부들이 음악의 훌륭한 이해자였을 것이라 한 것은 그야말로 근거도 없는 낭설이라고 밖에 생각되지 않는다. 옛 문헌 어디에도 고려 말 신흥사대부들이 음악에 정통

61) 崔東元, 古時調論, (三英社, 1980), 29쪽.
62) 위의 책, 29~30쪽.

했다는 기록이 없는데, 어떻게 그런 주장을 할 수 있다는 것인지 이해 할 수 없다.

③ 시조는 문학적인 시형으로 출발했다기 보다는 음악과의 관련 속에서 형성되었다고 했는데, 이것이야말로 우리 속담에 "달걀이 먼저냐 병아리가 먼저냐"하는 논쟁처럼 될 수밖에 없다. 최동원은 시조의 음악적 분단이 먼저이고, 그것에 의해서 시조의 창사가 지어졌다는 이야기인데, 이 부분이야말로 필자의 견해와는 정면으로 대치된다고 하겠다.

필자는 시조의 형식이 먼저 창안되고 거기에 의해서 창사가 지어지고 그것을 노래로 불렀다고 보는 것이다. 최동원의 이론이 맞는다면 이것은 음악과 관련이 있는 다른 고전시가에도, 그대로 적용될 수 있어야 할 것이다. 예를 들면 구지가, 황조가, 공무도하가 같은 상대가요는 음악이 먼저이고 그 형식이 나중이라는 논리가 성립 안 된다. 마찬가지로 4구체, 8구체, 10구체 형식을 지닌 향가도 음악이 먼저이고 그 형식이 나중이라는 논리는 성립 안 된다. 이와 같은 논리는 다른 시가에도 적용 되어 고려속요, 경기체가, 가사, 악장 등 모든 장르가 음악이 먼저이고 그 형식이 나중이라는 논리가 성립 안 되는데, 어떻게 시조만이 음악이 먼저이고 그 형식이 나중이라는 논리가 성립되어 속요의 음악적 분단이 시조 형식의 모태가 된다고 주장할 수 있겠는가.

비근한 예를 들면 그릇은 문학의 형식이고 그 안에 담긴 음식물은 문학의 내용이다. 그릇이 먼저 있고 그 안에 밥을 담든지 국을 담든지 반찬을 담든지 하는 것이지, 어떻게 밥 · 국 · 반찬을 먼저 만들어 놓고 그 음식을 담을 그릇을 나중에 만든다는 것인지 이해가 안 간다. 그런 점에서 최동원의 음악기원설은 또 하나의 연원설을 추가하는 의미밖에 없다고 생각한다. 다시 한 번 말하거니와 시조는 그 이전에 있었던 다른 장르를 모태로 해서 우연히 만들어진 것이 아니라 고려 말 누군가에 의해서 창안해낸 독창적인 문학 형태라는 것을 강조하는 바이다.

시조는 어떤 장르에서 왔느냐 하는 연원 문제를 따질 것이 아니라, 언제 누가 만들었으며, 어떤 원리에 의하여 창안해 냈는가를 따져보아야 한다. 필자는 이미 "시조 형성기의 담당 계층문제"라는 논문을 통하여 시조는 고려 말 유학자들의 손에 의하여 만들어졌다고 주장하였다. 그 출신 성분을 분석한 결과 유학자들 중에서도 성리학자이면서 신흥사대부 계층에 해당하는 사람들이 시조 형식을 만들었다고 논술하였다. 그래서 우탁의 〈탄로가〉는 고시조의 효시 작품이라 했던 것이고, 그 효시 작품을 써낸 우탁이 시조 형식을 창안해낸 장본인이라고 하였다.

그렇다면 그 대성리학자인 우탁이 시조형식을 창안해 낼 때 성리학의 원리를 적용하여 만들었을 것은 불문가지의 일이다. 그것은 성리학의 대가인 집현전 학자들이 훈민정음을 창제할 때 성리학의 원리를 적용하여 만들었던 것과 동궤의 것이다.

또한 유교에서 제일 중요하게 여기는 것이 조상들에게 차례를 올리거나 제사를 지내는 일인데, 그 제상을 차리는 법도 성리학의 원리를 적용하여 만들었다는 것이 통설이다. 그래서 시조 형성의 원리를 설명하기 이전에 먼저 성리학에 대하여 알아보고, 그 다음 훈민정음 창제의 원리, 제상 차림의 원리를 알아봄으로써 성리학과 우리의 전통적 생활양식이 얼마나 밀접한 관계에 있는지를 규명해 보고자 한다.

1) 성리학의 전래

성리학이란 무엇인가를 구체적으로 알아본다는 것은 거의 불가능한 일이요 본고의 논지도 아니다. 그렇더라도 잠시 설명하면 성리학은 유학의 일종인데 그 유학에는 여러 가지 방면이 있다. 예를 들면 政治, 經濟, 法律, 哲學, 倫理, 道德, 文學, 禮學 등 다양하다. 이것을 기재한 經典을 가지고 설명하면 尙書나 春秋나 論孟은 주로 政治, 經

濟, 法律과 倫理, 道德을 논하였고, 庸學과 周易은 주로 哲學을 말하였으며, 禮記 樂記는 禮樂을 말한 것이요, 詩書 論孟이나 禮記 春秋는 文章의 표본이 되는 것이다.[63]

이처럼 기재된 經傳에 따라 설명할 수도 있지만, 孔孟 이후 시대나 사람에 따라 그 특색을 설명할 수도 있는 것이다. 예를 들면 중국의 역사상에서 漢唐은 그 현실적 방면 즉 정치 경제와 법률의 부분을 적용하여 발전시켰고, 宋明은 그 철학적 방면 즉 성리학의 부분을 연구하여 발달시켰다. 또 董仲舒나 司馬光은 정치 경제를, 程子나 朱子는 철학과 인륜 도덕을, 韓愈나 歐陽脩는 文學을 연구하여 발달시켰다.[64] 이처럼 성리학은 유학 중에서도 송명 시대에 해당하고, 그것을 주도한 이는 程子나 朱子라 할 수 있고, 그 내용은 哲學, 人倫, 道德 등이 중심을 이룬다고 하겠다.

"인간과 만물의 발생은 음양과 오행의 기운에서 벗어나지 않는다. 본디 하나의 기운[一氣]이 나뉘어 음양이 되고, 음양은 또 다시 오행으로 나뉘어진 것이다. 음양과 오행이 끊임없이 운행하면서 분산되고 융합되는 과정에서 갖가지로 다르게 되고, 청탁과 후박이 생기게 된다. 또한 사람과 만물을 합하여 말하면 모두가 한 기운이지만, 사람은 바른 기운[氣之正]을, 만물은 편벽된 기운[氣之偏]을, 사람은 통한 기운[氣之通]을, 만물은 막힌 기운[氣之塞]을 얻었다.

또한 사람의 형체는 천지와 상응하고 있다. 원형의 머리는 위에 있어서 하늘을, 방형의 발은 아래에 있어서 땅을 상징한다. 북극은 하늘 중앙의 북쪽에 있으므로 사람의 百會穴은 정수리 뒤편에 있고, 일월의 왕래는 하늘의 남쪽에 있으므로 사람의 두 눈은 모두 앞에 있으며, 바닷물은 맛이 짜고 모든 강물이 흘러 들어가는 곳으로 남쪽 아래에 위치해 있기에 사람의 성기 또한 앞쪽의 아래편에 있는데, 이는 바른 기운을 얻었기 때문이다.

만물 가운데 짐승의 머리는 옆으로 비껴있고, 식물은 아래로 머리를 향하고 가지와 잎은 위에 있다. 이는 동물과 식물 모두가 편벽된 기운을 받

63) 玄相允, 朝鮮儒學史, (民衆書館, 1977), 2쪽.
64) 위의 책, 2쪽.

았기 때문이다. 사람의 기운은 투명하나 만물의 기운은 폐쇄되어 있으며, 사람은 오행의 빼어난 기운을 얻었기에 만물 가운데 신령스러운데 반하여, 만물의 기운은 통하지 못하고 막혀있어, 마치 연기가 가득차 있는 것처럼 폐쇄되어 있기에 이치와 의리를 통할 수 없다."[65)]

성리학이 무엇인가를 알아보기 위하여 장황하게 인용했는데, 그것은 한마디로 우주 만물의 근본 이치와 생성 원리를 깨우쳐 주는 것이라 할 수 있다. 또 그것을 설명해 주는 중요한 이론이 理氣論이요 陰陽五行學이란 것을 예증해 준다.

이러한 성리학을 우리나라에 최초로 받아들인 학자는 고려 말 安珦으로 알려졌다. 그는 1243년에서 1306년까지 생존했던 당시의 명신으로, 연경에 가서 〈朱子全書〉를 보고 손수 그 책을 베껴왔다. 또 공자와 주자의 화상을 그려가지고 돌아와서 주자학을 연구하였다. 주자를 숭배하여 그의 초상을 항상 벽에 걸어두고 주자의 호인 晦庵의 晦字를 따서 스스로 호를 晦軒이라 하였다. 이것은 주자의 저서를 보고 거기에 심취하였음을 단적으로 증명해 주는 것이다. 안향은 이처럼 주자에 심취했고 주자를 존경했고 그의 학문을 연구했던 인물이니, 그를 우리나라에 주자학을 받아들인 최초의 인물로 간주하는 것은 당연하다고 본다.

2) 훈민정음 창제의 원리

훈민정음 창제의 원리를 지금은 성리학의 음양오행설에 의하여 풀이하고 있다. 그러나 1940년 경상북도 안동군의 어느 집 다락에서 우연히 「훈민정음 해례본」을 발견하기 이전에는 그 설이 분분했던 것이다. 그 기원설 가운데 몇 가지를 들어보면 훈민정음은 여진 글자에 의하여 만들어졌다고 하는 견해를 비롯하여 일본글자와 같이 한

65) 朴浣植 驛, 性理學이란 무엇인가, (여강출판사, 1994), 34쪽.)

자에서 왔다고 하는 견해, 범자 즉 고대 인도글자에서 왔다고 하는 견해, 서장글자에서 왔다고 하는 견해, 몽고글자에서 왔다고 하는 견해들이 있었고, 심지어 어떤 사람들은 우리 글자 모양의 네모난 것이 많은 것은 우리 창문의 창문살이 네모났기 때문에 그것을 본뜬 데서 왔을 것이라고 하는 「창호설」까지 내 놓았다.[66)]

그러나 〈훈민정음해례〉는 이 잡다한 학설을 불식시키고 易學의 原理에 의하여 만들어졌음을 〈제자해〉에서 밝히고 있다.

> "천지의 근원은 오직 음양과 오행뿐이다. 태초의 저 깜깜칠야의 세계에서 一元의 태극이 생겨나서, 이 태극이 움직이고 쉬고 하여, 마침내 음과 양이 생겨났고 드디어 우주의 동이 크기 시작하였던 것이다. 그러나 무릇 하늘과 땅 사이에 있는 생물이면, 어떤 것이든 이 음양에서 생겨나지 않은 것이 없다. 사람의 말소리에도 모두 음과 양의 이치가 들어 있는 것인데, 다만 사람들이 그것을 살피지 못하였을 뿐이다.
>
> 이제 정음을 만드는데 있어서도, 이는 처음부터 슬기로써 추진하고 힘으로써 모색한 것이 아니다. 다만 그 말소리에 따라서 그 이치를 밝혀서 글자를 만들어 내었을 뿐이다."[67)]

위의 해례에서 밝힌 것을 보면 훈민정음을 만드는데 처음부터 슬기로써 추진하고 힘으로써 모색한 것이 아니라고 하였다. 천지의 근원은 오직 음양과 오행뿐이라고 하였으니, 그 음양오행의 원리에 의하여 만들었다는 것을 분명히 하고 있는 것이다.

그러나 렴종률은 이 음양오행의 제자 원리를 부정하고 있으니, "훈민정음 창제자들은 제자해에서 우리 글자의 제자원리와 우리말 말소리의 여러 가지 특성을 설명함에 있어서 그와 아무런 관계도 없는 음양오행설을 도입하고 있다. 그들은 자음이나 모음의 음향학적 특성을 이 관념론적인 철학에서 만물의 기초로 보는 쇠, 나무, 물,

66) 림종률, 훈민정음에 대하여, (한국문화사, 1995), 58쪽.
67) 신상순 · 이돈주 · 이환묵 편, 훈민정음의 이해, (한신문화사, 1988), 244~245쪽.

불, 흙이나 소위 삼재라고 하는 하늘, 땅, 사람의 관계로 설명하였다. 말소리 현상에 음양오행설을 인위적으로 끌어온 것은 우리말 말소리의 특성을 있는 그대로 깊이 고찰하는데 많은 지장을 주었다."[68] 고 하였다.

렴종률의 주장대로 과연 음양오행설이 훈민정음 제자 원리와 아무런 관계가 없는 것인지, 훈민정음 창제자들이 이야기한 것처럼 음양오행의 원리에 의하여 만든 것인지를 검증하기 위해서는 그 음양오행설을 자세하게 알아보는 길밖에 도리가 없다고 생각한다.

"주역의 주장에 따르면, 하늘과 땅을 비롯한 우주의 만물은 모두 음·양 2원이 맞서서 성립되어 있다. 보기를 들면 해는 양이오, 달은 음이며, 낮은 양이요, 밤은 음이며, 굳건한 것은 양이요 유순한 것은 음이며, 높은 것은 양이요 낮은 것은 음이며, 큰 것은 양이요 작은 것은 음이며, 착한 것은 양이요 악한 것은 음이며, 길한 것은 양이요 흉한 것은 음이며, 봄·여름은 양이요 가을·겨울은 음이란 것이다. 그러니 우주의 모든 사물이 음양 2원으로 되어 있다고 하겠으며, 이 음양이 있으므로 말미암아 우주에는 시간이 이루어지니, 양이 음을 향해 움직임으로 해서, 우주의 운행이 생겨났던 것이다."[69]

인용문에서 보인 것처럼 우주만물은 음양의 도로 이루어지지 않은 것이 한 가지도 없다. 음양은 실로 생성의 대원리라 할 수 있으므로 음양의 도를 모르고서는 사물의 이치를 알기 어렵다. 음양의 작용력은 크게는 천지를 창조하는 대원소가 되고, 작게는 미물, 곤충에 이르기까지 그 영향력을 행사한다.

이러한 음양론은 말소리에도 그대로 적용되는 것이다. 그래서 훈민정음 해례에서 사람의 말소리는 모두 음과 양의 이치가 들어있는데, 다만 사람들이 그것을 살피지 못하였을 뿐이라고 했던 것이다. 특히

68) 림종률, 앞의 책, 51쪽.
69) 신상순 외, 앞의 책, 246쪽.

중성은 天 · 地 · 人 三才說을 적용하여 만들었던 것이니, 〈·〉의 꼴이 둥긂은 하늘을 본떴고, 〈ㅡ〉의 꼴이 평평함은 땅을 본떴고, 〈ㅣ〉의 꼴이 곧추 섬은 사람을 본떴다고 하였다. 그 다음 이〈· ㅡ ㅣ〉를 어울려서 〈ㅗ ㅏ ㅜ ㅓ ㅛ ㅑ ㅠ ㅕ〉의 양성계 모음과 음성계 모음을 만들었던 것이다. 그 다음은 五行의 원리에 대하여 살펴보자.

> "오행이란 木, 火, 土, 金, 水의 다섯 가지 각기 다른 특성을 말한다. 만약 이 세상에 五行의 작용력이 없거나 오행의 각기 다른 靈力이 없이 단 하나의 기질로만 되었다면 우주를 포함한 삼라만상은 도저히 그 생명력을 존속시킬 수 없어 즉시 멸망해 버리고 말 것이다. 우주 안에 있는 모든 천체는 물론 해와 달이 순환하고 사시가 순환하며 만물이 生生不已하는 것은 오로지 음양오행의 작용력 때문이다. 오행의 덕은 생극하는데 있다. 생극의 덕은 부족한 것을 생하여 돕고, 지나친 것을 극하여 중용의 도를 유지하는데 있다. ~중략~ 봄, 여름, 가을, 겨울 사시의 순환도 오행의 작용력이요, 춥고, 덥고, 따뜻하고, 서늘한 기후의 변화도 오행의 생극작용에 의함이며, 인간이 나서 자라고 늙고 병들어 죽는 것도 오행의 생극작용 때문이다."[70)]

이러한 논리를 밑받침하면 천지의 만물은 오행에 소속되지 않는 것이 하나도 없다는 이야기가 된다. 그만큼 우리 생활에서 5라는 숫자가 가지는 의미가 크다. 사람의 손가락이나 발가락이 5으로 이루어졌고, 우리 몸의 중요한 기관인 장기는 간장, 심장, 비장, 폐장, 신장 등 5장으로 이루어졌다. 하여간에 훈민정음 〈초성해〉에는 "人之有聲本於五行"이라 전제해 놓고 낱낱의 글자를 풀이해 나갔는데, 그 내용은 다음과 같다.

> "〈목구멍〉은 깊숙하고 젖어있으니 물 [水] 에 해당한다. 목구멍소리 [喉音] 가 비어 있고 막힘이 없음은 물이 환히 맑으며 거침없이 흘러감과 같다.

---

70) 書誠佑, 易學原理와 命理講義, (明文堂, 1990), 85~86쪽.

〈어금니〉는 우둘우둘하면서 기니, 나무 [木]에 해당한다. 어금니 소리 [牙音] 가 목구멍소리와 비슷하면서 단단함은, 나무가 물에서 났으나 모습을 가지고 있음과 같다. 〈혀〉는 날카로우며 움직이니 불 [火] 에 해당한다. 혓소리 [舌音] 가 구르면서 날름거림은, 불이 굴러 퍼지면서 날 뛰는 것과 같다. 〈이〉는 단단하며 물건을 끊으니 쇠 [金] 에 해당한다. 잇소리 [齒音] 가 부서지면서 막힘은, 쇠는 부스러져서 가루가 되나 다시 붙어서 단단하게 되는 것과 같다. 〈입술〉은 모나며 합해지니 흙 [土]에 해당된다. 입술소리 [脣音] 가 머금어지고 편편해짐은 땅이 만물을 간직하면서도 넓고 큼과 같다."[71]

이렇게 해서 목구멍소리, 어금닛소리, 혓소리, 잇소리, 입술소리에 대한 설명을 오행의 원리에 따라 풀이하고 있는 것이다. 그러나 훈민정음은 천지인 삼재설과 음양오행의 원리에 의하여 만들었다는 제가의 설명은 그대로 확인된 셈이다. 더욱이 훈민정음을 창제한 세종대왕이나 집현전 학자들이 성리학에 조예가 깊었던 분들이란 점에서 훈민정음은 성리학적 이론과 철학을 배경으로 하여 만들어진 우리나라 고유의 문자라고 하는 기존 학설을 진리로 받아들여야 한다.

3) 제상 차림의 원리

우리나라 家禮의 주류는 四禮의 모체격인 송나라 朱文公家禮를 본받아 만든 것이라고 한다. 바로 이 文公家禮에 따라 조선시대 중종이후부터 四代奉祀를 行祀하여 왔으며, 그 변천 과정을 상고해 보면 고려 공양왕 2년에서 圃隱 鄭夢周先生의 발의에 의해서 만들어진 제례 규정에서 비롯되었다.[72] 이 규정에 의하면 大夫(四品 이상) 이상의 관직이 있는 사람은 三代封祀를 하도록 했고, 六品 이상은 二代封祀, 七品이하와 일반 서민은 부모의 제사만 지내도록 했다. 그것이

71) 신상순 외, 앞의 책, 247~ 248쪽.
72) 韓國族譜新聞社, 姓氏史料編纂委員會, 鍾山家禮, 1998, 4.22. 224쪽.

조선조에 들어와서 성종 때 경국대전을 만들면서 약간 변동이 있었는데, 士大夫(四品 이상) 이상은 四代封祀, 六品 이상은 三代封祀, 七品 이하는 二代封祀, 一般庶民은 부모의 제사만 지내도록 규정했던 것이다.

이러한 제도가 구한말 갑오경장 이후 계급 사회가 무너지자 班常의 구별 없이 모두 사대부의 예절에 따라 四代奉祀하는 것이 일반화 되었다. 그러니 祭禮든 喪禮든 儒學의 禮法에 따라 지내게 되었던 것이고, 특히 朱文公家禮에 영향을 받아 정몽주의 발의에 의해서 만들어진 제례 규정이고 보면, 그것이 성리학적 이념을 배경으로 해서 만들어졌다는 것이 증명된 것이다. 그러면 이처럼 儒家에서 중시하는 제상차림의 원리와 원칙을 알아보고, 제물의 의미에 대해서도 동양철학의 원리를 적용하여 풀이한 것[73)]을 알아보자.

(가) 원 리

① 신위는 전체 제사의 주체가 됨으로 우주원리의 1 완성의 의미를 뜻한다.

② 촛대2, (국밥)등은 2개를 의미하고 陰과 陽을 뜻한다. 1번과 2번을 합하여 天 · 地 · 人 3이 된다.

③ 탕은 3탕을 원칙으로 하고, 어, 육, 체로 하여 天 · 地 · 人이라는 뜻이 있다.

④ 진설을 할 때 가로로 5줄을 놓는 것은 5運(5氣)의 뜻이 있기 때문이다.

예) 과일줄(1행), 나물줄(2줄), 적줄(3행), 탕줄(4행), 메줄(5행)

(나) 원 칙

① 左脯右醯 포는 왼편에 놓고 식혜는 오른편에 놓는다.

② 魚東肉西 어류는 동쪽에 놓고 육류는 서쪽에 놓는다.

---

73) 제상차림의 원리와 원칙, 제물의 의미에 대한 설명은 「바른 문화의 바른 이해」의 제공자 강형무씨의 설을 인용하였음.

③ 東頭西尾 생선의 머리는 동쪽을 향하고 꼬리는 서쪽을 향하게 놓는다.

④ 紅東白西 과일이나 조과의 붉은 색은 동쪽으로 놓고 흰색은 서쪽으로 놓는다.

⑤ 棗栗梨柿 서편에서부터 대추, 밤, 배, 감 순으로 놓는다.

(다) 제물의 의미

① **대추** : 대추는 우리가 사는 태양이 속해 있는 대은하계 모형을 나타낸 것이다. 그러므로 대추는 제물 중에서 마땅히 으뜸 되는 과일이다. 천부경의 일시무시의 일과 같은 의미이며 대추의 씨는 1개이고 대추살은 은하계의 중력층을 나타낸다.

② **밤** : 밤은 1析 3極 중에 3극에 해당되는 것으로 3극은 1인 하나 속에서 나온 것으로 밤송이 1개 속에 3톨의 알이 들어 있는 과일이다. 또한 1석 3극 속에는 각기 특유의 기질을 가지는 5기가 들어 있는데 그 기질이 바로 우리 인간에게는 성질로 나타난다.

③ **감** : 감은 씨가 6개다. 천부경의 六생 七八九운의 육감 세계를 나타낸 것으로서 우리 몸의 물리적인 몸의 작용, 오감 세계를 벗어난 영적인 의미를 나타낸다. 그래서 감은 고욤나무에 접을 붙여야만 감나무가 된다. 감은 우리 몸의 신명 접합을 뜻한다. 감이 우리 몸이라면 그 몸속에 순수 본성의 1과 성장의 기질인 오기가 들어있음을 꼭지의 구조를 보면 알 수 있다.

④ **사과** : 사과는 자비, 사랑을 뜻하며 모양이 하드형으로 사랑을 의미한다. 사과는 우리 본성의 주인인 영을 찾았다면 이 영을 키우고 진화하기 위해서는 사랑하는 마음 우주의 원리 등을 알고 기운이 돌아가는 운기법을 알아서 영의 성장을 도모해야 한다는 뜻이다.

⑤ **배** : 의식이 높은 완성된 인간을 의미한다. 사랑의 마음이 일어나고 〈플라스〉 발상의 사고의식이 삶의 습관을 이루고 의식이 향상되면 배처럼 황금색으로 지혜를 가득 채운다는 뜻이다. 황금색은 깨달

음의 색 오행의 土에 해당하고, 숫자로는 5, 10, 그리고 土, 중앙, 중용, 황제, 완성의 뜻이 있다. 배는 물기가 많아 시원하다. 이는 〈水〉에 해당하고 이 오행의 水는 우주 생명의 원리라는 의미가 있어서 기도할 때 청수를 떠놓고 기도한다.

⑥ **호두** : 우리의 뇌를 의미한다. 호두는 지혜가 발달되고 몸에 밝은 기운이 감돌며 상단전으로 기운이 올라가 우리 뇌의 개발이 이뤄진다는 뜻으로 호두는 우리의 뇌를 닮았다.

⑦ **은행** : 우주선을 의미한다. 뇌가 발달되어 근대화되면 인류는 고도의 뇌를 이용하여 비행접시 같은 우주선을 만들어 하늘에 도전을 한다.

⑧ **포도** : 조직을 의미한다. 한 송이에 많은 열매들이 달려 있어서 이것은 조직을 뜻한다. 어느 집단적인 조직, 국가 등을 의미한다. 즉 이런 문화를 알리기 위해서는 조직이 잘 정비된 많은 조직들이 있어야 된다는 뜻이다.

⑨ **고사리** : 손의 모양을 닮았으며, 손이란 일을 한다는 의미를 나타낸다. 고사리는 모양이 우리의 손을 닮아있다. 하늘로 향하는 그 손이 마치 땅에서 마음이 성장하여 하늘을 알고 하늘 일을 하기 위해 하늘을 향해 기운을 받아 일을 행하는 모습이다.

우리는 손을 일의 도구 "일손이 있어야 일을 하지"하고 자주 말을 한다. 이런 어투로 보아서 손을 일꾼으로 본다. 고사리의 모양은 하늘 세계의 기운이 피어오르는 모습을 하고 있으며, 옛날 유물 또는 벽화에 보아도 고사리 모양의 문양이 많이 그려져 있다. 이것이 기의 발생 모습을 나타내는 것이다.

⑩ **콩나물** : 우주 태초의 생명원리 1석 3극을 뜻한다. 도를 알면 무슨 도를 아느냐 음양의 도 깨달음의 도, 태, 클태, 콩태의 의미를 말한다. 큰 도를 알라는 뜻이다. 콩은 우주라는 뜻이고 이것은 근원인 0이나 1에서 나와 음과 양으로 나뉘어 두 쪽이 되고, 하나의 줄기가 나온다는 뜻과 모양을 가지고 있다. 즉 큰 도로써 대명지혜를 이룬다

는 뜻이다.

4) 시조 형성의 원리

위에서 살펴본 바와 같이 훈민정음 창제의 원리는 동양철학의 원리를 그대로 적용한 것이고, 제상차림의 원리 또한 동양철학의 원리를 그대로 적용한 것이다, 훈민정음 창제는 1443년이니 이 땅에 성리학이 들어온 다음에 이루어진 것이고, 제상차림의 원리는 고려 말 포은 정몽주로부터 비롯되었으니 이 또한 이 땅에 성리학이 들어온 다음에 형성된 제례 규칙이다. 이밖에 우리나라를 상징하는 태극기[74] 또한 동양철학의 원리에 따라 만든 것이다.

그러니까 세계적으로 인정받는 우리의 고유문자 훈민정음, 한국인이면 전통적으로 지키고 숭상하는 제례문화, 우리나라를 상징하는 태극기 등이 모두 성리학의 원리에 따라 만들어진 것이니 우리 문학을 대표하는 고유의 장르인 시조 또한 이러한 성리학의 원리에 따라 만들어졌을 것은 능히 짐직 되는 바다.

더욱이 시조 형성기의 대표적 작가인 여말의 우탁, 이색, 정몽주, 원천석, 범세동 등이 대표적인 성리학자 들이었다는 점에서 그 신빙성을 더해주고 있는 것이다. 이러한 작가들뿐만 아니라 그 당시 지어진 시조의 내용 또한 유가의 이념이나 자연 섭리를 그 주제로 하고 있다는 점에서 신빙성을 더해주고 있다.

이처럼 시조 형성의 원리가 명백한 데도 그 동안 국문학자들은 음악기원설과 같은 엉뚱한 이론에 매달려 시간을 허비해 왔다. 그런 가운데서도 최남구 같은 이는 성리학의 원리를 제시하여 시조의 본질을 증명할 수 있게 해주었으니 다행이라고 생각한다.

---

74) 태극기도 성리학의 원리로 풀린다. 가운데 둥근원은 태극을 상징한다. 위 부분 빨간색은 양이요, 파란색은 음이다. 우주만물이 음양의 조화를 통해 생성하고 발전한다. 네모서리의 괘는 건곤감리(乾坤坎離)이다. 건은 하늘이요 동쪽, 곤은 땅이요 서쪽, 감은 물이라 북쪽, 리는 불이라 남쪽이다.

"時調曲의 組織의 형식을 말하면 (1)三章이니, 時調一編을 初, 中, 末章하여 三章으로 분하였고 (2) 十二節이니, 以上 三章六句를 一句에 2절씩으로 분하여 12절을 정하였고 (3) 六句니, 이상 三章을 각각 一章에 二句씩 분하여 六句를 정했고 (4) 先三後五니, 長短을 先三後五의 형식으로 배정하여 初章起頭와 中章起頭와 末章起頭는 先三이라 하여 三點씩으로 규정되고 三章의 起頭以下는 後五라 하여 五點씩으로 규정하였다."[75]

윗글은 최남구의 「시조창법소고」에서 따온 것이다. 그는 박자와 장단과 절과 음이 각각 그 형식을 갖추어 규정적으로 조화가 되어야 완전한 시조 형태를 이룰 수 있다는 견해를 밝혔다. 이제 그의 설명을 더들어보면 ① 三章은 三極之道也요 ② 六句는 六爻之動也요③ 十二節은 配四時之理也요 ④ 先三後五는 先三點은 天地人 三才요 後五點은 각각 天地人에 五點씩 속하여 天에 五點, 地에 五點, 人에 五點씩으로 天有五星故로 金木水火土 五星을 응함이요, 地有五方故로 東西南北 中央 五方을 응함이요, 人有五常故로 仁義禮智信 五常을 응함이라고 하여, 시조 형식의 구성원리를 음양오행설에 의하여 설명하였다. 이러한 학설에 동조하면서 필자는 "시조의 형성 시기 문제"라는 논문을 통하여 다음과 같이 주장한 바 있다.

"3장 6구 12절의 시조 형식은 성리학의 대가가 아니고서는 그 형식을 창안해 낼 수 없다고 보았고, 그 이유는 시조의 형성원리가 천지인 삼재설이나 음양오행설과 같은 성리학이나 역학의 원리를 따라서 시조가 만들어졌다고 보았기 때문이다. 그래서 시조가 그 이전의 다른 문학 장르에서 왔다는 연원설을 부정하였고, 또한 시조가 우발적으로 발생했거나 자연발생적으로 아무도 모르게 태어났다고 하는 논리도 성립 안 된다고 하였다. 이러한 전제 아래 고려 말엽의 안향이 중국에서 성리학을 들여오기 이전의 작가와 작품들은 모두 믿을 수 없다고 하였던 것이다."[76]

---

75) 崔南九, 時調唱法小考, 朝光十一月號, 1940, (時調研究論叢, 111쪽.)

76) 원용우, 시조의 형성시기 문제, 「時調學論叢」 제11집, 한국시조학회 1995, 126쪽.

필자는 이 논문을 통하여 3장 6구 12소절의 시조 형식은 성리학의 대가가 아니고서는 그 형식을 창안해 낼 수 없다고 보았다. 그 이유는 시조의 형성원리가 천지인 삼재설이나 음양오행설과 같은 성리학이나 역학의 원리를 따라서 만들어졌다고 보았기 때문이다.

> "한편 평시조는 天地人 三才를 의미한 초중종장의 3장 구조를 지니고 있으며, 태극, 수, 화, 목, 금, 토 등의 역학과 오행의 원리에 입각해 있다. 각 음보, 곧 각 걸음걸이와 각 장이 相生 또는 相剋의 원리에 의해 길어지거나 짧아질 수 있도록 되어 있다. 그러므로 평시조의 형식과 구조를 논할 때 각 음보는 두 음보가 결합되어 하나의 구를 이룬다고 하여, 무조건 결합구조를 가지는 것으로 오해해서는 안 된다. 서로 결합되는 경우는 相生이지만, 相剋일 때는 음보와 음보가 하나의 구로써 결합되지 않을 수 있다. 평시조의 경우 종장의 첫 음보는 太極의 원리에 의하여 앞에서 전개된 시상을 원점으로 되돌려 무한한 느낌이나 감동을 자아내게 하는 역할을 수행하는 것이다."[77)]

최한선의 이론은 무엇보다도 시조형성의 원리를 천지인 삼재설이나 음양오행설을 적용하여 풀이한 점이 돋보인다. 그러나 각 마디의 음절수를 4걸음의 4음량의 반복이라고 해석한 것은 문제가 있다고 생각한다. 그의 이론을 더 소개하면 초장과 중장 등은 오행 곧 水, 火, 木, 金, 土의 상생과 상극의 원리에 따라 무한정한 시적 이미지, 시적 의미망 등을 창출할 수 있다고 했는데, 이러한 설명도 구체적으로 무엇을 지시하는 것인지 이해가 안 간다.

그리고 종장의 첫 음보를 우주만물의 본체인 太極이라 하였고, 그것이 3음절로 고정되는 것을 〈결음량〉이라고 했는데, 이 또한 자의적인 해석이라고 생각한다. 그리고 상극의 원리에 대하여는 "각 장이 길어지는 경우 무한정하게 길어지지 않도록 작용한 경우와, 각 음보에 잡다하게 붙을 수 있는 군더더기의 수식 어구를 제어하는데 작

77) 최한선, 시조의 형식구조와 가능태 「열린시조」 1997년 봄호 144쪽.

용하여 시조를 정갈하고 단아하게 만들었다."고 했는데, 그 이론은 음보수를 4음보로 제한하는 것이 상극의 원리이고, 음절수를 4음량 이상이나 이하가 안 되게 제한하는 것이 상극의 원리라는 이야기다. 원래 상극의 원리는 부족한 것을 생하여 돕고 지나친 것을 극하여 중용의 도를 유지하는데 있다고 되어 있으니, 최한선의 이러한 설명은 설득력이 있다고 하겠다.

이제까지 몇 사람의 이론을 들어보았지만, 주역의 원리에 의하여 풀어 보려고 한 공통점만 확인되었지, 그 원리 자체를 시원하게 풀어주지 못했다는 한계점이 있다.

시조 형식의 3장은 역학의 天地人 三才說에 의하여 이루어진 것이다. 이 三才說은 周易의 繫辭上傳에 나오는데, 일종의 점치는 방법과 연관되어 있다.

> "大衍의 수를 상징하는 筮竹은 50개이고, 그 중에서 太極을 상징하는 한 개는 젖혀놓고 사용하지 않는다. 그 태극은 天地萬物의 가장 근원으로서 변동하지 않는다는 의미를 지니고 있다. 서죽 49개를 둘로 나누어 두 손에 가진다. 그것은 하늘 [陽]과 땅 [陰] 의 二元을 상징한다. 그중의 한 손에서 한 개를 떼내어 따로 가진다. 이처럼 둘로 나누고 또 하나를 따로 떼내어 가지는 것은 天 · 地 · 人 삼재를 상징하는 것이다. 나머지 서죽을 네 개씩 네 개씩 덜어내는 데 이것은 4계절을 상징한다는 것이다. 네 개씩 떼어내고 나머지를 손가락 사이에 끼운다. 이것은 음력에 있어서 1년을 360일로 하고 남는 수를 모아 윤달을 만드는 것과 같은 이치를 본뜬 것이다."[78]

이처럼 역학에서는 점치는 방법을 천지인 삼재설과 음양오행설과 4계절의 순환원리를 적용하여 만들어냈다. 그러니 역학에 정통한 성리학자들이 시조의 형식을 창안해 낼 때 똑같이 천지인 삼재설과 음양5행설과 4계절의 순환원리를 적용하여 만들었을 것은 불문가지의

78) 南晩星, 譯解, 周易, (玄岩社, 1972), 293쪽.

일이다.

다음은 三章六句의 〈六句〉문제인데, 이것은 주역의 〈六爻〉의 원리를 본 따서 만든 것이다. 〈周易〉이란 서적은 내용이 넓고 커서 모든 것을 구비한다. 天地人의 법칙이 모두 그 속에 포함되어 있다. 天地人 3가지를 각각 두 爻씩으로 상징하여 六爻가 된다. 그러므로 六爻라는 것은 딴 것이 아니라 하늘과 땅과 사람의 법칙을 보인 것이다. (예: 上爻 · 五爻는 天, 四爻 · 三爻는 人, 二爻 · 初爻는 地를 상징한다) 爻에는 종류가 있다. 陽爻라고 하고 陰爻라고 한다. 陽爻와 陰爻가 서로 교착하니 문채라고 한다. (陽은 하늘, 陰은 땅을 상징하는 것으로 하늘은 검은 것, 땅은 누런 것, 검고 누런 것이 교착하기 때문에 문채를 이룬다는 것이다.[79]) 또 六爻의 움직임은 天地人 3가지의 지극한 법칙을 표현하는 것이라 하니, 〈六句〉에 대한 해석을 〈六爻〉의 원리로 푸는 것은 당연하다고 본다.

> "爻가 모여 卦가 되고 八卦가 발전하여 六十四卦가 된다. ~중략~ 卦를 구성하는 爻에는 陽을 표시하는 陽爻가 있고, 陰을 표시하는 陰爻가 있다. 양효를 표현하는 부호로 [—] 음효를 표현하는 부호를 [--]를 사용한다. 양은 하늘을 근본으로 하고 음은 땅을 본체로 한다. 천지 창조의 과정에 있어서 하늘이 시초이므로 하나를 의미하는 [—]로 양을 표시하고, 땅은 하늘의 다음으로 둘째이므로 둘을 의미하는 [--]로 음을 표시한다. 그러나 [—]과 [--]는 남녀를 상징한 것일지도 모른다. 爻를 양효와 음효 두 가지로 한 것은 하늘과 땅을 상징한 것이요, 효 세 개로 한 卦를 만든 것은 天 · 地 · 人의 세 가지 [三才]를 의미한 것이라고 한다."[80]

爻가 모이면 卦가 되는데, 그 爻에는 양을 표시하는 양효가 있고, 음을 표시하는 음효가 있다고 하였다. 이처럼 爻를 陽爻와 陰爻 두 가지로 나눈 것은 하늘과 땅을 상징한 것이고, 爻 세 개로 한 卦를 만

79) 南晚星, 위의 책, 314쪽.
80) 위의 책, 22~ 23쪽.

드는 것은 天 · 地 · 人 3가지를 의미한다고 하였다. 그런 의미에서 시조의 삼장은 天 · 地 · 人 삼재를 의미하는 것이고, 한 장이 둘로 나뉘어 三章이 六句로 된 것은 그 天 · 地 · 人 삼재가 각각 陽爻와 陰爻 두 가지로 나뉘어 六爻를 이룬 것과 같은 원리이다.

하여간에 옛날 성인이 周易을 만들 때 蓍草를 사용하는 방법을 생각해 내었다고 한다. 그래서 "하늘을 홀수, 땅을 짝수로 정하였다. 음양의 변화를 관찰하여 卦를 정하고 陰陽의 변화가 剛 · 柔로 발동되는 것을 爻로 표현하였다"고 하니, 爻와 卦의 의미는 드러났다고 본다.

그러면 다시 〈易〉의 근본원리를 생각해 보자 "易은 陰陽 二元으로 만유를 설명하지마는 보다 차원이 높은 형이상학적인 고찰을 한다면 만유의 근원을 단지 陰陽에 두지 않고 다시 太極이라는 一元을 두어 여기서 陰陽의 兩儀를 생하고 春夏秋冬 四象이 되고 다시 八卦로 발전하여 만물을 생성한다[81]고 되어 있다. 또 朱子는 太極圖에 대해서 말하기를 "太極이 動하여 陽을 生하고 靜하여 陰을 生하니 이와 같이 음양으로 나뉜 것을 兩儀라 한다. 음이 변하고 양이 합하여 四象이 되고, 五氣(木火土金水의 五行)가 섞여 八卦가 되고, 이 八卦가 거듭하면서 六十四卦가 된다."[82]고 하였다. 이러한 원리에 따르면 天地人 3가지가 있기 이전에 一元에 해당하는 太極이 있었다는 것을 실감하게 된다. 그래서 역의 원리에서는 "太極→ 天地人 三才→ 六爻"의 순서를 밟았듯이 시조 형식에서는 "一元→ 初中終 三章→ 六句"의 순서로 만들어 졌던 것이다.

다음에는 시조의 各 章이 4등분 되는데 대하여 생각해 보자. 주역의 점치는 방법에서는 筮竹을 4개씩 4개씩 덜어내는 것을 4계절을 상징한다고 했고, 역의 원리에서는 태극이라는 일원이 陰陽의 兩儀를 생하고 春夏秋冬 四象이 되고, 다시 八卦로 발전하여 만물을 생성한다고

81) 위의 책, 373쪽.
82) 曺誠佑, 앞의 책, 32쪽.

했다. 그런 의미에서 시조의 각 장이 4등분되는 것은 춘하추동 4계절의 원리를 반영한 것이라 할 수 있다. 또 崔南九는 時調 한 편이 12節로 되는 것을 "配四時之理也"라고 했는데, 이것은 시조 1편의 12마디가 1년 12개월을 상징하고 있다는 의미이다. 시조의 각 장이 4등분 되는 것을 春夏秋冬 4계절의 원리로 본다면, 시조의 1편이 12마디로 나뉘는 것은 당연히 1년 12달을 상징하는 것으로 보아야 할 것이다.

그러면 易의 原理에서 "太極→ 天地人 三才→ 六爻→ 十二月"의 순서를 밟는 것이, 시조의 형식에서는 "一元→初中終 三章→ 六句 → 十二節"로 역학의 원리를 적용해서 성리학자들이 시조 형식을 창안해 냈다는 결론에 도달하게 된다.

> "易은 보통 〈易經〉또는 〈周易〉이라고 불리우며, 〈書經〉, 〈詩經〉, 〈春秋〉, 〈禮記〉, 〈樂記〉와 아울러 六經이라고 하는데, 〈易經〉은 그중에서 제1위를 차지하고 있다. 〈易〉의 사상은 廣大深遠하여 萬世道統의 근원이며 聖人經論의 원리를 서술한 것으로서 東洋哲學思想의 根底이며 후세 모든 學의 근원을 이루었다. 〈易〉은 形而上學的인 윤리관을 통하여 세계관이 제시되었으며 이것이 유교의 세계관이었다. 중국의 모든 사상이 비록 다소의 견해의 차이는 있지만 직접간접으로 역의 사상의 영향을 받았다고 하여도 과언이 아닌 것이다. 특히 宋代 철학의 대표자인 周濂溪, 程明道, 程伊川, 邵唐節, 張橫渠 등을 비롯하여 그 영향을 받은 朱晦庵, 陸象山, 王陽明 등 제대가가 모두 이의 사상을 근본으로 하여 각자의 학설을 이루게 되었다."[83]

이처럼 역의 사상은 동양철학 사상의 근저이며 중국 모든 사상에 영향을 끼쳤다. 특히 송대 철학은 역사상을 더 체계적이고 심오하게 발전시켰는데, 이것을 달리 성리학이라 부르기도 한다. 그 대표적인 인물이 朱子와 程子이며, 이들의 학문을 고려 말 安珦이 우리나라에

83) 남만성, 앞의 책, 362쪽.

처음으로 받아들임으로써 본격적인 성리학 시대가 열리게 되었던 것이다. 그래서 고려 말 발생한 대표적인 우리 고유의 시가 즉 시조도 고려 말의 성리학자들이 그 성리학의 원리를 적용하여 시조 형식을 창안해 냈다고 하는 것이 필자의 기본적인 생각이다.

다시 시조의 형식을 보면, 3장6구12소절의 12마디는 절기의 12개월을 상징한다고 했는데, 각 달마다 소속된 地支를 표시하면 다음과 같다.

1월	2월	3월	4월	5월	6월	7월	8월	9월	10월	11월	12월
寅	卯	辰	巳	午	未	申	酉	戌	亥	子	丑

다시 이것을 3장 6구 12절의 시조형식에 대입하면 다음과 같다.

	1소절	2소절	3소절	4소절
초장	1월(寅)	2월(卯)	3월(辰)	4월(巳)
중장	5월(午)	6월(未)	7월(申)	8월(酉)
종장	9월(戌)	10월(亥)	11월(子)	12월(丑)

또 이것을 이제까지 알려진 기본 음수율로 표시하면 다음과 같다.

	1소절	2소절	3소절	4소절
초장	3	4	3(4)	4
중장	3	4	3(4)	4
종장	3	6(5)	4	3

시조의 음수율은 기본적으로 3음으로 시작해서 3음으로 끝나게 되어 있다. 그렇더라도 초장 3434, 중장 3434, 종장 3643으로 보는

경우와, 초장 3444, 중장 3444, 종장 3543으로 보는 경우 등 2가지가 있다고 본다. 여기서 두 가지 중 어느 것이 옳으냐 하는 문제는 논란의 여지가 많기 때문에 둘 다 옳다는 것이 기본적인 생각이고, 그렇더라도 한 가지 만 선택한다면 필자는 전자를 선택하겠다.

왜냐하면 1. 3. 5. 7. 9는 홀수이면서 陽數이고, 2. 4. 6. 8. 10은 짝수이면서 陰數이기 때문이다. 이러한 논리 아래 다시 도표화하면 다음과 같다.

	1소절	2소절	3소절	4소절
초장	3 · 홀수 · 양	4 · 짝수 · 음	3 · 홀수 · 양	4 · 짝수 · 음
중장	3 · 홀수 · 양	4 · 짝수 · 음	3 · 홀수 · 양	4 · 짝수 · 음
종장	3 · 홀수 · 양	6 · 짝수 · 음	4 · 짝수 · 양	3 · 홀수 · 양

시조의 형식은 음양 5행의 원리로 만들어졌음이 위의 표를 통해서도 확인된다. 시조 형식의 제1구 양과 음, 제2구 양과 음, 제3구 양과 음, 제4구 양과 음, 제5구 양과 음, 제6구 음과 양의 결합으로 되어 있는 것이다. 그러나 여기서 3음, 4음, 5음, 6음의 의미는 우리 국어의 글자 수를 표시한 것이다. 우리 국어는 명사에 조사를 붙이거나, 어간에 어미를 붙여서 활용할 때, 3글자로 된 낱말과 4글자로 된 낱말이 대부분을 차지하고 있다는 것은 통계 수자를 빌리지 않더라도 이미 상식화된 이야기다. 그러나 위에 제시한 시조 형식에서 3음, 4음, 5음, 6음 등의 숫자적인 개념을 가지고 배치할 때는 철저하게 음양교합의 원리를 고려하여 배치했음을 염두에 두어야 할 것이다. 그래서 제1구 34조, 제2구 34조, 제3구 34조, 제4구 34조, 제5구 36조, 제6구 43조를 이루게 되었다. 이러한 논리에 따라 각 장이 3 · 3 · 3 · 3조로 되었다거나 4 · 4 · 4 · 4조로 되었다는 것은 음양교합의 원리에 따라 성립될 수 없는 것이다. 여기서 각 구가 음양의

조화를 이룬 것은 상생이고, 그 조화를 깨뜨리고 음수만으로 이루어졌거나 양수만으로 이루어진 것은 상극이라고 생각한다.

하여간에 제1구에서 제5구까지는 3음인 홀수가 먼저 오고, 4음, 6음 등 짝수가 나중에 왔는데, 제6구만은 43조로 짝수가 먼저오고 홀수가 나중 왔음을 주의해 볼 필요가 있다. 왜 종장의 구성이 3634조가 되지 않고 3643조로 이루어졌느냐 하는 물음이다. 이것이 바로 시조 형식이 인위적으로 만들어지지 않고 역학의 원리와 삼라만상의 生長消滅 등 대순환의 원리에 근거하여 만들어졌음을 입증해 주고 있는 것이다.

식물이나 동물들은 이 세상에 나고 자라고 그리고 절정기를 맞이했다가 다시 노쇠해지거나 시들어 죽는다. 인간도 마찬가지, 사람은 이 세상에 태어나서 성장하고 청년기를 맞이하고 절정기인 장년기를 맞이했다가 노쇠하여서 죽어버리고 만다.

1년 12달의 의미도 마찬가지다. 봄에는 삼라만상의 새싹을 틔우고, 여름에는 왕성하게 자라고, 가을에는 오곡백과가 결실을 맺게 하고, 겨울에는 그 모습을 감추게 된다. 이러한 대자연의 섭리에 따라 시조 형식도 만들어졌으니, 초장에서는 그 시상을 시작하고 중장에서는 그 시상을 전개하면서 발전시키고 종장 첫 구에 와서는 36조로 껑충 뛰면서 절정에 이르게 하고, 둘째 구에 와서는 43조로 자연스럽게 내리막길을 달리면서 종결을 짓는다. 그러니까 종장의 첫째 구 36조는 절기에 있어서는 오곡백과가 결실을 맺는 9,10월에 해당하고 사람에 있어서는 최고의 왕성한 활동을 전개할 수 있는 장년기에 해당하게끔 배치했으니, 시조 형식의 절묘함을 통감하지 않을 수 없다. 그래서 종장 둘째 구를 3 · 4조로 하지 않고 4 · 3조로 한 것은 절정에 달한 시상을 자연스럽게 하강시키면서 시상을 종결짓는다는 의미를 갖는 것이다.

한마디로 이러한 음양교합의 원리와 대자연의 순환원리에 따라 시조의 기본 형식은 초장 3434조, 중장 3434조, 종장 3643조로 보는 것이 타당하다고 하겠다. 한편 음양교합의 원리에 따라 12마디 [소절]에 고루 배치되어 있는 3과 4 즉 양과 음이 합쳐지게 되면 시조 형식은 자연스럽게 6구체가 된다는 것도 부언해 둔다.

그리고 시조 형식 3장6구의 〈六句〉는 주역의 〈六爻〉의 원리를 따서 만든 것이라고 이미 이야기하였는데 , 그 爻의 순서와 지위를 알아보면 다음과 같다.

> "爻는 初爻에서부터 二爻, 三爻, 四爻, 五爻, 上爻의 순서로 위로 올라갈수록 어떤 사물이나 상태 발전 과정이나 상승 상태를 상징한다. 初爻를 일의 시작이라고 보면 상효는 그 완성을 의미한다. 또 효의 순서는 신분의 귀천을 상징하기도 한다. 위로 올라갈수록 존귀한 것이 된다. 〈周易〉은 예부터 初爻는 庶人, 二爻는 士, 三爻는 大夫, 四爻는 公卿, 五爻는 君主, 六爻는 太上尊者 또는 隱者의 지위라고 생각하고 있다. 그러나 앞에서 말한 바와 같이 第五爻의 지위는 특별한 것이다. 六爻 중 가장 존귀하고 중요한 것은 五爻의 위치이다. 상효는 높기는 하나 제왕의 지위는 아니다."[84]

여기 인용한 효의 순서와 지위가 시조의 시상이나 리듬의 전개 과정 또는 상승되고 하강되는 과정과 너무나 일치한다는 사실을 유념할 필요가 있다. 바로 상기 인용문은 시조의 형식 구조와 원리를 설명하는 데 그대로 대입할 수 있는 것이다. 효는 初爻에서부터 二爻, 三爻, 四爻, 五爻, 上爻의 순서로 위로 올라갈수록 어떤 사물이나 상태의 발선과정이나 상승 상태를 상징한다고 했는데, 시조 형식도 제1구에서부터, 2구, 3구, 4구, 5구, 6구의 순서로 이루어졌고 위로 올라갈수록 그 시상이나 리듬이 발전하거나 상승하는 과정을 겪게 되어 있다. 그래서 시조를 정형시라고 해서 단순한 외형률로 규정하는 것은 잘못되었다고 보는 것이다.

주역의 효에서는 初爻를 일의 시작이라고 보면 맨 끝 효인 上爻는

84) 남만성, 위의 책, 28쪽.

그 완성을 의미한다고 했는데, 시조의 형식에서도 제1구에서 시상이나 리듬이 시작되고 맨 끝구인 제6구에서 완성되어 종결을 짓고 있다. 주역에서 효의 순서는 신분의 귀천을 상징하고, 위로 올라갈수록 존귀한 것이 되고, 初爻는 庶人, 그 다음은 士, 大夫, 公卿, 君主, 隱者를 상징한다고 했다. 시조에서의 구의 의미도 제1구는 시상이 시작되는 곳이니 가장 미미하고, 제2구에서 그 시상이 발전 상승되고, 제3구, 제4구에서 고조시키다가, 종장의 앞 구인 제5구에서 절정기를 맞고, 제6구에서 완결 짓는다.

주역에서 제 五爻의 지위는 특별한 것이고, 六爻 중 가장 존귀하고 중요한 위치를 차지하고 있 것이 五爻라고 했다. 마찬가지로 시조에서 제5구의 위치 즉 종장의 첫째 구는 특별한 것이고, 모든 시상을 결집시키는 곳이라는 점에서 가장 중요하다. 시조를 창작할 때 그 성패 여부는 바로 이 종장 첫째 구를 어떻게 처리하느냐에 달려 있다. 다시 말해서 그 종장 첫째 구를 잘 살리면 그 작품은 성공할 수 있는 것이다. 얼마나 중요하면 주역에서 제5효를 군주 즉 제왕을 상징한다고 했겠는가, 6효는 높기는 하나 제왕의 지위는 아니라고 분명히 했다.

시조에서도 마찬가지다. 이 제5구 즉 종장 첫째 구는 起 · 承 · 轉 · 結 구조에서는 〈轉〉에 해당하고, 發端 · 展開 · 絕頂 · 結末 과정에서는 〈絕頂〉에 해당한다. 사람의 신분에 비유하면 제왕 즉 군주에 해당하는 곳이 제5구이다. 제6구도 중요하기는 하나 시상을 종결짓는다는 의미 외에 더 높이 살 것이 없다.

이처럼 周易에서의 〈六爻〉의 구조와 시조에서의 〈六句〉의 구조가 완전일치 한다는 것은 시조 형식이 주역에서 왔음을 입증시켜 주는 것이다. 다시 한 번 부언하거니와 시조 형식의 3장6구는 주역에서의 천지인 삼재설과 육효의 원리를 본 따서 어느 위대한 문학인이 창안해낸 것이다.

이 문제를 해결하기 위해서는 天地人 三才와 六爻와의 관계를 알아보는 것이 급선무다. 주역에서는 天·地·人 세 가지를 각각 두 효씩으로 상징하니 六爻를 이룬다고 하였다. 그러므로 六爻란 딴 것이 아니라 하늘과 땅과 사람의 법칙을 보인 것이다. 예를 들면 上爻·五爻는 天, 四爻·三爻는 人, 二爻·一爻는 地를 상징한다[85]는 것이다. 그런데 시조의 6구를 주역의 육효와 대비하면 제1구는 初爻, 제2구는 二爻, 제3구는 三爻, 제4구는 四爻, 제5구는 五爻, 제6구는 六爻가 된다. 따라서 시조의 3장은 天地人 三才와 六爻의 관계를 대비하여 초장은 地, 중장은 人, 종장은 天을 상징한 것이라 보아야겠다. 이러한 설명은 다음 인용문을 통해서도 그대로 증명되는 바다.

> "모든 괘는 여섯 효로 구성되어 있는데, 이 여섯 효를 읽을 때는 아래의 효에서부터 차례로 읽어나간다. 이는 만물이 아래에서 위로 자라기 때문이다. 각 괘에서는 위의 세효를 上爻, 아래의 세효를 下爻라 한다. 괘를 읽을 때는 상효와 하효를 구분하여 대비하면서 읽는다. 상효는 공간적으로는 하늘, 국가 단위로서는 국민이나 여론, 국가 공무원 중에서의 고위공무원, 회사의 경영진, 학교의 선생, 가정의 부모, 개인의 정신세계 등에 해당하고, 하효는 이와 반대로 우주에서의 땅, 국가의 공무원, 공무원 중에서의 하급공무원, 회사의 일반 사원, 학교의 학생, 가정의 자녀, 개인의 육체적 요소 등이 이에 해당한다."[86]

인용문에서 보면 상효는 공간적으로 하늘, 하효는 이와 반대로 우주에서의 땅이라고 하였다. 그러니 1, 2, 3효는 地를 상징하고, 4, 5, 6효는 天을 상징한다는 이야기다. 이것을 시조의 六句에 대입하면 1, 2, 3구는 地를 상징하고, 4, 5, 6구는 天을 상징한다는 의미가 된다. 또 시간적으로 상효는 우주 역사의 후반기, 국가나 왕조의 후반기, 회사나 사회단체의 후반기, 인생의 40대 이후에 해당하는 후반기. 한 사건의 후반부에 해당하고, 하효는 우주 역상의 전반기, 국가나 왕조의 전반기, 회사나 사회단체의 전반기, 인생의 30대 이전

85) 남만성, 앞의 책, 314쪽.

86) 李基東 譯解, 周易講說上, 成均館大學校出版部, 1997, 43~44쪽.

에 해당하는 전반기, 한사건의 전반부 등에 해당한다.[87)]

이처럼 시간상으로 살펴보아도 상효는 우주 역사의 후반기, 하효는 우주 역사의 전반기이고, 상효는 한 사건의 후반부에 해당 하고, 하효는 한 사건의 전반부에 해당한다고 했으니, 시조의 전반부에 해당하는 一·二·三句를 地, 후반부에 해당하는 四·五·六句를 天을 상징한 것이라 보는 것이 당연하다고 본다. 그렇더라도 이 六爻를 上爻와 下爻로 나누지 않고, 天·地·人 三才로 구분할 때는 上爻·五爻는 天, 四爻·三爻는 人, 二爻·一爻는 地를 상징하는 것이니, 시조에서의 六句도 一·二句는 天, 三·四句는 人, 五·六句는 天을 상징한 것이라 보아야한다. 이러한 논리에 따라서 時調와 天地人 관계는 初章(天)→ 中章(地)→ 終章(人)의 관계가 아니라 初章(地)→ 中章(人)→ 終章(天)의 관계란 것을 밝혀둔다.

그 다음 시조의 3장 6구에서 〈6구〉는 〈6효〉를 본 따서 만들었다고 하는 것은 이미 앞부분에서 밝힌바 있다.

> "주역이란 서적은 始初를 찾아서 終末을 살피는 것이 그 본질이다. 육효가 서로 섞여 있어서 그 한 효 한 효는 각각 그 한때의 일을 보여주는 것이다. 初爻의 뜻은 알기 어렵고 上爻의 뜻은 알기 쉽다. 初爻는 사물의 근본이요 上爻는 사물의 결말인 것이다. 初爻는 근본이기 때문에 사물의 미세한 시작으로서 아직 드러나지 않은 것이다. 그러므로 초효의 爻辭를 비유하여 설명한다. 그래서 알기 어려운 것이다. 上爻는 일의 이루어진 결말이므로 드러난 것이어서 알기 쉬운 것이다."[88)]

하여간에 시조의 6구는 제1구에서 제6구까지 순차적으로 되어있고, 주역의 六爻는 初爻, 二爻, 三爻, 四爻, 五爻, 上爻의 순서로 되어있다. 상기 인용문에서 주역이 시초를 찾아서 종말을 살피는 것이라 했는데, 시조도 내용이나 형식을 시작하는 제1구가 있고 그것을

87) 위의 책, 44쪽.

88) 남만성, 앞의 책, 313쪽.

끝맺는 제6구가 존재한다. 주역의 六爻에서는 한 효 한 효가 각각 그 한때의 일을 보여준다고 했는데, 시조의 6구도 제1구에서 6구까지 각각 그 임무나 역할이 다르다고 생각한다.

주역에서 初爻의 뜻은 알기 어렵고 上爻의 뜻은 알기 쉽다 했고, 初爻는 사물의 근본이요 上爻는 사물의 결말이라고 했다. 마찬가지로 시조의 제1구에서는 무슨 이야기를 하려는지 그 뜻을 알기 어렵고 제6구에서는 이미 하고 싶은 이야기를 다했으니 그 뜻을 알기 쉽다고 본다. 그리고 제1구는 시상을 시작하는 곳이니 사물의 근본이요 제6구는 모든 시상이 완결되는 곳이니 사물의 결말이란 말이 그대로 들어맞는다.

그리고 주역에서 初爻는 근본이기 때문에 사물의 미세한 시작으로서 아직 드러나지 않는다고 했는데, 이것은 시조 초장의 제1구의 역할과 동일하다. 또 상효는 일의 이루어진 결말이므로 드러난 것이어서 알기 쉽다고 했는데, 이것은 시조 종장의 제6구의 역할과 동일하다. 이러한 원리에 따라 시조의 6句는 주역의 六爻를 본 따서 만든 것이다.

그 다음 시조 형식을 보면 초장 4마디, 중장 4마디, 종장 4마디로 각 장이 4마디씩 나뉘어지게 된다. 이것 또한 〈易〉의 원리에 바탕한 것이니 "周易은 陰陽 二元으로 萬有를 설명하지마는 그 근원을 따져보면 단지 음양에 두지 않고, 다시 太極이라는 一元을 두어 여기서 陰陽의 兩儀를 생하고, 春夏秋冬 四象이 되고, 다시 八卦로 발전하여 만물을 生成한다"[89]는 논리에 따라, 春夏秋冬 四象을 상징한 것으로 풀이된다. 즉 4계절의 순환원리를 반영했다는 이야기다.

하여간에 시조 형식은 3장 6구 12소절로 되어있지 않는가. 시조 한 장이 4마디로 되어있는 것을 4계절의 순환원리라 한다면, 시조 한 수가 12소절로 되어있는 것은 1년 12달을 상징한 것이라고 보아야 한다. 그러면 시조의 제1구는 1 · 2월, 제2구는 3 · 4월, 제3구는 5 · 6

89) 위의 책, 373쪽.

월, 제4구는 7 · 8월, 제5구는 9 · 10월, 제6구는 11 · 12월이 된다.

이것은 時調의 6구가 周易의 6효와 같다는 것을 설명할 때 이미 증명하였다. 제1구인 1 · 2월은 주역의 初爻처럼 사물의 시작이요 근본이고, 제6구는 11 · 12월로서 사물의 결말이요 완성을 의미하기 때문이다. 따라서 제5구는 주역에서 제왕의 위치인 제 5효에 해당하고, 모든 사물의 완성기, 완숙된 경지, 절정 상태를 의미하는 것이다. 이러한 논리는 다음의 인용문을 통해서도 그대로 증명되는 바다.

> "하나의 괘는 공간적으로 보면 하나의 우주이기도 하고, 하나의 세계, 하나의 국가, 하나의 사회단체, 하나의 가정이기도 하다. 또 시간적으로 보면, 한 우주의 시작에서 끝날 때까지의 일생을 의미하기고 하고, 한 세계의 문화사나 국가의 일생이기도 하며, 한 왕조의 일생, 한 사회단체의 일생, 한 개인의 일생이기도 하고, 한 사건의 시작에서 끝날 때까지이기도 하다. 그러므로 하나의 괘를 대할 때엔 이 모든 경우에 해당될 수 있다는 것을 전제로 하고 임해야 한다."[90]

상기 인용문을 보면 하나의 괘는 공간적으로는 하나의 우주를 상징하지만 시간적으로 보면 한 우주의 시작에서 끝날 때까지의 일생을 의미한다고 하였다. 또한 한 개인의 일생이기도 하고, 한 사건의 시작에서 끝날 때까지의 시간을 의미한다고 하였다. 그래서 시간적으로 보면 작게는 하루 또는 한 달, 크게는 1년, 또는 사람의 일생을 의미하는 것이다. 그렇기 때문에 시조 한 장이 4음보로 구성된 것은 춘하추동 4계절을 의미하고, 시조 1편이 12마디로 구성된 것은 1년 12달을 상징한 것이다. 이러한 12개월의 논리는 달도 "초승달→ 만월 → 그믐달"로 가고, 사람도 "유년→ 청년→ 장년→ 노년"으로 가듯이, 모든 동식물, 오곡백과의 생장소멸 원리에 그대로 적용되는 대자연의 섭리인 것이다.

---

90) 이기동, 앞의 책, 43쪽.

지금까지 논의된 내용들을 바탕으로 도표화하면 다음과 같다.

초 장	3(양)	4(음)	3(양)	4(음)	四象
地	1월	2월	3월	4월	四季節
중 장	3(양)	4(음)	3(양)	4(음)	四象
人	5월	6월	7월	8월	四季節
종 장	3(양)	6(음)	4(음)	3(양)	四象
天	9월	10월	11월	12월	四季節

위 도표에서 보듯이 시조는 제1구에서 6구까지 홀수음과 짝수음으로 배열되어 있다. 그것은 마치 주역의 六爻에서 陽爻와 陰爻가 고루 배치된 것과 같은 이치이다. 그런데 제1구에서 제5구까지는 3 · 4조나 3 · 6조로 되어 있는데, 제6구만은 4 · 3조로 그 위치가 전도되었다. 그것은 등산의 원리와 달이 차고 기우는 원리, 사람이 청장년기를 맞이했다가 기력이 하강해서 노년기를 맞는 원리와 같기 때문에 4 · 3조로 전도 될 수밖에 없는 것이다.

그리고 위에 나타난 음수율을 보면 3 · 4조, 3 · 6조, 4 · 3조 등으로 나타났는데, 이것은 철저하게 음양교합의 원리에 따른 것이다. 그래서 시조의 기준 음수율은 초장3434, 중장3434, 종장 3643이라고 생각한다. 그렇더라도 설제 시조 작품이 위의 원칙과 완전 부합되지 않고 천변만화의 자수율울 지니게 되는 것은 바로 주역의 원리에 따랐기 때문이다.

"그러므로 하늘의 이치를 상징하여 陰과 陽이라고 하였다. 땅의 법칙을 본받아 柔와 剛이라고 하였다. 사람의 도리를 세워 仁과 義라고 하였다. 이렇게 天地人 세 가지 (三才)를 겸하여 포함하였으되 모두 둘씩으로 표현하였다. 그러므로 주역에는 여섯 획으로 한 괘를 이루게 되었다. 그 여섯 획은 각각 그 위치에 따라 양이 있어야 할 위치(초효, 3효, 5효)와 음이 있어야 할 위치(2효, 4효, 상효)가 나뉘어져 있다. 그러나 이 여섯 개의 음양의 위치에는 剛爻가 오기도 하고 柔爻가 오기도 하여 괘에 따라 무한한 변화가 나타난다. 그러므로 주역은 여섯 자리의 爻의 변화로써 길흉과 변화를 나타내는 문채를 이루는 것이다."[91]

위의 이론에 의하면 天地人 三才에다가 天에는 陰陽, 地에는 柔剛, 人에는 仁義를 상징해서 6효가 생겼고, 주역에서는 그 6효로 한 괘를 이룬다고 하였다. 그 6효는 위치에 따라 陽爻와 陰爻로 나뉘어지는데, 여기에는 또 剛爻가 오기도 하고 柔爻가 오기도 해서 괘에 따라 서로 바뀌어진다는 것이다. 이렇게 음양의 효가 그 위치를 서로 바꿈에 따라 주역에는 무한한 변화가 나타나고 주역은 6개의 효의 변화로써 길흉과 변화를 나타내는 문채를 이룬다고 하였다.

우리들은 이 周易에서의 6효의 원리가 시조 형식에서의 6구의 변화의 원리와 완전 부합된다는 사실에 주목하지 않을 수 없다. 이미 잘 알려진 사실이지만 초장 3434, 중장 3434, 종장 3643이라고 하는 기준 음수율에서 각 구마다 또는 각 절마다 1 · 2음절씩 가감할 수 있는 융통성이 있어서 시조의 율격은 작자에 따라 또는 작품에 따라 무한한 변화가 나타나게 되어 있다. 그 6구와 12소절에 음양의 변화, 즉 홀수음과 짝수음의 변화를 자유자재롭게 함으로써 시조의 내재율은 천변만화를 일으킬 수 있었던 것이다. 이러한 시조의 특성을 잘 대변해 준 것이 노산 이은상의 다음과 같은 통계표이다.[92]

장 별	제 1 구	제 2 구	제 3 구	제 4 구
초 장	2 ~ 5자	2 ~ 6자	2 ~ 5자	4 ~ 6자
중 장	1 ~ 5자	2 ~ 6자	2 ~ 5자	4 ~ 6자
종 장	3	5 ~ 8자	4 ~ 5자	3 ~ 4자

91) 남만성, 위의 책, 318쪽.

92) 李殷相, 時調短型芻議, 東亞日報, 1928.3(時調研究論叢, 300쪽)

기존 시조작품에서 각 구마다 또는 각 소절마다 얼마나 많은 자수변화가 있었으면 저러한 통계표가 나왔겠는가. 그래서 노산 이은상은 저러한 시조의 특성을 "定型而非定型" 또는 "非定型而定型"이란 말로 표현하였다. 그 다음 조윤제는 시조의 형식은 장가나 경기체가와 같은 연장 형식은 아니지만, 흔히 이것을 초중종 3장으로 분장하고, 다시 각장은 4구로 나누어지고, 그리고 각 구는 3음 혹은 4음으로 되어 있다는 논리를 전개해 나갔다.

> "그 각장 각구의 배음을 표시 하면 초장 3434 중장 3434 종장 3543으로 되었다. 그러나 이것은 시조의 기준형이고 실제의 시조를 당하여 보면 얼마든지 그 변형이 있을 수 있다. 즉 3장12구라는 원칙은 변함이 없다 하지마는 각구의 음수는 3이 4가 될 수도 있고, 4가 3이 될 수도 있으며, 또 3이 2가 될 수도 있고, 4가 5로 될 수도 있을 뿐 아니라, 5가 6혹은 7로 될 수도 있는 등 실로 그 변화가 무쌍하다."[93)]

조윤제는 시조의 배음이 초장 3434, 중장 3434, 종장 3543으로 되는 것을 기준형이라 했고, 이러한 원칙이 지켜지지 않는 것을 변형이라고하였다. 각 구의 음수가 3이 4가 될 수도 있고, 4가 3이 될 수도 있고, 3이 2가 될 수도 있고, 4가 5로 될 수도 있고, 5가 6혹은 7도 될 수 있어서 변화무쌍하다고 하였다. 시조의 글자 수가 이처럼 일정하지 않고 변화무쌍하다는 것은 周易에서 陰陽의 爻가 그 위치를 서로 바꿈에 따라 무한한 변화가 나타난다는 원리와 그대로 부합된다.

필자는 시조의 기준 음수율을 초장 3434, 중장 3434, 종장 3643이라고 하였다. 이러한 기준음수율을 이은상의 통계표에 대입해 보면 초장제1절은 증2 감1, 제2절은 증2 감2, 제3절은 증2 감1, 제4절은 증2 감0이 된다.

중장 제1절은 증2 감2, 제2절은 증2 감2, 제3절은 증2 감1, 제 4절은 증2 감0가 된다. 또 종장 제1절은 증감 모두0, 제2절은 증2 감1,

93) 趙潤濟, 國文學槪說, (探求堂, 1973), 111쪽.

제3절은 증1 감0, 제4절은 증1 감0가 된다. 또 종장 제1절은 증감 모두 0, 제2절은 증2 감1, 제3절은 증1 감0, 제4절은 증1 감0이 된다. 노산 이은상은 고시조 몇 천수를 대상으로 글자 수를 헤아려 위와 같은 통계표를 만들었는데, 이것을 기준 음수율과 대비한 결과 증감이 없는 경우, 1음절이 증감된 경우, 2음절이 증감된 경우 등 3가지 경우를 들 수 있다는 것이다.

그렇다면 증감이 없는 경우는 기준 음수율을 잘 지켰으니까 논란거리가 안 된다. 그러나 증감이 생긴 경우에 왜 하필이면 1~2음절의 증감이 일어났느냐 하는 물음이다. 생각 같아서는 3음절, 4음절, 심지어는 5음절이라도 증감시킬 수 있는데, 왜 1~ 2음절만 가감시켰는지 이에 대한 분명한 해답이 있었어야 되겠다. 이것은 주역의 6효에서 음양의 위치를 바꿈으로써 천변만화를 일으키는 논리가 적용된 것이다. 6효에서 음양의 위치를 바꾸게 하는 것이 시조에서는 각 소절에 1 · 2음절을 가감할 수 있게 만들어 무수한 율격이 창조될 수 있게 하였다.

이때 1음절은 양의 수이고, 2음절은 음의 수이다. 1. 3. 5. 7. 9는 양의 수란 점에서는 동일하고, 2. 4. 6. 8. 10은 음의 수란 점에서 동일하다. 주역에서도 1은 양이요 2는 음이다. 음양의 변화를 일으키는데 의미가 있는 것이지, 숫자를 많게 하고 적게 하는데 의미가 있는 것은 아니다. 그래서 주역에서는 각 효마다 음양의 위치를 바꾸면서 변화를 주었던 것이요, 마찬가지로 시조에서는 각 장마다 1 · 2음절씩 가감시키면서 무수한 창조적 리듬을 생성시켰던 것이다.

"이 우주와 우주 안에 있는 천지만물의 창조되는 원리는 이 수에 비유해서 말할 수 있다. 맨 첫장에 우주 창시론에서 無極에서 一氣가 생기고, 一氣에서 陰陽兩儀로 나누고, 양의에서 四象과 八卦와 五行이 생기고, 음양의 조화와 오행의 작용으로 모든 삼라만상이 생성되기도 하고 사멸되기도 한다 하였다. 이를 수적 이론으로 비유하면 無極은 零이요, 一氣는 모든 수의 기본이 되는 一과 같다. 원래 우주의 大元靈이 되는 太極에는 靈과 體 두 가지 원소가 포함되어 있다. 그리고 우주를 포함한 삼라만상의 대생명은 처음도 끝도 없으므로 마치 원(0)과 같은데, 이것이 바로 태극이다.

원은 0이요, 동그라미요, 또는 靈이요, 영은 아무것도 없는 無極이면서도 대 생명력의 근원이 되는 靈이 되고, 무극에서 一氣가 생겼듯이 0에서 수의 맨 첫 번째인 一이 생겨나니 이것이 바로 무에서 유가 비롯되는 과정이요, 삼라만상이 하나하나 창조되는 시작이라 할 수 있다."[94]

인용문을 보면 無極에서 一氣가 생기고, 一氣에서 陰陽이 생기고, 음양에서 四象 · 八卦 · 五行이 생긴다고 하였다. 그런데 無極은 零이란 것이고, 우주를 포함한 삼라만상의 대생명은 처음도 끝도 없는 圓(0)과 같은데 이것을 太極이라고 하였다. 이처럼 태극은 아무것도 없는 무극이면서 대생명력의 근원이 된다고 했는데, 시조 종장의 첫 음보가 과연 0이요 동그라미요 靈이요 大生命力의 근원 역할을 한다는 것인지 묻고 싶다.

그처럼 無에서 有를 창조하는 역할을 하는 것이 아니라 초장에서 詩想이 시작되고, 중장에서 계승 발전된 것을 종장에서 마무리 지을 수 있도록 초 · 중장과 종장의 관계를 긴밀하게 연결해 주는 구실을 한다고 보아야 할 것이다. 그러기에 종장 첫마디의 3이란 숫자는 고정시켜서 정형시로서의 장치를 마련하는데 마지막 보루 역할을 하고 있는 것이다. 최한선은 시조 종장의 첫째 구 3을 전환이라 했고 6을 마무리 하고 했는데, 그런 것이 아니고, 이 양자의 관계 즉 3 · 6조의 역할은 조임과 풀림, 굽힘과 높임, 고착과 유동, 응집과 확대, 전환과 고조 상태를 견지하면서 정형시로서의 시조의 묘미를 한껏 발휘하는 장치라고 본다.

그렇다면 왜 종장 첫 구의 제1절을 3음으로 고정시켜야 했는가. 이것은 양의 계절에서 음의 계절로 바뀌는 전환점이기에 다른 곳은 다

94) 조성우, 앞의 책, 56쪽.

유동시키면서 이곳만은 고정시켜 양의 계절에서 음의 계절로 넘어가는 기준점이 된 것을 확인시켜 준 것이다. 예를 들면 봄 · 여름은 양의 계절이고, 가을 · 겨울은 음의 계절이다. 3, 4, 5, 6, 7, 8월은 양의 계절이요, 9. 10. 11. 12. 1. 2월은 음의 계절이다. 이처럼 절기에서 대변환을 가져오는 곳이 9월이기에, 시조 형식에서도 그 9월에 해당하는 종장 첫 구의 제1절만은 고정시켜 시상의 대전환을 가져오게 하는 기준점임을 확인시켜 주고, 그곳에 큰 의미를 부여하기 위해서 다른 11개 소절은 음절 변화를 가져오게 하면서 이 제5구의 첫 소절만은 고정시켜서 정형시로서의 장치를 마련해 두었다. 사실 이 종장 第一句의 第一節마저 고정시키지 않고 음절 변화를 자유롭게 한다면 시조는 정형시가 아니라 해도반론을 펴기 어려울 만큼 중요한 장치라고 생각한다.

또 한 가지 문제는 시조에서 다른 節의 상한선은 6음절까지로 하고, 종장 第二節의 상한선은 왜 8음절까지 확대시켰는가 하는 점이다. 이것은 周易에서 제5효는 제왕의 위치이니까 중대하듯이, 시조에서는 제5구가 시상이 초고조로 집중되고 확대되는 곳이므로 다른 곳의 최고 상한선 6음절에 2음절을 추가하여 8음절까지 쓰도록 허용하였다. 하여간에 종장의 기준음수율은 3 · 6 · 4 · 3으로 보는 경우와 3 · 5 · 4 · 3이라 보는 경우 등 두 가지가 있다. 여기에서 35조를 기준음수율로 정하면 우선 음양교합의 원리에 어긋난다. 혹자는 35조로 해야 맞다고 하는데, 양+양이면 그 힘이 극대화 된다는 논리는 주역의 설명 어디에도 없다. 오히려 음양이 만나서 힘을 합하고 조화를 이루어야 힘이 극대화되는 것이다.

또 이것이 36조가 되어야 함은 적어도 앞의 3음절을 고정시켰기 때문에 확 풀어준다는 의미가 있고, 주역으로 말하면 이곳이 제왕의 위치이니까 그 중요성에 값하기 위하여 앞의 3음을 배가해서 6으로 정했다는 의미도 있다. 그래서 다른 11개절에서는 최고 상한선인 6음을 이곳에서는 기준음수율로 정해놓고 그에 상응하는 대접을 해주었다고도 볼 수 있다.

그리고 주역에서는 각효에 음양의 위치를 바꾸면서 무수한 변화를 일으킨다고 했는데, 시조에서는 1(양)~2(음) 음절을 가감시킴으로써 무수한 율격을 창조하게 되었다. 이런 논리를 적용했을 때 종장 제1구 제2소절의 기준음수율을 5음이라 한다면 5+2=7이 되어 그 상한선이 7음밖에 안 되는 미달 현상을 가져온다. 그 기준음수율을 6으로 보고 6+2=8음을 상한선으로 해야 논리적인 면이나 실제 작품의 통계면에 부합된다고 하겠다.

하여간에 시조 연구가나 시조 창작자나 시조의 각 소절은 1~2음절을 가감시킬 수 있다고 하였지, 1~3음절을 가감시킬 수 있다고 한 사람은 아무도 없었다는 점을 중시해야 될 것이다. 이러한 이유들로 해서 시조 제5구의 율격은 35조가 아니라 36조가 되어야 한다. 기본음수율 6음에 2음절을 증가해서 그 상한선도 8음까지 되었다고 해야 전후좌우에 모순이 없게 된다.

그리고 시조 종장의 둘째 마디에 4음이 와서는 안 되고 반드시 5음 이상이어야 하는 이유는 무엇인가. 6효에서 제5효가 가장 중요하고 위치가 대단하듯이 시조에서는 제5구가 제일 중요하고 시상이 집중되는 곳이다. 그래서 이곳은 기준음수율 6음에 1을 감하여 5음까지 허용하였고, 2를 증하여 8음까지 확대시킬 수 있게 했다. 만약에 이곳도 하한선을 4음까지 허용하면 3 · 4조를 이루는 경우가 생겨 다른 구들과 대등한 위치를 접하게 된다. 즉 제5구의 중요성을 인식하고 그에 값하는 대접을 하기 위해서 5음 이하는 허용하지 않았던 것이다.

또 왜 종장의 제2절에서 8음까지만 허용하고 그 이상은 안 되는가, 이것은 기준음수율 6음에 가감 허용음수율 2를 더해서 8음까지를 상한선으로 한 것이다. 그리고 기존 작품이나 창작에서 이곳을 9음까지 둔 경우가 거의 없다는 점도 또 한 가지 이유가 된다. 다른 장의 제2절의 기준음수율이 4음이라서 34조를 이루었는데, 그 4음을 배가해서 38조를 이루었으면 최고의 대접을 해주었다는 점도 이해해야 될 것이다. 따지고 보면 그 8음도 2개의 절로 나누어질 수 있지 않는가. 그러나 9음이 되면 3. 9조가 되어서 곤란하고, 2개의 절 이상이 되어서 대접해 줄 수 있는 한계선을 넘어섰다고 생각한다. 그래서 최고 8음까지를 그 상한선으로 정했던 것이다.

이제까지 시조의 제5구, 즉 종장 제1구의 의미에 대하여 장황하게 설명했거니와, 노산 이은상의 통계를 보면, 그 기준음수율에 1~2음절을 가감함으로써 시조에는 1음, 2음, 3음, 4음, 5음, 6음, 7음, 8음 등이 다양하게 사용되었다. 최저 1음에서 최고 8음까지 자유자재로 시조를 쓸 수 있으니, 시조는 반자유시라 해도 손색이 없는 것이다. 이제 각 음의 의미를 따져보면 一音은 一氣(一元), 二音은 천지 또는 음양, 三音은 天地人, 四音은 四象 또는 4계절 五音은 金木水火土 5행을, 六音은 初爻, 二爻, 三爻, 四爻, 五爻, 上爻 등 6효를, 7음은 日月火水木金土 일주일을, 八音은 乾坤坎離艮太巽震 등 8괘를 상징한 것이다.

시조의 형성원리를 논의하게 되면 자연적으로 시조의 연원 문제를 거론하게 되어 있다. 지금까지 시조의 유래는 불가기원설, 한시기원설 등 외래연원설과 민요기원설, 향가기원설, 속요기원설, 음악기원설, 신가기원설 등 재래연원설로 나뉘어 각기 다른 주장을 펼쳐왔다. 그런데 필자는 이러한 제설들을 부정했던 것이고, 시조는 어느 다른 장르에서 유래된 것이 아니라 어느 위대한 사람에 의하여 창안된 문학 형태라는 전제 아래, 그 형성원리를 밝혀야 한다고 생각하였다. 그 형성원리가 주역에 근원을 두었다는 것은 이미 오래전에 감지하였기에, 시조만 놓고 논의하는 것보다는 다른 전통문화의 근원도 역의 원리에서 왔다는 것을 함께 살핌으로써 확신을 갖고자 하였다.

그래서 2. 성리학의 전래, 3. 훈민정음의 창제원리, 4. 제상차림의 원리, 5. 시조형성의 원리 순서로 논의를 전개했고, 그 논의된 내용을 정리하는 것으로 결론을 대신하고자 한다.

2장에서 주역은 철학이라 보았고, 宋明은 그 철학적 방면 즉 성리학을 발달시켰다고 하였다. 성리학은 한마디로 우주만물의 근본 이치와 생성 원리를 깨우쳐주는 학문이다. 이러한 성리학을 우리나라에 최초로 받아들인 이는 1243년에서 1306년까지 생존했던 고려 말의 유학자 안향이라고 하였다. 안향은 주자를 숭배하여 그의 초상화를 항상 벽에 걸어 두었고, 그의 학문에 심취했던 인물이다.

3장에서 훈민정음 창제의 원리는 「훈민정음 해례본」이 발견됨으로써 주역의 원리에 의하여 만들어졌음이 밝혀졌다고 하였다. 즉 음양오행의 원리에 의하여 만들어졌다는 이야기다. 그래서 중성은 천지인 3재설을 적용하여 만들었고, 초성은 오행의 원리에 의하여 만든 것으로 보고, 목구멍소리, 어금닛소리, 혓소리, 잇소리, 입술소리에 대한 설명을 예로 들어보였다.

4장에서 우리나라의 제상차림의 원리는 송나라 「주문공가례」를 본받아 만든 것이라고 하였다. 고려 말 포은 정몽주에 의하여 제례규정이 비롯되었고, 조선시대는 성종 때 경국대전을 만들면서 개정하였고, 구한말 갑오경장 이후는 반상의 구별 없이 사대 봉사하는 것이 일반화되었다고 하였다. 이러한 배경을 가진 제상차림은 우주의 원리, 천지인 삼재설이나 음양오행의 원리에 의하여 만들어졌음을 확인 하였다. 아울러 제물로 차리는 모든 과일이나 음식도 이러한 원리가 적용된다는 사실을 알게 되었다.

5장에서는 시조의 형성원리를 밝히는데, 필자는 이미 "시조의 형성시기 문제"라는 논문에서, 3장6구12소질의 시조 형식은 천지인 삼재설과 음양오행설과 같은 성리학이나 역학의 원리를 본 따서 만들었다고 이야기한 것을 전제하고, 그 원리를 밝히는 작업을 하였다. 논의된 바는 시조의 3장은 주역의 천지인 삼재의 원리를 본딴 것이고, 6구는 6효의 원리를 본 따서 만들었다고 하였다. 그리고 각장이 4등분 되는 것은 춘하추동 사상을 의미한다고 보았고, 시조 한편이 12절로 된 것은 1년 12개월을 상징한다고 보았다. 그래서 역의 원리에서는 "태극→ 천지인 삼재→ 육효→ 사상(사계절)→ 12월"의 순서를 밟았는데, 시조 형식에서는 "무극→ 초중종 3장→ 6구→ 4등분(각장)→ 12절"로 되어, 역의 원리와 시조 형식은 완전히 부합된다.

특히 시조의 음수율이 정형시이면서도 자유자재롭게 변화하는 것은 주역에서의 육효가 음양의위치를 바꾸면서 천변만화를 일으키는 것과 같은 원리라고 하였다. 하여간에 우리의 대표적인 전통문화, 예를 들면 훈민정음, 제상차림, 태극기, 풍수지리 등이 모두 주역에 근원을 두었듯이, 시조의 3장 6구 12소절의 형식도 이러한 주역의 원리에 바탕을 두고 역동 우탁 선생이 창안했을 것이라 본다.

제II부 형태구조론

1. 시조 형식에 대한 논의

시를 외면적 형식에 의하여 구분하면 정형시, 자유시, 산문시 등으로 나눈다. 그런데 고려 말 경에 형성되어 지금까지 계승 발전되어 오는 우리 민족 고유의 시가인 시조는 정형시라고 알려졌다. 우리는 고정된 형식을 가진 작품을 가리켜 정형시라고 한다. 다시 말하면 예로부터 이미 확립되고 패턴화되어 반복적으로 사용되어 온 것을 고정된 형식이라고 하는데, 이와 같이 일정한 틀을 가진 고정된 형식으로 제작되는 작품을 정형시라고 한다.[95]

예를 들면 유럽의 정형시로는 오우드(Ode), 론도오(Rondeau), 리메리크(Iimeriek) 등이 있고 중국의 정형시로는 오언절구와 칠언절구 등이 있다. 그러면 먼저 그 형식 문제에 대하여 좀더 자세히 알아보면, 코울리지는 독일의 비평가 쉴레겔의 뒤를 이어서 그것을 기계적 형식과 유기적 형식으로 구별한 바 있다. 기계적 형식이란 우리가 어떤 틀로 진흙을 눌러 찍을 때와 같이 이미 존재하는 모형을 말하고, 유기적 형식이란 내적인 것, 즉 그것이 발전하면서 내부로부터 스스로 형상화하는 것이며, 그 발전의 완성은 바로 그 외부 형식의 완전함과 동일하게 된 것을 의미한다.[96]

어쨌든 시조에는 고정된 형식이 있을 것이고, 그 고정된 형식을 인식하는 데는 논의자 마다 의견을 달리해서는 안 된다는 것이 필자의 기본 생각이다. 그런데도 우리의 시조 형식을 규정하는 데는 3장 6구설, 3장 8구설, 3장 12구설 등이 혼재해 있어, 이 방면에 관심을 가

95) 文德守 · 金時泰 共著, 文學槪論, (詩文學社, 1981), 65쪽.
96) 權澤英 · 崔東鎬 編譯, 文學批評用語事典, (새문사, 1985), 281쪽.

진 분들이나 시조 창작에 임하려는 사람들에게 큰 혼란을 주고 있는 것이 사실이다.

이처럼 주장을 달리하더라도 각 논의자들이 생각하는 시조의 기본 모형 역시 달라진다면 별 문제가 없다. 동일한 대상, 즉 동일한 실체를 놓고 보는 이의 관점에 따라 3장 6구설, 3장 8구설, 3장 12구설로 분분해지기 때문에 문제가 되는 것이다.

그렇더라도 시조 한 수가 3장으로 구성된다는 점에 대해서는 별다른 이론이 없고, 다만 시조 한 수가 몇 구로 구성되었느냐 하는 점에 대해서만 현안으로 남아 50여 년간의 숙제로 되어있다. 그런 점에서 이 문제에 대한 제가들의 논의를 구체적으로 살펴보고, 동시에 가장 합리적인 이론이 어떤 것인가를 가름해 보려는 것이 본고의 목적이다.

1) 3장 6구설에 대한 논의

시조의 장구 개념이 본격적으로 논의된 것은 1926년 경부터라 생각되고, 그 중에서도 가람 이병기의 〈시조란 무엇인가〉라는 논문 속에서 그 문제에 대한 구체적인 언급이 있었던 것이다. 한편 이론서는 아니지만 우리나라 최초의 개인 시조집 「백팔번뇌」가 같은 해 육당 최남선에 의하여 발간되었는데, 이 책의 기사 형식은 모두 6구 형식 즉 6행 표기법을 구사하였다. 그런 점에서 육당은 시조 형식을 6구체형으로 인식한 최초의 인물로 생각된다.

> "時調詩의 정형에 있어 제일조건은 六句三章이다. 이 六句三章으로 조직된 것은 절대 불변의 형식이니, 이것이 시조시의 결정적 구성 형식의 특성이다. 고로 시된 본성의 律動 · 旋律 · 和諧 등 三法은 이 六句三章 內에 배열하여 있는 것이다."[97]

---

97) 安自山, 時調詩와 西洋詩, 文章二卷一號, 1940(時調研究論叢, 175쪽)

안자산의 소론을 인용해 보았거니와, 그는 서양시는 강약음을 율동의 중심으로 삼은 고로 행수 즉 구수에는 엄격한 제한이 없지만, 시조시는 그 강약 음절이 미약하여 다만 철음의 수에 의하여 시형의 기준을 삼게 된다고 이야기하였다. 그러니까 시조의 율격 체계를 음수율로 인식했던 것이다. 그는 〈朝鮮詩歌의 條理〉(동아일보 1930.9.24.)라는 논문 중에서 〈時調의淵源〉이라는 소제목으로 시조 율격에 대한 언급이 있었는데, 여기서도 그는 "시조는 3장 6구체"라는 것을 주장하였고, 윗글에서도 시조의 정형에 있어 제일 조건은 6구 3장이라고 논술하였다.

또 이 6구 3장으로 조직된 것은 절대 불변의 형식이라 하였고, 시조시의 결정적 구성 형식의 특성이라고 했으니, 그는 누구보다도 3장 6구설을 강력하게 내세웠던 인물로 추정된다.

> "時調曲의 組織의 형식을 말하면 (1) 三章이니, 時調一篇을 初·中·末章하여 三章으로 分하였고 (2) 十二節이니, 以上 三章六句를 一句에 二節씩으로 分하여 十二節을 定하였고 (3) 六句니, 以上 三章을 각각 一章에 二句씩 분하여 六句를 定했고 (4) 先三後五니, 長短을 先三後五의 형식으로 配定하여 初章起頭와 中章起頭와 末章起頭는 先三이라 하여 三點씩으로 規定되고, 三章의 起頭 以下는 後五라 하여 五點씩으로 規定하였다."[98]

윗글은 최남구의 〈시조창법소고〉에서 따온 것이다. 그는 박자와 장단과 절과 음이 각각 그 형식을 갖추어 규정적으로 조화가 되어야 완전한 시조 형태를 이룰 수 있다는 견해를 밝힌 바 있다. 이제 그의 설명을 더 들어보면 ① 三章은 三極之道也요 ② 六句는 六爻之動也요 ③ 十二節은 配四時之理也요 ④ 先三後五는 先三點은 天地人 三才요 後五點은 各各 天地人에 五點씩 속하여 天에 五點, 地에 五點, 人에 五點씩으로 天有五星故로 金木水火土 五星을 應함이요, 地有五方故

98) 崔南九, 時調唱法小考, 朝光十一月號, 1940(時調研究論叢, 111쪽).

로 東西南北 中央 五方을 應함이요, 人有五常故로 仁義禮智信 五常을 應함이라고 하여, 시조형식의 구성 원리를 음양오행설에 의하여 설명하였다.

> "章 하나면 넉넉할지 모르나 그것은 너무나 무참한 구속이다. 그러기에 초장과 중장을 마련하였다. 그러나 결국 분방할 자유가 없었다. 길게나 짧게나 하재도 할 수 없는 이 必然에서 생긴 三章六調다, 대륙도 섬도 아닌 반도다. 俳句의 간결한 결론엔 晏然하는 樂天性이 없다. 이는 동시에 사설시조, 엇시조보다 평시조가 더 발달된 이유도 된다. 하여튼 국민적 감정 · 율동이 낭글낭글 익었을 때 뜻하지 않고 읊은 것이 시조였으리라."[99]

인용문은 조남령의 「내가 본 시조형」이란 글에서 따온 내용이다. 그는 시조 한 수의 길이를 더 길게 하려고 해도 또는 더 짧게 하려고 해도 할 수 없는 필연에서 생긴 3장 6조라고 하였다. 여기서 〈3장 6조〉라는 말은 우리들이 지금 쓰고 있는 3장 6구라는 말과 같은 뜻으로 쓰인 것이다. 그의 설명을 더 들어보면 지금 우리가 〈형〉이라고 하는 것은 감동 · 율동을 의미한다고 하였다. "튀어나오는 초장, 펴나가는 중장, 억제하려고 애쓰는 종장, 그런데 이를 가지고 尾韻이 어떻느니, 각 장이 몇 자씩이니 하는 이가 있으니, 그건 누가 규정하였던 것이며, 어느 문헌에 적혔드냐, 고시조 자수가 일정하여졌든가"[100]라고 반문하면서 자수율 따지는 사람들에게 불만족스럽다는 태도이다.

> "四十五字를 대단위로 하여 그를 다시 內分하여 三章에 나누어 十五字를 一章으로 한다. 一章 十五字를 다시 나누어 內句를 七字 外句를 八字로 정하니 內七外八이 엄격한 자수를 율동 구성으로 한 바 그것을 반복하여 삼장을 조직한 것이다."[101]

99) 曺南嶺, 내가 본 時調型, 文章二卷六號, 1940(時調研究論叢, 363쪽)
100) 조남령, 위의 논문, 363쪽.
101) 金鍾湜, 時調槪論과 作詩法, (大東文化社, 1950), 101쪽.

이 글에서는 시조 형식을 규정하는 잣대를 주로 자수율에 두었다. 그래서 45자를 대단위로 한다고 했고, 15자를 한 장으로 한다고 했고, 내 7 외 8의 엄격한 자수를 율동 구성으로 한다는 이론을 제시했던 것이다. 비록 3장 6구라는 말을 직접 사용하지는 않았지만 내구를 7자, 외구를 8자로 정한다는 말은 바로 3장 6구설을 주장한 것이나 지지한 것으로 보아진다. 다음은 리태극의 시조 형식론을 소개해 보고자 한다.

> "이것은 三章(行)六句로 총 자수 四十四字 내외의 구성을 가진 정형시인데 매구의 자수 기준은 七字 중심이요, 終章(第三行) 첫節만이 「三字固定」과 六字內外로 된 「七七 · 七七 · 九七」조 기준의 고유시인 것이다. 또 이 한 구를 각각 2분절로 나누어서 十二分節로 된 「三四 · 三四 三四 · 三四 三六 · 四三」조를 기준으로 한 정형시로 보아도 좋다. 각 시조집에 있는 대부분의 시조가 다 이 단시조에 드는 것이다."[102]

이것은 단시조 즉 평시조에 대한 형식론을 전개한 것이지만, 그대로 시조 형식에 대한 규정이라 생각해도 별다른 잘못이 없다. 왜냐 하면 보통 시조하고 하면 이 단형의 평시조를 의미하고, 우리 옛시조의 주류를 이루는 것도 바로 이 평시조이기 때문이다. 리태극은 시조 형식을 자수율에 의하여 규정하려는 태도를 지녔다. 그래서 전체적으로 살펴보면 「七七 · 七七 · 九七」조가 된다고 했던 것이고, 七字句는 六字 七字 八字가 가장 많고 五字句는 중장 초구에 많다고 했던 것이다.

아울러 종장 초구의 七字 內外는 첫 분절 「三字」가 고정이기 때문에 제2분절 六字句는 대개 五字나 六字가 된다고 하였다. 또 終章 二句는 四字三字의 逆構成을 하는 것이 보통이나 四四조도 많다고 하였다. 이러한 자수 구성을 하면 자연 拍數(音步數)도 맞고 한 수의 총 자수도 44자 내외가 된다는 것이다. 그리고 각 구는 2분절하게 되어 있는데, 그 분절 원칙은 先短後長으로 구성되고 다만 끝구인 제6구

102) 李泰極, 時調槪論, (새글사, 1959), 69쪽.

만은 先長後短으로 마감된다는 것이 그의 이론이다.

> "그것은 다름 아닌 우리 정신의 본향, 우리 정서의 본류인 민족시가 〈시조〉다. 다시 말해 3장 6구에 갈무리 되어 있는 민족혼의 내재율 3 · 4 · 3 · 4(초장), 3 · 4 · 3 · 4.(중장), 3 · 5 · 4 · 3(종장)의 시조인 것이다. ~중략 ~ 이 3장 6구에는 우리 민족의 온갖 사고, 온갖 행위, 온갖 습속까지가 다 담겨져 있는 것이다."[103]

실제로 창작에 전념하는 시조시인 정완영의 견해를 들어보았다. 그도 또한 시조 형식은 3장 6구라는 것이며, 이 3장 6구 속에는 우리 민족의 온갖 사고, 온갖 행위, 온갖 습속까지 다 담겨져 있다고 본 것이다. 예를 들면 춘하추동 계절의 행이, 할머님의 물레잣던 손길, 늙은 농부의 도리깨 타작, 우리 어머님들의 다듬이 소리, 어깨춤도 절로 흥겹던 농악에 이르기까지 가만히 새겨 보고 새겨 들으면 3장 6구 아닌 것이라 고는 하나도 없다는 것이다.

심지어 구부러진 고향 길, 동구 밖의 느티나무, 유연히 앉아있는 한국산의 능선들, 부연 끝의 풍경소리, 亞字창의 창살, 어느 것 하나 3장 6구의 시조가락 아닌 것이 없다는 것이다.[104] 또한 흐름[流]이 있고, 굽이[曲]가 있고, 마디[節]가 있고, 풀림 [解]이 있는 우리 시조는 그저 우연히 이루어진 것이 아니라 우리 정신의 大脈이 절로 흘러들어 필연적으로 이루어진 歌形이란 것이다.

한편 시조의 묘미는 內七 · 外八 · 內七 · 外八이다가 일변하여 內八 · 外七로 된 데에 있다[105]고 한 이론이나, 단적으로 말하면 시조는 3장 내외 6구로 된 정형적 서정시이며, 점잖은 양반 계급의 창의 문학[106]이라는 이론이나, 시형은 3장6구체를 기준으로 하고 평시조형

103) 鄭椀永, 時調創作法, 中央新書96, (中央日報社, 1981), 8쪽.

104) 위의 책, 8쪽. 참조.

105) 梁廉奎, 國文學槪說, (精研社, 1959), 286쪽.

106) 金東旭, 國文學槪說,(民衆書館, 1975), 77쪽.

이외의 創案은 생각지 말 것[107]이라고 한 이론 등은 한결같이 3장 6구설을 주장한 것으로 생각되고, 그 밖에도 많은 예를 들 수 있다.

2) 3장 8구설에 대한 논의

이 3장 8 구설은 유일하게 가람 이병기에 의하여 주장되었던 시조형식론이다. 그는 시가에 대한 운율론을 전개하면서 시가는 그 의미와 운율이 일체가 되어야 한다는 견해를 밝힌 바 있다. 의미 곧 운율, 운율 곧 의미가 되지 않으면 이른바 그 내심률의 표현이 잘된 것이라고 볼 수 없다는 이야기다.

또 그는 〈글귀〉라는 용어에 대하여 다음과 같이 설명하였다. 즉 〈구〉라는 말은 우리말로 〈마루〉라 하여 옛날부터 歌人律客들이 즐겨 써오던 말이란 것이다. 그 의미를 살펴보면 산문에서 이르는 구는 그 글 뜻을 따라 자수가 일정치 못한 것이 많고, 시가에서 이르는 구는 그 율격을 따라 자수가 일정한 것이 많다고 하였다. 그런데 우리 시가에서 쓰던 句따위는 1자1구와 같이 된 것은 없고 적어도 3자 이상이 모여야 비로소 한 구를 이루게 된다는 것이 그의 이론이다.

좀 더 부연하면 이러한 구중에는 五字句 · 六字句 · 七字句 · 八字句 · 九字句을를 쓴 시가가 많으며, 이 따위 구들은 모두 句讀를 둔 것으로서 三四調로 된 七字句나 四四調로 된 八字句를 쓴 것이 많다고 했던 것이다. 가람의 이러한 句理論을 참고하면서 그가 전개한 시조형식론을 소개하면 다음과 같다.

> "보통 시조는 전편이 세 마디로 되어 첫마디는 초장, 둘째 마디는 중장, 셋째 마디는 종장이라 하는데, 초장 · 중장에는 각각 두 구씩 되어 있고, 그 句마다 두 句讀로 되어 있으며, 字數로 말하면 다른 시가와 같이 六字句 · 七字句 · 八字句 · 九字句들을 다 쓰는 것이고, 그중에 다만 중장 첫구만 다른 구법과 달라 五字句로부터 八字句까지를 쓰며,

107) 高斗東, 皇山高斗東文選集, (동백출판사, 1983), 329쪽.

종장은 초장 · 중장과도 쓰는 구법이 다르니, 여기에 쓰는 句들은 다 句讀를 두지 않고 그저 句라고 이름만 하여 첫句 · 둘째句 · 셋째句, 끝句-이렇게 네 句를 두고, 첫句에는 일정한 三字句 둘째句에는 중장 첫 구와 같이 五字句로부터 八字句까지, 셋째 구에는 四字 혹은 五字句, 끝句에는 三字 혹은 四字句를 쓰는 것입니다."[108]

라고 하여, 3장 6구설도 아니고 3장 12구설도 아닌 새로운 이론을 전개하고 이것을 일목요연하게 도표로 그려놓았다.

초장 1 六字 ~ 九字 2 六字 ~ 九字
중장 1 五字 ~ 八字 2 六字 ~ 九字
종장 1 三字 2 五字 ~ 八字 3 四 · 五字 4 三 · 四字

이제까지 가람의 시조형식론을 구체적으로 살펴보았거니와, 그렇다고 해서 시조 형식에 관한 제반 문제가 완전히 해결되었다고 생각되지는 않는다. 무엇보다도 의문스러운 것은 초장과 중장은 두 구씩으로 가르고, 종장만은 네 구로 갈라야 하는 이론적 근거를 제시하지 않은 점이다. 그는 상기 인용문에서 종장은 초장 · 중장과는 달리 쓰는 句法이 다르니, 여기에 쓰는 句들은 다 句讀를 두지 않고 그저 句라고 이름한다는 설명을 하였으나, 그 이유에 대해서는 전혀 언급한 바가 없었기 때문이다.

이 문제에 대하여 이우종은 "이병기는 句를 설명하기를 「구에는 구어의 구와 구절의 구가 있으며, 그 중 구어의 구는 한 도막으로 되어 있고, 구절의 구는 두 도막 이상으로 되어있다」라고 했지만, 사실은 그말도 그가 내세운 시조 형식의 3장 8구설을 합리화시키기 위해 만들어 낸 조어에 불과하다"[109]는 비판을 가한 바 있다.

또 리태극은 이 문제에 관하여 "이병기의 초장 · 중장은 6구설에

108) 李秉岐, 가람文選, (新丘文化社, 1969), 251쪽.
109) 李祐種, 現代時調詩의 理解, (國際出版社, 1981), 43쪽.

준한 句 구분을 하여 각장 2구씩으로 나누고서는 종장의 특이성 즉 첫머리를 3자 고정으로 한다. 그 다음을 5자 이상으로 한다. 다음을 4자로 다음을 3자 내외로 한다는 점 등에서 종장만을 4구로 나누어 12구설에 접선하였다. 이것은 여러 가지 점에서 초중장을 나눌 때의 구개념으로 복귀하여서 종장도 두 구로 보아야 할 것이요, 12구설을 고집하는 이들도 시조 본래의 구 개념에서나 한국 고대시가의 구 형성상의 기준관에서나 속히 6구체설로 환원하여야만 된다."[110]는 논리를 전개하였다.

가람이 3 장 8구설을 내세운 것은 시조 종장의 중요성을 고려한 나머지 전장과 후장에 대한 句理論을 달리했기 때문이다. 그 율격면을 살펴보아도 초장 · 중장의 3. 4. 3(4). 4와는 달리 종장은 3 · 5 · 4 · 3의 특수한 리듬을 지니고 있기 때문이다. 그러나 종장의 특수성이 아무리 강조되고, 그 리듬 형성이 앞부분과는 이질적이라 하더라도, 그것이 분구의 기준마저 달리해야 된다는 논거를 마련해 주기에는 부족하다.

그런 점에서 초. 중장처럼 2구씩으로 나누어 3장 6구설로 가거나. 아니면 종장의 분구 기준에 따라 3장 12구설로 귀결되어야 마땅하다고 본다. 더욱이 이 3장 8구설은 가람 이전에도 주장한 이가 없었고, 그 이후에도 전혀 동조자가 나오지 않았다.

3) 3장 12구설에 대한 논의

이 3장 12구설을 최초로 발설한 이는 춘원 이광수다. 그는 시조의 형식을 音的構成과 意的構成으로 나누어 설명하고, 1편 3장 12구 45음으로 된 시조는 소리만이 아니라 그 속에는 詞意가 있다[111]는 점을 분명히 했다. 그리고 종장은 초장과 중장에 대하여 발전적 상관을 갖는다는 것이고, 동시에 이 종장은 독립한 하나의 표현이면서 전편의

110) 李泰極, 時調의 史的 硏究, (二友出版社, 1978), 47쪽.
111) 李光洙, 時調의 意的構成, 東亞日報, 1928.1.(시조연구논총, 323쪽)

결론을 이룬다는 것이 그가 내세운 시조 형식론이다.

> "時調短型의 형식에 있어서는 그 一首가 初 · 中 · 終 三章으로 되어 있고, 또한 그 각장이 四句씩으로 성립되어 있는 것이다. 혹 時調의 一首를 五章 · 七章 · 九章 등으로 云謂하는 바, 사실은 長型(즉 長歌)에 있어서 하는 말이요, 또 그것도 器樂伴奏 關係에서 생긴 일이라 생각하거니와, 대체에 있어서는 어느 型임을 毋論하고 三章이라 하여도 그만일 것이다. 그러나 各章이 四句씩으로 성립되었다는 말은, 생각건대 傳來에는 없는 말이요, 時調를 아는 이들의 意識 상에는 있었을 것이나, 四個의 〈句〉라하고 실제로 명명하여 부르지는 않았던 것 같이 기억된다.[112]

노산의 소론을 들어보았거니와 그는 분명하게 3장 12구설을 주장한 사람이다. 한 수가 초 · 중 · 종 3장으로 되어있고, 각 장이 4구씩으로 성립 되어 있고, 4개의 〈구〉라고 명명하여 부른 이도 자기 자신이 처음이라고 주장했다. 또한 그는 〈구〉를 4 개로 나눈 것에 〈前後〉 〈上下〉 〈內外〉의 二句라고 이의를 제기할 사람이 있겠지만 그것 역시 형식 해설의 명석과 편의를 위해서 정한 것이니 구태여 부정할 의사가 없다고 했던 것이다. 이러한 전제 아래 그가 제시한 통계표를 옮겨보면 다음과 같다.

장 별	제 1 구	제 2 구	제 3 구	제 4 구
초 장	2 ~ 5	2 ~ 6	2 ~ 5	4 ~ 6
중 장	1 ~5	2 ~ 6	2 ~ 5	4 ~ 6
종 장	3	5 ~ 8	4 ~ 5	3 ~ 4

다음은 조윤제의 소론을 들어 시조의 본질 연구에 참고하고자 한다. 그는 시조의 발생 문제에 대하여 어쩌면 속요에서 또한 민요에서

112) 李殷相, 時調短型芻議, 東亞日報 1928.3 (시조연구논총 300쪽)

후세의 유형이 될지도 모르고 무의식 중에 써내려 오다가 점점 그 형식미가 인증되게 될 때에 비로소 독립적인 시조 형태가 생겨나게 되었다고 했던 것이다. 그리고 시조의 형식은 장가나 경기체가와 같은 연장 형식은 아니지만, 흔히 이것을 초 · 중 · 종 3장으로 분장하고, 다시 각 장은 4구로 나누어지고, 그리고 각 구는 3음 혹은 4음으로 되어 있다는 논리를 전개해 나갔다.

> "그 각장 각 구의 배음을 표시하면 초장 3434 중장 3434 종장 3543 으로 되었다. 그러나 이것은 시조의 기준형이고 실제의 시조를 당하여 보면 얼마든지 그 變形이 있을 수 있다. 즉 三章十二句라는 原則은 변함이 없다 하지마는 各句의 音數는 三이 四가 될 수도 있고, 四가 三이 될 수도 있으며, 또 三이 二가 될 수도 있고, 四가 五로 될 수도 있을 뿐 아니라, 五가 六 혹은 七로 될 수도 있는 등 실로 그 변화가 무쌍하다."[113]

상기 인용문을 보면 조윤제는 3 장 12구라는 원칙은 변함이 없다 했고, 각 구의 음수는 한 개 정도의 음절이 증감될 수 있다는 견해를 밝혔다. 그러나 시조는 어디까지나 정형시라는 것이다. 즉 그 가운데 범하지 못할 엄격한 구속이 있으니, 전기 12구 중에 종장 제 1 구의 3이라는 음수는 절대로 변할 수 없고, 다음 초장의 제 4구, 중장 제 4구, 종장 제 3구의 4음도 될 수 있는 데까지는 변하여서는 안 된다는 것이다.

그리고 종장 제 2구는 5음 이하가 되어서는 안 되고, 바로 이상과 같은 구속성과 자유성이 시조 형식의 복잡미묘성이라는 점을 밝혀 놓았다. 아울러 이 시조의 3장 형식을 다시 원형적 혹은 시가 고래의 전통적 형태에서 찾아보면 초 · 중장은 전대절이 되고, 종장은 후소절이 되어 향가의 10구체가나 또는 경기체가의 그 형식과 계통적으

113) 趙潤濟, 國文學槪說, (探求堂, 1973), 111쪽.

로 밀접한 관계를 맺고 있다는 것이다.

그 다음 김사엽은 〈단가 형식의 성립〉이라는 글에서, 이병기, 이은상, 조윤제 등이 단가 형식을 도표로 제시하고, "이상으로 얻은 결론은 초중장은 대체로 가사체의 4 · 4조 8 구를 형성하며, 종장은 초구 반드시 3언에다가 제2구는 5언 이상에 4 · 4조 혼미하는 독특한 형식을 후행시킨다."[114]는 논리를 전개하였다.

비록 3장 12구라는 말은 직접 쓰지는 않았지만 초 · 중장이 4 · 4조 8구를 이룬다는 이야기나 종장 초구 반드시 3언에 제 2구 5언 이상이라고 한 이야기는 그대로 3 장 12구체를 염두에 두고서 한 말이다. 이제 그가 제시한 시조 형식론을 도표로 제시하면 다음과 같다.

장 별	제 1 구	제 2 구	제 3 구	제 4 구
초 장	4	4	4	4
중 장	4	4	4	4
종 장	아으으	5	4	4

그 다음 시조 이론면 보다는 시조 창작면에 조예가 깊었던 이호우의 시조형식론을 도표로 그려보자.

장 별	제 1 구	제 2 구	제 3 구	제 4구
초 장	3	4	3 (4)	4
중 장	3	4	3 (4)	4
종 장	3	5	4	3

이 도표를 보면 이호우도 3장 12구성을 지지하는 것으로 해석된다. 다음은 초정 김상옥의 견해를 살펴보자.

114) 金思燁, 李朝時代의 歌謠研究,(大洋出版社, 1956), 229쪽.

장 별	제 1 구	제 2 구	제 3 구	제 4 구
초 장	3	4	3 (4)	4
중 장	3	4	3 (4)	4
종 장	3	5	4	3

도표를 보면 초정 김상옥도 이호우의 견해와 똑같다. 이처럼 3장 12구설을 지지하는 이도 많다는 것을 검증하였다. 끝으로 이우종의 논설을 살펴보려고 한다.

> "초장과 중장은 다음과 같이 3 · 4조 또는 4 · 4조를 바탕으로 구성되어 있고, 종장은 3 · 5 · 4 · 3이라는 특수한 율조로 구성 되어 있다. 이때 시조에 있어서의 언어 호흡은 바로 이와 같은 율조를 단위로 하여 끊어지게 된다. 즉 매장은 네 도막으로 호흡이 끊어지게 되고, 다시 한 수의 시조는 열두 도막으로 호흡이 끊어지게 된다. 가령(이몸이 죽어 죽어 일백 번 고쳐 죽어)를 놓고 두서너 번 정신을 차려 웅얼웅얼 읊어보면 띄어쓰기에 관계없이 「이몸이 죽어죽어 일백번 고쳐죽어」와 같이 네 도막으로 호흡이 끊어지는 것을 짐작할 수 있게 되는 것과 같다. 시조가 이와 같이 율조에 따라 호흡이 끊어지는 것이라면 그 끊어지는 곳이 다름 아닌 구인 것이다. 결국 시조에 있어서의 구는 그의 율조를 단위로 하여 성립된다. 그리하여 한 수의 시조 안에서 호흡이 열두 도막으로 끊어지는 것이라면 구 또한 삼장십이구로 보아야 할 것이다."[115]

이처럼 장황하게 인용해 본 것은 이우종의 논조를 정확하게 파악하기 위해서다. 이우종은 율조와 관계없이 구를 설정한 주장으로는 3장 8구설과 3장 6구설이 있다고 전제하고는 이들에 대한 문제점을 다음과 같이 지적했던 것이다.

115) 이우종, 앞의 책, 45쪽.

첫째, 구의 설정을 무엇 때문에 율조와 다른 차원에서 설정할 수밖에 없다고 하는 이론적인 제시가 불투명하다는 것.

둘째, 시조의 핵이라 할 수 있는 종장의 특징을 고려한 주장이 못된다는 것.

셋째, 율조와 구를 따로 파악해야만 하는 이중적인 부담을 시인과 독자에게 주고 있다는 것.

넷째, 율조와 일치하지 않는 구의 개념 때문에 시작 상의 난맥을 야기시킬 요인이 도사리고 있다는 것.[116)]

이러한 문제점들을 세밀하게 지적해 주었다고 해서 시조 형식의 3장 12구설이 우위를 차지한 것으로 생각되지는 않는다. 그는 제아무리 시조 형식의 혁신을 부르짖는 사람이라도 종장 초구가 3자이어야 한다는 것과 종장 2구가 5자 이상이어야 한다는 것만은 시조의 숙명처럼 되어 있다고 했던 것이다. 그래서 시조 형식의 융통성을 그렇게 부르짖었던 이병기도 종장 형식의 개념만은 선인들의 주장을 그대로 받아들여 4구라고 했다는 설명을 부언해 놓았던 것이다.

이제까지 시조 형식의 3장 6구설, 3장 8구설, 3장 12구설을 주장했던 인물들의 논지를 일일이 열거하면서 소개해 보았거니와, 그렇다고 해서 이 문제에 대한 의문점이 확연하게 풀리거나 어느 주장이 과연 타당한가 하는 것이 입증된 것도 아니다. 여기서 3장 6구설을 지지할 것이냐 아니면 3장 12구설을 지지할 것이냐 하는 점이 어려운 문제라고 하겠다. 또 이 문제가 그만큼의 애매성을 지니고 있기 때문에 이쪽도 저쪽도 찬성할 수 없는 그 중간자의 입장에 서서 아예 구 설정에 대한 언급을 포기한 경우도 찾아볼 수 있었다.

> "이 같은 시조의 형태를 한마디로 말한다면 3장 45자 내외의 단형적인 정형시라 할 수 있다. 좀 더 세밀히 분석해 본다면 시조는 3행으로써 1

116) 위의 책, 46~ 47쪽.

연을 이루고 있으며, 각 행은 4보격으로 돼 있고, 이 4보격은 다시 두 개의 숨묶음(breath group)으로 나누어져 그 중간에 사이쉼(cesura)을 넣게 되어 있다. 그리고 각 음보(foot)는 3 또는 4개의 음절로 구성되는 것이 보통이다.

이제 여기 그 기본형을 도시하면,

초장 3 · 4V4 · 4I
중장 3 · 4V4 · 4I
종장 3 · 5V4 · 3I　　V표시는 cesura의 위치
　　　　　　　　　I 표시는 line의 종결

와 같다. 그러나 이것은 어디까지나 하나의 가상적인 기준형에 지나지 않는 것이고, 절대불변하는 고정적인 제약을 받는 것이 아님은 우리말 자체의 성질에서 오는 신축성에서라 할 것이다. 먼저 음수율을 살펴보면 3 · 4조 또는 4 · 4조가 기본 율조로 되어있다. 그러나 이 기본 율조에 1음절, 또는 2음절 정도의 가감은 무방하다. 그러나 종장은 음수율에 규제를 받아 제 1구는 3음절로 고정되며, 종장 제2구는 반드시 5음절 이상이어야 한다. 이 같은 종장의 제약은 시조 형태의 정형과 아울러 평면성을 탈피하는 시적 생동감을 깃들게 한다."[117]

여기 인용문은 정병욱의 〈시조형태의 특징〉을 설명한 내용이다. 지루할 정도로 길게 인용한 것은 그렇게 하지 않고서는 윗글의 의도를 정확하게 파악할 수 없었기 때문이다. 각설하고 정병욱은 시조 형식을 설명하면서 3장 6구라는 말을 사용한 적이 없다. "3장 45자 내외의 정형시", "시조는 3 행 45음 즉 3 장 45자로 하나의 시를 형성하는 정형시"라고 하면서, 구수율에 대한 명확한 태도를 밝히지 않았던 것이다. 다만 그의 역저 『시조문학사전』에만 "다음 구수율은 6구체로 보는 것이 타당하다고 생각한다. 그런데 이 6구의 구수는 또 제가끔 두 구절씩 이 짝이 되어 하나의 행 즉 1장을 이루게 되어 있다. 따라서 시조는 3행 45음 즉 3장 45자로 하나의 연을 형성하는 정형시

117) 정병욱, 한국고전시가론, (신구문화사, 1985), 178~ 179쪽.

라고 하겠다."[118]라고 하여 6구설을 주장하는 것인지, 12구설을 주장하는 것인지 애매모호한 태도를 취하고 있다.

그가 상기 인용문에서 "종장은 음수율에 규제를 받아 제 1구는 3음절로 고정되며 종장 제 2구는 반드시 5음절 이상이어야 한다"고 주장한 것이나, 아니면 『시조문학사전』 가운데서 시조 형태의 특징을 이야기하면서 "종장 첫 구절만은 三音節로 고정된다. 그리고 같은 종장의 第二句는 반드시 5음절 이상이어야 한다. 이같이 시조 형태의 특징은 終章의 第一 · 二 句節에 있다"라고 한 것은 그가 의식했든 안했든 간에 3장 12구설을 염두에 둔 것으로 풀이된다. 그런데도 시조 형식에 대해서 논의하는 사람들이 정병욱은 3 장 6구설을 지지했던 사람이라고 단언하는 데는 무언가 지나친 자기중심적 해석을 한데서 오는 오류라고 밖에 달리 표현할 방법이 없다.

이러한 난점 때문에 김대행은 "하나의 의미 개념을 가진 문장의 단락이라는 기준으로 보더라도 종장의 첫째 음보와 둘째 음보를 하나의 구로 보기 어려운 작품도 있는데 그렇다고 해서 종장을 네 개의 구로 보기도 어려울 것이다. 이런 문제를 감안한다면 구로 분할하는 것보다는 음보로 분할하는 것이 혼란을 더는 데는 나을 것이다."[119] 라고 하여 그 대안을 제시하기에 이르렀던 것으로 생각된다.

이상에서의 논의로 미루어 보아 결론적으로 시조 형식은 3장 6구체인가 3장 12구체인가 하는 문제로 좁혀졌다. 또 이 두 가지 주장 중에서 3장 6구설이 오늘날 학계의 정설로 인정받고 있는 것도 주지의 사실이다. 그렇더라도 이 문제를 해결하기 위해서는 근본적으로 장과 구의 개념 정립이 선행되어야 할 과제이고, 그 문제가 해결된 다음에는 어느 쪽 주장이 옳은가 하는 것은 자명해지리라 생각된다.

① 仍奏本末 上悄然感慨 問二臣之後 賜御題四韻 端歌二章(平山申氏 高麗太祖 壯節公遺事)

---

118) 鄭炳昱 編著, 時調文學事典, 新丘文化社, 1970, 卷頭解說에서.
119) 김대행, 시조유형론, (이화여자대학교 출판부, 1986), 143쪽.

② 謹作長歌六章 短歌二章 或與朋友歌詠 或夜歌且舞 頌禱之勤 殆無虛日(成宗實錄 卷三 百二十二 成宗十一年 庚子十月條 丁克仁上書文)
③ 妄加撰改一篇 十二章 去三爲九 作長歌而詠焉 一篇十章 約作短歌 五闋爲葉而唱之 合成一部新曲 非徒刪改 添補處亦多 然亦 各因舊文本意而增損之 名曰 聾巖野錄(增補退溪全書五 李滉漁父歌序)
④ 并與長歌三曲及短歌四章 而付諸剞劂氏以圖廣傳焉 時是年三月三日也(原本蘆溪歌辭 朴仁老 莎堤曲跋)
⑤ 寶兒一隊太痴狂 截路聯衫少袖裝 時節短歌音調蕩 風冷月白唱三章(哲宗朝人 柳晩恭著 歲時風謠)

옛 문헌들 중에서 〈章〉이라는 용어의 사용처를 살펴보았다. 그런데 ①에서 "端歌二章"이라는 말은 향가식으로 된 2편의 작품을 가리키는 말이다. 그밖에 ②. ③. ④항에서는 확실히 시조 작품을 지칭하는 용어로 사용되었으나, 그 중에서도 한수의 시조를 한 장이라 명명했던 것으로 이해된다.

다만 ⑤항의 "風冷月白唱三章"은 바람도 서늘하고 달도 밝은 밤 시간에 3장으로 구성된 시조를 부른다고 했으니, 여기서의 3장은 시조의 초 · 중 · 종 3장을 의미하고, 따라서 오늘날 우리들이 알고 있는 〈章〉의 개념과 일치한다고 하겠다. 또 가집에서 살펴보면 靑丘永言, 古今歌曲 등은 줄글이요, 校註海東歌謠와 增補歌曲源流, 時調類聚, 時調全集, 校註歌曲集 등 즉 1920년대 이후의 시조집에서는 모두 3장 의식 밑에서 기사되어 있다.[120)]

그 이후 최남선의 『백팔번뇌』, 이은상의 『노산시조집』, 이병기의 『가람시조집』, 정인보의 『담원시조집』, 이호우의 『이호우시조집』, 김상옥의 『초적』 등에서도 3 장 형식을 고수하고 있어 시조 형식의 〈章〉개념은 이미 오래전부터 통일되었고, 그것은 오늘날 현대시조의 〈장〉개념과도 일치하는 바 있어, 이 문제는 전혀 논란의 대상이 안 된다.

120) 李泰極, 앞의 책(時調의 史的 硏究), 28쪽.

다음은 〈句〉의 개념에 대하여 살펴볼 차례다.

① 因字而生句 積句而成章 (文心雕龍)
② 文詞之處 (張三植, 大韓漢辭典)
③ 句 古謂之言 (詩關雎疏)
④ 詞絕也一言謂之一句 (辭源)
⑤ 凡經書成文語絕處謂之句 (韻會擧要)

역시 옛 문헌들 중에서 〈句〉에 대한 개념을 어떻게 밝혀놓았나 살펴보기 위하여 예로 들어보았다. ① 유협의 『문심조룡』에서는 사람들이 생각을 기술하는 데는 먼저 문자를 연락하여 구를 만들고, 구를 중첩해서 장을 만들고, 장을 중첩해서 한편의 문장으로 만든다고 했다. ②에서는 문장이 끝나는 곳을 〈句〉라 했고, ③에서는 〈句〉를 〈言〉이라고 했다는 이야기다. ④ 에서는 문장이 끊기는 곳을 〈일언〉이라고 하는데 이것을 〈일구〉라고도 했다는 것이다.

이러한 ① ② ③ ④항의 내용도 중요하나 역시 시조의 〈구〉 문제를 해결해 주는 단서는 ⑤항에 있다고 본다. 여기서는 "成文語絕處謂之句"라고 했다. 즉 한 덩어리의 생각을 나타내는 〈문〉을 이루면서 〈말〉이 끊기는 곳을 〈구〉라고 한다는 내용이다. 다시 말하면 〈문〉을 이룬다는 것은 의미단위 [文節]를 두고 한 말이고, 말이 끊기는 곳이란 기식단위[氣節]를 엄두에 두고서 한 말이다. 바로 그 의미단위와 기식단위가 합치하는 어절까지를 시조에 있어서 하나의 〈句〉로 보아야 한다는 것이 필자의 생각이다.

○○○ 　 ○○○○ 　 ○○○○ 　 ○○○○
절(마디) 　 절(마디) 　 절(마디) 　 절(마디)

구(문절 및 기절의 합치점) 　 구(문절 및 기절의 합치점)

장(시행)

이처럼 도표로 제시해 보았거니와 〈절〉이 모여서 〈구〉를 이루고, 〈구〉가 모여서 〈장〉을 이룬다. 그러니까 시조 한 장은 네 개의 마디로 형성되었고, 그 마디가 둘이 모이면 〈구〉를 이루고, 〈구〉가 둘 모이면 〈장〉을 이룬다.

필자는 여기서 〈음보〉라는 말을 거부하고 〈절〉이란 용어를 썼는데, 이 용어에 대해서도 〈어절〉 〈분절〉 등이 두루 쓰이고 있으나 그냥 〈마디〉라는 뜻에서 〈절〉이라 하는 것이 무난할 것으로 생각된다. 이 문제에 대하여 서원섭은 절의 의미를 『새우리말큰사전』에서는 ① 語句보다는 크고 문장보다는 작은 단위로, 주어와 술어를 갖추었으나 독립적으로 쓰이지는 못하고 다른 큰 문장의 한 성분으로 쓰임 ② 몇 대문이 모여 한편의 시가나 음곡을 이루었을 경우의 그 한 대문이라 규정한 점을 소개하고, 이 규정에 따르면 〈절〉이란 〈구〉보다도 작은 단위가 아니고, 큰 단위로 시조의 〈장〉과 같은 의미가 담겨있기 때문에 그 사용이 불가하다는 점을 밝힌 바 있다.[121)]

그러나 그 절에 대한 사전적 의미와 문법적 의미가 여하하던 간에 우미말에서 길이를 구분할 때 최소 단위가 〈마디〉이고, 그 마디라는 말을 한자로 바꾸었을 때 〈절〉이라는 말로 자연스럽게 대치된다는 점에서 시조 형식에서의 〈구〉이하 단위를 〈절〉이라 하는 것은 하등의 문제가 될 것이 없다고 본다.

초장 방안에 / 혓는 촛불 // 눌과 이별 /ᄒᆞ엿 관ᄃᆡ
① ② ③ ④
중장 것츠로 / 눈물디고 // 속타는줄 / 모로논고
① ② ③ ④
종장 져燭불 / 날과갓트여 // 속타는줄 / 모로도다
① ② ③ ④

121) 徐元燮, 時調文學硏究, (螢雪出版社,1982), 395쪽.

우선 편의한 대로 이개의 작품 한 수를 인용해 보았다. 먼저 의미단위를 생각해 보면 초장에서 〈방안에〉 〈혓는촛불〉 〈눌과이별〉 〈하엿관대〉로 4등분해서는 전후가 단절되어 무슨 이야기를 하려는 것인지 도무지 알 수가 없다. 다시 말해서 〈방안에〉라는 말만 독립시켜 놓고 보았을 때에 그 〈방안에〉가 어떻다는 것인지, 이것을 짐작할 수 있는 사람은 아무도 없을 것이라는 이야기다. 적어도 〈방안에 + 혓는촛불〉 〈눌과 이별 + 하엿관대〉로 두 마디가 이어져야 비로소 한 덩어리의 뭉뚱그려진 생각이 떠오르게 되고, 바로 이 뭉뚱그려진 생각을 인식할 수 있는 곳까지가 하나의 의미단위를 형성했다고 보아진다.

다음은 기식 단위 문제에 대하여 생각해볼 차례다. 우리가 윗 작품의 초장을 율독할 때에 과연 "방안에/ 혓는촛불/ 눌과이별/ 하엿관대"로 정확하게 4등분해서 읽게 되느냐가 문제라는 사실이다. 다시 말해서 그처럼 기계적으로 읽게 되면 얼마나 부자연스러운가 하는 것은 더 이상의 상론을 필요로 하지 않는다.

그러니까 정말로 자연스럽고 리드미칼하게 읽기 위해서는 "방안에/ 혓는촛불// 눌과이별/ 하엿관대"처럼 휴지를 취하면서 읽을 수밖에 없다. 즉 제 2절과 제 3절 사이에 큰 쉼을 두게 되고, 바로 그 큰 쉼을 쉬게 되는 곳까지를 하나의 기식 단위로 인식해야 한다는 데에는 의문의 여지가 없다.

한마디로 의미단위와 기식단위가 동시에 합치점을 이루는 곳은 제 2절과 제 3절 사이가 되었으니, 시조의 한 장은 4개의 구로 나누어지지 않고 2개의 구로 나누어진다고 보아야 한다. 아울러 초장에서의 이러한 논리는 그대로 중장과 종장까지 적용되어, 시조는 3장 6구 12절로 된 우리 민족 고유의 정형시라는 점을 결론으로 제시한다.

2. 시조 종류에 대한 논의

시조 종류에 대한 논의는 너무나 다양하고 논의자마다 각양각색이어서 어느 것이 본질론에 가까운 학설이고 어느 것이 그렇지 못한 것인지 갈피를 잡을 수 없는 경지에 이르렀다. 문학 형태상의 분류를 논의하려는 것이 본고의 목적이지만 음악 형태상의 분류를 완전히 도외시 하는 것도 바람직한 방법은 아니라고 생각한다. 그렇다고 음악 형태상의 분류 기준을 그대로 적용시키겠다는 것은 아니고, 적어도 음악 형태상 종류를 참고 정도는 해야 본 논고의 진행 순서에 맞을 것 같다.

문학 형태상으로 그 종류를 가르는 데도 해결해야 할 과제는 한두 가지가 아니다. 그 명칭 문제만 살펴보아도 평시조, 엇시조, 사설시조라 하지 않고, 단시조, 중시조, 장시조 등으로 호칭하는 논자들이 많다. 그런가 하면 평시조, 엇시조, 사설시조로 나누는 3분법에서 〈엇시조〉를 인정할 수 없다는 견해가 있어 주목된다.

> "唱詞의 字數가 음악의 형태를 제약하지 않는다는 音樂과 唱詞와의 관계와, 時調詩가 대체로 歌唱으로 傳承되었다는 조건은 작품의 다소의 伸張을 가능하게 한 것이다. 이런 점을 고려할 때, 定型에서 字數가 몇자 더 늘어났다고만 해서 엇時調(中型時調)라 해버릴 수 없다고 하겠으며, 엇時調라는 中型을 인정하려는 자체가 타당성이 희박한 일이라 생각되는 바이다."[122)]

이처럼 엇시조를 부정하는 견해 외에, 현대시조에서는 소위 단장시조, 양장시조, 4장시조 등의 새로운 형태를 들고 나오는 이들이 있어서 이에 대한 해명과 정리가 이루어져야 한다고 본다.

그리고 시조의 종류를 구분할 때 몇 자부터 몇 자까지는 무슨 시조라고 설명하는 이들이 많은데, 과연 시조의 종류가 그처럼 글자 수에

122) 崔東元, 古時調論, (三英社, 1980), 199쪽.

의해서 구분되는 것이 가장 합리적인 방법인지, 아니면 달리 설명할 수 있는 방법이 없는 것인지, 이런 문제에 대해서도 한번쯤 짚고 넘어가려 한다.

1) 음악 형태상 분류

가장 오래된 시조악보는 정조 때의 학자 徐有榘의 「林園經濟志」 중 游藝志의 거문고보 뒤 끝에 실린 洋琴譜라고 전한다. 이 양금보인 시조는 현재의 平時調에 해당하며, 이와 거의 같은 시대인 李圭景의 歐邏鐵絲琴字譜의 시조 악보도 游藝志의 시조 악보와 동일하다.[123)]

그밖에도 三竹琴譜, 西琴譜, 芳山韓氏琴譜에도 시조에 대한 악보가 실려 전한다는 것이다. 이러한 고악보들이 전하여 오기는 하지만, 실제로 시조의 종류는 지방마다 약간씩 다르고 또 창자에 따라서도 다르게 나타난다. 지방에 따라서는 서울 중심의 경제와 지방 중심의 향제가 있는데, 향제는 다시 충청도 지방의 內浦制, 전라도 지방의 완제, 경상도 지방의 嶺制 등으로 나뉜다.

그리고 창자에 따라서는 京制의 권위자인 李珠煥은 ① 平時調, ② 平지름時調 등으로 나누고, 이것을 세분하여 평시조는 중허리時調, 辭說時調, 半辭說詩調로, 平지름時調는 사설지름시조, 女唱지름時調 등으로 체계를 세운 바 있다.[124)] 이에 비하여 林基俊은 ① 平時調 ② 중허리時調 ③ 평지름時調 ④ 女唱지름時調 ⑤ 辭說지름時調 ⑥ 首雜歌의 6種으로 구분했고, 崔相旭은,

① 平時調 → 平지름時調
② 중허리時調 → 중허리지름時調
③ 辭說時調 → 辭說지름時調
④ 羽調時調 → 羽調지름時調

123) 張師勛, 時調音樂論, (서울大學校出版部, 1986), 16쪽.
124) 國立國樂院, 講習用, 「時調研究」 (謄寫本)

⑤ 女唱지름時調

이와 같이 平時調 · 중허리時調 · 辭說時調 · 羽調時調로 나누고, 여기에는 각각 지름을 둔다는 異說을 내세웠던 것이다.[125] 다음 李王職雅樂部編인 『朝鮮雅樂大要』에는 平時調(平擧時調), 중허리時調(中擧時調), 지름시조(三數時調) 등 3종만 소개되었고, 정통 가곡파로 알려진 河圭一은 『朝鮮雅樂大要』의 소개와 마찬가지로 平時調 · 중허리時調 · 지름 時調에 한해서만 부르고, 그것만이 정격의 시조라고 주장하였다. 그리고 南道制는 嶺制 · 完制 · 內浦制에 각각 平時調와 辭說時調에다 半刻時調 · 刻時調 네 가지를 주장하는 것이 보편적이다.[126]

이제까지 창자에 따른 시조의 종류를 알아보았거니와, 그 명칭들의 의미를 살펴보면 平時調는 平擧時調라고도 하며 시조 전체를 평평하게 들어 부르는 노래를 말한다. 중허리 時調는 中擧時調라고도 하며 중간을 높게 들어 부르는 방법이다. 지름시조는 頭擧時調 또는 三數時調라고도 하며 첫머리를 높게 질러 부르는 것이다. 辭說時調는 弄時調라고도 해서 중장 등 길어진 부분을 되풀이하여 변화 있게 부르는 것을 말한다.[127]

2) 문학 형태상 분류

앞 단락에서는 음악 형태상의 종류에 대하여 상당히 다종다양하게 분류 된다는 사실을 확인하여 보았다. 그러나 시조문학을 하는 이들이나 시조음악을 하는 이들의 공통된 견해가 있으니, 그것은 시조의 종류를 구분하는데 있어서 문학상의 종류와 음악상의 종류는 일치되는 것이 아니고, 전연 별개의 사안이라고 주장한 점들이다.

---

125) 張師勛, 엇時調와 辭說時調의 形態論, 「時調文學研究」 (정음사, 1980), 109~110쪽.
126) 張師勛, 위의 책, 110쪽.
127) 李泰極, 時調槪論, (새글사, 1959), 75쪽.

① “문학적인 형태면에서 長型時調를 辭說時調, 中型을 엇時調, 短型을 平時調라고 하고 있지만 음악 형태상으로 보면 이와는 전연 다르게 해석된다. 사설시조와 엇시조는 그 字數 排列의 차이에 있지 않다.”[128]

② “時調의 唱은 時調의 作과는 딴 것입니다. 위에 말함과 같이 시조의 작가로써 時調의 唱法이 무엇인지 알아둘 필요가 없는 건 아니지마는, 그렇다고 하여 時調의 作家가 반드시 그 唱法까지를 할 줄 알아야 할 건 아닙니다. 노래를 짓는 이와 노래를 부르는 이와는 반드시 동일한 사람이 아닙니다. 그는 서로 部門이 다릅니다.”[129]

③ 時調의 文學上 形態의 분류는 음악을 떠난 오로지 문학면에서 검토되어야 하리라 생각한다. 본래 시조의 문학상 형태는 음악과 결부시켜 그 관련 밑에서 유별할 필요가 아예 없는 것이기도 하다.”[130]

이처럼 시조문학과 시조음악은 서로 다른 부문이라고 하지마는, 시조는 문학적 창작을 거쳐서 송영되었고, 가곡창으로 시조창으로 불리워져왔기 때문에, 음악과는 불가분의 관계에 놓여있다고 하겠다. 따라서 이 글에서는 이미 앞에서 밝혔던 바와 같이 음악 형태상의 종류를 참고하면서 시조 종류에 대한 논의를 진행하고자 한다.

(1) 先行 硏究의 논의 내용

① 시조는 그 창과 작과의 형태가 서로 다르다. 그 창의 형태로는 平時調(平擧時調), 중허리時調(中擧時調, 엇시조 ‘半刻時調’ −界樂, 唱詞 등을 이걸로 唱함), 지름時調(三數時調), 辭說時調(弄時調 또는 詞說時調 · 좀는時調 · 말時調 · 주심 · 부침 · 각시조 · 首雜歌라고도 함) 네 가지가 있고, 그 作의 形態로는 세 가지 있으니 平時調 · 엇時調 · 辭說時調(말시조 · 주심)다.”[131]

---

128) 장사훈, 앞의 책, 134쪽.
129) 李秉岐, 時調와 그 硏究, 「가람文選」(新丘文化社, 1969), 256쪽.
130) 崔東元, 앞의 책, 177쪽.
131) 李秉岐, 國文學概論, (一志社, 1961), 116쪽.

② 시조의 短·長型의 형식에 대하여는 대강 설명이 되었을 듯싶으나 그 명칭은 단형은 종래와 같이 〈時調〉라 하여도 좋지마는 長型은 무엇이라 할 것인가. 단형을 단형시조, 장형을 장형시조라 하여 버리는 것도 한 방법일지 모르나 나는 종래 歌曲界에 쓰이어 오던 〈詞說時調〉라는 명칭을 전에 李秉岐氏도 꼭 같은 내용은 아닐지 모르나 쓴 듯하니 長型時調에 대신하는 것이 어떨가 한다. 즉 시조에서 다시 短型·長型에 나누어 단형을 〈時調〉라 부르고, 장형을 〈飼說時調〉라 부르자는 것이다.[132)]

③ 從來 時調를 平時調라 하고, 如上한 近世時調를 '長時調'라고 불러 時調를 二大分하는 것이다. 세칭 엇시조는 평시조에서 장시조로 移行하는 過渡的 形態일 것이고, 辭說時調의 대부분은 長時調에 속할 것이나, 이러한 명칭은 그 律調에만 치중한 이름이고, 시조문학의 역사적 발전상을 도외시했거나 不然이면 거기에 생각이 미치지 못한 데서 온 것이므로, 나는 貴族時調는 平時調, 庶民時調는 長時調라고 二大分해서 시조문학의 장르를 명백히 하고자 하는 바다.[133)]

④ 平時調는 初章 中章 終章의 句法과 字數가 制限이 되어 있는 格調詩型으로서의 性格을 具備한 우리나라 唯一無二한 格調詩型이다. 엇시조는 평시조와 같으나 초·중·종 삼장 중 어느 일부분이 字數의 制限이 없이 된 것이다. 辭說時調는 初·中· 終 三章의 句法이나 字數가 평시조와 같은 제한이 없고서 아주 자유스러운 것으로 時調도 純散文體로 된 것이다.[134)]

⑤ 대체로 短歌라 하면 平時調를 말함인데, 이것이 영정시대 이후부터는 短歌가 지금까지 兩班階級의 專用的 戱格之具였음에서 평민속으로 옮아오면서 破格이 나타났으니, 이 表現은 한말로 일러 人間

132) 趙潤濟, 韓國詩歌의 硏究, (乙酉文化社, 1948), 79쪽.
133) 高晶玉, 國文學의 形態,「國文學概論」(우리어문학회, 一成堂書店, 1949), 24쪽.
134) 金鍾湜, 時調概論과 作詩法, (大東文化社, 1951), 88~89쪽.

性의 解放, 그 價値可能性이 제대로 발전하게 된 것이란 사실의 반증이라고도 볼 수 있는 것이다. 이제 잠시 破格形을 보면 다음과 같다. 엇시조는 平時調의 初, 中章 中 어느 한 장이 자수에 있어 無制限한 시조다. 종장에는 큰 변화가 없다. 辭說時調는 初, 中章 모두 制限 없이 길고, 終章도 어느 정도 길어진 것이다.[135)]

⑥ 오늘에 와서는 6구체로 보는 것이 정설로 인정되고 있다. 이러한 6구의 句數는 또 제각기 두 구절씩 짝이 되어 하나의 행, 즉 1장을 이루게 되어 있다.~중략~형태상으로 이상과 같은 음수율과 구수율을 지닌 기준형에 준하는 모든 시조를 단형시조 또는 평시조라고 부른다.~중략~그러나 종장 제 1구를 제외한 어느 구절이나 하나만이 길어졌을 때 이것을 중형시조 또는 엇시조라 부른다.~중략~기준형에서 두 구절 이상이 길어진 것을 장형시조 또는 사설시조라고 한다. 이 사설시조는 대개 중장이 길어지는 경우가 많다.~중략~이와 같이 시조 형태에는 단형(평시조) · 중형(엇시조) · 장형(사설시조)의 3종류가 있으며 그중 양적으로 가장 많은 형은 평시조 즉 단형시조라 하겠다."[136)]

⑦ 短時調(時調 · 平時調 · 短型時調), 이것은 三章六句로 총 자수 四十四字 내외의 구성을 가진 정형시인데 每句의 자수 기준은 7자 중심이요, 終章(第三行) 첫 절만이 「三字固定」과 六字內外로 된 「七七 · 七七 · 九七 · 조 기준의 固有詩인 것이다. 中時調(엇時調 · 中型時調), 이것은 단시조의 기준율에서 그 어느 한 구의 자수가 벗어난 시조를 밀한다. 어느 한 구라 함은 보통은 초장 第一句 또는 第二句가 되는 일이 많고, 그 자수는 十字 以上으로 늘어나는 것을 말한다. 長時調(辭說時調 · 長型時調), 이것은 短時調의 규칙에서 어느 두 구 以上이 각각 그 字數가 十字 以上으로 벗어난 시조를 말한다. 이 破格句는 대개가 중장의 一 · 二구다. 물론 종장도 초장도 벗어나

135) 金思燁, 李朝時代의 歌謠硏究,(大洋出版社,1956), 254쪽.
136) 鄭炳昱, 韓國古典詩歌論,(新丘文化社, 1985), 179~181쪽.

고 三章이 각각 다 벗어나는 수도 있다. 이 長時調는 창에서도 蔓橫淸流나 弄樂調로 부르는 것으로 歌詞나 雜歌에 가까워지는 傾向이 있다."[137)]

⑧ 時調의 定型은 3 章 4 音步格 45자 내외로 된 非聯詩로서의 3行詩이다. 각장의 音步律은 4 音步格이고, 각장의 音數律은 다음과 같다.~중략~정형에 있어서 이루어진 작품을 '平時調' 또는 '短型時調'라고 하는데,~중략~그 정형이 파괴되는 동시에 새로운 시조의 변형을 이룩하였으니, 이것이 곧 '엇시조'라 하는 것과 '사설시조'라 하는 것이다. 엇시조는 시조의 표현 형식에 있어서 중장만 정형보다 더 길게 지어진 작품을 '엇시조'라 하거니와, 長短形중에서 中間的 形式임으로 '中型時調'라고도 한다. 辭說時調는 초 · 중 · 종장이 다 정형에서 음수율의 제한을 받지 않고 길게 지어진 작품을 '사설시조'라 하며, 세 형식 중에서 가장 길므로 '장형시조'라고도 한다."[138)]

⑨ 엇時調 · 辭說時調의 唱에서 보면, 中型時調가 엇시조로 불리고 長型時調가 사설시조로 불린다는 구분은 없다. 중형시조도 음악형태를 바꾸어 사설시조로 부르고, 장형시조도 음악형태를 바꾸어 엇시조로 부르는 것이다. 이런 점으로 보아 音樂形態 三大別을 文學形態上의 類別에 그대로 적용하고, 이 文學形態의 차이를 자수의 많고 적음으로써 설명하려는 종래 방법이 음악과의 관련성에서 온 것이라고 하는 것은 이론적인 타당성이 없는 것이다.~중략~그리하여 시조를 文學形態上으로 定型과 破型으로 兩大別하고, 그 명칭은 定型詩調를 短時調, 破型時調를 長時調라 명칭하여 이를 정립하고자 한다."[139)]

⑩ 시조의 형식들은 서로 共時的으로 作者의 趣向에 따라서 지어지기도 하였다. 平時調(短型時調), 엇시조(中型時調), 辭說時調(長型時

137) 李泰極, 앞의 책, 69~73쪽.

138) 金起東, 國文學概論, (進明文化社, 1957),110~ 112쪽.

139) 崔東元, 앞 의 책, 207~208쪽.

調)로 나뉘어진다. 평시조는 시조로서 가장 기본적인 것이며 최초의 시조 형식이었다. 평시조는 三章六句로 되었고 총 자수는 대체로 43자~46자로 이루어졌고 各句는 7자 중심이고 終章 第一句만이 3자로 고정되어 있다. 엇시조는 평시조의 기본적 형식에서 3장 중 어느 한 장의 자수가 다소간 늘어난 시조를 엇시조라고 한다. 엇시조의 〈旕〉자는 한국에서만 쓰여지는 한자로는 〈於〉와 〈叱〉이 합쳐진 자이다. 이두에서 〈叱〉의 음가는 〈ㅅ〉이므로 엇시조라고 할 때에 편의상 쓰게 된 것이다. 사설시조는 평시조나 엇시조에 비하여 자수상의 제약을 벗어난 형식의 시조로서 평시조의 규격에서 2장이 각기 그 자수가 10餘字 이상으로 늘어난 시조다."[140]

지금까지 10여분의 논설을 인용해 보았거니와, 어떻게 보면 전부 다르게 이야기한 것 같고, 어떻게 보면 서로 비슷하게 말만 바꾸어서 이야기한 것 같아 그 갈피를 잡을 수 없으며, 누구의 학설이 정론에 가까운 것인지 그 시비를 가려낼 수 없다. 그러나 한 가지 분명한 것은 시조형태나 종류를 설명하는데, 이들 대부분이 자수율(음수율)을 적용하고 있다는 점이다.

인용예문 ①에서는 그 형태상의 종류만 이야기했지만, 가람이 시조 형식을 설명하면서 "이렇게 네 구를 두고, 첫 구에는 일정한 3자구, 둘째 구에는 중장 첫 구와 같이 5자구로부터 8자구까지, 셋째 구에는 4자 혹은 5자구, 끝 구에는 3자 혹은 4자구를 쓰는 것입니다."[141] 라고 이야기한 것을 보면 자수율에 의존하고 있음이 틀림없다.

예문 ② 도남설을 보면 그 형태적인 면에서 단형이냐 장형이냐를 논하고 있지만, 도남은 시조의 형식을 설명하면서 "3장 12구라는 원칙은 변함이 없다 하지마는 각 구의 음수는 3이 4가 될 수도 있고, 4가 3이 될 수도 있으며, 또 3이 2가 될 수도 있고, 4가 5로 될 수도

140) 秦東赫, 古時調文學論, (螢雪出版社, 1981), 23~ 24쪽.
141) 李秉岐, 가람文選, (新丘文化社, 1969), 251쪽.

있을 뿐만 아니라, 5가 6 혹은 7로 될 수 있는 등 실로 그 변화가 무쌍하다."[142]라고 이야기한 바 있다. 여기서 도남은 시조의 형식이 옹색한 것이 아니라 융통성이 상당히 많다는 것을 강조했는데, 그처럼 시조 형식이 변화무쌍한 것이라면 시조는 정형시가 아니고 자유시라고 해야 마땅할 것이다. 어떻든 도남도 그 형식 규정에 음수율(자수율과 별반 다르지 않음)을 적용하고 있다는 점에서는 가람이나 기타 다른 분들과 마찬가지라고 하겠다.

그 다음은 시조의 종류를 설명하면서 평시조, 엇시조, 사설시조로 나누는 3 분법과 평시조와 사설시조로만 나누는 2분법이 있다는 것을 상기 예문들을 통해서 직감하게 된다. 전자의 경우는 이병기, 김종식, 김사엽, 정병욱, 리태극, 김기동, 진동혁 등 제씨이고, 후자의 경우는 조윤제, 고정옥, 최동원 등이 이에 해당한다. 여기서 주목되는 것은 고정옥이 엇시조를 평시조에서 장시조로 이행하는 과도기적 형태로 규정한 점이고, 아울러 평시조는 귀족시조, 장시조는 서민시조라고 단정한 점이요, 최동원의 경우는 단시조는 정형시조, 장시조는 파형시조라고 주장한 점이라고 하겠다. 그리고 김종식은 사설시조를 설명하면서 "초중종 3장의 구법이나 자수가 평시조와 같은 제한이 없고 아주 자유스러운 것으로 어조도 순산문체"라고 했는데, 이러한 논설도 다시 한 번 생각해 볼 문제다.

다음은 시조 명칭 문제에 있어서 어떤 분은 평시조, 엇시조, 사설시조라 하자는 것이고, 어떤 분은 이것을 단시조, 중시조, 장시조 등으로 호칭하고 있어서, 어떤 견해에 따라야 할지 이 문제도 막연해진다. 전자의 경우는 이병기, 조윤제, 김종식, 김사엽, 김기동, 진동혁 등 제씨이고, 후자의 경우는 정병욱, 리태극, 최동원 등이고, 고정옥의 경우는 이 두 가지를 적당히 참고해서 단형을 평시조, 장형을 장시조라고 한 것 같다.

그 다음은 무엇보다도 논란의 여지가 많고, 논자에 따라서 견해차

142) 趙潤濟, 國文學概說, (探求堂1973), 111쪽.

가 심한 것이 자수율 적용 문제다. 여기서 철저하게 음수율을 적용하여 설명한 예를 찾아보면, "시조에서 공통된 요소인 음수율을 조사하여 그 음수율이 사용된 빈도수를 가지고 기본음수율을 만들고 또 그것을 근거로 해서 시조의 개념을 규정해야 한다."[143]고 이야기한 서원섭의 경우를 들 수 있다.

> ① 平時調는 시조 3장 중에서 각장은 내외 2구로 되어 있고, 각장의 자수는 20자 이내로 된 시조이다.
> ② 엇시조는 시조 3장 중에서 초 · 종장은 대체로 평시조의 자수를 維持하고, 중장은 그 자수가 40자까지 길어진 시조이다.
> ③ 사설시조는 시조 3장 중에서 초 · 종장은 대체로 엇시조의 중장의 자수와 일치하고, 중장은 그 자수가 제한 없이 길어진 시조이다.[144]

이처럼 음수율이나 자수율을 철저하게 적용시킨 경우가 있는가 하면, 김사엽은 엇시조를 설명하면서 "평시조의 초 · 중장 등 어느 한 장이 자수에 있어 무제한한 시조"라 했고, 김종식은 사설시조를 설명하면서 "초 · 중 · 종 3장의 句法이나 字數가 평시조와 같은 제한이 없고 아주 자유스러운 것으로 어조도 순산문체"라고 밝히고 있어, 자수율 적용 문제만 해도 논자에 따라서 그 괴리감이 엄청나게 크다는 것을 실감케 해준다.

(2) 본연구의 논의 내용

선행연구의 논의 내용을 검토한 결과 학자에 따라서 그 견해를 달리하는 문제가 있었고, 같은 견해를 가지고 있었더라도 그 적용 기준과 방법을 달리해서 괴리감이 너무 크게 나타난다는 사실을 확인하여 보았다. 먼저 시조의 종류를 설명하면서 평시조, 엇시조, 사설시

143) 徐元燮, 時調文學研究, (螢雪出版社, 1982), 32쪽.
144) 위의 책, 37~ 50쪽.

조로 나누는 3분법을 적용할 것이냐, 여기에 엇시조를 제외한 2분법을 적용할 것 이냐 하는 문제부터 따져보자.

만약에 중형인 엇시조를 제외하게 되면 단형과 장형의 두 가지 형태만 남게 되는데, 우리 옛시조 가운데는 단형시조라 하기에는 너무 넘치고 장형시조라 하기에는 너무 모자라는 그 어중간한 형태의 중형시조가 상당수 있다. 이것들은 단형시조에 포함시키기도 애매하고 장형시조에 포함시키기도 애매한 것들이니, 그 뒤처리가 매우 곤란하다고 하겠다.

이 말은 음악 형태상 분류에서 엇시조를 인정하고 있으니, 문학 형태상 분류에서도 그 엇시조를 인정해야 된다는 이야기는 아니다. 최동원의 논설에서 "엇시조 · 사설시조의 창에서 보면, 중형시조가 엇시조로 불리고 장형시조가 사설시조로 불린다는 구분은 없다"라고 한 것을 보면 음악상의 엇시조와 문학상의 엇시조는 전연 별개 문제라고 생각되기 때문이다. 우리 옛시조 가운데 상당수 존재하는 중형의 엇시조를 무시하고 이것을 없었던 것으로 하자는 이야기는 논리상 맞지 않는다.

그런 의미에서 필자는 이미 존재하는 엇시조 형태의 작품들을 인정하고 중시하여 2분법보다는 3분법을 취하는 것이 마땅하다고 생각한다. 다만 현대시조의 경우는 엇시조를 짓는 사람도 없고 실제로 엇시조에 해당할 만한 작품들도 없으니, 시조의 종류 면에서 엇시조를 인정할 수 없다는 것이 필자의 견해이다.

다음은 시조의 명칭 문제가 되겠는데, 이것을 평시조, 엇시조, 사설시조라고 해야 한다는 견해와, 이와는 달리 단시조, 중시조, 장시조라고 해야 한다는 견해가 대립되어 있다. 후자를 주장하는 이들의 논리는 평시조, 엇시조, 사설시조라는 명칭이 음악에서 온 것이요, 시조의 형태상 종류는 음악과 무관한 것이니, 그 명칭부터가 음악적인 냄새를 풍기지 않게 단시조, 중시조, 장시조라고 해야 한다는 견해이다. 이처럼 음악과 의 결별을 선언하는 의미에서 명칭을 바꾸어야 한다는 데는 상당히 긍정적인 면을 지니고 있다.

그러나 3가지 형태로 되어 있는 시조의 종류가 단순히 그 길이에 의해서만 구분되고 다른 특성은 없는가 하는 점을 묻고 싶다. 제일 짧다고 해서 단시조, 그보다 조금 더 자수가 늘어났다고 해서 장시조라고 하는 논리는 그야말로 피상적이요 외형적으로 나타난 것만 중시해서 붙여진 이름이지 그 이외 아무것도 아니라는 이야기다.

평시조는 평시조 나름의 구조와 특성과 미학이 있고, 엇시조는 엇시조 나름의 구조와 특성과 미학이 있고, 사설시조 또한 다른 형태의 시조로는 흉내 낼 수 없는 독특한 구조와 특성과 미학이 있기 때문에, 이것들의 존재가치가 인정되는 것이지, 단순히 그 길이의 장단에 의해서 구분되고 그러한 사실이 그처럼 중요해서 명칭마저 바꾸어야 할 정도라면 엇시조와 사설시조의 존재 의미는 상당히 퇴색하게 된다. 시조의 종류에서 글자 수가 늘어났다 줄어들었다 하는 신축 작용이 무슨 큰 의미가 있단 말인가. 자유시에서는 글자 수나 행수가 늘어나거나 줄어드는 데 대하여 아무런 의미를 부여하지 않는데, 왜 시조에서만 그것에 큰 의미를 부여해서 중시조니 장시조니 하는 형태를 새롭게 규정해야 된다는 것인지 이해가 안 간다.

한마디로 3가지 형태의 시조 종류는 각각 그 나름의 구조와 특성과 미학이 있기 때문에 그 존재가치가 있는 것이지, 그 길이의 장단 여부 때문에 존재가치가 인정되는 것은 아니란 점을 분명히 해둔다. 平時調는 원래 〈平〉이 붙지 않고 그냥 시조라 했다는 것은 〈유예지〉나 〈구라철사금자보〉의 악보를 풀어보면 현행 평시조와 같은 데도 〈평〉자가 없고 〈시조〉라고 한 사실에서 알 수 있다. 그래서 음악의 경우 〈平〉은 〈지름〉의 대칭이 되며, 高地에 대한 平地로 해석된다는 것이다.[145] 이러한 음악상의 명칭을 원용하지 않더라도, 〈平〉자에는 〈바르다〉 〈쉽다〉〈평탄하다〉등 여러 가지 의미가 있으니, 정격의 시조, 보통의 시조, 일반적 시조라는 의미에서 3장 6구의 기본

145) 張師勛, 앞의 책, 28쪽.

틀을 갖춘 시조를 〈평시조〉라 일컫는 것은 아무런 하자가 없다고 생각한다.

다음은 엇시조에서의 〈엇〉의 의미에 대하여 살펴보자. 芳山韓氏琴譜에는 "蔓橫(즉 言弄) 或稱 반죽이"라고 되어 있는데, 「반자기」·「半只其」·「반지기」·「반죽」는 모두 같은 말이란 것이고, 그 用例는 다르나 「半半」인 점, 「어떠한 순수란 것에 잡것이 섞인 상태」를 의미한다는 점에서는 서로 통한다는 것이다.

그뿐만 아니라, 우리 음악에 있어서 移調할 경우에 「平調청」(女청)과 「界面청」(男청)을 흔히 사용하는데, 그 중간청을 「엇청」 또는 「얼청」이라 한다고 되어 있다.[146] 이처럼 음악상에서 〈엇〉의 의미는 「반반」이라는 의미, 그 「중간청」이라는 의미가 있고, 〈엇〉에 대한 사전적 의미를 찾아 보아도 〈서로 걸쳐서〉〈서로 비켜서〉〈어긋나게〉의 뜻이 있으니, 시조에서 단형도 아니고 장형도 아닌 그 어중간한 형태의 중형시조를 '엇시조'라 부른다고 해서 논리상이나 어법상 하등의 모순이 없다.

그 다음은 사설시조의 의미에 대하여 생각해 보자. 이 사설시조는 음악 형태상 분류에서는 「엮음」에 해당된다. 「엮음」은 「編」으로서 시조에 있어서의 「辭說」·「주심」·「拾」과도 같은 것이다. 하여간에 「평」과 「엇」과 「사설」은 자수의 많고 적음에 있는 것이 아니고 音樂形態와 관계있는 것이다. 가령 中型인 엇時調도 音樂形態를 바꾸면 「사설」(엮음)이 되고, 長型인 「사설」도 그 형태를 바꾸면 〈엇〉이 될 수 있는 것이다.[147]

그러니까 문학 형태상의 사설시조와 음악 형태상의 사설시조가 그 성격을 달리한다는 것은 재론을 요하지 않는다. 그러나 문학 형태상에 서 장형인 사설시조는 문자 그대로 「사설」(노랫말)을 그 나름의 미학에 맞게 배열한 것이고, 또 「사설」이란 낱말 속에는 어떤 말이

---

146) 위의 책, 31쪽.
147) 위의 책, 37쪽.

나 내용들을 길게 늘어놓는다는 의미가 들어있다는 점도 상고돼야 할 것이다. 이처럼 사설시조란 명칭은 장형시조의 구조와 성격에 맞는 이름으로 간주되고, 그런 의미에서 많은 선학들이 〈장시조〉라는 말보다는 〈사설시조〉란 명칭을 즐겨 썼던 것으로 이해된다.

이제까지 시조의 명칭 문제에 대하여 장황하게 논술해 보았거니와, 그 다음은 자수율 적용 문제에 대하여 명확한 태도를 밝혀야 되겠다. 노산 이은상 같은 이는 시조 형식을 설명하면서 초장의 제 1구는 2~5자, 제 2구는 2~6자, 제 3구는 2~5자, 제 4구는 4~6자와 같은 통계숫자를 제시했는데, 우리들이 실제로 시조 형태를 구분하면서 그처럼 철저하게 글자 수를 따져가면서 그것이 시조 형식에 맞는 것인가 아닌가를 판별하는 일은 거의 없다는 사실을 참고해야 될 것이다.

또 서원섭은 사설시조의 개념을 설명하면서 "시조 3장 중에서 초 · 종장은 대체로 엇시조의 중장의 자수와 일치하고(40자까지), 중장은 그 자수가 제한 없이 길어진 시조이다."라고 이야기했는데, 이 역시 현실성이 없는 공허한 이론에 불과하다. 우리들이 시의 형태를 살피면서 그것이 자유시인지 정형시인지, 정형시 중에서도 시조 형식에 맞는 것인지의 여부를 따질 때에 그처럼 일일이 글자 수를 헤아려 보는 일이 없는 데, 왜 대부분의 학자들이 시조 형식을 설명하면서 자수율을 염두에 두고 그것에 꿰어 맞추려 하는지 도무지 이해가 안 간다.

그래서 필자는 시조 형식을 설명하는데 있어서, 자수율 적용을 부정하고 그 대신 구수율 적용을 제창하는 바이다. 더 엄밀하게 말하면 구절수로 시조 형식을 설명하고 시조의 종류도 이러한 구절 수에 의하여 설명하겠다는 이야기다. 이러한 기준과 방법에 의하여 시조의 형식과 종류를 간단하게 요약하면 다음과 같이 된다.

평시조 : 3장 6구 12마디 이상
엇시조 : 3장 7구 14마디 이상
사설시조 : 3장 8구 16마디 이상

다음은 노산 이은상이 제창한 절장시조, 양장시조, 4장시조 등에 대하여 생각해 보자. 초 · 중장 등을 제외한 종장만 있는 것을 절장시조, 초장이나 중장 중에서 한행이 없는 것을 양장시조, 그리고 3장 형식의 기본 틀에 한행을 더해서 만든 것이 4장시조라는 이야기다. 더 자세히 이야기하면 3장 형식에 담기에는 그 시상이나 내용이 부족해서 한 줄밖에 쓸거리가 없으면 절장시조(단장시조), 두 줄밖에 쓸거리가 없으면 양장시조, 그런가 하면 3장 가지고도 부족해서 한 행을 더 쓰게 되면 4장 시조가 된다는 것이다.

이러한 노산의 이론은 어떻게 보면 참신하고 기발해서 시조의 발전을 가져오는 것 같고, 어떻게 보면 이미 존재하는 시조시형을 뿌리채 흔들면서 파괴하는 것 같아 그 어느 쪽에 해당하는지 정확한 판단을 내릴 수가 없다.

그러나 노산의 시조에 대한 그와 같은 실험적 형식이 바람직한 작업인가 아닌가는 3장 6구 12절의 시조 형식을 기계적 형식으로 볼 것이냐 유기적 형식으로 볼 것이냐에 따라서 저절로 판가름하게 된다. 기계적 형식이란 우리가 어떤 틀로 진흙을 눌러 벽돌을 찍을 때와 같이 이미 존재하는 모형을 말하고, 유기적 형식이란 내적인 것, 즉 그것이 발전하면서 내부로부터 스스로 형상화 하는 것이며, 그 발전의 완성은 바로 그 외부 형식의 완전함과 동일하게 된 것을 의미한다.[148)]

필자의 소견으로 시조의 3장 6구 형식은 유기적 형식으로 판단되고, 그것이 유기적 형식이기 때문에 우리 민족의 사상 · 감정 · 체험

148) 權澤英 · 崔東鎬, 文學批評用語辭典, (새문사, 1985), 281쪽.

등을 담기에 가장 알맞은 그릇이라는 표현을 할 수 있었다고 본다. 여기서 우리 민족의 사상 · 감정 · 체험 등을 담기에 가장 알맞은 그릇이란 말은 바로 3장 6구의 시조형식을 의미하는 것이지, 1행, 2행, 4행 등의 변태적인 형식까지 포함시켜 일컫는 말은 아니란 점을 인식해야 될 것이다. 만약에 그것이 윷가락과 같은 무기적인 것이라면 3장 중에서 다 놓지 말고 1개만 놓아 절장시조 만들고, 2개쯤 놓아 양장시조 만들고, 3장에다 1개를 더 놓아 4장시조를 만들어도 하등의 문제될 것이 없다고 하겠다.

한걸음 더 나아가 4장시조 가지고도 자신의 시상과 써야할 내용을 다 담아내지 못한다면 5장시조가 필요하게 되고, 이것이 허용된다면 6장, 10장, 100장까지의 시조를 쓰지 말라는 법은 없는 것이다. 만약에 100장까지의 시조를 허용한다면 이것과 조선시대 시조와 쌍벽을 이루면서 발전했던 가사문학과는 무엇이 다르단 말인가.

그런 의미에서 절장, 양장, 4장 등의 변태적인 시조형태는 고려 말부터 전해오는 3장 6구 의 전통적 시조 형식과는 무관한 것이고, 실험의식이라는 미명 아래 호사가들이 괴상한 말장난한 것에 불과하다는 것을 밝혀두는 바이다. 더구나 평시조 형태에다 엇시조, 사설시조, 단장시조, 양장시조, 4장시조 등을 추가시키거나 섞어서 써놓은 소위 혼합시조라는 것이 있는데, 이것이야말로 자유시도 아니고 정형시도 아니고, 그렇다고 우리 민족의 전통시가인 시조도 아니란 점을 분명히 해둔다.

지금까지 시조 종류에 대한 논의를 하기 위해서 예비적 작업으로 음악 형태상의 분류를 알아보았고, 문학 형태상의 분류에서는 제가들의 선행 연구 내용을 비교적 자세하게 살펴보았다. 그 결과 음악 형태상의 분류는 지방에 따라서 약간씩 다르고 창자에 따라서도 다르게 나타난다는 사실을 확인하였고, 더욱이 음악 형태상의 시조 종류와 문학 형태상의 시조 종류는 그 방면이 서로 다른 별개의 문제라는 것을 알게 되었다.

선행 연구의 논의 내용을 검토한 결과 학자에 따라서 그 견해를 달리하는 점이 많았고, 같은 견해를 가지고 있었더라도 그 적용 기준과 방법을 달리해서 학자마다 다른 주장을 펴기에 이르렀다고 본다. 이러한 이견들 중에서 몇 가지 문제에 대하여 필자가 논의했던 내용들을 다시 요약해보고, 그것으로 부족한 것은 더 보충적인 논의를 전개하면서 결론을 맺고자 한다.

① 시조의 종류를 구분하는 데는 평시조, 엇시조, 사설시조로 나누는 3분법과 엇시조를 제외한 평시조와 사설시조로만 나누는 2분법의 두 가지 형태가 있었다. 이 중에서 필자는 전자의 3분법을 채택했던 것이고, 그 이유는 우리 옛시조 가운데 상당수 존재하는 중형의 엇시조를 무시하고 이것을 없었던 것으로 하자는 이야기는 논리상 맞지 않는다고 생각했다.

② 각 종류에 따른 시조의 명칭 문제는, 이것을 평시조, 엇시조, 사설시조라고 하는 견해와, 이와는 달리 단시조, 중시조, 장시조라고 해야 한다는 견해가 대립되어 있었다. 후자를 주장하는 이들의 논리는 평시조, 엇시조, 사설시조라는 명칭이 음악에서 빌어온 것인데, 시조문학과 시조음악은 무관한 것이니 음악적인 명칭을 그대로 사용할 필요가 없다는 것이다.

그러나 3가지 형태로 되어 있는 시조의 종류가 단순히 그 길이에 의해서만 구분되고 다른 특성은 없는가 하는 점에 의문이 생겼고, 평시조, 엇시조, 사설시조는 각각 다른 형태의 시조로는 흉내 낼 수 없는 독특한 구조와 특성과 미학이 있기 때문에 그 존재가치가 있다고 판단되었고, 따라서 그 명칭 문제는 평시조, 엇시조, 사설시조라는 말이 음악적인 명칭과 동일하기는 하지만, 바로 각 시조 형태에 따른 구조와 특성과 미학에 맞는 이름으로 간주되어 그대로 사용할 것을 주장하였다.

③ 다음은 자수율 적용문제에 대한 견해인데, 우리들이 시의 형태

를 살피면서 그것이 자유시인지 정형시인지, 그 중에서도 시조 형식에 맞는 것인지의 여부를 따질 때에 일일이 글자 수를 헤아려 보는 일이 없다는 점을 중시하고, 자수율보다는 구수율을 적용하는 것이 바람직하다고 생각되었다. 대체로 시조는 6구체라 하는데, 이 6구의 구수는 제각기 두 구가 짝이 되어 하나의 행 즉 한 장을 이루게 되어 있다. 따라서 시조는 정형시라고 하겠다. 이처럼 음수율에서는 3 · 4 조 또는 4 · 4 조를 기본으로 하고 구수율에서는 6구체의 기준형에 따르는 모든 시조를 평시조라고 부른다. 종장의 제 1구 제 1절을 제외한 어느 구나 하나만이 길어진 것을 엇시조라 하고, 두 구 이상 길어진 것을 사설시조라고 한다.

④ 평시조의 기준형을 3장 6구 12절로 간주할 때, 3장 7 구 14~15마디로 된 것은 엇시조에 들어가고 3장 8구 16마디 이상 되는 것은 사설시조로 간주해야 한다. 다시 말하면 1구가 늘어난 것은 엇시조, 2구 즉 시조의 한 장이 늘어난 것은 사설시조로 보아야 한다는 이야기다. 좀 더 부연하면 엇시조는 3장 중에서 어느 한 장에 증가 현상이 일어나고, 사설시조는 3장 중에서 2장 이상에 구절 첨가 현상이 일어난다고 정의 내릴 수 있겠다.

⑤ 노산 이은상이 제창한 절장시조, 양장시조, 4장시조 등에 대하여는, 3장 6구 12절의 시조 형식을 기계적 형식으로 볼 것이냐 유기적 형식으로 볼 것이냐에 따라서 그 정당성 여부를 판가름해야 된다고 생각했다. 필자는 3장 6구의 시조형식을 유기적 형식으로 파악했던 것이고, 시조는 우리 민족의 사상, 감정, 체험 등을 담기에 가장 알맞은 그릇이란 말은 바로 3장 6구의 시조 형식을 의미하는 것이지, 1행, 2행, 4행 등의 변태적인 형식까지 포함시켜 일컫는 말은 아니라고 했다.

만약에 4장이나 5장시조를 허용하게 되면 50장이나 100장 되는 시조를 허용하지 말라는 법은 없고, 그렇게 되면 조선시대 시조와 쌍벽을 이루어 발전했던 가사와 다른 점이 없게 된다. 그런 의미에서 절장, 양장, 4장 등의 변태적인 시조형태는 고려 말부터 전해오는 3장 6구의 전통적 시조 양식과는 무관한 것이고, 일부 호사가들의 말장난에 불과하다는 것을 밝혀 둔다.

⑥ 현재까지 우리의 시조문학사를 살펴보면 대체로 전통적 시조, 발전적 시조, 실험적 시조 등으로 나누어 생각해 볼 수 있다. 여기서 전통적 시조는 3장 6구 12절의 정격을 지닌 평시조를 의미하고, 발전적 시조는 조선조 후기에 발달한 사설시조나 현대시조에서 주로 애용되는 연시조 등을 의미하고, 실험적 시조는 앞에서 자세하게 논의했던 절장시조, 양장시조, 4장시조, 혼합시조 등을 의미한다.

3. 시조문학의 의미 구조

문학에는 형식과 내용이 있는데, 그 형식상의 짜임새를 알아보는 것이 형태구조이고, 내용상의 짜임새를 알아보는 것이 의미구조이다. 그렇다면 構造란 무슨 뜻인가? 이 말은 한마디로 文學的 전체의 각 부분이 상호관련으로 이루는 總體다. 곧 文學이라는 하나의 전체를 구성하는데 있어서 각 부분들이 작용하는 양식이며 요소를 가리키는 것이다.[149)]

이러한 構造問題를 形式的 構造와 非形式的 構造로 나누는 경우가 있는데, 전자에는 序曲, 揷話, 結尾, 合唱 등이고, 후자에는 人物, 言語, 思想, 狀景, 旋律 등이 해당된다는 것이다. 또 詩의 경우는 이러한 구조문제를 深層構造와 表層構造로 나누어 생각하는 수가 있다. 이 때 深層構造의 분석은 시 속에 내재한 意味網이 어떻게 結構되어 있는가에 관심하면서 단순한 의미만이 아닌, 의미를 넘어선 암시역이나 상징역까지를 究明함으로써 그 精神本質을 해명하고자 한다. 동시에 이러한 정신본질을 어떻게 形象化하고, 형상화함에 있어 동원한 律格장치나 具象化 등의 표현 본질을 究明하고자 하는 것이 表

149) 金大幸, 韓國詩歌構造硏究,(三英社, 1982), 14쪽.

層構造에 대한 해명이 된다.[150)]

이러한 논리로 보면 형식적 구조나 표층구조는 형태구조에 해당하고, 비형식적 구조나 심층구조는 의미구조에 해당한다. 형태구조에 대하여는 다른 글에서 자세하게 알아보았기에 이글에서는 의미구조 즉 작품 속에 내재한 의미망이 어떻게 결구되었나를 파악하는 작업에 주력하고자 한다.

1) 선행 연구의 검토

시조의 형식은 3장 6구 12소절로 되어 있다. 그러기에 그 의미구조 또한 이러한 형식구조와 조화를 이루면서 일정한 규칙성을 지니게 되었을 것이다. 다시 말해서 그 형태구조가 3장 6구이기에, 그 의미구조 또한 크게는 3단위 작게는 6덩이의 의미망을 형성했을 것이라는 이야기다. 그러나 이러한 구조는 형태구조가 되었든 의미구조가 되었든 율격구조와도 깊은 관련이 있으니, 이에 대한 논설을 먼저 알아보고자 한다.

時調는 東洋詩歌의 일종이요, 東洋人 중에서 그 言語와 自然과 風習과 歷史가 독립되어 있는 한국의 시가임을 간과해서는 안 된다. 우리 국어는 「우랄 · 알타이」어 계통의 「퉁구스」어에 속하는 添加語다. 만주어, 일본어가 다 이것이다. 또 첨가어의 특징은 어미 활용과 조사의 어미적 작용(체언의 활용)이라 볼 수 있다. 체언에 조사가, 어간에 어미가 붙어서 語意를 성립시키는데, 그것이 변화함에 따라 어의도 달라진다. 그런데 우리말의 체언은 2자 내지 3자로 된 것이 가장 많다. 거기에 조사가 한 자, 두 자 붙으면 3자 내지 4자가 가장 많고 혹은 5자도 된다. 또 用言도 대개는 3자, 4자로 된 것이 최다수를 차지하고 있다. 이렇게 볼 때 우리 시가는 3자 또는 4자의 단어군의

150) 吳昇姬, 現代詩의 意味와 構造, (時調와 批評社, 1989), 164쪽.

결합으로 형성되어 있음을 깨달을 수 있다.[151)]

리태극의 논설을 인용했는데, 그는 우리 국어의 특성이 첨가어란 사실을 상기시키면서 자수율론을 제창하였다. 그래서 체언에 조사가 붙거나 어간에 어미가 활용하게 되면 3자 내지 4자로 된 낱말이 많게 되어, 우리 시가의 율격 특히 시조는 3 · 4조로 형성되었음을 깨달을 수 있다고 하였다. 그러나 최근에 와서는 이러한 자수율론이나 음수율론을 부정하고, 음보율만이 우리 시가의 율격이라고 공식화하고 있는 형편이니 난감하지 않을 수 없다. 그렇더라도 우리 시가의 율격에서 음수율을 완전히 배제할 수 없다는 것이 필자의 기본 입장이다. 그런 점에서 우리 시가의 기본 율격은 3 · 4조 또는 4 · 4조로 이루어졌다고 한 종래의 통설은 그대로 수용되어야 한다고 본다.

이와 같은 현상들은 시조 한 장에서 두 개의 의미단위를 추출할 수 있는 예를 보이고 있는데, 이런 기준에 따라 시조작품을 분석한 결과에 의하면 시조의 각장에서 이렇게 두 개의 의미단위가 나타나는 것이 보편적 현상인 것으로 분석되고 있다. 특히 이 현상이 가장 현저한 것은 초장의 경우이고, 그 다음이 중장이며, 종장이 가장 분포에서 떨어진다.[152)]

위와 같은 논설을 빌리지 않더라도, 시조의 한 장이 2개의 구로 나뉘어지니까 그 의미구조 또한 두 개로 나뉘어지는 것은 예견할 수 있는 문제이다. 그런데 이러한 현상이 가장 현저한 것은 초장의 경우이고, 그 다음이 중장과 종장의 순서라고 하였다. 이러한 율격구조나 형태구조와 관계없이 詩意의 展開方式에 따라 의미구조를 분석한 경우가 있으니, 예를 들어보면 다음과 같다.

---

151) 李泰極, 時調槪論, (새글사, 1963), 79~80쪽.
152) 김대행, 시조유형론, (이화여대 출판부,1986), 148쪽.

詩意의 展開方向이 긍정적인 것인가 모순적인 것인가 혹은 그 단계를 거쳐 綜合的인 것인가 하는 것을 중심적인 과제로 삼았다. 그리하여,

a) 同意的 展開型
b) 反意的(矛盾的) 展開型
c) 綜合的 展開型으로 分類하고자 한다.[153)]

먼저 同意的 展開型은 作者의 感動이나 作意가 우회 없이 그대로 전달되는 형식으로, 敍景時調가 이에 속하는 전형적인 작품이라고 하였다. 그리고 同意的 展開型은 시행의 의미 간격에 따라 조금씩 전개 방향을 달리하여 다시 몇 가지 유형으로 세분할 수 있다고 하였다.

反意的 展開型은 詩意가 正→反의 모순적 방향으로 전개되는 것을 의미한다고 하였다. 詩人의 眞意는 反의 입장에 있으며, 이것을 강조하기 위하여 일단 前述이 이루어진 다음 이에 대한 否定으로서의 後述이 뒤따르게 된다는 것이다.

綜合的 展開型은 正→反→合의 변증법적 단계를 거쳐 모순적 대립을 해소시켜 나가는 구조라는 것이다. 초장의 전제를 正이라 할 때, 중장에서는 이와 대립되는 反이 나오고, 종장에서는 대립해소가 이루어지는데, 正이 勝하는 경우, 反이 勝하는 경우, 그 어느 것도 아닌 경우 등 여러 가지가 있다고 하였다.

이에 비하여 金東俊은 章單位 意味構造와 句單位 意味構造로 분류하면서, 詩意構造의 形式을 ① 歸納式 展開法 ② 演繹式 展開法 ③ 對立式 展開法 ④ 平行式 展開法[154)] 등으로 나누어 살펴보았다. ① 歸納式 展開法은 句나 章이 갖는 개개의 詩意 單位가 종장부를 향해서 전개되는 구조형식인데, 漢詩의 起·承·轉·結에서 주제가 結句

153) 鄭惠媛, 時調 意味構造에 관한 分析, 「國文學研究」 제12집, 1970, 7쪽.
154) 金東俊, 時調文學의 構造 硏究, (東國大, 韓國文學研究所, 1981), 71쪽.

에서 끝나는 것과 비슷하다고 하였다. 그리고 여기에는 3가지 방식이 있는데, 'A→B→C'형, 'A=B→C', 'A→C←B'형 등으로 전개된다는 것이다.

② 演繹式 展開法은 귀납식 전개법의 반대적 전개법을 취하는 형식으로, 初章部에 詩意의 力點이 놓인다고 하였다. 이것은 儒敎的 道德律을 훈도하고 계시하는 경우에 많이 취하는 형식으로 朴仁老의 五倫歌나 鄭澈의 訓民歌를 예로 들 수 있다는 것이다. ③ 對立式 展開法은 詩意가 대립의 관계를 이루면서 正→ 反의 모순으로 전개되고, 이 때 詩的 眞意는 反의 입장에 놓인다고 하였다. 이 방법은 조선시대의 儒家나 士大夫들의 점잔과 능청에서 好用된 형식이란 이야기다. ④ 平行式 展開法은 3章에 고루 독립된 단위의 詩意가 분산되었는데, 시조의 의미구조의 기법 중 가장 열등하다는 것이다. 이에 속하는 작품은 종장이 서로 전연 연관성을 짓지 않으면서 세 단위의 동격의 의미가 균형 있게 구성되었다는 것이다.

지금까지 살펴 본 바를 토대로 우리는 시조의 일반형이,

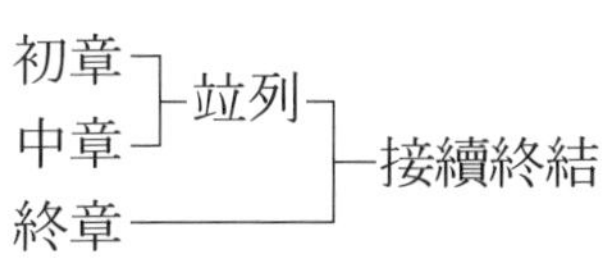

과 같이 되어 있음을 알 수 있는데, 時調가 三章 形式이라는 의미는 바로 여기서 찾아져야 되지 않을까 한다. 즉 시조의 三章은 竝列인 初中章과 그것이 合一化 또는 一般化되는 接續終結로서의 終章이라는 데에 그 意味가 있다고 할 것이다.[155)]

위와 같이 시조의 초장과 중장은 병렬관계이고, 초중장과 종장과의 관계는 접속종결의 의미가 있다는 것이고, 이러한 의미구조를 지닌

155) 金大幸, 韓國詩歌構造硏究, 237~238쪽.

것이 時調의 一般型이라고 하였다. 그리고 이러한 竝列→ 接續構造로 설명할 수 없는 작품들도 있는데 이런 것들을 變異形態로 보아 무방하다는 것이 金大幸의 논리이다.

시조의 논리적 구조는 3단이며, 3단이기 때문에 3장 형식을 취한 것이다. 그리고 이는 바로 우리 민족의 思考態의 한 표상이라 할 수 있다. 앞에서도 언급한 바 있지만 「公無渡河歌」의 세 의미덩이, 민요의 3줄 형식, 향가의 3구 6명, 고려가요의 3음보격, 시조의 3장 형식, 자유시의 3음보격의 계승, 소설 속의 3대 의식 등 우리 문학(특히 시가)에 통효하고 있는 '3'의 수리를 단위로 하는 구조적 체계는 결코 우연한 현상이 아닐 것이다. 우리 시가 문학의 구조적 원리는 민족의 사고 방식과 무관하지 않을 것이며 철학적 원리를 통하여 한국 시가의 구조 원리가 밝혀지게 된다면 시조의 구성 체계도 확연히 밝혀질 것으로 보인다.[156)]

김제현은 시조의 논리적 구조는 3단이라고 했으며, 그렇기 때문에 시조가 3장 형식을 취한 것이라 하였다. 그 3장 형식의 '3'이라는 숫자는 우연한 현상이 아니고, 우리 민족의 思考態의 한 표상이라고 하였다. 그가 철학적 원리를 통하여 한국 시가의 구조 원리가 밝혀지게 된다면 시조의 구성 체계도 확연히 밝혀지게 될 것이라 한 점은 상당히 돋보이는 견해라고 생각한다.

임종찬은 "음보를 4개 이어서 한 장이 되고, 장이 3개 모여서 한 작품이 되고 있다. 시조의 초장 · 중장 · 종장이라는 3장은 서로 장과 장끼리 무의미하게 연결되어 있는 것은 아니다."[157)]라고 하면서, ① 初章을 위한 中章(1) ② 初章을 위한 中章(2) ③ 終章을 위한 中章 ④ 結合的 關係로서의 初 · 中章 ⑤ 連鎖的 關係로서의 三章 등으로 유형 분류를 하였다. 여기서 ①은 초장과 중장의 의미가 중복되어 중장

156) 金濟鉉, 時調 · 歌辭論,(예전사, 1988), 50쪽.
157) 林鍾贊, 古時調의 本質, (國學資料院, 1993), 16쪽.

을 생략해도 의미전달에 하등의 지장이 없다는 이야기이고, ②또한 중장은 초장의 사실을 부연설명하고 있으니, 초장을 위한 중장에 해당 된다는 내용이다.

③에서 중장은 종장의 예증에 해당된다는 것이고, 초장과 종장과의 관계는 서로 맞서는 입장이라고 하였다. ④는 초장과 중장은 어느 장도 의미중복이 되어 있지 않고 반드시 있어야만 하는 요소로 구성된 경우이고, ⑤는 사건이 연속적이기 때문에 어느 장이든 생략되어서는 안 되고, 어느 장도 앞 뒤 순서가 바뀌어서는 안 되는 작품들이 해당된다는 것이다. 이처럼 제가들의 이론들을 소개해 보았는데, 누구의 이론도 일장일단이 있다고 생각되고, 그 많은 고시조 작품들에 완벽하게 적용되는 이론은 없다고 생각한다. 더구나 세부적으로 하위 분류를 해 놓아서 의미파악에 도움이 안 되고 지장을 주는 경우까지 있었다.

그래서 이 글에서는 김동준의 이론을 주로 수용하여 ① 연역식 전개형 ② 귀납식 전개형 ③ 반전식 전개형 ④ 명령식 전개형 ⑤ 연쇄식 전개형 ⑥ 대우식 전개형 등으로 유형 분류하여 실제 작품에 적용해 보고자 한다.

2) 의미구조에 대한 논의

(1) 演繹式 展開型

연역식 전개형은 주제나 결론이 초장에 있고, 중장과 종장은 초장의 내용을 반복하거나 부연 설명하는 경우에 해당한다.

(가) 어버이 사라신제 셤길 일란 다ᄒᆞ여라
　　디나간 휘면 애듧다 엇디ᄒᆞ리
　　평ᄉᆡᆼ애 고텨 못ᄒᆞᆯ 일이 잇ᄯᅳᆫ인가 ᄒᆞ노라.

(나) 섭 시른 千里馬를 알아볼 이 뉘 잇시리
十年櫪上에 속졀업시 다 늙써다
어ᄃᆡ셔 살진 쇠양馬는 외용지용ᄒᆞ는이

(가)는 松江 鄭澈의 〈訓民歌〉 중의 한 작품이고, (나)는 金天澤의 작품을 예로 든 것이다. 원래 연역이란 일반적인 사실이나 원리로부터 개별적인 특수한 사실이나 원리를 이끌어낸다는 뜻이다. 윗 작품 (가)에서 지은이가 독자들을 향하여 진정으로 하고 싶은 이야기는 부모님이 살아계실 때에 정성스럽게 섬기라는 것이다. 돌아가신 다음에 슬퍼해도 소용없다는 이야기나, 평생에 고쳐 못할 일이 이것뿐이라는 중 · 종장의 이야기는 초장의 내용을 구체화시키고 부연 설명한 것에 지나지 않는다.

(나) 또한 이 작품의 주제와 핵심은 초장에 있다. 땔나무나 싣고 다니는 千里馬를 누가 알아보겠느냐는 내용이다. 이 작품이 비유법을 쓴 것으로 본다면 정말로 훌륭한 인재가 알아주는 사람이 없어서 등용되지 못하고 썩어가는 모습을 한탄한 것이라 보아야겠다. 千里馬를 알아보는 이가 없었기에 중장에서는 十年櫪上에 속절없이 늙어간다고 했던 것이고, 종장에서는 살찐 쇠양馬 즉 둔한 말들이 외용지용 설치고 시끄럽게 군다고 표현했던 것이다. 우리 속담에 "빈수레가 더 요란하다."는 말이 있는데, 사람 중에서도 덜 된 인간이 더 설치는 경우를 비유한 것이라 생각된다.

(다) 강원도 ᄇᆡᆨ셩들아 형뎨송ᄉᆞ ᄒᆞ디마라
죵쒸 밧쒸ᄂᆞᆫ 엇기예 쉽거니와
어ᄃᆡ가 ᄯᅩ 어들 거시라 흘긧ᄒᆞᆯ긧 ᄒᆞᄂᆞᆫ다.

(라) 사는 것도 重ᄒᆞ지만 義 아니면 取치마라.
不義로서 富貴ᄒᆞᆫ들 生前報應 웨 업스며 正義로서
食寒ᄒᆞᆫ들 名垂竹帛 업슬소냐

至今에 不義코셔 臥席終身 뉘잇스리.

(다)는 松江 鄭澈의 〈訓民歌〉 중의 한 작품이고, (라)는 1909년 9월 14일자 大韓 每日申報에 실린 작품이다. 먼저 (다)를 보면 이 작품의 주제와 핵심은 초장에 있다. 강원도 백성들에게 형제 송사하지 말고 우애 있게 지내란 것을 강조한 작품이다. 그 兄弟友愛를 강조하기 위하여 중장에서는 "죵쒸 밧쒸는 엇기예 쉽다."하였고, 종장에서는 "어듸가 또 어들 거시라 흘긧할긧 하느냐"고 부연 설명하였다. 이 작품은 송강이 강원도 내의 민정을 두루 살펴보고, 재산 때문에 형제지간에 송사하는 일이 있어, 더 이상 간과할 수 없기에 그들을 교화할 목적으로 지은 것이다.

중장에 나오는 '죵쒸밧쒸'는 노비와 전답을 의미하고 종장에 나오는 '흘긧할긧'은 눈을 흘기며 적대시하는 모습을 형용한 것이다. 노비와 전답이 귀중하지만 이런 것은 없어졌다가도 다시 얻을 수 있는 것이고, 형제지간은 한 번 잃게 되면 다시 얻을 수 없는 것이니, 어느 것이 더 소중한가는 자명하다는 이야기다. 그러니까 형제우애를 강조한 작품인데, 이 시조는 송강이 그냥 상상해서 쓴 것이 아니고, 실제로 있었던 병폐를 예로 들고, 그러한 병폐를 바로잡기 위해서는 그들을 교화하고 설득하는 것이 최선의 방법이란 것을 보여준 것이다. (라)는 1909년 대한매일신문에 발표된 작품이니, 이것을 고시조로 보아야할지 근대시조나 현대시조로 보아야할지 난감하게 된다.

이러한 제반 사항들로 미루어 볼 때 갑오경장은 구국가 체제를 버리고 새국가 체제를 확립한 제도적 개혁이라고 할 수 있다. 다시 말하면 조선의 봉건제도는 무너지고 정치사회의 체제는 완전히 서구식 신체제로의 이행을 촉구하게 되었던 것이다. 여기에 필수적으로 수반된 것이 신문화 운동이었고, 국한문 혼용체의 언문일치를 단행한 국문학 운동이었다. 아울러 시조문학의 경우도 고시조시대를 마감하고 신시조 또는 근대시조 시대로, 시조창을 완전히 결별한 시조문학

시대에로의 새로운 국면을 맞게 되었던 것이다.[158)]

1894년에 시행된 갑오경장은 한국 근대화 과정에서 중요한 의의를 지니는 政治 · 經濟 · 社會 등 다방면에 걸친 대개혁이었다. 대부분의 국문학사 책이나 국문학개론서에서도 이 갑오경장을 기준으로 고전문학과 현대문학을 분류해 놓았다.

상기 인용문에서도 갑오경장을 기준으로 고시조 시대를 마감하고 신시조 또는 근대시조시대로, 시조창을 완전히 결별한 시조문학 시대에로의 새로운 국면을 맞게 되었다고 하였다. 그런데 갑오경장은 1894년에 일어났고, 위에서 예로 든 작품은 1909년에 발표된 것이니, 당연히 신시조나 근대시조 또는 현대시조로 간주해야 한다.

그러나 표기법, 한문어투, 어조, 관념적인 내용 등을 고려할 때 (라)작품은 고시조에 편입시켜야 마땅하다고 본다. 아니면 고시조에서 현대시조로 넘어가는 과도기적 작품으로 간주해도 좋을 것이다.

윗 작품 (라)는 연역식 전개형으로 지은이가 말하고자 하는 핵심이나 주제가 초장에 있다. 사는 것도 중요하지만 義 아니면 취하지 말라는 것이 지은이가 진정으로 하고 싶었던 이야기인 것이다. 그 다음 중장에서 불의로써 부귀하게 되면 생전에 앙갚음이 있다는 이야기나 정의로써 가난하게 산들 이름이 竹帛에 쓰여지는 일 즉 역사에 기록될 만한 공로가 왜 없겠느냐 한 것은 초장의 내용을 구체적으로 설명하면서 확신시켜주는 구실을 하고 있다. 그러니 不義를 행하면서 병석에 누워 종신할 사람이 누가 있겠느냐고 한 종장의 내용도 초장과 중장에 대한 부연 설명이라고 생각한다.

(2) 歸納式 展開型

귀납식 전개형은 한시의 기승전결 구조에서 시조의 종장인 전결구

158) 원용우, 고전문학논해, (백산출판사, 1992), 75쪽.

조에 해당되거나 3단논법에서 결론부가 시조의 종장에 있는 경우가 해당된다. 아니면 정혜원이 주장한 동의적 전개형처럼 작자의 감동이나 작의가 순차적으로 종장까지 전달되는 경우, 또는 김대행의 이론처럼 초장과 중장이 병렬관계를 이루고 다시 종장에서 접속 종결되는 경우를 들 수 있다. 또 초장과 중장에서 나열했던 사항들을 종장에서 종합하고 매듭짓는 경우도 이 유형에 해당된다. 아무튼 귀납식 전개형은 내용의 핵심이나 주제가 종장부에 있는 경우인데, 대부분의 고시조 작품들이 이 유형에 속한다고 생각한다.

(가) 길 우희 두 돌부텨 벗고 굶고 마조셔셔
　　ᄇᆞ람비 눈서리ᄅᆞᆯ 맛도록 마ᄌᆞᆯ만졍
　　人間에 離別을 모ᄅᆞ니 그ᄅᆞᆯ 블워 ᄒᆞ노라

(나) ᄉᆞ랑이 엇더터니 둥그더냐 모나더냐
　　기더냐 쟈르더냐 발을러냐 자힐러냐
　　ᄒᆞ그리 긴줄은 모로ᄃᆡ ᄭᅳᆺ 간 ᄃᆡ를 몰ᄂᆡ라

(가)는 松江 鄭澈의 작품이고 (나)는 白洲 李明漢의 作品이다. (가) 松江의 시조는 그 의미전개가 순차적으로 이루어져 초장에서 시상을 시작하고 중장에서 발전시키고 종장에서 결론을 맺는 순서를 밟았다. 그 돌부처가 헐벗고 굶주리고 비바람 눈서리를 그대로 맞으면서 살아가지만 인간들은 이별 때문에 괴로워하는데, 그 이별을 모르고 지내니 바로 그 점이 부럽다는 내용이다. 돌부처에 감정이입을 시킨 작품으로 의인법과 대조법을 교묘히 써서 시적 효과를 거두었다.

(나) 白洲의 시조는 사랑의 개념이나 정의를 노래한 것 같다. 이 추상명사에 대하여 〈둥글더냐〉 〈모나더냐〉 〈길더냐〉 〈짧더냐〉 〈발을러냐〉 〈자힐러냐〉라고 의문을 제시한 것이다. 이것은 사랑이 무엇인가를 한마디로 규정지을 수 없다는 것을 단적으로 증명해주는 말들

이다. 그래서 하그리 긴 줄은 모르지만 끝 간 데를 알 수 없다는 것으로 얼버무려 버렸다. 그렇더라도 윗 작품의 의미구조를 보면 초장과 중장에서는 비슷한 개념의 말들을 나열했고, 종장에서 종합하여 결론을 내리는 수법을 썼으니 귀납식 전개형을 선택한 것으로 본다.

(다) 내버디 몃치나ᄒᆞ니 水石과 松竹이라
東山에 ᄃᆞᆯ오르니 긔 더옥 반갑고야
두어라 이 다ᄉᆞᆺ 밧긔 또 더ᄒᆞ야 머엇ᄒᆞ리

(라) 安貧을 슬히 넉여 손 헤다 물러감여
富貴를 블어ᄒᆞ여 손치다 나아오랴
암아도 貧而無怨이 긔 올흔가 ᄒᆞ노라

(마) 개야미 블개야미 ᄌᆞᆫ등 부러진 블개야미 압발에 疔腫나고
뒷발에 죵귀난 블개야미
廣陵 ᄉᆡᆷ재 너머 드러 가람의 허리를 ᄀᆞ르무러 추혀들고
北海를 건너닷 말이 이셔이다 님아님아
온 놈이 온 말을 ᄒᆞ여도 님이 짐쟉ᄒᆞ쇼셔

(다)는 孤山 尹善道의 五友歌 중에서 序詩를 인용한 것이다. 초장에서는 자신의 벗이 다섯 있는데 〈水〉〈石〉〈松〉〈竹〉이라고 소개하였다. 중장에서는 달을 더 추가했는데 그냥 추가시키지 않고 "동산에 달이 떠오르니 그것이 너욱 반삽다."고 한데서 표현의 묘미를 느끼게 한다.

그리고 종장에서는 초장과 중장의 내용을 총괄하는 동시에 지은이 자신의 주관적 태도를 나타내었다. 자신의 벗으로 이 다섯 가지면 되지 그 이상은 필요 없다는 말로 결론을 맺었던 것이다.

(라)는 南坡 金天澤의 작품으로 그의 인생관과 세계관이 여실하게 드러난 작품이다. 초장에서는 安貧을 싫다고 생각해서 손을 내젓는

다고 물러가겠느냐고 했다. 중장에서는 부귀를 부러워해서 손을 치며 부른다고 나아오겠느냐고 했다. 이렇게 초장과 중장은 댓귀법을 써서 병렬관계를 이루었다. 종장에서는 接續終結 형식을 취하였으니 아마도 貧而無怨하는 것이 옳다고 생각된다는 것이다. 한마디로 종장의 내용을 이야기하기 위해서 초장과 중장을 전제로 내세우고 열거했다는 생각이 들 정도이다.

(마)의 초장에서는 불개미를 등장시켰는데, 잔등이 부러졌고, 압발에 큰 부스럼병의 일종인 정종이 걸린 불개미고, 뒷발에도 종기가 난 그런 불개미라고 하였다. 그런데 중장에서는 그 처럼 허약하고 불구인 불개미가 샘재를 넘어가서 범의 허리를 가로물어 추켜들고 北海를 건넜다고 하니, 이 말을 곧이들을 사람이 누가 있겠는가. 과장법도 도가 지나쳐서 도저히 믿을 수 없는 말만 늘어놓았던 것이다.

그러나 지은이가 정작하고 싶은 말은 종장에 배치하였다. 온 놈이 온 말을 하여도 곧이듣지 말고 님께서 잘 생각해 보라는 이야기다. 초장과 중장의 내용은 모두 거짓말이니, 그런 허황된 거짓말이나 참소에 속지 말아달라는 간곡한 청원이 깃들여있는 것이다.

(3) 反轉式 展開型

이 反轉式 展開型은 정혜원이 주장한 反意的 展開型에 해당하고 김동준이 주장한 對立式 展開法에 해당한다. 그래서 詩意가 대립의 관계를 이루면서 正→ 反의 모순으로 전개되고, 이 경우 詩的 眞意는 反의 立場에 놓인다고 하겠다.

(가) 고즌 므스 일로 퓌면서 쉬이 디고,
플은 어이ᄒᆞ야 프르ᄂᆞᆫ ᄃᆞᆺ 누르ᄂᆞ니
아마도 변티 아닐ᄉᆞᆫ 바회뿐인가 ᄒᆞ노라

(나) ᄉᆞ랑 거즛말이 님 날 ᄉᆞ랑 거즛말이
ᄭᅮᆷ에 뵌닷 말이 긔 더욱 거즛말이
날ᄀᆞᆺ치 ᄌᆞᆷ 아니 오면 어ᄂᆡ ᄭᅮᆷ에 뵈이리

(가)는 尹善道의 五友歌 중에 바위를 노래한 것이다. 꽃은 좋기는 하나 피면서 쉽게 지니 나쁘다는 이야기이고, 풀은 좋기는 한데 푸르는 듯하다가 바로 누렇게 변하니 나쁘다는 이야기다. 다시 말해서 초장에서는 빨리 지는 것, 중장에서는 쉽게 변하는 대상을 열거하고 종장에서는 그것들과 반대의 입장에 있는 사물을 제시하였다. 아마도 변하지 않는 것은 바위뿐이라고 하면서 바위의 불변성을 찬양했던 것이다.

(나)는 宣祖 때 사람 金尙容의 사랑가이다. 초장에서는 임께서 나를 사랑한다는 말이 거짓말이라고 하였다. 중장에서는 더구나 꿈에 보인다는 말은 더욱 믿을 수 없는 거짓말이라고 하였다. 종장에서는 중장의 내용과 반대의 상황을 제시했으니, 나처럼 그대를 그리워하다가 잠 못 이룬다면 어느 꿈에 임을 볼 수 있겠느냐는 푸념을 노래했기 때문이다.

(다) 가미귀 검다ᄒᆞ고 白鷺ㅣ야 웃지마라
것치 거믄들 속조차 거믈소냐
아마도 것 희고 속 검을슨 너 ᄲᅮᆫ인가 ᄒᆞ노라

(라) 豪華코 富貴키야 信陵君만 ᄒᆞᆯ가마ᄂᆞᆫ
百年 못ᄒᆞ야서 무덤 우희 밧츨 가니
ᄒᆞ믈며 녀나믄 丈夫ㅣ야 닐러 므슴ᄒᆞ리오

(다)는 高麗 遺臣의 한 사람인 작가 李稷이 李朝 開國功臣으로 벼슬자리에 있으면서 그의 양심을 읊은 노래라고 한다. 초장에서는 가마귀와 백로를 대조시키면서 깨끗한 체하는 백로를 오히려 힐난하고

있다. 그 이유는 중장에 드러났는데 가마귀는 겉은 검어도 속은 깨끗하기 때문이란 설명이다.

그리고 겉이 희고 속이 검은 것은 도리어 백로뿐이라고 노골적으로 드러내었다. 이 작품은 중장에서 속이 깨끗한 가마귀와 종장에서 속이 검은 백로를 대립시켜 시적 효과를 거두었다고 생각한다.

(라)는 明宗 때 성리학에 일가를 이룬 奇大升의 작품이다. 초장에서는 호화스럽고 부귀하기로야 信陵君 만한 사람이 없다고 하였다. 信陵君은 중국 전국시대 魏나라 昭王의 아들로 食客 3천여 명을 거느리고 호화롭게 살았다는 인물이다. 그처럼 부귀하게 살다간 신릉군의 무덤 위에도 그가 세상을 떠난 지 백년도 못되어 그의 무덤 위에서 밭을 간다고 했으니 人生無常을 절감케 하는 작품이다.

그러나 지은이가 정작 하고 싶은 이야기는 종장에 배치되었다. 하물며 호화도 부귀도 못 누린 그 나머지 사람들이야 더 말해서 무엇하겠느냐는 내용이다. 이 작품은 부귀의 극치를 누린 신릉군과 그저 별 볼 일 없이 살아가는 일반 사람들을 대조시켜 주제를 부각시키는데 큰 성과를 거두었다고 생각한다.

(4) 竝列式 展開型

병렬식 전개형은 김동준이 주장한 平行式 展開法과 같은 것으로, 초장과 중장의 관계가 병렬적이거나 초 · 중 · 종 3장의 관계가 모두 병렬적으로 구성된 경우를 가리킨다. 다시 말하면 독립된 단위의 詩意가 兩章이나 三章에 고루 분산되어 의미 배열에 경중을 따지기 어려운 상태를 말하는 것이다.

(가) 功名도 니젓노라 富貴도 니젓노라
世上 번우한 일 다 주어 니젓노라
내 몸을 내 ᄆᆞ자 니즈니 ᄂᆞᆷ이 아니 니즈랴

(나) 일 심어 느즛 퓌니 君子의 德이로다
風霜에 아니디니 烈士의 節이로다
至今에 陶淵明 업스니 알니 뎍여 ᄒᆞ노라

(가)는 仁祖 때 형조판서까지 지낸 金光煜의 작품으로, 그에게는 栗里遺曲 14수가 전한다. 이 작품에 대하여 최장수는 漸層法과 反復法을 써서 세상과 완전히 인연을 끊고 사는 심정을 나타내었다.[159]고 하였다. 여기서 초장에서는 공명과 부귀를 잊었다 하였고, 중장에서는 세상의 번우한 일을 잊었다 하였고, 종장에서는 내 몸을 내 마저 잊었다고 하였다. 물론 약간의 점층법을 구사해서 각 장의 의미 배분이 균등하지 못한 감도 없지 않지만, '니젓노라'라는 말에 액센트를 부여한다면 독립된 단위의 詩意가 3장에 고루 분산되어 병렬적 관계를 유지했다고 볼 수도 있다.

(나)는 高麗 恭愍王 때 戶部尙書를 지낸 成汝完의 작품이다. 그는 朝鮮 開國 後 侍中으로 불렀으나 끝내 나오지 않았다고 한다. 이 시조는 국화를 제재로 했는데도, 작품 속에는 국화란 말이 한 번도 등장하지 않는다는 점에서 묘미를 느끼게 된다. 그 국화가 일찍 심어도 가을 늦게야 피니 君子의 德行과 같다는 것이고, 늦가을의 바람과 서리에도 지지 않으니 烈士의 절개와 같다는 것이다. 이 작품에서 初章과 中章은 '느즛 퓌니'와 '아니디니', '君子의'와 '烈士의', '德이로다'와 '節이로다'가 對句를 이루면서 병렬관계를 이루었다. 다만 (가) 작품은 3장이 모두 병렬 관계를 이루었는데, (나)작품은 초장과 중장만이 병렬관계를 이루었음이 다를 뿐이다.

(다) 梧桐에 雨滴ᄒᆞ니 舜琴을 니우ᄂᆞᆫ 듯
竹葉에 風動ᄒᆞ니 楚漢이 셧두ᄂᆞᆫ 듯
金樽에 月光明ᄒᆞ니 李白 본 듯 ᄒᆞ여라

159) 崔長洙, 古時調解說, (世運文化社, 1977), 270쪽.

(라) 金生麗水ㅣ라 흔들 물마다 金이 나며,
玉出昆崗이라 흔들 뫼마다 玉이 나랴
아모리 女必從夫인들 님마다 조ᄎᆞ랴

(다)에서는 각 장의 첫째구 '梧桐에 雨滴ᄒᆞ니', '竹葉에 風動ᄒᆞ니', '金樽에 月光明ᄒᆞ니'가 병렬관계를 이루었다. 마찬가지로 각 장의 둘째 구 '舜琴을 니우ᄂᆞᆫ 듯', '楚漢이 섯두ᄂᆞᆫ 듯', '李白 본 듯' 등이 병렬관계를 이루었다. 다시 말해서 초·중·종장 등에 의미 배분이 균등하여 그 경중을 따지기 어렵다는 이야기다.

(라)는 세조 때 사육신의 한 사람인 朴彭年의 작품이다. 이 작품은 초장의 '金生麗水'와 중장의 '玉出昆崗', 초장의 '믈마다'와 중장의 '뫼마다', 초장의 '金이'와 중장의 '玉이'가 대구를 이루면서 병렬식 전개법을 구사하였다. 이 병렬식 전개형은 수사법상으로 대구법과 긴밀한 관계에 있다는 점도 아울러 밝혀둔다.

(5) 連鎖式 展開型

連鎖式 展開型은 수사법상 연쇄법을 구사한 작품들이 이에 해당한다. 그래서 前句의 끄트머리 말을 다음 句의 첫머리에 오게 하거나 前章의 끄트머리 말을 다음 章의 첫머리에 오게 하는 경우를 들 수 있다.

(가) 淸凉山 六六峰을 아ᄂᆞ니 나와 白鷗
白鷗ㅣ야 헌ᄉᆞᄒᆞ랴 못미들슨 桃花ㅣ로다
桃花ㅣ야 써나지 마라 漁舟子ㅣ 알가 ᄒᆞ노라

(나) 古人도 날 몯 보고 나도 古人 몯뵈
古人을 못봐도 녀던 길 알픠 잇ᄂᆡ
녀던 길 알픠 잇거든 아니 녀고 어뎔고

(가)는 조선시대 성리학의 대가로 알려진 退溪 李滉의 작품이다. 그는 벼슬이 예조판서와 좌찬성에 올랐는데, 사임하고 향리로 돌아온 뒤에는 陶山書院을 짓고 後進들을 양성하였다. 여기서 淸凉山은 安東 才山縣 서쪽에 있는 산이고 六六峰은 열두 봉우리라는 뜻이다. 이 작품의 의미 전개를 보면 초장의 끄트머리 '白鷗'란 말이 중장의 첫머리에 왔고, 중장의 끄트머리 '桃花'란 말은 종장의 첫머리에 와서 마치 쇠사슬이 고리에 고리를 물고 잇달은 것과 같은 수법을 썼다.

(나) 또한 退溪 李滉의 작품으로 陶山十二曲의 9번째 작품이다. 여기서 古人은 옛 聖賢을 가리키는 말이니, 옛 성현들이 행하던 인륜대도를 우리들도 실천궁행하자는 의미가 담겨있다. 이 작품은 前句의 끝말을 後句의 첫말로 가져오는 연쇄법을 계속해서 써서 연쇄식 전개형의 전범을 보여주는 듯하지만, 잘못하면 말장난 한다는 느낌을 갖게 할 우려가 있다.

(다) 靑山도 절로절로 綠水도 절로절로
山절로 水절로 山水間에 나도 절로
그 中에 절로 ᄌᆞ란몸이 늙기도 절로 ᄒᆞ리라

(라) 져 님의 눈즛 보소 에우런 낙시로다
져 낙시 거동보소 날 낙글 낙시로다
두어라 낙기곳 낙그면 낙겨 볼가 ᄒᆞ노라

(마) 말ᄒᆞ기 죠타ᄒᆞ고 ᄂᆞᆷ의 말을 마를거시
ᄂᆞᆷ의 말 내ᄒᆞ면 ᄂᆞᆷ도 내말 ᄒᆞᄂᆞᆫ 거시
말로셔 말이 만흐니 말모로미 죠해라

(다)는 尤菴 宋時烈의 작품인데, 그는 沙溪 金長生의 문인이다. 1635년 孝宗의 師傅가 되었고, 判中樞府使라는 관직을 지냈다. 이 작품은 초장의 後句에서 '절로절로'란 말을 중장의 전구로 가져왔

고, 또 중장의 후구에서 '절로' 란 말을 종장의 前句에 가져와서 연쇄식 전개형의 구조를 나타내었다. 그러나 이 작품에는 '절로' 란 말을 지나치게 많이 반복해서 재미있는 측면도 있지만, 도리어 시적 효과를 반감시키는 결과를 가져왔다.

(라)는 海東歌謠에 실려 있는데, 지은이가 누구인지는 분명치 않다. 이 작품은 초장의 끝 절에 '낙시' 란 말이 중장의 첫절에 왔고, 중장의 제 2절에 있는 '낙글' 이 종장의 제 2절에 와서 연쇄식 전개형 구조를 갖추었다. 그러나 이 연쇄식 전개형은 어쩔 수 없이 같은 낱말을 되풀이하는 반복법을 동시에 구사하기 때문에 작품의 의미가 가슴에 와 닿지 못하고 공허한 메아리로 그칠 가능성이 높다는 점도 인식해야 한다.

(마)는 진본청구영언에 실려 있는데 지은이는 미상이다. 이 작품을 보면 초장 후구의 '남의 말' 이 중장 前句로 왔고, 중장 後句의 '내말하는 거시' 가 종장 전구에 와서는 '말로셔 말이 만흐니' 로 변용되었다. 이 작품도 연쇄식 전개형의 좋은 예라고 생각되는데, 말 많은 세상을 은근히 풍자하면서 말을 모르는 것이 오히려 좋다고 하였다.

(6) 對偶式 展開型

병렬식 전개형은 章과 章 사이에서 일어난다면, 이 對偶式 展開型은 句와 句 사이에서 일어나는 경우가 많다. 즉 語調의 유사한 句節을 병렬하여 竝行의 美, 對立의 美를 함께 이루고 있다.

(가) 말업슨 靑山이요 態업슨 流水ㅣ로다
갑업슨 淸風이요 님ᄌ업슨 明月이라
이 中에 病업슨 이몸이 分別업시 늙으리라

(나) 말은 가려 울고 님은 잡고 아니 놋ᄂᆡ
夕陽은 지을 넘고 갈길은 千里로다
져님아 가는 날 잡지 말고 지는 ᄒᆡ를 잡아라

(가)는 牛溪 成渾의 淸風明月歌인데, 牛溪는 1535년에서 1598년까지 생존했던 조선시대 선조 때의 인물로 정치, 철학, 교육, 사상, 문학 등 다방면에 뛰어난 업적을 남겼다. 이 작품의 초장에서는 '말업슨 靑山'과 '態 업슨 流水'가 대구법을 이루었고, 중장에서는 '갑업슨 淸風'과 '님ᄌᆞ업슨 明月'이 대구법을 썼다. 이처럼 대우식 전개형은 수사법상 대구법과 밀접한 관계가 있으며, 경우에 따라서는 병렬식 전개형과 중복되는 수가 있다는 것을 전제해 둔다.

(나)는 崔南善本 靑丘永言에 실려 있는데 지은이가 누구인지는 알 수 없다. 이 작품은 초장에서 '말은 가려 울고'와 '님은 잡고 아니 놋닉'가, 중장에서 '석양은 지을 넘고'와 '갈 길은 千里로다'가, 종장에서 '가는 날 잡지 말고'와 '지는 히를 잡아라'가 대우식 전개형을 취하였다. 그래서 이 작품은 3장에서 고루 대우식 전개형을 취한 것으로 간주된다.

(다) 심심은 ᄒᆞ다마는 일업슬손 마히로다
답답은 ᄒᆞ다마는 閑暇홀손 밤이로다
아히야 일즉 자다가 東트거든 닐거라

(라) 東風이 건듯 부니 믉결이 고이 닌다.
東湖를 도라보며 西湖로 가쟈스라
압뫼히 디나가고 뒫 뫼히 나아온다

(나)는 孤山 尹善道의 山中新曲 중의 夏雨謠를 인용한 것이다. 山中新曲은 1642년(인조 20)에 金鎖洞에서 지은 것으로 영덕으로 귀양갔다가 풀려나온 이후의 심정이 잘 나타나 있다. 이 작품은 각 장 안에서 대구법이 쓰여지지 않고, 장과 장 사이에 대구법이 이루어져서 병렬식 전개형으로 간주해도 된다. 즉 초장의 '심심은 ᄒᆞ다마는'과 중장의 '답답은 ᄒᆞ다마는'이, 초장의 '일 업슬손 마히로다'와 중장의 '閑暇홀손 밤이로다'가 대구법을 이루어 대우식 전개형이라 볼

수 있다. 그러나 초장과 중장의 관계는 동시에 병렬식 전개형을 이루어, 작품에 따라서는 그 의미구조가 한 가지만 적용되지 않고 중복되는 경우가 있다는 것을 주목할 필요가 있다.

(라)는 孤山의 漁父四時詞 봄노래 셋째수이다. 이 작품은 초장에서 前句와 後句, 중장에서도 前句와 後句, 종장에서도 前句와 後句가 대구 관계를 이루어 3장 모두가 대구법을 썼다고 생각된다. 동풍과 물결, 東湖와 西湖, 압뫼와 뒷뫼 등이 대구를 이루면서 조화를 이루었으니, 대우식 전개형의 전범을 보는 것 같다.

문학에는 형태구조와 의미구조가 있는데, 이 두 가지가 조화를 이루어야 좋은 작품이 될 수 있다. 그렇더라도 기존 작품을 분석하고 이해할 때에는 이 양자를 분리하여 살펴야 된다고 보고, 이 글에서는 주로 고시조 작품의 의미구조를 살피는 데 주력하였다. 그러나 그 의미구조가 형태구조와 아무런 상관없이 전개될 수는 없기에 시조의 의미구조는 3장 6구 12절이라는 형태구조 안에서 그 나름의 전개 방식을 찾아야 된다고 생각했다. 그래서 시조의 의미구조는 크게는 3단위 작게는 6덩이의 의미망을 형성했을 것이라 보았고, 또 율격구조와도 깊은 관련이 있을 것이라 보았다.

이러한 전제 아래 의미구조에 대한 선행연구를 살펴 보니, 정혜원은 ① 同意的 展開型 ② 反意的 展開型 ③ 綜合的 展開型으로 나누어 논의하였다. 김동준은 詩意 構造의 형식을 ①歸納式 展開法 ② 演繹式 展開法 ③ 對立式 展開法 ④ 平行式 展開法 등으로 나누었다. 김대행은 시조의 초장과 중장은 병렬관계이고, 초 · 중장과 종장과의 관계는 접속 종결의 의미가 있고, 이러한 의미구조를 지닌 것이 時調의 一般型이라고 하였다.

김제현은 시조의 논리적 구조는 3단이며, 그런 이유로 시조가 3장 형식을 취하게 되었고, 그 3장 형식의 '3'이라는 숫자는 우연한 현상이 아니고 우리 민족의 思考態의 한 표상이라고 하였다. 임종찬은 시조의 의미구조를 ① 初章을 위한 中章(1) ② 初章을 위한 中章(2) ③ 終章을 위한 中章 ④ 結合的 關係로서의 初·中章 ⑤ 連鎖的 關係로서의 三章 등으로 유형 분류하여 논의하였다.

이러한 선행연구들을 토대로 삼고 김동준의 이론을 주로 수용하여 필자는 ① 演繹式 展開型 ② 歸納式 展開型 ③ 反轉式 展開型 ④ 竝列式 展開型 ⑤ 連鎖式 展開型 ⑥ 對偶式 展開型 등으로 유형 분류하여 실제 작품에 적용하였다. 그 결과 고시조 작품은 ② 귀납식 전개형 ③ 반전식 전개형을 취한 작품이 많다고 생각되었으며, 위의 6가지 이외에도 문답식 전개형 등 더 세분할 수 있는 여지가 있다고 생각했다. 하여간에 위와 같이 6가지로 유형 분류를 해 보았지만, 그 6가지 유형에 포함되지 않는 의미구조를 지닌 작품도 상당수 있을 것으로 사료된다. 그밖에 시조의 의미구조는 문장 서술 방식이나 사용된 수사법에 따라서 그 전개 방식이 달라진다는 사실도 인식하게 되었다.

제Ⅲ부 역동 우탁론

1. 역동 우탁선생의 생애와 업적

1) 역동 우탁의 생애와 단양

역동 우탁선생의 고향은 충북 단양이다. 역동(1262 ~1342)의 본명은 倬이며, 자는 天章 또는 倬夫이다. 호는 易東, 丹岩, 白雲堂 등이 있다. 단산현 품달리 신원(현재의 충복 단양군 적성면 협곡리)에서 출생한 역동은 남달리 총명하여 어려서부터 학문을 좋아하였다. 고려 충렬왕 4년(1278년) 17세의 어린 나이로 향공진사에 뽑혔고, 충렬왕 16년(1290년) 29세 때 鄭可臣이 주관한 과거에서 丙科로 급제하였다. 그리고 다음 해 1291년에는 寧海司錄에 임명되었다.

倬이 과거에 급제하여 처음에 寧海 땅의 司錄으로 부임하였다. 영해군에 요망스러운 八鈴이란 귀신이 있었는데 백성들이 그 靈怪함에 미혹되어 제사를 매우 성대하게 받들었다. 탁이 부임하는 즉시 그 神祠를 부수어 바다 속에 던져버리니, 그 쓸 데 없는 제사가 마침내 끊어졌다.[160)]

고려사 열전에서 인용했는데, 영해사록은 현재 경북 영덕의 지방관이다. 역동의 강직한 성격을 잘 나타내주는 대목이다. 옳다고 생각하면 후환을 걱정하지 않고 실행에 옮기는 태도이다. 미신을 타파하겠다는 의도는 좋으나 그 방법에는 문제가 있다고 생각한다.

그 뒤 九郡의 지방관을 역임하면서도 계속 요괴숭배를 엄금하고,

160) 고려사 열전 : 우탁선생의 사상과 역동서원의 역사, 안동문화연구소 편, 1992년 10월 24일, 257쪽.

괴이한 산사를 불태워 버림으로써 미신을 타파하고 음예한 풍속을 개혁하여 민심을 안정시키는데 최선을 다하였다. 특히 지나친 佛事의 폐단과 승려의 타락에도 제재를 가하였으며, 사찰의 濫設과 시주를 금지하는 등 斥佛運動에 앞장섰다.[161]

여러 차례 승진하여 감찰규정에 임명되었을 때의 일이다.

忠宣王이 父王의 후궁이었던 淑昌院妃를 간음하였다. 탁이 흰옷을 입고 도끼를 가지고 거적자리를 메고 대궐에 나아가 상소하여 감히 잘못을 지적하니, 近臣이 疏章을 펴보고는 감히 읽지를 못하였다. 탁이 성이 나서 큰 소리로 말하기를 "그대는 가까운 신하가 되어서 임금의 잘못을 바로잡아 올리지 못하고 이와 같은 악한 일을 만나게 하니 그대는 그 죄를 아는가?"하니, 좌우의 신하들이 모두 두려워서 떨었고, 임금도 부끄러워하는 빛이 있었다.[162]

이런 경우 임금에게 직간한다는 것은 목숨을 내놓고 하는 일이다. 불의를 보면 참지 못하고 맞서 싸우는 그의 불같은 성격이 드러난 것이다. 偉人은 보통사람이 해낼 수 없는 일을 능히 해내는 사람이다. 그런 점에서 역동 우탁은 위인 즉 위대한 인물이다. 이어서 벼슬을 포기하고 향리인 단양으로 돌아가 학문에 전념했으나, 그 뒤 集賢殿直提學에 임명되었다.

또한 成均館祭酒의 자리를 받았으나, 그 자리를 끝으로 늙었음을 핑계내고 致仕하였다. 후에 禮安에 물러나와 후진교육에 전념할 때, 忠肅王이 그 충의를 가상히 여겨 벼슬을 주려고 불렀으나 나아가지 않았다. 그러다 충혜왕 3년 (1342년) 2월 7일 81세로 세상을 더났다.

공민왕 때에 성균관 大司成이었던 목은 李穡(1328~1396)이 청하여 文僖公의 시호가 내려졌으며, 조선조에 들어와 역동의 학문과 덕

161) 오석원: 역동 우탁사상의 연구, 위의 책, 6쪽.

162) 고려사 열전: 앞의 책, 257쪽.

행을 지극히 흠모하였던 퇴계 李滉(1501~1570)이 주창하여 舊宅 근처에 易東書院을 창건하였다.[163] 그 뒤 역동의 본향인 단양에 丹岩書院이 세워졌는데, 錦溪 黃公이 단양 군수로 있으면서 향교 옆에 조그마한 사당을 세우고 선생을 제사 지내던 것을, 현종 壬寅年(1662년)에 錦繡山 양지에 서원을 다시 세워 위패를 옮겨서 받들고 있다.

2) 역동 선생과 성리학

우리나라에 성리학을 들여온 이는 안향(1243~ 1306)이다. 자는 士蘊, 호는 晦軒, 본관은 順興이다. 高麗儒學提擧가 되어 왕을 호종, 원나라에 가서 「朱子全書」를 들여와서 연구했다. 또 공자와 주자의 화상을 그려가지고 돌아와서 주자학에 몰입하였다. 朱子를 숭배하여 그의 초상을 항상 벽에 걸어두고 주자의 호인 晦庵의 晦자를 따서 자신의 호를 晦軒이라 하였다. 이것은 주자의 저서를 보고 거기에 심취하였음을 단적으로 보여주는 예이다.

안향은 이처럼 朱子에 심취했고 주자를 존경하고 그의 학문을 철저하게 연구했던 인물이니, 그를 우리나라에 주자학을 받아들인 최초의 인물로 간주하는 것은 당연하다. 안향이 원나라로 가서 주자학을 접하게 된 해는 충렬왕 12년(1286년)으로 추정된다.

그러면 성리학과 주자학은 어떤 관계에 놓였는가? 성리학은 한국에서는 주자학과 동일시되어 쓰였다. 주자학은 宋代의 학문으로 朱子가 완성하였다. 그는 만물의 근원을 理, 陰陽, 五行을 氣라 하면서, 理는 만물에 性을 주며 氣는 만물에 形을 준다고 하였다. 理를 구명한다는 것은 만물의 理를 구명한다는 것이나, 이는 內在하여 있기 때문에, 객관적 사물에 대하여 그 理를 구명해야 되고, 이것을 格物이라 한다. 격물에 따라 우리의 지식을 완전히 해야 되는데, 이것을 致知라 한다. 이처럼 성리의 개념을 중심으로 하였다고 하여 성리학,

163) 오석원: 역동 우탁사상의 연구, 앞의 팩, 11쪽.

줄여서 理學, 그 외에도 程朱學, 道學, 宋學 등의 이름이 있다. 우탁은 이 안향의 문하에서 주자학을 배웠던 사람이다.

문하에 수업한 사람이 수백 명에 이르고 있으나, 그 도를 깨닫고 학통을 이어받은 선비로는 오직 易東을 비롯하여 德菴 辛蕆, 上黨 白頤正, 菊齋 權溥 등 네 사람뿐이다.[164)]

안향의 문하에서 공부한 사람이 수백 명 된다 하였고, 그 중에서도 도를 깨달아 학통을 이어받은 선비로는 4명 있는데, 그 중에서도 역동 우탁을 제일로 꼽았다. 그러니까 우탁은 안향의 수제자인 것이다. 우탁은 송나라에서 朱子의 學이 처음 들어오자 아무도 해득치 못하므로 倬이 문을 닫고 들어 앉아 한 달을 두고 연구, 해득하여 후진들에게 가르치니, 이는 우리나라 理學의 시초가 되었다. 이처럼 성리학을 해득하고 후진들에게 가르칠 정도이니, 그를 안향의 수제자라 일컫는 것은 당연하다고 본다.

위에서 학통을 이어받은 이로 역동 우탁, 덕암 신천, 상당 백이정, 국재 권부 등을 꼽았는데, 여기에 동암 이진, 매운당 이조년을 추가하여 六君子라 불렀다고 한다.

이학 즉 성리학이란 넓은 의미로 쓰여지기도 하나, 철학적인 의미가 강하다. 이것을 좁혀서 생각하면 인간의 심성을 분석하는 人理學으로서의 성리학을 일컫는다. 성리학에서 천인간의 이치를 구명하는데 중요한 경전이 『周易』이다. 주역은 점을 치는 학문이기도 하다. 그래서 우탁이 經史와 易學, 卜筮 등에도 능통하다는 평을 받았다.

그러면 『周易』이란 어떠한 책인가? 일명 易經 또는 易이라 하는데, 유가 경전의 제1위로 가장 난해한 경서이다. 易이란 천도의 변화를 담고 있는 卦爻의 象을 통하여 인사의 길흉을 판단한다. 爻가 모여 卦가 되고 八卦가 발전하여 六十四卦가 된다. ~중략~ 卦를 구성하는 爻에는 陽을 표시하는 陽爻가 있고, 陰을 표시하는 陰爻가 있다.

양효를 표시하는 부호로 [−], 음효를 표시하는 부호로 [−−]를 사

164) 우쾌제: 역동 우탁의 사상과 문학, 위의 책, 83쪽.

용한다. 陽은 하늘을 근본으로 하고, 陰은 땅을 본체로 한다. 천지창조의 과정에 있어서 하늘이 시초이므로 하나를 의미하는 [-]로 양을 표시하고, 땅은 하늘의 다음으로 둘째이므로 둘을 의미하는 [--]로 陰을 표시한다. 그러나 [-]와 [--]는 남녀를 상징한 것인지도 모른다. 효를 양효와 음효 두 가지로 한 것은 하늘과 땅을 상징한 것이요, 爻 세 개로 괘를 만든 것은 天, 地, 人의 세 가지 [三才]를 의미한 것이라고 한다.[165] 주역은 이처럼 우주만물의 근본 원리를 연구하는 학문이다.

우탁이 성리학에 능통하다는 것은 주역에 능통하고 역학에 능통하다는 말과 같다. 그래서 그에게 易東先生이라는 칭호가 붙었다. 그 당시 역동의 어진 벗으로는 한희유, 최유엄, 장일, 홍자번, 유천우, 신현 등이 있었고, 수많은 제자 중에는 申賢(1298~1377)이 가장 뛰어났다. 역동이 제자 신현에게 誠敬에 대하여 물으니, 신현은 다음과 같이 대답하였다.

우주만물 가운데 인간이 가장 순수하고 뛰어난 理氣를 얻었으므로, 그 형체가 머리는 하늘을 본받아 둥글고, 발은 땅을 본받아 모나서 平正直立하여 橫生의 금수와 逆生의 초목과는 전혀 다르니 비록 下愚라 하나 어찌 성이 없겠습니까?[166]

라고 하여, 賢愚를 가릴 것 없이 누구나 이 性은 있으니 下愚에 있어서도 역시 誠敬이 있다고 하였다. 역동은 이러한 誠敬問答을 통해서 신현의 높은 학문 수준에 감탄하였던 것이다. 그 신현의 문인으로는 포은 정몽주, 목은 이색, 운곡 원천석, 간재 신용희 등이 대표적인 인물이라 알려졌다.

---

165) 南晩星 譯解: 周易, 玄岩社, 1972, 22~23쪽.
166) 우쾌제: 앞의 책, 96쪽.

3) 성리학과 시조와의 관련성

역동 우탁은 대표적인 성리학자이다. 성리학은 우주만물의 근본 원리와 자연의 순환원리를 규명하는 학문이다. 우주만물의 근본 원리는 易의 근본 원리에서 찾을 수 있다. 그러면 어떤 원리에 의해서 우주만물이 생성되는가?

맨 첫장에 우주창시론에서 無極에서 一氣가 생기고, 一氣에서 陰陽兩儀로 나뉘고, 양의에서 四象과 八卦와 五行이 생기고, 음양의 조화와 오행의 작용으로 모든 삼라만상이 생성되기도 하고 사멸되기도 한다. 이를 수적 이론으로 비유하면 무극은 零이요, 一氣는 모든 수의 기본이 되는 一과 같다. 원래 우주의 大元靈이 되는 太極에는 靈과 體 두 가지 원소가 포함되어 있다. 그리고 우주를 포함한 삼라만상의 대생명은 처음도 끝도 없으므로 마치 원(0)과 같은데, 이것이 바로 태극이다. 원은 0이요 동그라미요 또는 靈이요, 영은 아무것도 없는 무극이면서도 대 생명력의 근원이 되는 靈이 되고, 무극에서 一氣가 생기듯이 O에서 수의 첫 번째인 一이 생겨나니, 이것이 바로 무에서 유가 비롯되는 과정이요 삼라만상이 하나하나 창조되는 시작이라 할 수 있다.[167)]

인용문을 보면 無極에서 一氣가 생기고, 一氣에서 陰陽이 생기고, 陰陽에서 四象, 八卦, 五行이 생긴다고 하였다. 그런데 無極은 零이란 것이고, 우주를 포함한 삼라만상의 대생명은 처음도 끝도 없는 圓(0)과 같은데 이것을 太極이라고 하였다. 이 무극이나 태극이 시조에서는 어떤 상태인가? 그것은 작가가 시조작품을 쓰기 직전의 상태인 것이다. 無極에서 一氣가 생긴다고 했는데, 시조작품에서는 비로소 詩想이 떠올라 작품을 쓸 수 있는 토대가 마련된 것이다.

167) 曺誠佑: 易學原理와 命理講義, 明文堂 1990.

一氣에서 陰陽兩儀로 나뉜다고 했는데, 이 때 陽은 하늘을 근본으로 하고, 陰은 땅을 본체로 한 것이다. 爻에서 陽爻와 陰爻 두 가지로 한 것은 하늘과 땅을 상징한 것이요, 爻 세 개로 한 卦를 만드는 것은 天地人 三才를 의미한다. 이것을 시조형식에 대입하면 초장, 중장, 종장의 三章이 되는 것이다. 그런 의미에서 시조의 삼장은 천지인 삼재를 의미하는 것이고, 한 장이 둘로 나뉘어 三章이 六句로 된 것은 天, 地, 人 三才가 각각 陽爻와 陰爻 두 가지로 나뉘어 六爻를 이룬 것과 같은 원리이다.

이처럼 시조의 三장六句에서 그 六句는 주역의 〈六爻〉의 원리를 본따서 만든 것이다. 『周易』이란 서적은 내용이 넓고 커서 모든 것을 구비한다. 天地人의 법칙이 모두 그 속에 포함되어 있다. 天地人 세 가지를 각각 두 효씩으로 나누어 六爻가 된다. 그러므로 六爻라는 것은 딴 것이 아니라 하늘과 땅과 사람의 법칙을 보인 것이다. 예를 들면 上爻, 五爻는 天, 四爻, 三爻는 人, 二爻, 初爻는 地를 상징이다. 爻에는 종류가 있다. 陽爻라고 하고 陰爻라고 한다. 陽爻와 陰爻가 서로 교착하니 문채라고 한다. 陽은 하늘, 陰은 땅을 상징하는 것으로 하늘은 검은 것, 땅은 누런 것, 검고 누런 것이 교착하기 때문에 문채를 이룬다는 것이다.[168] 또 六爻의 움직임은 天地人 세 가지의 지극한 법칙을 표현하는 것이니, 〈六句〉에 대한 해석을 〈六爻〉의 원리로 푸는 것은 당연하다고 본다.

이러한 원리에 따르면 天地人 세 가지가 있기 이전에 一元에 해당하는 太極이 있었다는 것을 실감하게 된다. 그래서 易의 원리에서는 "太極 → 天地人 三才 → 六爻"의 순서를 밟았듯이 時調 形式에서는 "一元 → 初中終 三章 → 六句"의 순서로 만들어졌던 것이다.

다음에는 시조의 각 장이 4등분 되는데 대하여 생각해 보자. 주역의 점치는 방법에서는 서죽을 4개씩 4개씩 덜어내는 것을 4계절을 상징한다고 했고, 易의 원리에서는 太極이라는 一元이 陰陽의 兩儀

168) 남만성 역해: 앞의 책, 314쪽.

를 생하고 春夏秋冬 四象이 되고, 다시 八卦로 발전하여 만물을 생성한다고 했다. 그런 의미에서 시조의 각 장이 4등분 되는 것은 春夏秋冬 4계절의 원리를 반영한 것이라 할 수 있다. 또 崔南九는 時調 한 편이 12節로 되는 것을 "配四時之理也"라고 했는데, 이것은 시조 한 편의 12마디가 1년 12개월을 상징하고 있다는 의미이다. 시조의 각 장이 4등분 되는 것을 春夏秋冬 四季節의 원리로 본다면, 시조 한 편이 12마디로 나뉘는 것은 당연히 1년 12달을 상징하는 것으로 보아야 할 것이다.

그러면 易의 원리에서 "太極 → 天地人 三才 → 六爻 → 十二月"의 순서를 밟는 것이, 時調의 形式에서는 "一元 → 初中終 三章 → 六句 → 十二節"로 易의 원리를 적용해서 性理學者들이 時調 形式을 창안해 냈다는 결론에 도달한다.

시조의 음수율은 기본적으로 3음으로 시작해서 3음으로 끝나게 되어 있다. 그렇더라도 초장 3,4,3,4, 중장 3,4,34, 종장 3,6,4,3으로 보는 경우와, 초장 3,4,4,4, 중장 3,4,4,4, 종장 3,5,43,으로 보는 경우 등 2가지가 있다고 본다. 여기서 두 가지 중 어느 것이 옳으냐 하는 문제는 논란의 여지가 있지만, 한 가지만 선택하라면 필자는 전자를 선택하겠다.

왜냐 하면 1,3,5,7,9는 홀수이면서 陽數이고, 2,4,6,8,10은 짝수이면서 陰數이기 때문이다. 이러한 논리를 도표화 하면 다음과 같다.

	1 소절	2 소절	3 소절	4 소절
초 장	3, 홀수, 양	4, 짝수, 음	3, 홀수, 양	4, 짝수, 음
중 장	3, 홀수, 양	4, 짝수, 음	3, 홀수, 양	4, 짝수, 음
종 장	3, 홀수, 양	6, 짝수, 음	4, 짝수, 음	3, 홀수, 양

시조의 형식은 음양 5행의 원리로 만들어졌음이 위의 표를 통해서도 확인된다. 시조 형식의 제1구 양과 음, 제2구 양과 음, 제3구 양과 음, 제4구 양과 음, 제5구 양과 음, 제6구 음과 양의 결합으로 되어 있는 것이다.

그러나 여기서 3음, 4음, 5음, 6음의 의미는 우리 국어의 글자 수를 표시한 것이다. 우리 국어는 명사에 조사를 붙이거나, 어간에 어미를 붙여서 활용할 때, 3글자로 된 낱말과 4글자로 된 낱말이 대부분을 차지하고 있다는 것은 통계숫자를 빌리지 않더라도 이미 상식화 된 이야기다. 그러나 위에 제시한 형식에서 3음, 4음, 5음, 6음 등의 숫자적인 개념을 가지고 배치할 때는 철저하게 陰陽交合의 원리를 고려하여 배치했음을 염두에 두어야 한다.

4) 고시조의 효시작품

훈 손에 가시를 들고 또 훈 손에 막디 들고
늙는 길 가시로 막고 오는 白髮 막디로 치랴트니
白髮이 제 몬져 알고 즈럼길로 오더라　　　　　　　　－ 禹倬

이 시조의 지은이는 易東 禹倬이다. 우탁은 대성리학자이다. 성리학은 우주만물의 근본원리를 연구하는 학문이다. 그래서 성리학과 시조는 관계가 깊다는 것이다. 위 작품의 소재는 '백발' 또는 '늙음'이다. 늙는 것을 막아보려고 했으나 뜻대로 안 된다는 것을 토로한 것이 〈歎老歌〉이다. 한 손에는 가시를 들고 늙는 것을 막고, 또 한 손에는 막대를 들고 백발을 물리치려고 했는데, 그 백발이 먼저 알아차리고 지름길로 오더라는 것이다.

이 작품에서는 인간은 인간일 수밖에 없다는 한계를 드러내고 있다. 사람의 힘으로는 어찌할 수 없는 늙음, 백발 등의 현상을 인정할 수밖에 없다는 것이다. 인간의 한계를 자연의 순행에 맞춰 노래한 우주론적 원리가 함축된 노래라고 하겠다. 이 작품의 가치는 작자가 분명하고 순 우리말을 구사해서 썼다는 데에 있다.

그렇다면 우탁은 이 시조 형식을 어디서 빌어 왔는가? 우탁 이전에는 참시조 작품도 없고, 참시조 작가도 없었다. 흔히들 신라의 10구체 향가를 이리저리 깎고 다듬어서 시조 형식을 만들었다고 하는데, 그 깎고 다듬은 인물이 누구인가. 그 향가 작품은 일연이 지은 『삼국유사』에 실려 있다. 언제 우탁이 『삼국유사』를 읽었단 말인가? 삼국유사는 불교 서적이다. 성리학자들은 척불정책을 쓴 사람들이기에 일부러 불교 서적을 멀리했다. 삼국유사를 안 읽었는데, 어떻게 향가 작품을 접할 수 있단 말인가? 역동 우탁은 스스로 3장 6구 12소절의 시조형식을 창안하고, 〈탄로가〉를 지어 실험까지 마쳤다고 여겨진다.

春山에 눈 노기ᄂᆞᆫ ᄇᆞ람 건 듯 불고 간 ᄃᆡ 업다
져근 듯 비러다가 ᄆᆞ리 우희 불이고져
귀밋틔 히무근 셔리를 녹여볼가 ᄒᆞ노라 — 禹倬

이 작품의 소재도 '白髮'이다. 자아의 백발을 녹지 않는 봄눈에 비유하였다. 봄바람은 하얗게 덮인 봄눈을 녹이는 힘이 있다. 그 힘을 빌어다가 머리에 불게 해서 귀밑의 해묵은 서리를 녹여버리고 싶다는 것이다. 그 귀밑의 해묵은 서리는 '백발'을 은유한 것이다.

우탁의 이 작품은 그 내용이 〈백발가〉에 해당한다. 자연의 이법 즉 자연의 섭리를 자연스럽게 노래한 것이나. 이 작품의 주제는 "귀밑에 해묵은 서리를 녹여볼까 한다"는 종장에 있다. 다시 젊어지고 싶다는 것을 빗대어 표현한 것이다. 그러나 늙은 인간이 다시 젊어진다는 것은 불가능한 일이다. 마음을 비우고 순리로 받아들이는 수밖에 없는 것이다.

이 작품도 3장 6구 12소절의 정형에 맞추어 쓴 작품이다. 우탁이 대성리학자이지만, 시조 형식은 그 성리학자들 손에서 만들어졌다.

우탁이 처음으로 시조형식을 창안한 사람이라고 언급한 사람이 있는데, 그 논문을 인용해 보겠다.

"우탁은 비록 처음으로 시조를 창안한 사람인지는 알 수 없으나, 어느 정도 객관적 유추를 통해 확인할 수 있는 가장 이른 시기의 시조작가라는 점에서 중요한 쟁점의 대상이 될 뿐 아니라, 그의 실상이 입증될 수만 있다면 앞에서 거론한 논쟁은 마무리가 될 것이다."[169]

우탁의 뒤를 이어 시조를 남긴 사람들이 모두 성리학자들이기 때문이다. 우탁의 제자 중에서 뛰어난 사람이 신현인데, 그 신현에게는 시조 작품이 보이지 않는다. 그러나 작품을 지었는데 일실된 것으로 추정된다. 그 신현의 뒤를 이은 문하에는 포은 정몽주, 목은 이색, 운곡 원천석 등이 있다. 이들에게는 시조 작품이 현존한다.

그러나 아직도 고시조의 효시작품과 그 시조의 창시자가 누군지 모른다는 것은 부끄러운 일이다. 우리민족의 최고 조상이 단군할아버지라는 사실은 누구나 다 안다. 그런데 우리 시조시인들은 언제까지 시조의 조상이 누군지 모르면서 지낼 것인가. 이 문제를 해결하기 위해서는 시조의 발생시기부터 확정지어야 한다.

"신라 이후 우리 민족생활과 민족문화의 뒷받침이 되어온 불교가 고려 말기에 들어서서는 누적된 폐단으로 말미암아 毒民害邦하는 禍根으로 전락되자, 새로운 지도이념으로 脚光을 받게 된 朱子學의 등장과 時調形態의 완성이 때를 같이한다는 사실이다.

바꾸어 말하면 시조는 새로운 지도이념으로서의 朱子學의 熱烈한 신봉자였던 유학자들에 의하여 발견된 새로운 詩形이라 할 수 있을 것이다. 따라서 麗末 忠義之士들의 懷古歌를 비롯하여 李氏王朝 建國當初의 회고가 및 死六臣의 絕義歌 등의 내용은 그 모두가 유교적

169) 김종렬, 우탁 선생의 사상과 역동서원의 역, 「영남 시조문학의 형성 배경과 사상에 관한 연구」, 1992, 형설출판사, 111쪽.

인 충의사상으로 채워져 있다.(鄭炳昱 編著: 時調文學事典에서 인용)

鄭炳昱 교수의 『시조문학사전』에서 인용했는데, 제일 중요한 말씀은 주자학의 등장과 시조형태의 완성이 때를 같이한다고 언급한 점이다. 여기서 주자학은 1243년에서 1306년까지 생존했던 안향에 의하여 들여온 성리학을 일컫는다. 이 성리학을 달리 宋學, 宋明理學, 新儒學, 程朱學, 理學, 道學이라 불렀다.

정병욱 교수는 시조를 주자학의 열렬한 신봉자였던 유학자들에 의하여 발견된 詩形이라 했는데, 필자는 시조의 3장 6구 형식을 그 성리학자들이 창안해낸 시형이라고 여러 책에서 강조하였다 그 성리학자들 중에서 작품을 남긴 이로 시대가 제일 빠른 이는 역동(易東) 우탁(禹倬) 선생과 매운당(梅雲堂) 이조년(李兆年) 선생이시다.

이 두 분 중에서 누가 時調의 효시작품을 남겼는가? 우탁은 1263년생이시고 이조년은 1269년생이시다. 나이로 보면 우탁이 여섯 살 위인데, 그 나이가 몇 살 높다고 역동 우탁의 작품을 고시조의 嚆矢라고 하기에는 무엇인가 불합리한 점이 있다. 많은 연구자들은 역동 우탁 이전의 시조작품은 아무리 많은 시조집에 실려 있더라도 그것은 믿을 수 없다고 하였다. 성리학과 시조와의 관계가 깊다는 것을 언급한 것이다.

① 성리학의 학맥 安珦(1243~1306) → 禹倬(1263~1343) → 申賢(1298~1377) → 申用羲(1315~1382) → 李穡(1328~1396) → 鄭夢周(1337~1392)

② 시조 작자로는 우탁 · 이조년 · 성여완 · 최영 · 이색 · 정몽주 · 이존오 · 원천석 등이 있다. (서원섭: 시조문학연구 23쪽)

③ 그러나 고려 후기에 이르면 시조를 남긴 작가가 많고 후대인의 의작이라고 보기 어려운 작자의 작품이 나타나는데, 그 첫 예가 우탁의 작품 3수이다. (박을수: 한국시가문학사, 158쪽)

④ 『교본 역대시조전서』에는 고구려 을파소의 시조를 비롯하여 백

제의 성충, 신라의 설총, 고려의 최충, 정지상 등의 시조가 실려 있다. 그러나 그 사이의 규명에 의하여 이들 시조가 후대인의 위작일 가능성이 짙다고 판명되었다. 고려시대의 시조 35여 수 가운데 10수 정도는 의심의 여지가 없으며, 그 중 맨 먼저 노래된 것으로 禹倬의 시조를 들 수 있다. (김제현: 시조가사론, 147쪽)

인용문 ①은 성리학을 누가 들여왔으며, 누구에 의하여 그 학맥이 전승되었나를 알아보기 좋게 표시하였다. 시조는 성리학자들이 발생시켰는데, 우두머리로 나타난 분이 우탁과 이조년이다. 그 도표를 보면 이조년은 학맥에서 빠져 있으니, 이조년이 시조의 효시작품을 창작했다고 보기는 어렵다. 그 다음에는 세 분 학자의 설을 인용했는데, 서원섭은 우탁 다음에 이조년을 언급했고, 박을수는 우탁의 작품 3수가 진품이라 하였고, 김제현은 맨 먼저 노래된 것이 우탁의 시조라고 하였다. 이러한 논의 결과로 우탁의 〈탄로가〉는 고시조의 효시작품이라 인증된 것이다. 시조형식을 창안한 이는 역동 우탁이고, 따라서 효시 작품은 우탁의 〈탄로가〉로 보아야 한다. 시조형식을 창안한 사람은 역동 우탁 선생이다.

2. 화해사전과 역동선생

고려 때의 역사나 사적이 비교적 온전하게 남아 있는 책이 『화해서전』이다. 이 책은 그 동안 僞書라고 해서 보아서는 안 되는 책으로 간주해 왔다. 그러나 필자가 읽어본 바로는 거짓으로 썼거나 잘못 쓴 곳이 없기에 위서가 아니라 중요한 자료라고 판단된다.

이 華海師全은 명나라 高皇帝가 賓師로 모시고 中華의 동해를 건너온 스승이란 뜻으로 華海師라 일컬었던 不諼齋 申賢 선생이 충성스럽고 현명한 眞言으로 임금을 輔佐하여 聖人의 정치를 裝飾하였고 나라를 바로잡는 智慧와 識見을 포함한 至高한 학덕을 제자인 耘谷

元天錫과 伏崖 范世東이 모아 책으로 엮어 비장했던 寶書이다.[170]

華海師의 주인공은 불훤재 申賢 선생이고, 이 책은 그의 후진인 운곡 元天錫과 복애 范世東이 편저했다는 것이다.

河自宗, 李種學, 崔關, 金瞻, 李彬, 金履 등이 기록을 찾아 편집하니 모두 8권(八卷)으로 이름을 화해사전이라 하고, 모든 것을 圃隱에게 고찰을 맡기니 포은이 말하기를 "우리 선생님의 아름다운 말씀과 착한 행실은 法으로써 세상을 가르치셨으나, 행적이 아주 없어지고 다만 이것만이 남아있는 것도 다행으로 그 대략을 찾아내는데, 내 또한 不足한 것을 살피고 찾아 모음으로 해서 작은 정성이나마 나타내었음이라. 후일에 다시 二卷을 더해서 끝내니 모두를 엮은 것이라."[171]

이처럼 포은 정몽주가 관련되고, 그에게 고찰을 맡길 정도이니, 이 책의 내용을 믿고 공부해도 탈이 없을 것이라 여겨진다.

"梅竹軒의 평소의 성질이 옛날에 절개 있는 사람을 좋아하였고, 諺文 또한 자신의 논리에 따라 지은 것이기 때문에 景泰 甲戌(1454년, 단종2)년 겨울에 매죽헌의 집을 찾아서 선생의 歌辭(申得淸이 지은 노래)를 보이고 언문으로 해석해서 吐를 달아줄 것을 물었더니 朴醉琴(朴彭年) 仁叟가 마침 와서 매죽헌과 더불어 한번 보고는 함께 일어서서 손을 씻고, 衣冠을 고쳐 입고, 책상 위에 歌牒을 올려놓고, 절을 하고서 꿇어앉아 받들고 3~4회를 거듭 읽고서 말하기를「申선생에 대해서 아직까지 살피지 못했는데, 고려의 말엽에 있어 참다운 大君子였도다.」이 노래는 이훈(伊訓: 尙書의 篇名)의 밀씀과 같이 先天과 後天의 命을 설명한 것으로 더욱 간절하고 더욱 어리석은 사람을 깨우쳤다. 그러나 高麗史에는 빠져 있으니 史官들이 公을 업수이 여긴 당시를 가히 알 만하다."하였는데, 내가(范承洛) 이에 선생의 家籍을 대강 말하니 두 사람이 모두 용모를 단정히 하고서 말하기를, "元氏와 范氏의 두 집안의 책 상자는 참다운 勝地와 福의 倉庫로서, 耘谷과 伏崖의

170) 國譯華海師全, 韓國族譜新聞社, 1996.10.25. 발간사에서.
171) 화해사전 위의 책, 251쪽.

두 분 선생님의 記述은 孔子의 「春秋」에 이어지는 것이로다. 한번 다시 읽어보고자 하나 시작이 끝이 되는구나.

다행이 번거로이 하지 말고 보관해 둔다면 청해서 볼 때를 기다리리라. 지금의 조정이 낭떠러지 같이 위태로운데, 他事에 바빠할 필요는 없도다. 모름지기 신중하게 감추어 둔다면 다행이리라."하고는 "歌牒을 돌려주면서 신중히 謹封해 두도록 당부하였다. 얼마 후에 至尊이 기울어지고, 寶位가 엎어지니, 두 사람은 함께 화를 당하였다. 아! 이것이 自然의 運數라, 모든 것을 다만 後天을 기다리리라."[172)]

이 인용글 말미에는 (景泰丙子(1456년, 세조) 전 參知 羅州 范承洛 삼가 기록함)이라는 서명이 되어 있다. 범승락은 범세동의 손자이거나 증손자일 것이다. 이글을 쓴 시기는 1456년(세조 2년)이다. 그 내용은 신득청의 「역대전리가」(歌辭)를 매죽헌 성삼문을 찾아가서 보이니, 그 자리에는 인수 박팽년도 함께 자리에 있었고, 두 분은 손을 씻고, 의관을 고쳐 입고, 책상 위에 가첩을 올려놓고 절을 하고 무릎을 꿇고 앉아서 3~ 4회를 거듭 읽었다는 것이다.

그러면서 신득청을 고려말의 大君子라 이야기했고, 그 역대전리가(歌牒)를 伊訓의 말씀에 비유했고, 先天과 後天의 命을 설명한 책이라고 하였다. 그런데도 이 내용이 고려사에는 빠져 있으니, 사관들이 공을 업신여겨서 그렇게 된 것이라고 하였다.

그래서 범승락이 선생의 가족 역사를 대강 설명하니, 두 사람이 모두 용모를 단정히 하고서 말하기를, "원씨와 범씨의 두 집안의 책상자는 참다운 승지와 복의 창고로서, 耘谷과 伏厓 두 분 선생님의 記述은 孔子의 춘추에 이어지는 것이다."라고 하면서, 신중히 謹封해 두도록 당부하였다는 것이다. 얼마나 귀중한 책이면 공자의 춘추에 비유했을까. 춘추는 공자가 지은 것으로 노나라 은공으로부터 애공까지 242년(서기전 722~481) 동안의 역사를 기록한 책이다.

---

172) 화해사전, 위의 책, 304쪽.

1) 역동에 대한 諸家의 평설

이 항목에서는 제가들의 평설을 인용하여 역동을 널리 알리는데 주력하고자 한다.

① 역동은 성리학에 대한 깊은 이해를 바탕으로 『程傳理解』, 『初學啓蒙』, 『家禮要精』, 『師友徒酬』, 『易論』, 『易說』 등의 저서가 있었음에도 불구하고, 조선 초기의 禍亂으로 인멸되어 버렸으니 매우 애석한 일이다. 오늘날까지 전해지는 역동에 관한 일차자료는 시 3수, 시조 2수, 서간문 1편, 기타 한두 가지의 金石文 등의 편린이 있을 뿐이다. 그러므로 역동사상에 관한 연구는 『高麗史』, 『華海師全』, 『사우록』, 『邑誌』 등이 있을 뿐이다.(오석원: 역동 우탁 사상의 연구)

② 剛毅한 품성을 타고난 祭酒 禹先生은 성정의 학문을 익혔으며, 符를 차고 군에 취임하여서는 음예한 풍속을 일신하고, 忽을 차고 조정에 서서는 간악한 풍속을 바로 잡으니, 그 곧은 도와 굳은 절개가 이미 일세에 빛났다. 뜻을 거두어 은거하여서는 학문을 닦아 經史에 널리 통하였고, 더욱 주역에 조예가 깊어 潔淨精微한 체를 열었다. 생도들을 가르쳐 의리와 학문을 비로소 세상에 행하게 하니 비록 그 문헌이 없어 그 높은 사상을 만분의 일도 고증할 수 없으나 東方理學이 실로 선생에게서 비롯되었음을 속일 수 없는 사실이다.(오석원: 역동 우탁 사상의 연구)

③ 또한 신현의 문인으로 대표적인 사람으로는 圃隱 鄭夢周, 牧隱 李穡, 耘谷 元天錫, 簡齋 申用羲이다. 특히 화해사전 끝에 첨부되어 있는 東方斯文淵源錄에서는 신라시대의 도학 연원과 도통 관계를 다음과 같이 기술하고 있다.

薛聰 氷雪齋 → 崔沖 放晦齋 → 金良鑑 文安公 → 安珦 晦軒 → 禹倬 易東 → 申賢 不諼齋 → 鄭夢周 圃隱, 李穡 牧隱

여기에서 특이한 점은 지금까지 대부분 海東道學이나 東方理學의 시조로서 정몽주를 꼽고 있으며, 포은의 師承 관계가 밝혀지지 않았는데 비하여 포은의 스승으로 신현을 제시하였으며, 도통의 연원은 신라의 설총까지 소급하고 있다는 것이다. (오석원: 역동 우탁 사상 연구)

④ 역동이 入元하여 順帝에게 아뢰기를 "우리나라에 역이 없습니다."하니 천자가 "그대는 역리에 통달하였는가?"라고 하여, 역동이 아뢰기를 "비록 박통한 군자라 할지라도 어찌 易理에 통달할 수 있겠습니까? 역은 이학의 두뇌이니 한번 보여 주십시오"라고 하였다. 이에 천자가 역을 주니 역동이 玉河關에서 하룻밤을 읽고, 이튿날 순제 앞에서 背誦하게 되니 두루 외워 막히는 곳이 없었다. 그러므로 순제가 驚讚하여 이르기를 "아름답도다! 정말로 변방의 작은 나라에 두기가 아깝도다. 朱夫子가 다시 동방에 태어 났도다."라고 하였다. 역동이 귀국하여 외운 것을 試誦하니 조금 의심나는 곳이 있어 문을 닫고 한달쯤 연구하여 이에 해득하고 이듬 해 중국에 보내어 本易과 대조하니 한 자도 착오가 없었다. (오석원: 역동 우탁 사상 연구)

⑤ 고려에서는 신라 이래로 왕가와 왕족 간에 근친혼이 성행하였는데 역동의 주장은 근친혼인은 인륜과 도의에 위배되며 혈통을 중시여기는 우리나라에서는 배척되어야 한다고 주장한바 결국은 1308년 충렬왕 34년에 실현되기에 이르렀다. 또 그 당시에는 유교적 고려풍에 따라 표준이 되어야 할 유학자나 양반계급에서까지 喪期를 100일로 마치는 것이 통례였었는데, 그 시정을 촉구했던 바 여의치 않으므로 婚喪禮를 연구하여 국민들에게 널리 익히기 위해서 『家禮要精編』을 편술하였으니, 이는 『朱子家禮』에서 근원된 것으로 한국 禮書의 효시라고 할만하다. (김익수: 역동역학의 동양역학 사상사적 위치)

⑥ 역동의 학문은 의리와 실천으로 일관되어 있거니와 역학사상에서도 그대로 나타나 있다. 그의 학문 중에서 특히 義理易學은 한국역

학사상 지대한 영향을 준 최초의 연구로 손꼽거니와 그의 학덕은 모든 이의 귀감이 되어 공민왕 때의 成均館大司成 李穡의 제청으로 文僖公의 시호가 내려졌고, 조선조 중기의 대학자 퇴계 李滉의 건의에 따라 옛집 근처에 易東書院을 창건하였다. 그후에 단양에 丹岩書院, 영해에 丹山書院, 안동에 龜溪書院, 대구에 洛東書院이 창건되어 향사하였다. (김익수: 역동역학의 동양역학사상사적 위치)

⑦ 충선왕이 원나라로부터 충렬왕 喪事에 달려와 즉위한 후에 殯殿에 제를 올리고 드디어 金文衍의 집에 행행하여 숙창원비와 더불어 상대하여 한참 지나니 사람들이 비로소 의심하였다. 또 김문연의 집에 행행하여 간음하니 비는 문연의 妹다. 이튿날 감찰규정 우탁이 흰옷을 입고 도끼를 들고 거적을 묶어가지고 상서하여 감히 간을 하니 임금의 측근 신하들이 소장을 펴보고 읽지를 못했다. 탁이 성이 나서 큰소리로 말하기를 "경은 근신이 되어 임금의 잘못을 능히 바로잡지 못하고 이와 같은 악을 만나게 하니 경은 그 죄를 아는가? 하니 좌우의 사람들이 두려워 떨었고, 임금도 부끄러워하는 빛이 있었다. (우쾌제: 역동 우탁의 사상과 문학)

⑧ 오호라! 文成의 문하에 우선생 역동의 학문은 제자에게서 탁월하여, 당시의 동문인 동배인 등의 무리가 복종하여 스승으로 섬기지 않은 사람이 없었거든 ~중략~ 당일 제자의 문하에 성명을 열거한자 치고 누구라서 역동을 종사 삼지 않으랴마는, 이에 자손 대의 申文貞家를 멸망시키는데 동조했던 자들이 악의 동지자로서 협력하여 악행을 한 것이고, 또 鄭道傳을 추종하는 자들이 제 주인을 배반함을 협의하는 한, 독이 천 가지 교사한 기틀을 합하고 만 가지 간악이 한 길로 모여 申 · 禹 양가의 멸망을 이루어 다하였으나, 후일에 일머리를 아는 군자가 역동의 문하에 홀로 諸子錄이 없는 것을 보는 사람이면 아마 그 당일의 간악한 무리들이 한 것이 너무나 심하였음을 알 것이

다.(우쾌제: 역동 우탁의 사상과 문학)

⑨ 작품의 내용면에서 살펴보면 "춘산에 눈 녹인 바람으로 귀밑에 해묵은 서리를 녹여 보겠다는 것이나, 백발이 오는 것을 막대로 막아 보겠다는 것은 인간을 자연의 일부로 생각한 인간의 욕망을 노래한 것이다." 즉 이것은 보이는 현상과 보이지 않는 심상을 시어로 표현해 냄으로써, 우주의 원리를 부호화했던 주역의 원리를 그대로 원용하고 있는 것이다. 늙음을 서러워하는 인간의 심상을 백발의 이미지에 담아 흰 눈이나 서리로 표현한 것은 당대 시조의 획기적인 표현기법이 아닐 수 없다. 이것은 바로 역동의 사상에서 볼 수 있었던 의리론이나 성경론에서 나타나고 있는 가장 솔직하고 가장 인간적인 인간성 존중의 일면을 드러낸 것이라 할 수 있다. (우쾌제: 역동 우탁의 사상과 문학)

⑩ 이와 같은 높은 도학으로 사람들로부터 추앙받아온 역동의 학문과 사상에 대하여 그의 문집이 모두 화재로 소실되어 전해 내려오지 못함으로써 그 학문과 사상을 忖度할 수 없는 것은 극히 유감스러운 일이었는데, 다행이 盈德에 있는 제자 申賢의 후손 집에 전해 내려온 元耘谷이 찬하였다는 『화해사전』에 역동과 신현과의 「성경문답」이 기록되어 있어 역동의 학문과 사상의 片鱗이나마 살펴볼 수 있게 된 것은 다행한 일이다.(김세한: 역동서원 창건의 의의와 역사)

⑪ 역동은 일찍이 당대의 유학자로 이름 높았던 晦軒 安珦의 문하에서 수업을 받았으므로 일찍부터 주자학에 남다른 관심을 가졌던 것을 알 수 있다. 즉 안향은 1288년 충렬왕 14년 원나라 북경에서 『朱子全書』를 얻어 보고 孔子學의 정맥이라 생각하여 그 글을 초록해 내옴으로 성리학 전래에 선구적 역할을 담당하였던 분이다. 역동의 스승이었던 회헌은 항상 말하기를 "문하에 수업한 사람이 수 백 명에 이르고 있으나 그 도를 깨닫고 이어받는 선비로는 오직 易東을 비롯

하여 덕암 辛蕆, 상당 白頤正, 국재 權溥 등 네 사람 뿐이다"라고 하였다. (우쾌제: 역동 우탁의 사상과 문학)

2) 각종 문헌에서의 역동 평전

① 후에 禮安縣에 물러나와 한가롭게 살아갈 때 忠肅王이 그의 충의를 가상히 여겨 두 번이나 벼슬을 주려고 불렀으나 나아가지 않았다. 倬은 경서와 역사서에 통달하였으며 더욱 易學에 깊어 점을 치면 맞지 않음이 없었다. 정자의 『易傳』이 처음 우리나라에 건너왔을 때에 능히 아는 사람이 없었는데, 탁이 문을 닫고 한 달 동안 연구하여 생도들에게 가르치니 理學이 비로소 행해졌다. 벼슬이 成均祭酒에 이르러 관직을 사양하고 물러나와 1342년(충혜왕 3년)에 졸하였다. (고려사 열전에서)

② 선생은 易의 義에 정통하고 그 이치를 급히 추구하니, 일찍이 중국의 학사와 더불어 『주역』 중에 의심나는 어려운 곳을 논의하다가 학사가 크게 놀라 말하기를 "우리의 易이 東으로 갔다" 고 했다. 우리나라의 학문이 실로 선생께서 천명한데 말미암으니 舍人巖 한 구역은 우리나라의 濂溪라 할 만하다. (稗史)

③ 우선생도 눈물이 떨어졌고, 감격의 눈물로 우는 사람이 십여 인이었다. 또한 우선생께서 탄식하며 말하되, "오늘에야 가히 君子와 小人의 본심이 똑같은 것을 속일 수 없음을 볼 수 있도다. 그러나 오늘 울지 않는 사람은 하늘이 부여해준 성품을 어기는 것이 심하다." 하였다. (화해사전 30쪽)

④ 易東 禹倬선생이 송나라 여러 선비들로부터 六經의 문장을 수집해서 모두 맡기며 말하기를 "그대는 성실과 공경에 대한 것을 한번

수집해서 그 妙理와 사실을 책으로 엮어둠으로 해서 그 은혜로움이 영원토록 소모되고 忘失되지 않도록 해두는 것이 좋겠소. "하니 신현이 말하기를 "이것은 小子의 것이 아니온대 어찌 감히 自身을 自讚하며, 어찌 감히 말 하오리까" (화해사전 70쪽)

⑤ 庚辰年에 원나라의 直學士 朱公遷이 또다시 폐위를 보고, 學生 桂彦良과 王褘 등 28인과 더불어 고려에 왔다가 함께 원나라에 갔으나, 易東 선생의 부음을 듣고 귀국하여 초상과 장례를 예로써 속되지 않게 주관하고는, 부모를 모시고, 가족을 거느리고, 安東(福州)의 禮安縣(역동선생이 일찍이 은거하던 곳) 으로 은거하면서 역동선생의 가정을 돌보면서 배우고자 찾아오는 여러 학생을 가르쳤다. (화해사전 237쪽.)

⑥ 蘭溪 金得培가 말하기를 "上黨 白頤正의 門人으로는 李益齋 등 24인며, 菊軒 權溥의 문인은 白淡菴 등 19인으로 무릇 兩師門의 여러 제자는 한결같이 동시에 禹易東 선생의 문하에서 수학하고 나왔으니, 모두가 선생[申文貞公]과는 연치가 혹 10년지간, 혹은 5년지간도 되며, 혹은 친구의 사이도 되어, 年齒도 거리낌은 없었으나, 폐백을 먼저 바치려고 다투면서 부지런히 스승을 따른 것이 마치 부형의 長子와 같이 보이면서도 선생에 대한 예의를 극진히 하였고, 선생 또한 예를 다해서 공경히 응수하였다.(화해사전 260쪽)

⑦ 禹倬은 모든 제자 중에 卓越하니 나를 멀리하고, 현명하게 매진함을 어기지 말고, 돈독한 공경으로 스승을 따르기를 나를 따를 때와 같이하라 하였는데, 문성공이 세상을 떠나자, 諸公이 문성공의 명에 복종하여 年輩의 수치와 혐오를 가지지 아니하고, 禹易東 선생을 스승으로 섬겼으니, 우리 文貞公 雲月 선생도 易東 선생의 문하에 있으면서, 서로가 스승으로 공경을 독실하게 하니, 諸公이 말하기를 문성공이 돌아가시면서 禹先生에게 우리들을 맡기신 것은 그 덕이 높았

기 때문인데, 이제는 선생이 기다리신 것은 이러한 사람이 師友같으이, 이 또한 그 도를 성취하고, 덕을 세우는데 峻嶺을 넘은 셈이로다. 우리들이 이러한 사람을 얻었으니, 모든 것을 師長과 友兄의 존경을 이룩하는 것이 문성공의 뜻이 아니겠는가. (화해사전 261쪽)

⑧ 牧隱이 말하기를 "易東 禹先生은 일찍이 經書와 史紀에 널리 통달하였고, 책을 구하기 위해 각처를 돌아다니지 아니한 곳이 없으며, 집에 있으면서도 스스로 朝廷에 나갔을 때와 같이 두루 돌아다녀도 몸 움직임이 법도에 맞지 아니함이 없었고, 항상 자탄하기를 「우리의 學術은 經書에서 취했기에 행동거지가 先聖과 先哲이 이미 정한 法典에 한정되었으니, 나도 능하다 하겠으며 大事를 의논할 때는 나도 능히 옳은 의논을 판단하나, 그러나 정미한 극도에 이르러서는, 정신은 늙었다는 핑계에 맡기니 마음은 항상 어둡고 어지럽기 때문에 집안일도 능하지 못했더니, 다행이 서로 사귀는 師友中에 申某는 그 학문이 잠깐 생각하고 잠깐 보아도 精微한 妙理의 극에 이르지 아니함이 없었고, 미묘한 著作物을 모두 갖추어서 막힌 골짝 계곡까지 열었으니, 나의 성취는 늙어서 백배나 더 얻었다. 일찍이 모든 집안의 혼인과 상례와 제사의 禮說을 연구하여 스스로 家禮로 삼았고, 일체를 준행하니 한 가지도 世俗에 따른 일이 없었으며, 모아둔 책으로는 처음에 배운 '啓蒙篇'과 '家禮要精篇'이 있고, 또 '徒酬篇' 및 '易說'이 있는데, 「申文貞公의 문하에서 얻은 것이라」하였고, 또 일찍이 말하기를 「나는 程子와 朱子의 학눈에서 잣대 같은 곧은 법도를 스스로 기하면서 먹줄과 잣대 같은 이치를 생각」했으나, 그래서 정교하고 미묘의 극을 찾았으나, 언제나 늙은 것이 한스럽고 그 능하기가 어렵다는 두려움으로 中心이 편하지 못하더니, 이제 신군을 만나 말을 듣고 익혀서 조리로 미루어 '근본은 하나이나 말단은 매우 많다.'는 이치를 환히 뚫게 되었다." (화해사전 275~ 276)

⑨ 아! 文成公(安珦)의 門下에서 易東 禹先生이 배워서 여러 제자들이 뛰어났고, 당시의 同門同儕들이 스승을 섬기면서 복종하지 아니함이 없었으며, 하물며 그 후생들이 근간에 또 당시의 同儕의 가문을 보고, 弟子錄의 책에 올려서 서로 볼 수 있도록 모든 제자의 가문에 전했으니, 모두가 여러 제자였으나, 역동선생의 문하에서는 홀로 한 사람의 문하생이라 하는 자도 없게 되었으니, 이 어찌 가히 거짓으로 실어놓은 밑에 지각이 있고, 눈이 밝은 사람의 식견이랴. 당시에 諸子의 문에 성명이 올려 있는 자로써 누가 역동선생을 스승으로 따르지 아니하였을까. 이에 자손들은 몰락한 申文貞公의 가문을 존경하고, 함께 당한 재앙을 서로 돕고 또 발길을 따라 도를 전하며, 아울러 임금을 배반한 슬픔에 혐의의 감정을 일으켜서, 천 가지 계교로 기회를 만들어 많은 간사한 무리를 한꺼번에 쫓아낸다면 申氏와 禹氏의 멸망이라도 후일에 섬기는 君子들이 알게 되고, 역동선생의 문하를 보게 된다면, 홀로 弟子錄이 없다 하더라도, 대개 그 당시에 간악한 자의 행위가 이와 같이 혹심했음을 알 것이니라. (화해사전 277쪽.)

⑩ 아! 몹시 슬프도다. 역동선생은 申先生 父子를 제자로 삼았고, 양호(養浩: 역동의 장손계)에 와서는 申先生 父子에게 師事하였으며, 항차 또 4월에 上典世主의 연고로 禍가 일어나자 우선생의 집에는 다만 門人錄만 가져갔지만, 그러나 신선생의 집안은 자손의 성명을 없애버리고, 그 문헌과 좋은 책들을 함께 불구덩이에 집어넣어 불태워서 전하는 것이 없게 되었으니, 가슴 아프고 아까운 일이었으나, 나의 친우 元天錫이 아는 대로 기록해서 잊지 않았다 하니, 나는 이 말을 듣고 보니, 두렵던 마음이 倍로 간절하면서, 항상 부드럽게 되었으나 마음은 편하지 않았다. (화해사전 278쪽)

⑪ 文僖公 禹先生의 명은 倬이며, 자는 天章이니, 丹山人으로 호를 白雲堂이라 하였다. 易學에 심오하고 理數에 정통하여 점을 치면 맞

지 아니함이 없었고, 數理에 속하는 일은 신기하고 미묘하였다. 또 周易이 동방에 건너왔으나 그 도리나 사실을 알 수 있는 정교함을 갖추지 못하였더니, 선생이 일찍이 중국에 들어가서 송나라 선비들의 「演義集註」의 精微하게 구비한 것을 두루 보고, 마음 속에 외워서 온 이후로 등사해서 고려 땅에 개몽할 수 있게 전했기 때문에 세상에서 易東先生으로 불렀다. (화해사전 400쪽)

제Ⅳ부 사설시조론

1. 사설시조의 정체성

평시조의 개념에 대하여 학자마다 다른 이야기를 하고 있다는 것은 이미 다른 글에서 살펴보았다. 사설시조의 개념에 대하여도 평시조의 경우처럼 학자마다 각양각색으로 이야기해서 어느 것이 정설이고, 어느 것이 맞지 않는지 분간하기 어렵다. 이런 문제는 사설시조의 명칭문제도 마찬가지다. 주장하는 이들마다 견해를 달리해서 어느 것이 정설인지 가늠할 수 없다는 이야기다.

사설시조의 형성시기 또한 의견의 일치를 보지 못해서 고려 중엽, 고려 말엽, 조선 초기 즉 세종 · 세조대, 성종대, 조선 중기 즉 명종대, 선조대, 그 이후로 숙종대, 영조대 등 다양한 학설이 제기되어 무려 5백 년 이상의 시간적 격차를 보여주고 있는 것이다.

필자는 그 형성시기를 고려 말이라고 라고 주장한 바 있거니와, 그 고려 말에 우리 문학사상에 출현한 사설시조의 본질이 무엇인가 하는 점을 살펴보고 아울러 명칭 문제 또한 짚어보자는 것이 본고의 목적이다. 이러한 의도로 본론을 전개해 나가겠지만 확실하게 교통 정리하여 모든 논란을 종식시키기는 어렵다고 본다. 왜냐 하면 사설시조 자체를 시조로 인정하지 않는 설도 있고, 사설시조를 아예 자유시라고 주장하는 경우를 볼 수 있기 때문이다.

그 내용을 보면 더욱 명료해지는 바가 있다. 곧 이것(만횡청)은 도저히 시조를 쫓으려는 어느 구구한 정신들이 없는 것으로 필자는 알고 있는 바이다. 필자는 만횡청의 독립을 주장하는 바이다. ~중략~ 그것은 시조와 같이 독립 독행적인 것이었으며, 만일 시조가 귀족적인 poem으로서 귀족적인 계층의 호흡 속에 존재하며 성장해 온 것이라면 이것(만횡청)은 그에 대응하는 민족적 저류 -백성들의 세계 속에서 발생하고 성장하여 온 것- 그 연원도 자연 오랜 것으로 필자는 생각하는 바이다.[173]

이능우의 주장은 시조와 사설시조(만횡청)와의 관계는 전연 별개라는 것이고, 그래서 시조에서 분리, 독립해야 한다는 것이다. 그렇게 보는 이유를 발생론적 관점에서 설명했는데, 평시조는 귀족 계층에서 발생하고 성장해온 장르이고, 사설시조는 일반 백성들 속에서 발생하고 성장해온 장르이기 때문이라는 이야기다. 따라서 사설시조의 연원도 상당히 오래된 것으로 판단된다는 것이 그의 주장이다. 이능우의 이런 판단은 평시조 가운데는 작자층이 양반 사대부가 많고, 사설시조의 작자층은 내용상으로 미루어볼 때, 서민이나 하층민이 많다는 것을 염두에 둔 것 같다. 그러나 이능우의 주장처럼 시조와 사설시조가 전연 무관한 것이라면 애초부터 사설시조라는 명칭부터 생겨나지 말았어야 하고, 그 형태상으로도 평시조가 3장으로 분단되는 것처럼 사설시조도 초중종장 3단으로 분단되는 작품이 없어야 된다고 생각한다.

예술은 실로 그런 현실적인 매개가 계기가 되는 경우가 있을지라도 자유정신에 의하여 창조된다. 사설시조는 자유정신의 소산으로 작가의 주관세계가 표현된 것이다. ~중략~ 그만큼 사설시조의 자유시적 전통을 구체적으로 흡수하면서 자연스럽게 발전시켰을 때 근대 이후 우리의 자유시는 가능한 것이다. 물론 근대 이후 자유시는 사설시조와는 표면상으로는 전혀 다른 형식인 것으로 보인다. 그러나 시상이 부여되어야만 틀이 이루어진다는 이유로 이미 정해진 운율과 행의 구조를 거부한다는 점에서 근대 이후의 시와 사설시조는 결국 동일한 형식체험으로 귀착된다. 형은 시조의 정형처럼 정해지지 않고 시

173) 이능우, 사설시조의 구조와 그 배경(선명문화사, 1966), 291~292쪽.

인의 개성과 창의력에 따라 결정되는 정형이기 때문이다.[174)]

박철희는 이 글을 쓸 때 "사설시조는 자유시다" 라는 소제목을 붙였는데, 그렇다면 1984년 갑오경장 이후 이 땅에 신체시가 발생하고 근대 자유시가 들어오기 훨씬 전에 우리나라에서도 자유시가 있었다는 이야기인데, 이런 주장을 믿고 따를 사람이 과연 몇 명이나 될는지 의심스럽다. 윗글에서 박철희는 사설시조는 자유정신의 소산으로 작가의 주관세계가 표현되어서 자유시라고 했는데, 그렇다면 평시조는 작가의 자유정신으로 창작되지 않고 무슨 억압에 의해서 창작되었으며, 평시조는 작가의 주관세계가 표현된 것이 아니고 객관세계만 표현했다는 것인지 이해가 안 된다.

그가 사설시조를 자유시로 보는 데는 "이미 정해진 운율과 형의 구조를 거부한다는 점에서 근대 이후의 시와 사설시조는 동일한 형식체험으로 귀착한다."는 것이고, 그래서 사설시조는 자유시거나 자유시의 모태가 된다는 이야기인데, 박철희의 이러한 발언은 사설시조의 뿌리는 한국이요 자유시의 뿌리는 서양이라는 사실을 망각한데서 오는 오류라고 생각한다.

이처럼 사설시조와 시조는 아무런 관계가 없는 별개라는 주장, 사설시조는 자유시의 모태라는 주장 등 부정적인 학설이 제기되었으나, 필자는 이런 이론들을 수긍할 수 없기에 반론을 제기하였다. 아울러 사설시조는 평시조보다 후에 발생했다는 점, 사설시조는 그 작품에 있어서나 창에 있어서나 시조(단형)의 파형에서 이루어진 점, 그 형태를 평시조와 같이 초 · 중 · 종 3장으로 나눌 수 있다는 점, 시조의 가객들이 평시조와 함께 사설시조도 시조창으로 노래했다는 점, 그 명칭이 시조와 같이 사설시조로 되어 있다는 점, 청구영언이나 해동가요 등 고시조집에 평시조와 더불어 사설시조도 함께 실려 있다는 점 등을 고려할 때, 사설시조는 시조 이외에 다른 장르가 될

174) 박철희, 사설시조의 구조와 그 배경「고전시가론」(새문사, 1984), 449쪽.

수 없다고 본다.

1) 사설시조의 개념

어떤 문학 장르이든지 그 개념을 명확하게 밝히기는 쉽지 않다. 필자는 시조의 개념을 "고려말경 유학자들에 의하여 만들어지고 가장 오랜 생명력을 지니면서 전승되어 오는 우리 민족 고유의 전통 시가다. 아울러 3·4조 또는 4·4조를 기본 율조로 하고, 우리 민족의 사상, 감정, 체험 등을 담기에 가장 알맞은 그릇으로서, 그 형식은 3장 6구 12소절의 정연한 형태를 가진 정형시"[175]라고 정의한 바 있다. 그렇다면 사설시조의 개념은 어떻게 정의할 것인가. 고문헌이나 선학들의 견해를 참고하면서, 사설시조의 성격을 최대한 함축할 수 있는 범위 내에서 종합하고 정리할 수밖에 없다는 생각이 든다.

사설시조는 초장·중장·종장에 두 구절 이상 또는 종장 초구라도 평시조 그것보다 몇 자 이상으로 되었다. 그러나 초장·종장이 너무 길어서는 아니 된다.[176]

이병기는 사설시조의 개념을 구수율과 자수율로 파악하였다. 초장·중장·종장이 두 구절 이상 길어진다는 것이다. 그러나 중장은 아무런 제한 없이 길어질 수 있지만 초장과 종장은 너무 길어져서는 안 된다는 것이다. 그런데 여기서 문제는 구절의 의미를 어떻게 인식하느냐 하는 점이다. 요즘 학자들이 이야기하는 〈음보〉라는 용어를 빌리면 한 음보를 한 구절로 보는 것인지, 아니면 두 음보를 한 구절로 보는 것인지 가늠할 수가 없다. 그리고 고정옥도 그의 저서 『국어국문학요강』에서 "초·중장이 다 제한 없이 길고 종장도 어느 정도 길어진 시조다."라고 해서 이병기의 이론과 대동소이함을 감지할 수 있다.

175) 원용우, 시조문학원론(백산출판사, 1999), 17쪽.
176) 이병기, 국문학개론(일지사, 1978), 117쪽.

초 · 중장 모두 제한 없이 길고, 종장도 어느 정도 길어진 것이다. 이병기씨는 이르기를 '사설시조는 자수가 초 · 중 · 종 3장의 어느 곳에서 두 구절 이상이 평시조 자수보다 더하되 종장 자수가 너무 길어져서는 안 된다.' 고 하였다.[177)]

김사엽의 이론은 위에서 소개한 고정옥설과 완전히 일치한다고 볼 수 있다. 반면에 이병기설과 다른 점은 이병기는 초장과 종장이 너무 길어져서는 안 된다고 했는데, 김사엽은 초장과 중장 모두 제한 없이 길어진다고 해서 초장에 대한 견해차가 있음을 발견하게 된다. 김사엽 설에서 모호한 점은 자수율을 적용한 것인지 구수율을 적용한 것인지 양자를 동시에 적용한 것인지 이해할 수 없다는 점이다.

사설시조는 초 · 중 · 종 3장의 구법이나 자수가 평시조와 같은 제한이 없고서 아주 자유스러운 것으로 어조도 산문문체로 된 것이다.[178)]

김종식의 학설을 인용했는데, 이분은 초 · 중 · 종 3장의 구법이나 자수가 평시조와 같은 제한이 없고 아주 자유스럽다고 보았다. 게다가 어조도 산문문체로 되었다 하였으니, '사설시조는 자유시' 라고 말만 안했을 뿐이지 자유시로 본 것이다. 초 · 중 · 종 3장에 구법이나 자수가 모두 자유로우면 자유시지, 시조라는 정형시로 보기는 어렵다고 생각한다. 이것을 시조로 볼 수 있는 근거는 초 · 중 · 종 3장으로 구분한다는 것 외에 다른 장치는 없다. 이러한 논조는 박철희가 "사설시조는 자유정신의 소산으로 작가의 주관세계가 표현된 것이다."라고 주장한 것과 맥을 같이하는 것이다. 다음은 고정옥의 이론을 들어 보겠다.

177) 김사엽, 이조시대의 가요연구(대양출판사, 1956), 254쪽.
178) 김종식, 시조개론과 작시법(대동문화사, 1950), 89쪽.

그는 사설시조 형식상의 특징을

① 소설식으로 길어졌다.
② 가사 투가 혼입했다.
③ 민요풍이 혼입했다.
④ 여상한 제경향이 한 작품 속에 잡연히 혼재하고 있다.
⑤ 대화가 많다.
⑥ 새로운 종장 문구를 개척했다.

그리고 내용상의 특징으로

① 구체성 내지 형이하학적 성질을 가진 이야기와 비유의 도입
② 강렬한 애정의 표출
③ 육욕의 기탄없는 영발
④ 어희, 재담, 욕설의 도입
⑤ 적나라한 자기 폭로
⑥ 비시적 사물의 무사려한 시화기도[179) 등을 들었다.

고정옥의 이러한 논의들은 사설시조의 성격을 규명하는데 많은 도움을 준다. 형식상에서는 소설식으로 길어졌다는 점을 특징으로 들었고, 가사투와 민요풍이 혼입하고 대화체가 많다는 점을 열거하였다. 내용상의 특징으로 강렬한 애정 표현, 육욕의 영발, 어희, 재담, 욕설이 많다는 점을 들었는데, 모두 수긍이 가는 내용들이다.

초 · 중 · 종장이 다 정형에서 음수율의 제한을 받지 않고 길게 지어진 작품을 사설시조라 하며, 세 형식 중에서 가장 길므로 '장형시조'라고도 한다. ~중략~ 이상과 같은 사설시조는 정형시라기보다는 산문적인 형식을 취하였음을 알 수 있다.[180)

179) 고정옥, 고장시조선주(정음사, 1949), 서문
180) 김기동, 국문학개론(정연사, 1964), 115쪽.

김기동 또한 사설시조는 초 · 중 · 종장이 다 정형에서 음수율의 제한을 받지 않고 길어진 작품이라고 하였다. 그처럼 길어지기 때문에 장형시조라는 것이고, 산문적인 형식을 취한 장르라는 것이다. 이러한 논조를 보면 김종식이나 박철희의 주장과 상당히 유사한 것으로 파악된다.

사설시조는 시조에서 파생하였던 만큼 시조의 근본 형틀인 초 · 중 · 종 3장은 변할 수 없었다. 그러나 시조에서는 각장이 엄격히 4구로 되어 있었던 것인데, 이것은 여기에 자유로이 변할 수 있었다. 즉 4구가 5구 6구 혹은 10여 구가 될 수도 있었다. 그러나 대체로는 초장과 종장보다는 중장에 있어 변화가 많았으며, 또 초장 종장 둘 중에서는 종장에 보다는 초장에서 변화가 더 있을 수 있었다.[181)]

위의 논설을 보면 사설시조는 시조에서 파생한 것이기 때문에 초 · 중 · 종 3장은 변할 수 없다고 하였다. 다시 말해서 사설시조는 시조의 정형을 파격하고 거기서 새로운 시형을 파생시킨 것이란 이야기다. 그래서 4구로 되어 있는 시조의 한 장이 5구, 6구, 혹은 10여구가 될 수 있다고 했던 것이다. 이러한 논조를 보면 조윤제는 시조의 형식을 자수율보다는 구수율로 파악하려는 의도를 지니고 있었다고 본다. 그리고 초 · 중 · 종 3장중에는 중장에 변화가 많고, 초장과 종장 중에서는 초장에 변화가 더 많다고 하였다.

사설시조는 오씨본 『청구영언』에 만횡(蔓橫), 대학본 『청구영언』이나 『가곡원류』에 소용이(騷聳耳), 만횡(蔓橫), 언롱(言弄), 농(弄), 낙시조(樂時調), 언락(言樂), 편락(編樂), 편삭대엽(編數大葉), 어질편(於叱編), 삭대엽(數大葉) 등의 조격으로 표시된 가곡을 말함이다. 시조란 말이 영조시대 이세춘에 의하여 나왔다 하면, 사설시조는 근

181) 조윤제, 한국문학사(탐구당, 1978), 366쪽.

자의 것이고, 영조 이전에는 장단가(長短歌)로 병칭된 듯하다. 그러나 사설시조의 원류는 그 상대적인 가곡적인 제약 때문에 가사 형식의 축약과 단가 형식의 연장에서 구하여야겠으나, 그 전형적인 예로 송강의 「장진주사」를 들지 않을 수 없다.[182)]

상기 인용문의 논조를 보면 사설시조는 가곡이었다는 것이고, 오래된 것이 아니라 근자의 것이고, 장단가란 이름으로 불리었다는 것이다. 그리고 그 본질은 가사 형식의 축약과 단가 형식의 연장에서 찾아야 된다고 하였다. 여기서 단가 형식의 연장에서 찾아야 한다는 이야기는 어느 정도 이해가 되는데, 가사 형식을 축약해서 사설시조를 만들었다는 이야기는 이해되지 않는다.

왜냐 하면 많은 사람들이 사설시조는 평시조에서 파생한 것으로 보고 가사와 연관 지어 설명하는 분은 극소수이기 때문이다. 그런 점에서 정병욱도 "일부 비판적 유학도는 시조의 정형률을 깨고 새로운 가치관에 의해 사설시조를 창작하기에 이르렀다."[183)]고 했던 것이다.

가사는 장시조의 확대요, 장시조는 가사의 축소라 함을 증명하여 주는 실증인 것이다. 그러므로 초기에는 2대 대표적인 시가형식인 시조(단시조)와 가사와는 구분되어 창작되어 오던 것이, 어느 사이엔지 그 접선이 응결되어서 그 중간존재인 장시조 형태를 산출하였던 것이다. 이것이 적어도 명종대까지는 기어오를 수 있다고 본다. 이러한 출발을 한 장시조가 2대전란으로 평민문학의 진출과 그 형식상의 특징이 부합되는 바가 커서 그 발전에 더욱 박차를 가한 것만은 사실이다.[184)]

리태극 또한 장시조는 가사 형식의 축소라 하였으니, 앞에서 논의

182) 김동욱, 국문학개설(민중서관, 1974), 87쪽.
183) 정병욱, 한국고전시가론(신구문화사, 1980),159쪽.
184) 리태극, 시조개론(새글사, 1963), 310쪽.

한 김동욱 설과 궤를 같이한다고 본다. 사설시조의 형태면을 살펴보면 거기에는 시조와 같은 요소도 함유되었고, 가사와 같은 요소도 함유되었다. 그래서 어떻게 보면 평시조와 비슷한 데가 있고, 달리 보면 가사와 비슷한 데가 있다. 이러한 중간자적 요소를 포착해서 리태극은 가사는 장시조의 확대요 장시조는 가사의 축소형이라고 했던 것이다. 즉 초기에는 시조와 가사가 별개로 독립적으로 지어졌는데, 어느 사이엔가 그 접선이 응결되어서 그 중간존재인 장시조 형태가 산출되었다는 것이다.

그리고 장시조는 단시조의 규칙에서 어느 두 구 이상이 그 자수가 10자 이상 벗어난 시조를 말한다고 하였다. 이러한 파격구는 중장에서 많이 일어나고, 초장과 종장 등 3장에서 골고루 일어난다고 해서 다른 분들의 의견과 대동소이하다고 본다.

이밖에도 서원섭은 "사설시조는 시조 3장중에서 초 · 종장은 대체로 엇시조의 중장의 자수와 일치하고, 중장은 그 자수가 제한 없이 길어진다."[185]하였고, 김제현은 "사설시조는 초 · 중 · 종장 가운데 어느 한 장이 8음보 이상 길어지거나 각장이 모두 길어진 산문적 시형이다."[186]라고 하였다. 이에 비하여 필자는 사설시조의 형식을 3장 8구 16마디 이상 되는 작품을 사설시조로 간주해야 된다는 주장을 편 바 있다. 이러한 논의들을 밑받침삼아 사설시조의 개념을 다음과 같이 정리한다. 사설시조는 평시조보다 후에 발생했고 그 평시조의 정형률을 깨고 파생한 시조의 발전적 형태이다. 그 형식은 대체로 평시조처럼 초중종 3단으로 구분하는 것이 가능하다. 또한 초중종 3장 모두 평시조보다 구절수가 늘어나는 특징을 지녔다. 3장 중 중장에 구절첨가 현상이 제일 많이 일어나고, 그 다음은 초장과 종장의 순서이다. 율격 면에서는 산문율, 내용 면에서는 산문성, 계층 면에서는 평민층들이 주류를 이룬 문학형태이다.

185) 서원섭, 시조문학연구(형설출판사,1982), 50쪽.
186) 김제현, 시조가사론(예전사, 1988), 21쪽.

2) 사설시조의 명칭

사설시조의 명칭에는 '사설시조', '만횡청', '장시조' 등이 있어 주장하는 이의 견해에 따라 달리 사용되고 있다. 시조 전체를 놓고 볼 때 평시조, 엇시조, 사설시조라 해야 한다는 견해와 이와는 달리 단시조, 중시조, 장시조라 해야 한다는 견해가 있는 것이다. 그러나 이 문제는 뒤로 미루고 '만횡청' 설에 대하여 먼저 살펴보겠다.

만횡청류는 말이 음탕하고 뜻이 한루하여 모범이 되기는 부족하나 그 유래가 오래되어 일시에 버리기는 불가하기 때문에 특히 아래에서 살핀다.[187)]

청구영언의 서문에 있는 내용인데, 이 부분만 살펴보면 말[辭語]과 뜻[意旨]에 대한 언급이기 때문에 '만횡청류' 란 용어가 문학적인 의미로 쓰인 것 같다. 그러나 이것이 시조의 노랫말 부분을 지칭하는 것으로 단순하게 파악해서는 안 된다. 왜냐 하면 진본 『청구영언』의 배열이 시대별, 작가별 배열이 아니라 곡조별 배열로 되어 있기 때문이다. 청구영언의 배열순서는 여말에서 시작되는 유명씨 작품이 먼저 나오고, 이어서 무명씨의 작품을 배열한 다음 삼삭대엽(三數大葉), 낙시조(樂時調), 장진주사(將進酒辭), 맹상군가(孟嘗君歌)에 이어 만횡청류(蔓橫淸類)가 나온다. 이러한 것은 곡조 배열임이 분명하다. 곡조별의 배열이라면 만횡청류도 당연히 곡조명이라 할 수 있다.[188)]

이처럼 그 용어 자체가 문학적인 용어가 아니고 음악적인 용어라면 시조의 종류나 형태를 지칭하는 용어로서는 부적절한 것이다.

만횡청이란 말은 논설에서 이제 처음 사용되는 것 같아, 소위 사설

---

187) 金天澤, 「靑丘永言」(朝鮮珍書刊行會, 1948), 98쪽. "蔓橫淸類 辭語淫哇 意旨寒陋 不足爲法 然其流來也已久 不可以一時廢棄 故特顧于下方"

188) 정재호, 한국시조문학론(태학사, 1999), 234쪽.

시조라는 것을 필자는 이렇게 쓰고자 하는 바인데, 굳이 이런 어휘를 사용하려 함은 소위 사설시조라는 것을 종래 「시조」에 예속되어 있는 느낌이 있는 데서 분리시키고 독립시키고 싶기 때문이다. 진작부터 필자는 이것을 시조에서 분리시켜 생각하고 있는 바였다. 명칭조차를 달리할 필요가 있어서 농락(弄樂)이라 붙여 본 적도 있었다. 이 명칭은 역시 이번과 같이 허황한 조작은 아니었다.[189)]

이능우는 사설시조를 시조의 범주에서 독립시켜 다른 장르로 인정해야 한다는 주장이다. 즉 사설시조가 평시조의 파격 변형으로 생겨난 것이 아니라, 조선 중기 이후부터 존속해 온 민간가요로부터 나왔으리라는 이야기다. 그런가 하면 이능우는 진간본 청구영언에 '만횡청류'라 한 것과 화원악보에 '만횡'이라 한 것이 사설시조를 가리키는 곡조명이라 하고, 사설시조를 '만횡청'으로 불러야 한다고 주장하였다.

또한 그는 사설시조를 시조의 일종이라 보는 견해에 반대 이유를 제시하였다. 그는 『고시조논고』라는 책에서 시조 첫 행 팔팔조(八八調)와 종장 초구가 유사한 것은 이조 중엽 이후 모든 율문에서 두루 볼 수 있는 것이므로, 시조와 만횡청의 유기성을 입증하는 증거로 삼을 수 없다고 하였다.

이러한 만횡청설은 이능우 외에 주장하는 이가 없어 사실상 존재의 의가 없게 되었고, 남은 문제는 '사설시조'라 칭할 것이냐 장시조라 칭할 것이냐를 가늠해 보아야 한다는 점이다. 이 문제에 대하여 리태극은 "고정옥님도 장시조라는 명칭을 그의 『고장시조선주』라는 책 제명에서 사용한 바 있고, 또 우리어문학회 편의 『국문학개론』에서도 단형 · 중형 · 장형시조라고 부른 바 있다."고 하면서 장시조라는 명칭을 강력하게 주장하였다.

189) 이능우, 고시가논고(선명문화사, 1966), 287쪽.

지금까지 항용 쓰여지고 있는 엇시조니 사설시조니 하는 명칭은 음악상의 용어로서 문학상의 명칭과 동일시할 수 없다. 문학상의 명칭으로 분류한 단시조 · 중시조 · 장시조는 그 형식면에서 자구수의 규정에 따라 나눈 것이요, 결코 음악상의 연관을 가지고 나눈 것은 아니다. 다음과 같은 실례를 보더라도 창곡상에서 부르는 엇시조니 사설시조니 하는 것은 그 자구상의 차이로 규정되는 것이 절대로 아니요, 형식상에서는 단시조이면서 창곡상에서는 언롱(言弄) · 언락(言樂) · 언편(言編) 등의 곡조로 부른다. 이것을 만횡청류라고도 할 수 있다.[190)]

리태극의 논리는 평시조 · 엇시조 · 사설시조라는 말은 음악상의 용어로서 문학상의 용어로 사용해서는 안 된다는 것이다. 그러니 문학상의 명칭으로는 단시조 · 중시조 · 장시조라고 해야 맞는다는 것이고, 그것은 형식면에서 자구수의 규정에 따라 규정했기 때문이란 이야기다. 물론 이러한 주장에도 일리는 있지만, 이러한 논리에 따르면 '시조'라는 용어조차도 버리고 다른 말로 바꾸어야 한다. 왜냐하면 시조는 시절단가음조(時節短歌音調)의 준말로서 시절가조(時節歌調), 혹은 시절가(時節歌) 등으로 통칭되었고, 그 의미는 시절의 노래 즉 그 시대의 노래란 뜻을 지녔기 때문이다. 이러한 논리를 보면 음악상의 명칭인 '시조'라는 용어는 그대로 사용하면서 같은 음악상의 명칭인 평시조 · 엇시조 · 사설시조라는 말은 사용하지 말라는 이야기는 앞뒤가 안 맞는다고 본다.

여기서 장시조라 함은 시조의 문학형태를 정형시조를 단시조, 파형시조를 장시조라 하여 양대별한 개념에서 쓴 말이다. 한편 장시조를 문학의 한 장르로서 파악하고, 그런 관점에서 이론을 전개하려는 것이 아니고, 정형을 벗어난 파형시조 전반을 대상으로 삼고자 하는 바, 이와 같은 파형시조 전반에 걸친 정리는 일단 필요하다고 본다.

190) 리태극, 앞의 책, 238쪽.

이런 정리를 통해서 장시조의 특징적인 성격이 규명될 수 있다고 보기 때문이다.[191)]

최동원의 논조는 단시조와 장시조만 인정하고 중시조인 엇시조는 인정하지 않겠다는 이야기다. 그래서 정형시조를 단시조, 파형시조를 장시조라 해서 양대별하겠다는 의도이다. 그러니까 장시조라는 말 속에는 사설시조는 물론이고 엇시조까지 포함시킨 것으로 생각해야 된다. 최동원은 "정형에서 자수가 몇 자 더 늘어났다고 해서 엇시조(중형시조)라 해버릴 수 없다고 하겠으며, 엇시조라는 중형을 인정하는 자체가 타당성이 희박한 일이라 생각된다."라고 해서, 엇시조의 존재를 부정하였다. 그러나 문제는 우리의 옛시조 가운데 단형시조라 하기에는 너무 넘치고 장형시조라 하기에는 너무 모자라는 그 어중간한 형태의 중형시조가 상당수 있는데, 이것을 부정한다고 해서 없어지지 않는다는 사실이다.

장형시조라 함은 말 그대로 길이가 긴 시조를 말하며 이러한 형태를 가리켜 사설시조로 부르기도 한다. 물론 여기서 말하는 사설시조가 창에서 말하는 사설의 뜻과는 일치하지 않는다. 그런데 길이가 길어졌다는 것은 어떤 것을 두고 말함인가? 시조 전체에서 어느 한 장의 음보수가 5음보로 되었다면 이를 장형으로 보아야 할 것인가. 이에 대해서는 선뜻 그런 명명을 하기가 어려울 것이다. 그래서 생겨난 것이 중형시조의 분류인 것이고, 장형시조라면 형태에 있어 가시적으로 상당히 길어진 것을 지칭하는 것이다.[192)]

김대행의 장형시조란 말은 장시조란 말과 동일하다고 본다. 왜냐하면 길이가 긴 시조를 말하며 이런 형태를 사설시조로도 부른다고 했기 때문이다. 그리고 장형시조라면 형태에 있어 가시적으로 상당히 길어진 것을 지칭한다고 했는데, 그 '상당히 길어진 것'이란 말

191) 최동원, 고시조론(삼영사, 1980), 55쪽.
192) 김대행, 시조유형론(이화여대 출판부, 1986), 42쪽.

은 막연하기 이를 데 없다. 어느 정도 길어진 것을 '상당히' 길어진 것으로 볼 수 있는지 가늠할 수 없기 때문이다. 그렇더라도 김대행은 사설시조라는 용어를 의도적으로 쓰지 않는 것만은 분명하다고 생각한다. 다음은 사설시조란 명칭의 의미와 그 용어를 고집하는 분들의 견해를 들어보자.

시조는 그 창(唱)과 작(作)과의 형태가 서로 다르다. 그 창의 형태로는 평시조(평거시조), 중어리시조(중거시조), 지름시조(삼삭시조), 사설시조(농시조)의 네 가지가 있고, 그 작의 형태로는 세 가지가 있으니, 평시조, 엇시조, 사설시조(말시조 · 주심)이다.[193)]

이병기는 사설시조의 명칭에 대한 설명은 하지 않았다. 그 형태를 설명하면서 창의 형태는 4가지, 작의 형태는 3가지가 있다고 했던 것이다. 그 3가지를 평시조, 엇시조. 사설시조 등이라 했으니, '사설시조'를 장르 명칭으로 간주했음이 분명하다.

이상은 시조의 형식을 말하였으나 이것은 보통으로 말하는 시조이고, 이밖에 소위 사설시조라는 것이 있다. 이것은 근세에 시조의 변격으로서 발달한 것이나 그 형식은 사설적이었던 만큼 과거의 모든 구속을 타파하랴 하는 데서 훨씬 자유로운 형식을 취하여 초중종 3장중에 어느 1장이 임의로 길어질 수 있다는 것이다. 그러나 이것도 엄격히 말하면 초장은 거의 길어지는 법이 없고 중장이나 종장 중에 있어 어느 것이라도 마음대로 길어질 수 있다는 것인데, 그중에서도 대개는 중장이 길어지는 수가 많다.[194)]

인용문은 시조의 형식, 또는 종류를 설명하면서 사용한 명칭이다.

---

193) 이병기, 앞의 책, 116쪽.
194) 조윤제, 국문학개설(탐구당, 1973), 112쪽.

조윤제는 소위 사설시조라는 것이 있다 하였고, 시조의 변격으로 발달한 것이라 하였고, 평시조에 비하여 훨씬 자유로운 형식을 취한다고 하였다. 초중종 3장 가운데 어느 한 장이 임의로 길어질 수 있는데, 중장이 길어지는 경우가 많다고 하였다. 이러한 논조를 보면 조윤제는 장형의 시조 형태를 사설시조라 칭하는데 아무런 이의가 없었던 것으로 헤아려진다. 만약에 그가 명칭 문제를 조금이라도 재고할 생각이 있었다면 그의 저서 어디엔가는 이에 대한 언급이 있었을 것으로 사료되기 때문이다.

주자학의 대체적 이념으로 등장한 것이 유학도 자체 내의 일부 비판적 지성에 의해 수용된 실학사상이었다. 관념의 질곡에서 구원받기를 갈망하던 당시의 시대적 요구는 실리적이고 과학적인 실사구시의 학풍에 매혹되지 않을 수 없었다. 이리하여 이 땅의 정신 생활면에 선풍적인 반향을 일으킨 이 실학사상은 시조 문학에도 그 필연적인 전환을 가져오게 되었으니, 이것이 실학사상의 후광으로 등장한 사설시조였다.[195]

이 부분도 사설시조의 명칭을 설명한 곳이 아니고, 사설시조가 등장하게 된 배경을 설명한 곳이다. 주자학의 대체적 이념으로 등장한 것이 일부 비판적 지성에 의해 수용된 실학사상이라고 한 것을 보면 평시조는 주자학의 이념을 배경으로 해서 발생했고, 사설시조는 실학사상의 이념을 배경으로 해서 등장했다는 것을 명시한 것으로 보인다. 하여간에 조선 후기에 전성기를 맞이한 장형의 사설시조를 논의하면서, 사설시조라는 명칭을 구사한 학자들은 이 명칭의 사용이 너무나 당연해서 재론할 필요성조차 느끼지 않았던 것으로 판단된다.

평시조 · 엇시조 · 사설시조라는 명칭은 음악형태상의 명칭이기 때문에 시조의 명칭으로는 적당하지 못하다고 하면서 문학형태상의

---

195) 정병욱, 앞의 책, 159쪽.

명칭으로는 단형시조 · 중형시조 · 장형시조라는 명칭이 옳다고 하는 견해가 있다. 정말 일리 있는 견해라고 본다. 그러나 필자는 평시조 · 엇시조 · 사설시조라는 명칭이 시조문학에서 널리 사용되고 있음에 비추어 졸저에서도 이들 명칭을 그대로 사용하고자 한다.[196)]

서원섭은 사설시조는 초 · 종장의 자수가 대체로 엇시조의 중장의 자수와 일치하고, 중장은 엇시조의 최장 자수인 40자 이상 되는 작품이라고 하였다. 이러한 형태의 사설시조에 대하여, 사설시조라는 명칭은 음악형태상의 명칭이기 때문에 장형시조라는 명칭을 쓰자고 주장하는 이들이 있다고 하였다. 그러나 서원섭 본인은 평시조 · 엇시조 · 사설시조라는 명칭이 일반적으로 널리 사용되고 있기 때문에 이들 명칭을 그대로 사용하겠다는 견해를 밝혔다. 서원섭이 사설시조라는 명칭을 그대로 사용하겠다는 것은 그의 자유이지만, 그 이유를 일반적으로 널리 사용하고 있기 때문에 그대로 쓴다고 하는 것은 무책임한 발언이다.

사설시조는 평시조나 엇시조에 비하여 자수상의 제약을 벗어난 형식의 시조로서 평시조의 규격에서 2장이 각기 그 자수가 10여자 이상으로 늘어난 시조다. ~중략~ 사설시조는 율조의 제한을 벗어나 완전히 어조가 사설체로 되었고, 초 · 중 · 종장의 구분이 가능한 시조를 말하는데 영 · 정조 이후에 생겨난 것으로 알려졌다.[197)]

진동혁은 시조의 형식을 완전히 자수율로 파악하였다. 그래서 사설시조는 평시조나 엇시조에 비하여 자수상의 제약을 벗어난 시조라고 하였다. 그리고 사설시조는 평시조의 규격에서 2장이 각기 그 자수가 10여자 이상 늘어난다고 했던 것이다. 물론 글자 수를 헤아려볼 때 평시조보다 글자 수가 늘어난 것은 사실이지만, 평시조인지 사설시조인

---

196) 서원섭, 앞의 책, 57쪽.
197) 진동혁, 고시조문학론(형설출판사, 1981), 24쪽.

지를 구분할 때 일일이 글자 수를 헤아려 가면서 판단하는 사람이 과연 몇 명이나 되는지 생각해 보아야 할 문제다. 진동혁 또한 그 명칭을 사설시조라 칭하는 것이 너무 당연하기 때문에 시조의 개념, 명칭, 기원, 형성, 형식, 내용 등 제반문제를 고찰하면서도 '사설시조'란 명칭에 대하여는 일언반구 언급이 없었던 것으로 사료된다.

이제까지 논의된 바를 정리하면 장형의 사설시조를 '만횡청'이라 하자는 설, '장시조'라 하자는 설, '사설시조'라 하자는 설 등으로 요약할 수 있다. 그 결과 사설시조의 명칭문제에서 '만횡청'설은 별로 호응을 얻지 못했고, 다만 이것을 장시조라고 할 것이냐 사설시조라고 할 것이냐 하는 문제만이 남는다고 본다. 다만 사설시조란 명칭을 사용한 분들은 이것을 너무 당연시해서 재론할 여지조차 없는 것으로 생각했음이 틀림없다고 생각한다.

시조의 명칭문제는 사설시조만 따로 떼어서 논의하기는 어렵고, 시조의 3가지 형태 전부를 대상에 놓고 이야기해야 마땅할 것이다. 이미 앞에서 논의한 대로 이것을 평시조 · 엇시조 · 사설시조라고 해야 한다는 견해와 이와는 달리 단시조 · 중시조 · 장시조라고 해야 한다는 견해가 대립되어 있다. 후자를 주장하는 이들의 논조는 평시조 · 엇시조 · 사설시조라는 명칭이 음악에서 온 것이요 시조의 형태상 종류와는 무관한 것이니 그 명칭부터가 음악적인 냄새를 풍기지 않게 단시조 · 중시조 · 장시조라 해야 한다는 주장이다. 이처럼 음악과의 결별을 선언하는 의미에서 명칭을 바꾸어야 한다는 데는 상당히 긍정적인 면을 지니고 있다.

그러나 3가지 형태로 되어 있는 시조의 종류가 단순히 그 구절 수나 길이에 의해서만 구분되고 다른 특성은 없는가 하는 점을 묻고 싶다. 제일 짧다고 해서 단시조, 그보다 조금 길이가 늘어났다고 해서 중시조, 평시조보다 자수와 구절 수가 상당히 많이 길어졌다고 해서 장시조라고 하는 논리는 그야말로 피상적이요 외형적으로 나타난 것만 중시해서 붙여진 이름이지 그 이외 아무것도 아니다.

평시조는 평시조 나름의 구조와 특성과 미학이 있고, 엇시조는 엇시조 나름의 구조와 특성과 미학이 있고, 사설시조 또한 다른 형태의 시조로는 흉내낼 수 없는 독특한 구조와 특성과 미학이 있기 때문에, 이것들의 존재가치가 인정되는 것이지, 단순히 그 길이의 장단에 의해서 구분되고 그러한 사실이 그처럼 중요해서 명칭마저 바꾸어야 할 정도라면 엇시조와 사설시조의 존재 의미는 상당히 퇴색하게 된다. 시조의 종류에서 글자 수가 늘어났다 줄어들었다 하는 신축작용이 무슨 큰 의미가 있단 말인가. 자유시에서는 글자 수나 행수가 늘어나거나 줄어드는데 대하여 아무런 의미를 부여하지 않는데, 왜 시조에서만 그것에 큰 의미를 부여해서 중시조니 장시조니 하는 명칭을 새롭게 규정해야 된다는 것인지 이해가 안 간다.

다음은 사설시조란 명칭의 의미에 대하여 생각해 보자. 이 사설시조는 음악 형태상 분류에서는 「엮음」에 해당된다. 「엮음」은 「編」으로서 시조에 있어서의 「辭說」·「주심」·「拾」과도 같은 것이다. 「평」과 「엇」과 「사설」은 자수의 많고 적음에 있는 것이 아니고 음악 형태와 관계있는 것이다. 가령 중형인 엇시도 음악형태를 바꾸면 「사설」(엮음)이 되고, 장형인 「사설」도 그 형태를 바꾸면 「엇」이 될 수 있는 것이다.[198]

그러니까 문학형태상의 사설시조와 음악형태상의 사설시조가 그 성격을 달리한다는 것은 재론을 요하지 않는다. 그러나 문학 형태상에서 장형인 사설시조는 문자 그대로 「사설」(노랫말)을 그 나름의 미학에 맞게 배열한 것이고, 또 「사설」이란 낱말 속에는 어떤 말이나 내용들을 길게 늘어놓는다는 의미가 들어있다는 점도 상고돼야 할 것이다. 이처럼 사설시조란 명칭은 장형시조의 구조와 성격에 맞는 이름으로 간주되고, 그런 의미에서 많은 선학들이 장시조라는 말보다는 사설시조란 명칭을 즐겨 썼던 것으로 이해된다.

---

198) 장사훈, 시조음악론(서울대 출판부, 1986), 37쪽.

2. 사설시조의 형성시기 문제

국어국문학 사전을 보면 사설시조는 17세기에 이르러 나타났다고 생각되며, 18세기에 이르러 크게 성행하였고, 사설시조를 이룩한 주동적인 인물은 평민 가객들이라고 하였다. 발생시기와 향유계층을 밝힌 것인데, 이 문제는 앞으로도 심도 있는 논의가 필요하다고 본다. 지금까지 알려진 바로는 고시조 전체가 5.000여수, 이중에서 사설시조는 그 10%가량인 500여수 되고, 또 작자가 밝혀진 사설시조는 150여수 가량 되는 것으로 추산하고 있다.

이 사설시조에 대하여 연원과 형성시기를 밝힌 연구를 많이 접해보지만 통일된 견해를 찾아볼 수 없다. 그것은 이런 사실을 증명해줄 만한 결정적 근거나 전래문헌이 나타나지 않기 때문이다.

평시조의 연원에 대하여도 한시기원설, 불가기원설, 민요기원설, 음악기원설, 신가기원설, 향가기원설, 별곡기원설, 속요기원설 등이 난무하였다. 필자는 이 연원설이나 기원설을 모두 부정하고, 고려 말 성리학의 대가 우탁이 3장 6구의 시조 형식을 창안했다고 주장한 바 있다. 또 평시조의 발생 시기에 대해서도 신라 말 발생설, 고려 초 발생설, 고려 중기 발생설, 고려 말기 발생설, 조선 전기 발생설 등 다양했는데, 고려 말 성리학을 이 땅에 받아들인 다음, 그 성리학의 원리를 응용해서 시조 형식을 창안했다는 역학기원설을 주장한 바 있다.

그러나 이러한 연원설이나 발생 시기 문제에 대한 혼조가 평시조에 그치지 않고, 사설시조에도 똑같은 현상이 되풀이된다는 데에 문제점이 있다. 그래서 본 연구에서는 사설시조의 제반 문제를 다루지 않고, 그 발생 시기 즉 형성시기 문제에 한정하여 해결점을 찾도록 노력해 보고자 한다.

1) 사설시조의 장르 개념

사설시조의 형성 시기 문제를 논의하기 위해서는 우선 사설시조의 장르 성격부터 분명히 해야 될 것 같다. 왜냐 하면 논자에 따라서는 사설시조가 자유시의 모태라는 설, 만횡청이라는 이름을 붙이고 독립적인 장르로 보자는 설, 시조의 전형을 파괴하고 새로운 시형을 파생시킨 것이라는 설, 가사와 시조의 중간 형태라는 설, 고려가요 즉 속요에서 파생되었다는 설 등 다양한 이론이 상존하기 때문이다. 그래서 사설시조가 시조인지 아닌지 하는 점부터 분명히 하고, 그 개념이나 형성시기에 대하여 논의하는 것이 순서라고 본다.

예술은 실로 그런 현실적인 매개가 계기가 되는 경우가 있을지라도 자유정신에 의하여 창조된다. 사설시조는 자유정신의 소산으로 작가의 주관세계가 표현된 것이다. ~중략~ 그만큼 사설시조의 자유시적 전통을 구체적으로 흡수하면서 자연스럽게 발전시켰을 때 근대 이후 우리의 자유시는 가능한 것이다. 물론 근대 이후 자유시는 사설시조와는 표면상으로는 전혀 다른 형식인 것으로 보인다. 그러나 시상이 부여되어야만 틀이 이루어진다는 이유로 이미 정해진 운율과 행의 구조를 거부한다는 점에서 근대 이후의 시와 사설시조는 결국 동일한 형식체험으로 귀착된다. 형은 시조의 정형처럼 정해지지 않고 시인의 개성과 창의력에 따라 결정되는 정형이기 때문이다.[199)]

박철희는 이 글을 쓸 때 "사설시조는 자유시다"라는 소제목을 붙였는데, 그렇다면 1894년 갑오경장 이후 이 땅에 신체시가 발생하고 근대 자유시가 들어오기 훨씬 이전에 우리나라에서도 자유시가 있었다는 이야기인데, 이러한 주장을 믿고 따를 사람이 과연 몇 명이나 될는지 심히 의심스럽지 않을 수 없다.

199) 박철희, 사설시조의 구조와 그 배경「고전시가론」(새문사, 1984), 449쪽.

위 글에서 박철희는 사설시조는 자유정신의 소산으로 작가의 주관세계가 표현되어서 자유시라고 했는데, 그렇다면 평시조는 작가의 자유정신으로 창작되지 않고 무슨 억압에 의해 창작되었으며, 평시조는 작가의 주관세계가 표현된 것이 아니고 객관세계만 표현했다는 것인지 도무지 이해가 안 간다.

그가 사설시조를 자유시로 보는 데는 "이미 정해진 운율과 형의 구조를 거부한다는 점에서 근대 이후의 시와 사설시조는 동일한 형식체험으로 귀착한다."는 것이고, 그래서 사설시조는 자유시거나 자유시의 모태가 된다는 이야기인데, 박철희의 이러한 발언은 사설시조의 뿌리는 한국이요 자유시의 뿌리는 서양이라는 사실을 망각한 데서 오는 오류라고 생각한다.

그 내용을 보면 더욱 명료해지는 바가 있다. 곧 이것(만횡청)은 도저히 시조를 좇으려는 어느 구구한 정신들이 없는 것인 것으로 필자는 알고 있는 바이다. 필자는 만횡청의 독립을 주장하는 바이다. ~중략~ 그것은 시조와 같이 독립 독행적인 것이었으며, 만일 시조가 귀족적인 Poem으로서 귀족적인 계층의 호흡 속에 존재하며 성장해온 것이라면 이것(만횡청)은 그에 대응하는 민족적 저류 –백성들의 세계 속에서 발생하고 성장하여 온 것. ~중략~ 그 연원도 자연 오랜 것으로 필자는 생각하는 바이다.[200)]

이능우의 주장은 시조와 사설시조(만횡청)와의 관계는 전연 별개라는 것이고, 그렇기 때문에 시조에서 분리, 독립해야 한다는 것이다. 그렇게 보는 이유를 발생론적 관점에서 설명했는데, 평시조는 귀족계층에서 발생하고 성장해온 장르란 것이고, 사설시조는 일반 백성들 속에서 발생하고 성장해온 장르이기 때문이란 이야기다. 따라서 사설시조의 연원도 상당히 오래된 것으로 판단된다는 것이 그의 주

200) 이능우, 사설시조의 구조와 그 배경(선명문화사, 1966), 291~292쪽.

장이다. 이능우의 이런 판단은 평시조 가운데는 작자층이 양반사대부가 많고, 사설시조의 작자층은 내용상으로 미루어볼 때, 서민이나 하층민이 많다는 근거를 둔 것 같다. 그러나 이능우의 주장처럼 시조와 사설시조가 전연 무관한 것이라면 애초부터 사설시조라는 명칭부터 생겨나지 말았어야 하고, 그 형태상으로도 평시조가 3장으로 분단되는 것처럼 사설시조도 초 · 중 · 종장 3단으로 분리되는 작품이 많은데, 이런 현상을 어떻게 설명해야 되는 것인지 대안을 제시할 수 있어야 한다. 그리고 사설시조 종장의 구조가 평시조처럼 3543의 율격을 지닌 작품이 많은데, 그래도 시조와 관계가 없다는 것인지 묻고 싶다. 이런 질문에 합당한 답변을 주지 못하면 이능우의 주장은 공허한 메아리가 되고 말 것이다.

그들은 할 수 없이 여기에 시조의 전형을 파격하고 거기서 새로운 시형 하나를 파생시키니 그것이 곧 사설시조라 하는 것이다. 사설시조는 시조에서 파생하였던 만큼 시조의 근본 형틀인 초 · 중 · 종 3장은 변할 수 없었다. 그러나 시조에서는 각장이 엄격히 4구로 되어 있었던 것인데, 이것은 여기에서 자유로이 변할 수 있었다. 즉 4구가 5구 6구 혹은 10여구가 될 수도 있었다. 그러나 대체로는 초장과 종장보다는 중장에 있어 변화가 많았으며, 또 초장 종장들 중에서는 종장보다는 초장에서 변화가 더 있을 수 있었다.[201)]

관념의 질곡에서 구원받기를 갈망하던 당시의 시대적 요구는 실리적이고 과학적인 실사구시의 학풍에 매혹되지 않을 수 없었다. 이리하여 이 땅의 정신 생활면에 선풍적인 반향을 일으킨 이 실학사상은 시조문학에도 그 필연적인 전환을 가져오게 되었으니 이것이 곧 실학사상의 후광으로 등장한 사설시조였다. 즉 일부 비판적 유학도는 시조의 정형률을 깨고 새로운 가치관에 의해 사설시조를 창작하기에

201) 조윤제, 한국문학사(탐구당, 1978), 366쪽.

이르렀던 것이다.[202)]

앞에 것은 조윤제의 『한국문학사』, 뒤에 것은 정병욱의 『한국고전시가론』에서 인용한 것이다. 먼저 전자의 논설을 보면 조윤제는 사설시조는 시조의 전형을 파격하고 거기서 새로운 시형을 파생시킨 것이라 하였고, 시조의 기본 틀인 초 · 중 · 종 3장의 형식은 변할 수 없다고 하였다.

그리고 정병욱은 조선조 후기 이 땅에 들어온 실학사상의 영향으로 사설시조가 등장하였는데, 이것은 일부 비판적인 유학도들에 의해서 정형률을 깨고 새로운 가치관에 의해서 만들어진 것이라고 하였다. 여기서 조윤제와 정병욱은 그 논조가 약간 다르긴 하지만 사설시조는 시조에서 파생되었다는 이론을 제시한 점에서는 동류적이라 할 수 있다.

가사는 장시조의 확대요 장시조는 가사의 축소라 함을 증명하여 주는 실증인 것이다. 그러므로 초기에는 2대 대표적인 시가형식인 시조(단시조)와 가사와는 구분되어 창작되어 오던 것이, 어느 사이엔지 그 접선이 응결되어서 그 중간존재인 장시조 형태를 산출하였던 것이다. 이것이 적어도 명종대까지는 기어오를 수 있다고 본다. 이러한 출발을 한 장시조가 2대전란으로 평민문학의 진출과 그 형식상의 특징이 부합되는 바가 커서 그 발전에 더욱 박차를 가한 것만은 사실이다.[203)]

사설시조의 형태면을 살펴보면 거기에는 시조와 같은 요소도 함유되었고, 가사와 같은 요소도 함유되었다. 그래서 어떻게 보면 평시조와 비슷한 데가 있고, 달리 보면 가사와 비슷한 데가 있다. 이러한 중간자적 요소를 포착해서 리태극은 가사는 장시조의 확대요 장시조는 가사

---

202) 정병욱, 한국고전시가론(신구문화사, 1980), 159쪽.
203) 리태극, 시조개론(새글사, 1963), 310쪽.

의 축소형이라고 했던 것이다. 즉 초기에는 시조와 가사가 별개로 독립적으로 지어졌는데, 어느 사이엔가 그 접선이 응결되어서 그 중간 존재인 장시조 형태가 산출되었다는 것이다. 이러한 리태극의 이론은 평시조의 요소와 가사의 요소를 절반씩 섞어서 새로이 장시조 형태를 만들어 냈다는 것이고, 그런 의미에서 사설시조는 단시조와 가사의 요소를 뒤섞어서 새롭게 만들어낸 튀기로 보아야 한다는 것이다.

장시조나 단시조 즉 사설시조와 평시조는 다같이 형태적 요소가 고려가요에 혼융되어 있다. 별곡과 속요가 처음에는 각각의 형태상 독자성을 지니고 있었다. 그러나 후기에 이르면서 파격과 변조가 나타났고, 마침내 붕괴되는 과정을 거치면서 사설시조와 평시조 그리고 가사에로 그 패턴이 옮겨진 것으로 보여진다. 이중 장시조는 형태적인 면에서 별곡 내용과 대상의 면에서 속요의 특성이 혼융되어 이루어진 것이라 할 수 있다. ~중략~ 따라서 장시조가 시조나 가사의 영향 아래 이루어진 것이라고는 볼 수 없으며, 더구나 한문학의 영향이라 볼 수 없는 것은 우리말로 된 문학으로서 하나의 특징적인 민속적 경향을 보여주기 때문이다. 그리고 여요에 이러한 유의 노래가 성행한 데는 그럴만한 시대 · 사회적 여건이 그 배경을 이루고 있고 속요와 장시조가 다같이 서민들에 의하여 불린 평민들의 소산이란 점을 감안할 때 장시조는 여요에 연원하여 독자적으로 발생된 시가 형태라 할 수 있다.[204)]

김제현은 장시조가 시조나 가사의 영향 아래 이루어진 것이라 볼 수 없다고 했으니, 리태극의 이론과는 상반된다고 하겠다. 그리고는 단시조나 장시조나 그 형태적 요소가 고려가요 즉 별곡과 속요 가운데 있다는 주장을 하였다. 그 별곡과 속요가 붕괴되는 과정을 거치면서 사설시조와 평시조 그리고 가사에로 패턴이 옮겨졌다는 것이다.

204) 김제현, 시조가사론(예전사, 1988), 151~153쪽.

그래서 고려속요 중에서 〈만전춘별사〉를 예로 들었고, 그 만전춘별사의 구성이 三章 六段으로 되어 있다는 것이고, 전체적 구성법은 시조와 장시조의 三章 構成과 같다고 하였다. 또 여요의 형태를 종합해 볼 때 4음절과 4음율은 그대로 시조 · 사설시조 · 가사의 음률기조를 이루며 句數律에 별반 제한을 보이지 않는 점은 가사와 사설시조에서 많이 찾아볼 수 있다고 하였다. 게다가 속요와 장시조가 다 같이 서민들에 의해 불린 노래이기 때문에 장시조는 여요에 연원하여 독자적으로 발생한 시조형태라는 것이다.

한마디로 김제현의 이론은 사설시조가 고려가요에서 왔다는 것이고, 그래서 평시조에서 파생한 시조장르로 볼 수 없다는 것이며, 사설시조 자체가 독자적으로 발생한 시가 형태라는 것이다. 그렇다면 사설시조의 발생시기가 고려 말까지 거슬러 올라간다는 이야기인데, 그 논거를 제시해서 독자들을 설득시켜야 할 것이다.

또한 고려가요에서 시조 · 사설시조 · 가사 등이 파생된 것처럼 이야기했는데, 어떤 시가장르가 발생할 때에 반드시 그 이전의 시가를 모델로 해서 발생한다는 근거도 없고 논리도 성립되지 않는다. 설사 고려가요에서 파생한 것이라 가정하더라도 한 가지 장르만 파생시켰으면 족한 것이지 시조 · 사설시조 · 가사 등 3가지 장르를 파생시켰다는 것은 도무지 이해되지 않는다.

이제까지 사설시조 발생에 대한 제가들의 이론과 장르 성격에 대한 논의를 소개하였다. 이러한 논의를 바탕으로 정리해 보면 사설시조는 평시조보다 후에 발생했다는 점, 그 형태를 평시조와 같이 초 · 중 · 종 3장으로 나눌 수 있다는 점, 시조의 가객들이 평시조와 함께 사설시조도 시조창으로 노래했다는 점, 그 명칭이 시조와 같이 사설시조로 되어 있다는 점, 청구영언이나 해동가요 등 고시조집에 평시조와 아울러 사설시조도 함께 실려 있다는 점 등으로 미루어볼 때, 사설시조는 평시조에서 파생된 하위 장르이며, 시조형태의 한 종류이며, 평시조보다 자유로워진 시조의 발전적 형태라 정의할 수 있다.

2) 형성시기에 대한 논의

사설시조가 언제 발생했는지에 대한 명확한 문헌 자료는 없다. 다만 청구영언 만횡청류 서문에 "만횡청류는 그 말씨가 음탕하고 그 뜻이 보잘 것 없고 천해서 본받기에는 부족하다. 그러나 그 유래가 오래되었으므로 일시에 폐기할 수 없으므로 특별히 아래에 써둔다."[205]라고 되어 있을 뿐이다. 그 유래가 이미 오래 되었다고 했는데 정확하게 어느 시기를 지칭하는지 알 수 없다. 이런 정도이니까 여러 가지 방법론이 제기되었는데, ① 자료의 가치를 중시하는 관점, ② 음악과 형식의 관련성을 근거한 관점, ③ 시대환경과 정신사적 측면에서 보는 관점, ④ 음악 · 연행 · 향유 층의 유기적 관점 등이 주요한 관점[206]으로 나타났다. 이처럼 여러 가지 관점에서 논의해 보았지만, 논자에 따라서 고려 중엽에서 정조대까지 5백 년간의 시간적 격차를 나타내었다. 고려시대, 조선 명종조, 선조조, 숙종조, 영정조 등 그 학설이 분분하다. 그러면 먼저 고려시대 설부터 인용해보자.

夏四月 첫여드릿 날에 觀燈ᄒᆞ려 臨高臺ᄒᆞ니 遠近高低 夕陽은 빗겻는듸
魚龍燈 鳳鶴燈과 둘움이 남싱이며 蓮꼿속에 仙童이오 鸞鳳위에 天女로다 鐘磬燈
선燈 둑燈이며 水朴등 마늘燈과 배燈 집燈 山臺燈과 影燈 알燈 甁燈 壁欌燈 가마燈 欄干燈과 獅子탄 체괄이며 虎狼탄 오랑캐며 발로 툭차 구을燈에 七星燈 버려있고 日月燈 밝았는데 東嶺에 月上ᄒᆞ고 곳곳이 불을 켜니 於焉間에 燦爛도 ᄒᆞᆫ져이고
이윽고 月明燈明天地明ᄒᆞ니 大界光明ᄒᆞ여라 …… 作家不明

佛敎가 쇠퇴된 李朝時代에도 4월 초파일의 觀燈 風俗이 없지 아니하였으나, 이렇게 등의 종류가 복잡하며 시의 作風이 光明한 것은,

---

205) 蔓橫淸類 辭語淫哇 意之寒陋 不足爲法 然其流來也已久 不可以一時廢棄 故特題于下方(靑丘永言 蔓橫淸流序, 朝鮮珍書刊行會)

206) 김제현, 사설시조 문학론(새문사, 1997), 24쪽.

遁世的 · 廢頹的 · 思想的인 이조의 작풍과는 서로 容納지 못할 점이 있는 것 같아 보인다. 더구나 체괄이라든지 오랑캐(둘이 다 민족의 명칭인 듯)가 어떤 시대에 조선과 접촉하였으며, 그러한 등은 어떤 시대에 特有하였던 것이 아니냐 하는 것을 明白히 함에 따라, 이 時調의 所作된 시대를 알게 될 것이다.[207]

손진태의 주장을 인용했는데, 그는 〈時調〉라 표기하지 않고 〈詩調〉라 쓴 것부터가 잘못이다. 그는 위에 인용한 사설시조를 조선시대 작품으로 보지 않고 고려시대 작품으로 보았다. 조선시대에도 4월 초파일의 관등 풍속은 있었지만, 등의 종류가 복잡하게 나열되었고, 시의 작풍이 광명한 것은 둔세적 · 폐퇴적 · 사상적인 조선시대의 작풍과는 다른 모습을 보여준다는 것이다. 더구나 체괄이든지 오랑캐라든지 하는 용어가 사용된 것을 보아도 조선시대의 작품으로 간주할 수 없다는 것이다. 그러니까 고려는 불교 국가이고 조선은 유교 국가이니 저처럼 불교 냄새가 짙은 작품이 조선시대는 나올 수 없다는 것이다.

비록 위에서는 작가 불명이라고 되어 있지만, 정병욱의 『시조문학사전』에는 내용이 약간 다르긴 하지만 김수장의 작품이라고 밝혀놓았다. 손진태의 이론대로 하면 위 작품은 사설시조이고, 고려시대 작품이라고 하니, 사설시조가 고려 때부터 존재했다는 이야기가 된다. 그러나 조선시대라고 해서 4월 초파일에 저런 작품이 나오지 말라는 법이 없다는 점이다. 왜냐 하면 조선시대 유교를 국시로 삼았다 해도, 여전히 불교와 사찰은 존재하였고, 관등행사는 존속되어 왔기 때문이다. 손진태는 실제 작품을 예로 드는 실증적 방법을 선택하였으나 작자 연대 불명의 작품을 임의로 고려시대 작품으로 간주하는 것은 문제가 있다.

---

207) 손진태, 시조와 시조에 표현된 조선 사람 「시조연구논총」(을유문화사, 1965), 26쪽.

가슴에 궁글 둥시러케 뿔고 왼숫기를 눈 길게 너슷너슷 꼬와 그 궁게 그 숫 너코
두놈이 두 긋 마조 자바 이리로 훌근 져리로 훌젹 훌근훌젹 훌져긔는 나 남즉 놈대되 그는 아모쪼로나 견듸려니와
아마도 님 외오 살라ᄒᆞ면 그는 그리 못ᄒᆞ리라

이 외에도 本歌를 收錄한 異本이 여럿 있다. 이제까지 이 노래는 작자불명의 것으로 다루어져 왔고, 그 내용도 단순한 남녀간의 애정을 기탁한 노래인 듯이 생각되어 왔다. 그러나 이제 庚申譜 所載의 不屈歌 漢譯과 대조해 보면 그것의 國文原歌임은 의심의 여지가 없다. ~중략~ 전자는 선비의 곡진하고도 매운 정이 깃들었고, 후자는 虎班의 씩씩하고도 요동없는 松竹節이 결연히 노래되어 있다. 果是 이 두 노래는 여말의 忠節衷曲으로 文武忠節歌의 쌍벽을 이룰 만한 것이다.[208)]

황패강의 논설을 인용했거니와, 그는 이 노래는 작자불명의 것으로 다루어져 왔고, 그 내용도 단순한 남녀 간의 애정을 기탁한 노래인 듯이 생각해 왔다고 했다. 그런데 庚申譜 所載의 不屈歌 漢譯이 발견되었으니, 그것의 國文原歌임이 틀림없다는 것이다. 변안열이 우리말로 예의 사설시조를 노래했고, 그것이 原州邊氏世譜(庚申譜, 正祖 24年 庚申, 1800年刊) 雜錄 부분에 기록되어 있다는 것이다. 하여간에 정병욱의 『시조문학사전』을 보면 이 작품은 『진본청구영언』, 『이희승본 해동가요』, 『화원악보』, 『대동풍아』, 『고금가곡』 등 여러 책에 실려 있는데 모두 작자미상으로 되어있다.
그러면 대은 변안열의 후손인 변우택의 논설을 들어보자.

하여가, 단심가, 불굴가의 내용이나 타이밍 등을 고려하여 살펴보면 1389년 이성계 생일날 주인공은 들으며 살피고 있고, 역성혁명의

208) 황패강, 대은 변안렬과 불굴가, 단국대학교 논문집 2집, 1968, 61쪽. 황패강, 대은의 〈불굴가〉 보고, 국어국문학 49 · 50호, 1970. 677~678쪽.

주역인 아들 이방원에게 시켜 〈하여가〉를 부르게 하니, 자연히 〈단심가〉와 〈불굴가〉가 화창된 것이다.

지필묵을 갖추고 지은 한시가 아니라 술자리에서 부른 우리말로 부른 화답가인 것이다. 참으로 자연스러운 상황이고 장면인 것이다. 이성계 생일날이라는 기록이 없고, 이방원이 연치로 보아 정몽주나 변안열과 상대가 되지 않는데, 어찌 술상을 벌이느냐는 주장이 있다. 그렇다 그런 일은 이성계 생일날이나 가능한 것이다.

이미 위화도 회군 시에 '십팔자득국설', '목자득국설' 등 이성계를 추앙하는 노래가 서동요처럼 민간에 유행했다는 것은 역성혁명의 기류가 무르익고 있었음이고, 만일 함께 뜻을 같이하지 않겠다는 몇몇 장군과 충신만 제거하면 되는 것이므로 그 이듬해 1389년 10월 11일 이성계 생일날이 대신들의 마지막 의중을 살피는데 최고의 적기이지 않는가.[209]

이 논설의 핵심은 1389년 10월 이성계의 생일날 이방원이 〈하여가〉를 부르고 정몽주는 〈단심가〉로, 변안열은 〈불굴가〉로 화답했다는 내용이다. 그 때 부른 〈불굴가〉는 바로 사설시조형태를 취했을 것이란 이야기다. 다음은 이광녕 박사의 논문에서 〈불굴가〉에 대한 해설을 살펴보겠다.

이 〈불굴가〉가 당초에 한문시가에서 비롯되었느냐 아니면 우리말 노래로부터 비롯되었느냐 하는 문제이다. 이동영은 〈불굴가〉는 당초에 그 原典이 한시였다고 했지만, 이 문제는 이 노래를 지을 당시의 정황을 상고해 보아야 한다. 이방원이 베푼 연회석상 앞에서 하여가에 대한 화답가로 불렸던 것이라는 점을 감안한다면 文語體인 한문보다는 즉흥적 화답의 우리말 口語體로 읊었을 것으로 짐작된다. 이는 언문일치가 안 되었던 시절이란 점을 상기하면 이해가 간다.[210]

---

209) 변우택 편저, 불굴당 대은 변안열, 도서출판 조은, 2020.8.30. 53쪽.
210) 이광녕, 위의 책, 185쪽.

이광녕은 불굴가가 처음부터 우리말로 불렀을 것이라는 이야기다. 이방원의 〈하여가〉에 대한 답가라는 것이다. 불굴가의 기록은 5세손 회리의 전가록, 1800년 간행 원주변씨세보(경신보) 이후 세보, 후손 변종석 잡록부 선조전행장, 길재문집의 제문과 유사 등에 불굴가 한역시가 전해온다. 그러나 이 단락은 사설시조의 형성시기를 논하는 자리이므로 논의를 계속하겠다.

위의 작품은 변안렬의 노래라는 것인데, 모두 각기 중국글로 적힌 한시의 것과 견주어 그 뜻으로는 아주 잘 들어맞는다. 그러나 위의 노래가 그대로 변안열이 이방원의 술잔치에서 불렀다는 바로 그 본디 노래라고는 도무지 인정할 수 없다. 변안열이 원나라에서 나고 자라 청년기에 들어선 열여덟 살에 고려에 와서 마흔 해를 살다가 쉰일곱에 죽었는데, 그런 외국사람이 '가슴에 궁글 둥시러케 뿔고' '왼 ᄉᆞᆺ기를 눈길게 너슷너슷 ᄊᆞ와' '이리로 훌근 져리로 훌적' '훌근훌적 ᄒᆞᆯ 져긔ᄂᆞᆫ' 하는 따위로 우리말의 감칠맛을 살려 노래했다고는 볼 수 없다. 더구나 이 노래에 쓰여진 말들도 14세기의 고려 말이 아니라 18세기의 조선시대 말씨가 아닌가? 그뿐 아니라 『校本 歷代時調全書』에 보면 이 노래가 실린 20가지의 노래책들을 견주어 놓았는데 하나도 꼭 같은 것은 없이 모두들 얼마큼씩 다른 말씨로 되어 있고 그 가운데 어떤 것은 특이하게 짧은 것도 있고 별스럽게 길어진 것도 있어서 속뜻의 알맹이만 같을 뿐 작품으로 볼 때는 아주 다르다고 할 것들도 있다.[211)]

김수업의 논설을 인용했는데, 그는 이 작품을 14세기 변안열의 작품으로 간주할 수 없다는 것이 주된 논지이다. 변안열은 원나라에서 나고 자란 중국 사람이기 때문에 우리말 특유의 감칠맛을 살려가면

211) 김수업, 시조의 발생시기에 대하여, 「時調論」(趙奎卨 · 朴喆熙 편, 一潮閣, 1978), 8~9쪽.

서 예의 작품을 썼다고 보기는 어렵다는 것이다. 작품에 사용된 어휘가 14세기 고려 말의 어투가 아니라 18세기 조선시대 말기의 말씨가 그대로 쓰인 점도 변안열의 작품으로 인정할 수 없는 다른 이유가 된다는 것이다.

이들 諸說이 最古의 작으로 제시하고 있는 高應陟(중종26~선조38)의 6수와 鄭澈(중종 31~선조 26)의 2수를 가장 오래된 사설시조라고 단정할 수는 없는 것이다. 고려후기(충렬왕 25년경) 작으로 보이는 〈蛇龍〉과 고려 말 邊安烈의 〈不屈歌〉(一名 不從歌)와 조선 초기 丁克仁의 〈不憂軒歌〉는 고려되지 않고 있기 때문이다. 물론 이러한 작품들이란 고증상의 문제가 있을 수 있다. 그러나 〈蛇龍〉이 당대의 민요(속요)를 한역한 것이며, 〈不屈歌〉가 변안열의 작으로 밝혀지고 〈不憂軒歌〉가 사설시조 형태임이 규명된다면 그 발생 시기는 고려 말엽임을 확정지을 수 있을 뿐만 아니라 중엽까지 소급될 수 있는 중요한 단서가 된다.[212)]

김제현은 고응척의 6수와 정철의 2수를 가장 오래된 사설시조라고 할 수 없다는 이야기다. 그 이유는 〈사룡〉 〈불굴가〉 〈불우헌가〉 등 더 오래된 사설시조 작품이 있기 때문이라고 했다. 그러면서도 이런 작품들은 고증상의 문제가 있을 수 있다는 것이다. 그처럼 고증상의 문제가 있을 수 있다면 이런 작품들을 가장 오래된 작품으로 인정 안하면 그만인데, 또 이런 작품들을 근거로 해서 사설시조의 발생 시기를 고려 말, 또는 고려 중엽까지 올려 잡을 수 있다고 하니, 그처럼 일관성 없는 논리를 가지고 한 장르의 발생 시기를 고려 중엽까지 끌어올려도 되는 것인지 묻고 싶다.

김제현이 〈사룡〉이란 작품을 사설시조와 연관시켜 생각하는 것은 다음과 같은 설명을 통해서 알 수 있다. 그런데 〈蛇龍〉은 고려사 악

212) 김제현, 사설시조문학론, 32쪽.

지에 한역으로 전하고 있다.

有蛇含龍尾　聞過太山岑
萬人各一語　斟酌在兩心[213)]

그러나 〈사룡〉은 작자가 밝혀져 있지 않음으로 보아 속요의 한역임을 짐작케 해준다. 〈사룡〉의 원작가는 확인되지 않고 있으나 〈진본 청구영언 551, 501〉과 이본 〈육당 최남선본 690,838〉의 사설시조와 그 주제 및 歌意가 일치함을 볼 수 있다.

개야미 불개야미 즌등 부러진 불개야미 압발에 疔腫 나고 뒷발에 죵귀난 불개야미 廣陵 심재 너머 드러 가람의 허리를 ᄀᆞ르므로 추혀 들고 北海를 건넛닷 말이 이셔이다 님아 님아 온 놈이 온 말을 ᄒᆞ여도 님이 짐쟉ᄒᆞ쇼셔

〈珍靑 551〉, 〈六靑 690〉

이와 같이 歌意가 거의 일맥상통하고 있음을 알 수 있으며, 종장은 "아소 님하 도람드르샤 괴오쇼셔" 와도 상통하는 것으로서 이러한 結詞形式이 패턴화되고 있는 점으로 볼 때 〈사룡〉은 예시와 같은 작품을 한역한 것이라고 할 수 있겠다.[214)]

김제현의 이론은 고려시대 작자불명의 작품 〈사룡〉과 진본 청구영언에 실려 있는 사설시조 〈개야미〉가 같은 작품이라는 전제 하에 논의된 것이다. 이유는 두 작품 사이의 主題 및 歌意가 일치하기 때문이란 이야기다. 여기서 김제현의 주장처럼 두 작품 간에 일맥상통하는 점이 있다는 것을 인정하더라도 예의 사설시조를 한역해 놓은 것이 〈사룡〉이라고 하는 것은 지나친 비약이다.

사룡에서는 주소재가 〈뱀〉인데, 사설시조에서는 〈불개야미〉이다. 전자에서는 부소재가 〈용〉인데, 후자에서는 〈가람〉 즉 범을 등장시

213) 高麗史 列傳 卷一二五 姦臣 吳潛, 金元祥條 麗史 樂志.
214) 김제현, 앞의 책, 33쪽.

켰다. 전자의 뱀은 신체적으로 아무런 이상이 없는 〈뱀〉인데, 후자의 불개야미는 잔등이 부러지고, 앞발과 뒷발에 종기가 난 불구의 불개야미이다. 전자에서는 太山을 넘는다고 했는데, 후자에서는 北海를 건넜다고 했다. 전자에서는 〈一語〉라고 했는데, 후자에서는 〈온말〉이라고 했다. 이처럼 두 작품은 별개의 것인데 어떻게 동일 작품으로 간주하고 논리를 전개해 나갔는지 이해되지 않는다.

그리고 김제현은 두 작품이 동시대에 나왔거나, 사설시조가 먼저 나온 것을 〈사룡〉처럼 한역한 것으로 보았는데, 전하는 그대로 〈사룡〉은 고려 충렬왕 때 작품이고, 사설시조는 조선시대 후기 어떤 사람이 〈사룡〉에서 힌트를 얻어 〈개야미〉와 같은 사설시조를 노래했다고 보는 것이 온당할 것이다. 한마디로 예로 든 〈사룡〉과 사설시조 〈개야미〉는 아무런 상관이 없는 별개의 작품이다. 따라서 이 두 작품의 상관관계를 인정하면서 사설시조의 발생 시기를 고려 중엽까지 올려 잡는 주장은 설 자리를 잃고 말았다.

14세기 고려시대에 살았던 변안열의 〈不屈歌〉가 발견된 데 힘입어 이 한시의 내용과 같은 장형시조가 이미 가집에 실려 있음을 확인한 것이다. 이렇게 되면 장형시조는 이미 고려 때에도 있었다는 논의로까지 발전해 갈 수 있는 소지가 발견된 것이다. 물론 고려시대에 문자로 표기되었을 리가 없다는 점에서 이 시조가 변안열의 노래였느냐 아니면 후대의 번역에 의한 가창 전승이었느냐 하는 쟁점은 생기게 된다. 그러나 정몽주 같은 사람의 시조도 사정이 같은 것이고 보면 일단 논의의 대상이 됨은 당연하다.[215]

김대행의 논설은 변안열의 〈불굴가〉를 장형시조라 보아야 한다는 것이고, 이미 이 장형시조가 여러 가집에 실려 있음을 확인했다는 것이다. 그래서 이 장형시조는 이미 고려 때에도 존재했다고 보아야 한

215) 김대행, 시조 유형론(이화여자대학교 출판부, 1986), 112~113쪽.

다는 것이고, 고려 시대 문자로 표기되었을 리가 없다는 점에서는 정몽주의 시조도 사정이 같다는 것이다.

이 작품을 정몽주의 시조가 먼저 있고 후대에 한역된 것처럼 변안열의 불굴가도 먼저 불리어졌고, 나중에 한역되어 문적이나 세보에 실린 것으로 본 것이다.

사설시조는 고려중엽부터 서민들의 생활현장이나 흘러 다니며 불리던 것이 평시조의 틀이 마련된 말엽에는 이미 귀족들의 생활현장에까지도 불릴 수 있었던 증좌로 이 불굴가가 뒷받침해 준다는 확신이 간다. 그러나 그 형식의 자유분방한 무절제성, 잡되고도 노골적인 가사 내용이 귀족들의 호감을 사는 데까지 이를 수는 없었다 하더라도 사설시조는 그 천연한 서민들의 구김 없는 의식의 상태를 종횡으로 누비면서 그 당시 같이 불리던 별곡과도 큰 거리 없이 서로 공생의 터를 닦아갔을 것이다. 처음에는 막연하게 출발했던 시가의 형식이 3장 형태를 이루어갔을 것이고, 아직 시와 산문이 덜 분화된 어쩌면 시조도 같고 어쩌면 가사도 같고 어쩌면 수필도 같은 그러나 아직 어느 것도 아닌 어중간한 골격을 지니다가 점자 세련된 모습으로 서민들의 대담한 애욕의 묘사에서부터 진실한 생활반경을 적나라하게 펼쳐 보이는 방법으로 불렸을 것이다.[216)]

김종은 사설시조의 연원은 고려중엽이고 그 형태의 완성은 고려말엽이라고 했다. 그 근거로 든 것이 변안열의 〈불굴가〉이다. 또 이처럼 이야기하는 것은 한 가시 문학 장르가 발생할 때는 갑자기 생성되는 것이 아니고, 마치 식물처럼 싹이 터서 성장하고 결실을 맺듯이 크고 자라고 완성된다는 진화론적 방법에 익숙해 있기 때문이다. 그러나 어느 문학 형태든 때가 되면 발생하는 것이지, 그것이 씨앗처럼 연원이 되고 싹이 터서 자라고 완성되는 과정을 밟는 것은 아니다. 이런 전제에 맞추려니까 고려 말 변안열의 〈불굴가〉를 완성된 형태

216) 김종, 사설시조 연원고, 한국언어문학 제16집, 한국언어문학회, 1978, 252쪽.

로 보고, 그보다 앞선 시대인 고려 중엽을 연원기로 보았던 것이다.

그러나 변안열은 사설시조의 담당층인 사대부 계층이라 보기 어려우므로 14세기에 이미 사설시조가 발생했다고까지 말하기는 어렵다. 이 시대는 다만 사설시조가 그 싹을 보이기 시작한 '맹아기' 혹은 '연원기'로 보아 마땅할 것이다. 사설시조가 그 자체의 생성력을 가지고 문학사의 장에 뿌리를 내리기 시작한 시기 곧 '발생기'는 아마도 그 장르의 추진 주체인 사대부 계층이 술과 춤과 기녀와 노래가 한데 어우러지는 잔치를 흔하게 향유하던 시기 곧 15세기 후반 세종·세조 이후라야 가능할 것이다. 구체적인 작품의 자료는 없지만 사설시조의 형성 주체인 사대부 계층이 이 시대에 와서야 건국의 기틀을 확고히 하고 공신 등의 칭호에 걸맞는 풍류를 즐길 수 있었겠기 때문이다. ~중략~ 또한 15세기 후반을 사설시조의 '발생기'로 볼 수 있는 방증은 이 시대에 사대부 계층이 건국 초기의 혼란을 완전히 극복하고 생활의 여유를 가지면서, 문학에서도 그러한 시대 분위기에 맞는 골계적이고 희학적인 작품을 향유했던 것에서 찾을 수 있다.[217]

김학성은 변안열의 신분을 따져서 그가 사설시조의 담당계층인 사대부 계층이 아니기 때문에 14세기 즉 고려 말에 사설시조가 발생했다는 주장을 부정하였다. 이 시대는 사설시조가 싹을 보이기 시작한 맹아기 혹은 연원기로 보아야 한다는 것이다. 그래서 발생기는 15세기 후반 세종이나 세조 이후로 잡아야 한다는 것이다. 이유는 그 무렵이 그 장르의 추진 주체인 사대부 계층이 술과 춤과 기녀와 노래가 한데 어우러지는 잔치를 흔하게 향유했던 시기이기 때문이라고 했다. 이처럼 역사적 흐름이나 사회적 분위기를 고려해서 사설시조의 발생 시기를 잡으려 하는 것은 일리가 있다.

217) 김학성, 위의 책, 708쪽.

그러나 이런 주변 환경이 사설시조란 문학 장르를 발생시킬 수 있는 절대적 조건은 아니란 점을 감지해야겠다. 김학성의 이론대로 15세기 후반에 사설시조가 발생했다면, 그 발생 자체를 기록해둔 문헌적 근거는 어디에 있는가? 문헌적 자료가 없다면 이 시기에 활동한 사설시조 작가가 누가 있으며 몇 명이나 되는가? 그들이 생산한 작품은 무엇이며 몇 편이나 되는가? 이런 문제에 대하여 한마디 답변도 줄 수 없는데, 어떻게 15세기 후반을 사설시조의 발생시기라 할 수 있다는 것인지 의문스럽다.

시대적 배경을 갖다 붙이면서 임의로 장르 발생 시기를 확정지으려 하는 것은 위험한 발상이라고 아니할 수 없다. 그리고 그 시기 서거정의 『태평한화골계전』, 성현의 『용재총화』, 강희맹의 『촌담해이』, 송세림의 『어면순』 같은 골계 · 희학 · 음담패설을 모은 책들이 출현한 것을 방증으로 들었는데, 이러한 책들과 사설시조의 장르 발생과는 아무런 상관관계가 없다는 것을 밝혀 둔다.

리태극 교수가 들고 있는 〈심의산 세네 바회 감돌아 휘도라 드러〉와 〈行藏有道하니 바리면 구태 구하랴〉보다 앞선 작품으로 정극인의 단가 가운데서 장시조형을 찾을 수 있기 때문에 성종 이전 여말까지 소급되는 것이다. ~중략~ 이 〈불우헌가〉는 망극한 성은에 감읍함을 단가의 형식으로 노래한 장시조 형태다. 成宗實錄(三年 壬辰 三月 己未條)에 三品散官의 加資를 받는 -故特加三品散官 又諭其道觀察使時致惠養- 구절로 보아 정확한 연대는 성종 3년에 지은 것임을 알 수 있으며, 「不憂軒集」 卷首 行藏에 〈每念天恩罔極 倚高麗翰林別曲音節作不憂軒曲 先以短歌 以時歌詠 其榮申祝上壽〉라 하였으니, 別曲體(景幾體歌)의 음절 형식을 빈 「不憂軒曲」 보다 앞서 있고 가사의 효시라 보아온 「賞春曲」의 제작을 成宗 元年으로 추정한다면 거의 동시대의 작품으로 이러한 詩歌形態(가사, 사설시조)가 공존하고 있었음을 알 수 있다. 단가란 평시조와 사설시조의 통칭으로 단가(사설

시조)의 형식이 이미 그(정극인) 이전부터 발생, 전래하였으리라 믿어진다.[218)]

김제현의 이론은 정극인의 〈불우헌가〉가 사설시조라는 것이고, 그래서 사설시조 형식이 성종 시대는 물론 그 이전부터 존재했을 것이라는 이야기다. 다시 말해서 이 노래는 망극한 성은에 감읍함을 단가 형식으로 노래한 장시조 형태라는 이야기다. 그러나 이 불우헌가가 사설시조 형식에 맞는 것인지 안 맞는 것인지 하는 문제는 더 검증해 보아야지 그대로 확정지을 만한 단계는 아니다. 필자는 다른 논문에서 사설시조 형태를 3장 8구 16마디 이상이라고 언급한 바 있다. 바로 이 기준에 따라 〈불우헌가〉를 논의해 보자.

浮雲似 宦海上에 事不如心ᄒᆞᆫ이 하고만코 ᄒᆞ니이다
① ② ③ ④ ⑤

뵈고시라 不憂軒翁 뵈고시라 時致惠養ᄒᆞ신 口之於味 뵈고시라
① ② ③ ④ ⑤ ⑥

뵈고 뵈고시라 三品儀章 뵈고시라 光被聖恩ᄒᆞ신 馬首要間 뵈고시라
⑦ ⑧ ⑨ ⑩ ⑪ ⑫

嵩三呼 華三呼ᄅᆞᆯ 何日忘之 ᄒᆞ리잇고
① ② ③ ④

억지로나마 위와 같이 3장으로 구분하였다. 초장은 5분절로 되었고 음수율은 3 · 4 · 6 · 4 · 4조이다. 비록 기준 음보에서 한 음보가 많기는 하나 초장에서도 분절수는 늘어날 수 있으니까 큰 문제는 안 된다. 중장은 12분절로 이루어졌는데, 평시조보다는 3배수가 늘어났다고 보아야겠다. 사설시조의 중장은 제한 없이 늘어날 수 있으니까 여기에도 형식상의 문제는 없다. 종장은 4분절로 되었고 3 · 4 · 4 · 4조를 이루었다. 분절수는 문제가 안 되는데 둘째 마디의 음수율이 5

218) 김제현, 시조가사론, 156쪽.

음 이상이어야 한다는 조건에 안 맞는다. 그 어느 곳보다도 중요시되는 종장이 시조 형식에 안 맞으니 일단 이 〈불우헌가〉를 사설시조로 간주하기는 어렵다.

그 다음 사설시조의 수사법은 나열법, 점층법, 점강법, 의인법, 감탄법, 돈호법, 풍유법 등 다양한 표현기교가 적용되는 것이 상례이다. 그런데 위 작품은 단순 나열에 그치고 말았다. 마치 소설에서 발단, 전개, 절정, 결말의 과정을 거치듯이, 사설시조에서도 그러한 내재율적 구조를 지니게 되어있다. 그런데 위 작품은 주로 직설법을 사용했고, 단순 나열에다가 〈뵈고시라〉라는 말만 되풀이하는데 그치고 있다. 그리고 사설시조는 시조이기 때문에 우리말을 잘 부려서 감칠맛나게 표현하는 특징이 있다. 그런데 위 작품은 한문학을 전문으로 한 사람 외에는 알 수 없게 한자용어나 중국고사를 동원해서 마치 한문 문장에 우리말 토를 달아 읽는 느낌이 들게 한다. 그래서 不憂軒集에 있는 "倚高麗翰林別曲音節 作不憂軒曲"이란 말을 실감케 한다. 차라리 그 표현 수법은 경기체가를 답습했다고 보는 것이 온당할 것이다.

그런 점에서 불우헌가는 형식적으로나 율격적으로나 사설시조로 간주하기는 어렵다. 그런 점에서 김학성도 "정극인의 불우헌가를 초기의 사설시조(장시조) 작품으로 다루는 이가 있으나, 이는 형식 구조로 볼 때 사설시조와는 거리가 멀기에 여기서는 논외로 한다."[219] 고 했던 것이다. 이 불우헌가를 사설시조로 볼 수 없기 때문에 사설시조 발생 시기를 성종조로 잡는 문제도 자연적으로 무산될 수밖에 없는 것이다.

초기에는 2대 대표적인 시가 형식인 시조와 가사로 구분되어 창작되어 오던 것이, 어느 사이엔지 그 접선이 응결되어서 그 중간 존재인 장시조 형태를 산출하였던 것이다. 이것이 적어도 명종대까지는 기어오를 수 있다고 본다. 이러한 출발을 한 장시조가 먼저 말한 2대

219) 김학성, 앞의 책, 696쪽.

전란으로 평민문학의 진출과 그 형식상의 특징이 부합되는 바가 커서, 그 발전에 더욱 박차를 가한 것만은 사실이다. 따라서 시조창도 성행되어서 여러 가지의 창의 형태를 창출하여, 잡가를 즐기던 평민층의 한 총아로 등단되었던 것이다. 결코 단시조형이 장시조형으로 다시 가사형으로 발전된 것은 아니다. 어떤 이는 散文精神의 旣然的 特産物로서 장시조가 나타났다고 하나, 麗代의 가요는 역시 장형시가였고 그 별곡이 시조와 가사로 발전할 때 이미 가사라고 하는 새로운 산문시 형태가 창조되었다.[220]

리태극은 가사는 장시조의 확대요 장시조는 가사의 축소라고 하였다. 그는 사설시조는 단시조형과 가사형이 연면히 전개되어 오다가 그 중간형인 장시형을 창안해 내게 되었다는 것이다. 또 리태극은 "장시조는 단시조의 파형이다. 이와 같이 송강 대에 와서는 벌써 장시조가 지어졌다는 사실로서 선조 대 전에 장시조는 있었으리라 推想된다."고 한 바 있다. 그리고는 송강의 사설시조 〈장진주사〉를 인용하고 다음과 같이 논의하였다. "그런데 송강 이전에 장시조 작품이 안 보이니 유감스럽다. 그러나 희망적인 것은 송강 보다 4년 먼저 나서 6년 먼저 작고한 松岩 權好文님의 작품이 있다는 것이다." "이 작품에서 보아도 3장 형식을 갖추었고, 종장 첫머리가 3자로 시작된 것은 시조의 특징을 그대로 살리고 있는 점이다. 이것이 송암이 지은 閑居十八曲과 때를 같이한 것인지 그 作歌 年代를 확인할 수는 없으나, 명종대 또는 선조 초기라고 볼 수 있음에는 이의가 있을 리 없다."[221] 이러한 주장은 명종대 또는 선조대 맹활약을 한 송강이나 송암의 사설시조 작품이 실제로 있다는 것을 근거로 해서 한 주장이니 그 나름대로 합리적인 방안을 제시한 것으로 본다. 또 그냥 선조대라 하지 않고 명종대로 올린 것은 이른바 松岩集에 실려 있는 사설시조

220) 리태극, 앞의 책, 310쪽.
221) 위의 책, 309쪽.

〈行藏有道하니〉라는 작품을 의식했기 때문이다.

이로써 단시조의 정형에서 벗어나 파형으로 된 장시조가 숙종조 이전에 이미 존재했음을 알 수 있다. 그것도 작가가 5명에 작품 수가 14수나 되는 것이다. 이로 보아 장시조가 숙종조에 들어와서 처음 생성되었다는 주장은 시정될 수밖에 없다고 본다. 그 생성기는 위의 작가들의 생존 연대로 보아 선조조 무렵은 확실하고 혹은 明宗代로 거슬러 잡을 수도 있지 않을까 한다. 그리고 위에서 보는 5명의 작가는 사대부이거나 또는 명문의 후예들로서 평민계급에 속하는 사람은 없다. 따라서 장시조를 처음 생성시킨 계층은 양반 · 사대부에 속하는 상층 계급이었다고 할 수 있다.[222)]

최동원의 논설은 사설시조가 독자적으로 생성된 것이 아니라 단시조의 정형에서 벗어나 파형이 된 것이라고 하였다. 그런데 이러한 파형시조가 숙종조 이전에 존재했음을 증명했다는 것이다. 그 근거로 든 것이 고응척 6수, 정철 2수, 강복중 3수, 백수회 2수, 채유후 1수 등의 사설시조가 존재함을 예로 들었다. 이러한 견해는 작품의 외부적 조건(시대정신이나 환경)은 일단 논외로 하고 실제로 사설시조의 형식을 갖춘 작품이 어느 때 어떤 계층에 의해 얼마만큼 나타나는가를 탐색함으로써 그 발생시기와 형성 계층을 가늠하는 방법을 택한 것이다.[223)]

그래서 사설시조의 생성기를 위의 작가들의 생존 연대를 고려해서 선조조 또는 명종조 등으로 올려 잡았던 것이다. 이러한 주장은 문헌적 근거나 문학사적 근거를 밑받침해서 주장한 것으로 그 어느 방법보다도 타당도를 인정받을 수 있다. 그리고 앞에서 리태극이 주장한 학설을 그대로 보강해 준다는 점에서도 의미가 있다고 본다. 또 한

222) 崔東元 古時調論(三英社, 1980), 61쪽.
223) 김학성, 앞의 책, 691쪽.

가지 많은 학자들이 사설시조의 발생을 임병양란 이후 평민의식의 자각과 산문정신의 발달을 연관시켜 설명한 분들이 많은데, 최동원은 장시조를 처음 생성시킨 계층을 양반 사대부에 속하는 상층 계급이었다고 주장한 점은 주목할 만한 일이다.

金天澤이 영조 4년에 편찬한 靑丘永言에서 辭說時調의 由來를 오래라고 한 것으로 보아 박을수 교수가 사설시조의 형성기를 숙·영조라고 한 것과 고정옥이 영·정조 이후 평시조를 개조하여 형성되었다고 한 것은 재고를 요한다. 그런데 『校本歷代時調全書』에 보면 사설시조의 작자 중 그 생몰연대가 顯宗朝 이전의 작자가 세 분이 있고, 또 그들의 작품이 5수나 수록되어 있는 것으로 보아 從來 諸說을 말한 여섯 분 중에서 사설시조의 형성기를 明宗頃으로 본 李泰極 교수의 說과 宣祖朝로 본 崔東元 교수의 說이 가장 타당성이 있다고 하겠다.[224)]

서원섭의 견해는 사설시조의 형성기를 숙·영조 시대라고 한 박을수의 설과 영·정조라고 한 고정옥의 주장에 반론을 펴는 것이다. 그리고는 명종 경으로 본 리태극의 주장과 선조조로 본 최동원의 주장을 가장 타당성이 있다고 평가하였다. 그러니까 사설시조의 형성기를 명종대로 보는 것이 가장 합리적인 이야기라는 것이다. 서원섭 『교본역대시조전서』라고 하는 문헌적 자료를 근거로 했다는 점에서 그 어느 견해보다도 확실하다고 생각한다. 그러나 명종대가 맞다는 것인지 선조대가 맞다는 것인지 어정쩡하게 이야기해서 상당히 혼선을 빚게 된다.

또한 이능우는 사설시조를 弄樂이라 하여, 선조대에 〈將進酒辭〉가 있으며 실명씨의 작이 너무 많다는 점, 에로틱한 모멘트가 오랜 민족적 생활이라는 점, 열 놈이 백말을 할지라도 등의 고정된 패턴의

224) 서원섭, 시조문학 연구(형설출판사, 1982), 99쪽.

生來가 유구한 점, 弄樂 · 言弄 · 騷聳 · 横 · 編 등의 악상기호가 임란 · 병란 이전으로 소급된다는 점들을 들어 사설시조의 연원을 임란 · 병란을 더 거슬러 올라간 시점에 두고 발생 시기를 선조 이전으로 보았다.[225)]

18세기 숙종시대에 들어와서 서울을 중심한 士大夫의 庶流, 中人 등 소위 평민의 지위가 조금씩 향상하면서, 그들에게도 여흥의 시간이 생기데 되었고, 그리하여 詩社를 만들어 唱酬하거나, 山水에서 遊宴을 즐기게 되었다. 이 때 그들의 장르로서 나타나게 된 것이 長歌인 「사설시조」다. 이것을 長歌라고도 한다. 그러나 이 장르는 원래 教坊에서 불리워진 듯하며, 16세기 말의 대가 정철의 〈將進酒辭〉가 있어, 李太白의 將進酒에서 영향 받은 것이지만 絕唱이다.[226)]

김동욱의 『국문학사』에서 인용했는데, 그는 송강 정철의 〈장진주사〉를 진품으로 보면서 선조시대에 사설시조가 나타난 것으로 보았다. 그리고 장르 명칭을 長歌라 하고 또는 사설시조라고도 불렀다. 이 작품을 이태백의 장진주에서 영향 받은 것이라 한 것은 다른 분한테서 들어보지 못한 이야기다. 이 장르가 본격적으로 발전한 시기는 16세기 숙종 대이고, 庶流나 中人階層이 중심이라고 하였다.

이것은 곧 辭說時調 그대로다. 그러면 사설시조는 松江 때부터 있어 왔던가. 이것은 그의 歌集인 松江歌詞에는 수록되어 있지 않지마는 芝峰類說에도 언급되어 있으니, 그의 作일 것임은 거의 틀림없다. ~중략~ 이와 같이 파격시조가 있는 것으로 보아서는 송강의 그 솜씨에 사설시조를 지어냄직도 하다. 그러나 그 후 송강이 이것을 계승하는 이가 없는 것으로 보아서는 송강 자신도 꼭 전형적인 시조에 반

---

225) 李能雨, 古詩歌(宣明文化社, 1966), 金濟鉉의 辭說時調文學論, 26쪽에서 재인용함.
226) 김동욱, 국문학사, 일신사, 1983, 151쪽.

항하여 이 사설시조를 지어보자 하는 강력한 의식은 없었으리라 생각된다. 원체 송강은 가사문학자요, 그만큼 산문정신이 유달리 남보다 많았기 때문에 가사를 쓰는 그 수법으로 이 파격시조에 장진주사를 지어보았을 것이다.
그러나 저러나 송강이 사설시조를 지었다는 사실만은 움직일 수 없는 것인데, 근세의 시조작가들은 그 생활자체가 산문적이고 또 따라 전형적인 시조에 반항하는 의식이 강렬할 때 송강의 장진주사는 그들에게 쉽게 이해되어, 드디어 거기에 연원을 두어 사설시조를 하나의 형태문학으로서 형성하여 냈으리라 믿는다.[227)]

조윤제는 송강 정철의 〈장진주사〉는 사설시조의 형태를 갖춘 작품이라 하였다. 이것이 松江歌詞에는 실려 있지 않지만 芝峰類說에도 언급되었기에 틀림없이 송강의 작품이란 이야기다. 이처럼 송강이 사설시조 작품을 지은 것은 틀림없지만, 송강의 뒤를 이어 사설시조 작품을 쓴 사람이 없어 그 시대를 시조 형성기로 보기는 어렵다는 것이다. 그래서 송강의 장진주사가 출현한 때는 사설시조의 연원기이고, 하나의 형태문학으로 존립하게 된 것은 近世 散文精神이 팽창하던 시기라는 것이다. 그렇다면 조윤제가 사설시조의 형성기로 본 것은 숙 · 영조 연간이라고 보아야겠다. 이와 견해를 같이하는 분으로 金東俊을 들 수 있다. 그는 『時調文學論』이란 저서에서 "장형시조는 상기한 여러 인접 시가와의 상호 영향 관계에서 이루어진 獨自的 詩歌形態이며, 金東旭 교수도 지적했듯이, 肅宗朝의 唱曲家나 妓女들의 遊樂的 생활 속에서 형성되었다."[228)]라고 하여 사설시조의 형성기를 숙종 시대로 잡았다.

이렇게 시조창이 민간에 全盛되었다는 것은 이미 그 이전에 시조창

227) 조윤제, 한국문학사(동국문화사, 1963), 344쪽.
228) 김동준, 시조문학론(진명문화사, 1974), 106쪽.

이 분립되어 왔다는 증거가 된다. 그렇다면 시조창의 발생은 숙종초 또는 그 이전으로 치켜 올릴 수 있겠고 이렇게 시조창이 분립 왕성할 무렵에 벌써 사설시조도 형성되어졌던 것으로 볼 수 있다. ~ 그러니까 가곡조에서 평시조가 성립되고 다시 그 평시조가 사설시조로 넘어간 것이 아니라 오히려 가곡에 가까운 調法 9개를 계승한 사설조가 앞섰다고 볼 수 있다. ~ 그러므로 사설시조의 발생은 그 음악 형태상에서 볼 때 적어도 숙종 초에는 형성되어져서 평시조창과 함께 널리 가창되었으리라 믿어진다.[229]

리태극의 이 논설에서는 시조창의 발생을 숙종초로 보았고, 그 시조창이 분립 왕성할 무렵에 사설시조가 형성되었다고 하였다. 그러나 가곡조에서 평시조가 성립되고 그 평시조에서 다시 사설시조로 넘어간 것은 아니라고 하였다. 그러므로 사설시조의 발생은 음악 형태상으로 볼 때 숙종 초에 형성된 것으로 믿어진다는 것이다. 시조가 노래로 불려지고 그 노래와 함께 전승되어 온 것은 잘 알려진 사실이기에, 그 음악과의 관련 하에서 사설시조의 발생 시기를 점쳐보는 것은 합당하다고 생각한다. 그러나 작가와 작품을 고증해서 그 발생 시기를 이야기할 때는 명종 대라 하고, 음악 형태상으로 고증할 때는 숙종 초라고 하니, 독자의 입장에서는 어느 것이 월하의 참된 학설인지 헤아릴 길이 없다.

현존하는 약 60편의 사설시조는 한결같이 위에서 지적한 바의 내용을 벗어나지 못하고 있다. 李朝時代에 있어서 辭說時調만큼 전혀 庶民層에 局限된 詩歌樣式도 아마 없을 것이다. 이상과 같은 서민의 시가로서 辭說時調는 그들이 支配層에 대한 批判과 反抗意識이 具體的으로 擡頭하기 시작한 肅·英祖 어름의 社會的 狀況 속에서 발생했다는 推定이 可能한 것이다. 사설시조는 순전히 庶民의 皮下 感情과

229) 리태극, 시조의 사적 연구(선명문화사, 1975), 104쪽.

批判·反抗意識이 그들 나름대로의 表現技巧를 통하여 그런대로 발랄하게 나타난 李朝後期에 展開된 被支配階層의 詩歌이다.[230]

김석하가 사설시조의 내용으로 지적한 것은 ① 남녀 간의 노골적인 사랑이나 육담의 표현, ② 몰락한 양반 지배층과 파계한 승려에 대한 비판적인 풍자, ③ 서민층의 시정적인 생활과 사회상의 리얼한 묘사와 같은 것이다. 이러한 내용상의 특징 때문에 사설시조만큼 서민층에 국한된 시가양식은 없을 것이라고 했다. 그래서 서민의 시가로서 그들이 지배층에 대한 비판과 반항의식이 구체적으로 대두하기 시작한 숙·영조 시대를 사설시조의 발생기로 보았던 것이다. 김석하의 이러한 이론은 상당히 설득력 있는데, 그렇다면 선조 때의 정철의 사설시조 2수에서부터 박인로, 채유후, 이정보, 김화진, 김영 등 유학자나 사대부들의 사설시조는 어떻게 처리할 것인지, 이 문제에 대한 해결 방법부터 제시했어야 된다고 본다.

辭說時調의 발생은 異論이 있기는 하나, 壬丙兩亂을 겪고 난 후의 평민들의 자각과 實學思想의 대두로 인한 散文文學의 발흥에 편승한 것으로 肅·英祖에 와서 꽃을 피운 형식이다. ~중략~ 실학정신의 영향으로 평민계급에서도 문학 활동에 참여하게 되자, 종래 귀족들에게만 專有되어 오던 시조도 평민들의 손에 의해서 새로운 창작활동을 보았으며, 散文化의 추세에 따라 새로운 형태의 모색 속에서 생겨난 것이 사설시조이었다.[231]

박을수는 임병양란 이후 평민들의 자각과 실학사상의 대두로 산문문학의 발흥에 편승해서 사설시조 형태가 생겨났다고 하였다. 그리고 그 발생 시기는 숙종이나 영조 때쯤으로 보아야 한다는 견해를 밝혔다. 그러나 정병욱의 『고전시가론』을 보면 정철의 사설시조 작품

230) 김석하, 한국문학사(신아사,1978), 264쪽.
231) 박을수, 한국시조문학전사(성문각, 1978), 110쪽.

이 2편, 박인로의 작품이 1편 있다고 했는데, 이처럼 숙종 이전의 작가와 작품이 엄연히 존재했다면 이 문제를 어떻게 처리할 것인가 하는 견해부터 밝히고 숙 · 영조설을 주장해야 된다고 본다.

조선왕조 중기의 격렬한 당쟁의 이론적 무장으로 이용된 주자학은 이 땅에서 관념적이고 형이상학적인 면으로만 기형적으로 발전하였기 때문에 영정시대를 전후하여서는 하나의 인습적인 화근으로 전락하기에 이르렀다. ~중략~ 이리하여 이 땅의 정신생활면에 선풍적인 반향을 일으킨 실학사상은 시조문학에도 그 필연적인 전환을 가져오게 되었으니. 이것이 곧 실학사상의 후광으로 등장한 사설시조였다. 즉 일부 비판적 유학도는 시조의 정형률을 깨고 새로운 가치관에 의해 사설시조를 창작하기에 이르렀던 것이다.[232]

정병욱은 주자학의 대체적 이념으로 등장한 실학사상은 유학도 자체 내의 일부 비판적 지성에 의해 수용되었고, 바로 그 유학도들에 의해 사설시조는 발생되었다고 하였다. 관념의 질곡에서 구원받기를 갈망하던 당시의 시대적 요구는 실리적이고 과학적인 실사구시의 학풍에 매혹되지 않을 수 없었고, 그 실학사상은 시조문학에도 필연적인 전환을 가져오게 하였다는 것이다. 그런데 주자학이 실학사상에 바통을 넘겨준 시기가 영 · 정조대라고 하였으니, 그는 사설시조의 형성시기를 영 · 정조대로 잡았다고 보아야겠다.

이런 논리는 고정옥의 견해와 같은데, 高晶玉은 『國語國文學要講』이란 저서에서 "대체로 말하면 英正 以後 庶民階級이 자기네들의 生活感情을 담고서 從來의 兩班階級이 써오던 平時調型을 개조한 것이다."[233]라고 하였다. 고정옥 또한 사설시조의 발생시기를 영 · 정조 이후로 내려 잡고 있는 것이다. 그 이유는 서민 계급들이 종래의 양반 계급이 써오던 평시조형을 개조해서 새로운 시가 형태인 사

232) 정병욱, 한국고전시가론(신구문화사, 1980), 159쪽.
233) 고정옥, 국어국문학요강(대학출판부, 1949), 395쪽.

설시조를 만들어냈기 때문이라는 이야기다. 그렇다면 고정옥은 양반 사대부로서 사설시조 작품 남긴 분들을 인정하지 않겠다는 이야긴데, 현재까지 사설시조 작품 남긴 분으로 알려진 정철, 박인로, 채유후, 이정보, 김화진, 김영, 익종 등 사대부 작가들을 무시해도 좋다는 것인지 이에 대한 분명한 해답이 있어야 할 것이다.

이제까지 사설시조 형성시기 문제에 대하여 많은 분들의 견해를 인용하면서 그 장단점을 가려보았다. 여기 인용하지 않은 분으로 김준영은 선조 때 송강 정철의 〈장진주사〉외 다른 한편의 작품을 예로 들어, 그 발생 시기를 조선 초기나 중엽쯤이라고 하였다. 이병기는 사설시조는 조선조 말엽에 독특하게 형성된 문학 장르의 하나로서 숙종조에 형성되었다고 했는데, 그 숙종 때를 조선조 말엽으로 간주해도 되는 것인지 의문스럽다.

3) 불굴가는 사설시조의 효시작품

본론에서는 여러 학자들이 사설시조의 형성시기를 어떻게 잡느냐 하는 문제를 살펴보았다. 그 방법과 기준도 각양각색이어서 고려가 불교국가였으니까 불교 냄새가 나는 작자연대 미상의 사설시조를 고려시대 작품으로 간주하는 경우가 있었다. 한역가에 의해서 발생 시기를 추정하는 방법, 음악기원설을 근거로 추정하는 방법, 역사적 흐름이나 사회적 환경에 의한 추정 방법, 확인되는 작가와 작품을 근거로 내세우는 방법, 사설시조 담당계층으로 추정하는 방법, 창곡 형태의 변화로 추정하는 방법, 실학사상의 대두와 산문문학의 발흥을 근거로 삼는 방법 등 다양하기 이를 데 없었다.

이러한 기준으로 논의된 사설시조의 형성 시기는 고려 중엽, 고려 말엽, 조선 초기 즉 세종 · 세조대, 성종대, 명종대, 선조대, 숙종대, 영정조대 등 다양한 학설이 제기되어 무려 5백년 이상의 시간적 격차를 보여주었다. 이처럼 다양한 학설이 백가쟁명 식으로 나타나서 어느 것이 맞고 어느 것이 틀리는지 가늠하기 어려운 것도 현실이다. 그러나 사설시조는 우리 문학사상에 한번 나타났지 여러 번 출현한 것은 아니기에 이 모든 학설이 모두 맞는다고 이야기할 수 없는 한계점이 있다.

그래서 필자는 문헌적 자료에 근거하여 실제 작가와 작품이 있는 경우를 사설시조의 형성기로 잡고자 한다. 이 세상에는 거짓말과 가짜 뉴스가 많지만 고려 말 圃隱 鄭夢周나 冶隱 吉再先生이 하신 말씀은 백퍼센트 믿을 수밖에 없다고 생각한다. 정몽주가 대은 변안열에 대하여 지은 〈傳〉을 먼저 살펴보자.

이 〈傳〉의 첫머리는 이렇게 시작되었다.

(1) 邊安烈 字忠可 其先黃州人 中世入仕元朝元統甲戌生 志操淸高 局量弘大 能文章善武藝

변안열의 자는 충가이고 그의 선조는 황주인이다. 중세에 원나라에 들어가 벼슬을 하였다. 공은 원나라 원통 갑술년(고려 충숙왕 3년, 1334년)에 출생하였으며 지조가 청고하고 국량이 넓었으며 문장에 능하고 무예도 뛰어났다.

己巳 陞領三司事王室有恃朝望甚隆 李侍中忌之 使字邀飮酒疏歌試曰此亦何如彼亦何如城隍堂後垣頹落亦何如 我輩若此爲不死亦何如

기사년에는 영삼사사에 승진하니 왕실에 믿음이 있고 조정의 명망이 융숭하였다. 이시중이 시기하여 그의 생일날 주석을 마련하고 대신들이 얼큰히 취하자 의중을 살피고자 아들 방원을 시켜 노래 부르기를 「이런들 어떠하며 저런들 어떠하리 성황당 뒷담이 무너진들 어떠하리 우리들도 이와 같이 죽지 아니함이 또한 어떠하리.」라 하였다.

安烈曰 穴吾之胸同如斗 貫以藁索長于長前牽後引磨且戞 任汝之爲 吾不辭有欲奪吾主此事吾不屈 (歲壬申春 烏川 鄭夢周 撰)

안열이 화답하기를 「가슴에 궁글 둥시러케 뚤고/ 왼삿기를 눈길게 너슷너슷 꼬와 그 궁게 그 삿 너코 두 놈이 두 긋 마조자바 이리로 훌근 져리로 훌적 훌근훌적 할저긔는 나남 즉 남대되 그난 아모쪼로나 견듸려니와 / 아마도 님 외오 살라하면 그난 그리 못하리라」 하였다.

위에 인용한 글은 포은 정몽주가 대은 변안열의 殉節을 애도하기 위하여 지은 글이다. 그 포은이 지은 글에서 일부를 인용하였는데, 1389년 己巳년 10월 11일 문하시중 이성계의 생일날에 대은을 초청해서 주안상을 벌여놓고, 그 뜻을 알아보기 위하여 이방원으로 하여금 〈하여가〉를 부르게 했다는 것이다. 이에 대하여 변안열 공은 〈불굴가〉를 불러 동조할 수 없다는 뜻을 밝혔다는 것이다.

우리들은 지금까지 이방원과 정몽주가 만나서 이방원은 〈하여가〉를 부르고, 정몽주는 〈단심가〉를 부른 다음, 자기 집으로 돌아가다가 피살된 것으로 알아왔는데, 그 자리에 대은 변안열도 초청되어 술자리를 함께 했다는 것은 의외의 사건이다.

(2) 王遷驪興公時謁議迎自是王室有恃朝望甚隆李侍中 使子 置酒邀圃隱及公試歌曰

왕이 여흥으로 옮겨지자 때로 배알하고 왕의 영립을 모의하니 이로부터 왕실에 믿음이 있고 조정의 망수가 심히 높았다. 이성계가 주연을 베풀고 포은과 공을 초청하여 시험할 마음으로 아들에게 시켜 노래하여 말하기를

此亦何如彼亦何如城隍堂後垣頹落何如我輩若此爲不死亦何如

「이런들 어떠하며 저런들 어떠하리. 성황당 뒷담이 퇴락한들 어떠하리 우리들이 이와 같이 하여 죽지 아니 함이 또한 어떠하리」하자

圃隱和曰 此身死了死了 一百番更死了 白骨爲塵土魂魄有也無 向主一片丹心寧有改理也歟

포은이 화답하여 말하기를「이 몸이 죽어 죽어 일백 번 고쳐 죽어 백골이 진토 되어 넋이라도 있건 없건 임 향한 일편단심이야 가실 줄 있으랴」라고 하였다.

公又和曰 穴吾之胸同如斗貫以藁索長于長 前牽後引磨且戞 任汝之爲吾不辭 有欲奪吾主 此事吾不屈 (歲壬申春 冶隱 吉再 撰)

공이 또 화답하여 말하기를 「가슴에 궁글 둥시러케 뚤고/ 왼 삿기를 눈길게 너슷너슷 꼬아 그 궁게 그 삿 너코 두 놈이 두 긋 마조자바 이리로 훌근져리로 훌적 훌근훌적 할저긔난 나남즉 남대되 그난 아모쪼로나 견듸려니와/ 아마도 님 외오 살라하면 그난 그리 못하리라」[234]하였다.

상기 예문은 冶隱 길재가 지은 〈遺事〉에서 인용한 것이다. 〈歲壬申春〉이라 되어 있는데 年紀로 보면 1392년 공양왕 4년, 조선 태조 1년에 해당한다. 필자는 이 기록을 믿고 논의를 전개하는 것이다. 요약하면 대은이 고려 왕실의 신임을 받자 이성계가 주연을 베풀고 포은과 대은을 초청하여 시험할 목적으로 아들 방원을 시켜 〈하여가〉를 부르게 했다는 것이다. 이 물음에 포은은 〈단심가〉로 화답하였고, 대은은 〈불굴가〉로 화답했다는 내용이다.

이때 이방원 측에서 〈하여가〉 즉 우리말로 된 노래를 불렀으니, 답변하는 측에서도 한 사람은 우리말로 된 노래 〈단심가〉로 화답하고, 대은 역시 우리말로 된 노래 〈불굴가〉로 화답할 수밖에 없었을 것이다. 답변하는 측에서 엉뚱하게 한시를 써서 대답하거나 그냥 일상적 언어 즉 口語로 답변할 수는 없었을 것이다. 이 노래는 1389년 10월 11일 이성계의 생일날, 이성계의 사저 잔치자리에서 부른 것이다

그 후 이 작품은 뜻있는 자손들에 의하여 전승되다가 성종 때 5세손 변희리가 지은 〈전가록〉에 한역시로 기록되고, 1800년 간행한 원주변씨세보(경신보), 후손 변종석의 잡록부 선조전행장, 길재 문집의 제문과 유사 등에 불굴가 한역시가 轉寫된 것으로 본다.

다른 한편으로 이 불굴가는 1728년 珍本靑丘永言에 국문시가로 정착하게 되었고, 이희승본 해동가요, 화원악보, 이희승본 청구영언, 최남선본 청구영언, 고금가곡 등에도 실리게 되었다. 이 가집들에 작

234) 변우택 편저, 앞의 책, 71~79쪽.

가가 밝혀지지 않고 무명씨로 전하는 것은 시대상황에 따라 어쩔 수 없는 일이라 생각되고, 대은은 조선에서 꺼리던 인물이니 작가 명을 그대로 노출시키기는 어려웠을 것이다.

이러한 논의로 볼 때 여말선초의 격동기에 포은 정몽주가 〈하여가〉를 부르고, 대은 변안열이 〈불굴가〉를 부른 것은 틀림없는 사실이다. 대은의 불굴가가 사설시조 형태를 지녔으니, 우리나라 최초의 사설시조 작품으로 간주된다. 따라서 〈불굴가〉는 사설시조의 효시작품이고, 그 형성 시기는 1390년대로 올려 잡아야 한다.

3. 사설시조의 형태구조

아리스토텔레스는 그의 시학에서 구조에 대하여 형식적 구조와 비형식적 구조라는 이원론적 관점을 나타내었다. 또한 비극은 여섯 가지의 질적 부분과 네 가지의 양적 부분을 가진다고 보았다. 여섯 가지의 질적 부분이란 줄거리, 인물, 언어, 사상, 상경(狀景), 선율 등이고, 네 가지의 양적 부분이란 서곡(序曲), 삽화(挿話), 결미(結尾), 합창(合唱)[235] 등이다. 여기서 질적 부분인 여섯 가지는 비형식적 구조를 나타내고, 네 가지의 양적 부분은 형식적 구조를 나타내는 것이다.

구조란 랜섬의 시 분석에 있어서 사용한 용어이다. 랜섬의 견해는 "시인은 두 가지 일을 동시에 하지 않으면 안 된다. 하나는 논리적 구조를 만드는 일이며, 다른 하나는 운율을 만드는 일이다."라고 하였다. 이러한 랜섬의 문장에서 보는 바와 같이, 구조란 보통 시에 있어서의 논리적인 의미 즉 패러프레이즈(paraphrase)할 수 있는 합리적 내용을 가리킨다.

또 구조란 개념 속에는 유형으로서의 동일구조라는 관점과 하나의 작품으로서의 특수구조라는 관점의 두 가지 입장이 있는데, 하나하

235) 김대행, 한국시가 구조연구(삼영사, 1982), 14쪽.

나의 작품은 각각 다른 그 자체의 구조를 갖고 있다고 보는 입장을 가리켜 복수론(複數論)이라 한다면, 유형에 따른 동일한 구조를 갖는 다고 보는 입장을 단수론(單數論)[236]이라 한다. 이처럼 구조의 개념에 대하여 알아보았거니와, 이러한 구조문제를 심층구조와 표층구조로 나누어 생각하는 수가 있다. 이때 심층구조의 분석은 시 속에 내재한 의미망이 어떻게 결구(結構)되어 있는가에 관심하면서 단순한 의미만이 아닌, 의미를 넘어선 암시역이나 상징역까지를 구명함으로써 그 정신 본질을 해명하고자 한다. 동시에 이러한 정신 본질을 어떻게 형상화하고, 형상화함에 있어 동원한 율격 장치나 구상화 등의 표현 본질을 구명하고자 하는 것이 표층구조에 대한 해명이 된다.[237]

이러한 논리로 보면 형식구조나 표층구조는 형태구조에 해당하고, 비형식구조나 심층구조는 의미구조에 해당한다. 본고에서는 이미 예고한 대로 사설시조의 형태구조를 알아보려는 것이고, 논의의 편의상 시조와 비시조, 엇시조와 사설시조의 구분, 사설시조의 구조 등으로 나누어 고찰하였다. 특히 사설시조의 구조에서는 각 장의 구절수가 어떤 형태로 증가하는지를 밝혀내는데 초점을 맞추었다던 것이다.

형태란 사물의 생김새를 알아보는 것이다. 부분의 집합과는 달리, 전체를 하나로 통합했을 때, 대상이나 모양이 어떻게 되었나를 알아보는 것이다. 그리고 문학에서 형태란 말은 장르란 말과도 밀접한 관계가 있다.

우리들은 우리들의 이론을 진화론의 이론에서 차용해 왔다. 분명히 문학사에 있어서의 형태의 분화는 자연에 있어서와 마찬가지로 발생하는 것이다. 곧 제 특질의 상위로 말미암아 점진적으로 단일한 것이 다수한 것에로, 단순한 것이 복잡한 것에로, 동종(同種)이 이종(異種)

236) 위의 책, 15쪽.
237) 오승희, 현대시의 의미와 구조(시조와 비평사, 1989), 164쪽.

에로 이행함으로써 일어나는 것이다.[238)]

상기 인용문을 보면 문학 장르의 발전이론을 생물의 발전이론 즉 진화론에서 차용하였다. 필자는 사설시조를 평시조에서 파생한 것으로 보기 때문에 위의 인용문처럼 단일한 것이 다수한 것에로, 단순한 것이 복잡한 것에로, 동종이 이종에로 이행하면서 사설시조라는 장르 발전을 가져왔다고 본다. 이런 논리에 따르면 문학의 장르가 다르면 그 형태 또한 달라지고, 그 형태가 다르면 장르 구분을 달리해야 마땅할 것이다. 그런 점에서 평시조의 형태와 사설시조의 형태는 달라지고 구분될 수밖에 없다고 본다. 아울러 한 문학 장르의 형태를 알아보려면, 그 장르의 형식개념을 먼저 살펴보는 것이 순서일 것이다.

(1) 사설시조는 초장 · 중장 · 종장에 두 구절 이상 또는 종장 초구라도 평시조 그것보다 몇 자 이상으로 되었다. 초장 · 종장이 너무 길어서는 아니 된다.[239)]

(2) 초 · 중장 모두 제한 없이 길고 종장도 어느 정도 길어진 것이다.[240)]

(3) 그 형식은 사설적이었던 만큼 과거의 모든 구속을 타파하랴 하는 데서 훨씬 자유로운 형식을 취하여 초 · 중 · 종 3장중에 어느 한 장이 임의로 길어질 수 있다는 것이다. 그러나 이것도 엄격히 말하면 초장은 거의 길어지는 법이 없고, 중장이나 종장 중에 있어 어느 것이라도 마음대로 길어질 수 있다는 것인데, 그 중에서도 대개 중장이 길어지는 수가 많다.[241)]

(4) 장시조(사설시조, 장형시조)는 단시조의 규칙에서 어느 두 구 이상이 각각 그 자수가10자 이상으로 벗어난 시조를 말한다. 이 파

---

238) 누시노브 · 쎄이트린(백효원 역), 문학원론(문경사, 1949), 118쪽.
239) 이병기, 앞의 책, 117쪽.
240) 김사엽, 앞의 책, 254쪽.
241) 조윤제, 국문학개설(동국문화사, 1955). 112쪽.

격구는 대개가 중장(제2행)의 1 · 2구다. 물론 종장도 초장도 벗어나고 3장이 각각 다 벗어나는 수도 있다. 이 장시조는 창에서도 만횡청류나 농악조로 부르는 것으로 가사나 잡가에 가까워지는 경향이 있다.[242)]

(5) 『교본역대시조전서』에 수록된 3.335수의 시조 중에서 사설시조는 250수인데, 이의 산출 방법은 다음의 기본형에 의하여 이루어졌다. 초장은 40자 이내, 중장은 41자 이상, 종장은 40자 이내 ~중략~ 사설시조의 기본형은 시조 3장 중 초 · 종장의 자수는 대체로 엇시조의 중장의 자수와 동일하고, 중장은 엇시조의 최장 자수보다 길어진 시조를 말하는데, 이에는 사설시조 250수중에서 204수가 된다.[243)]

이처럼 여러 학자들의 설을 인용했지만, 더 이상 인용해도 그 내용은 대동소이할 것이다. 이제 상기 인용문들의 공통점을 가려내면 다음과 같다. ①사설시조도 초 · 중 · 종 3장으로 분단된다. ② 3장중에서 자수든 구절 수든 늘어나지 않는 곳이 없다. ③ 대체로 중장이 제일 많이 늘어나는 것으로 본다. ④ 초장과 종장 중에서는 종장에서 늘어나는 빈도수가 많다. ⑤ 종장 첫 음보가 3자 고정이어야 한다는 규정이 없다. 이런 사항들을 유의하면서 실제로 사설시조 작품의 형태분석을 시도해 보면, 그 짜임새가 어떤 구조를 이루었는지 저절로 판명될 것이다. 그러나 정격시조(평시조)인지 파격시조(엇시조, 사설시조)인지를 구분하려면 먼저 정격시조에 대한 룰을 정해야 가능하다고 본다. 그래서 참고삼아 이태극의 시조형식론을 소개해 본다.

이것은 3장(행) 6구로 총 자수 44자 내외의 구성을 가진 정형시인데, 매구의 자수 기준은 7자 중심이요, 종장(제3행) 첫 절만이 3자 고정과 6자 내외로 된 「七七 · 七七 · 九七」조 기준의 고유시인 것이다. 또 이 한 구를 각각 2분절로 나누어서 12분절로 된 「三四 ·

242) 리태극, 앞의 책, 73쪽.
243) 서원섭, 앞의 책, 47쪽.

三四, 三四 · 三四, 三六 · 四三」조를 기준으로 한 정형시로 보아도 좋다. 각 시조집에 있는 대부분의 시조가 다 이 단시조에 드는 것이다.[244)]

상기 인용문을 보면 시조는 3장(행) 6구로 되어 있다는 것이고, 매구의 자수 기준은 7자 중심이란 것이고, 또 매구를 2분절로 나누어 12분절로 된다고 하였다. 그래서 초장 3 · 4 · 3 · 4, 중장 3 · 4 · 3 · 4, 종장 3 · 6 · 4 · 3조를 기준으로 한 정형시로 볼 수 있다는 것이다. 시조 형식에는 3장 6구설, 3장 8구설, 3장 12구설 등 다양한 이론이 제시되었으나, 필자는 3장 6구설을 지지한다고 다른 논문에서 주장한 바 있다.

또 율격적인 면에서는 ① 초장 3 · 4 · 4 · 4, 중장 3 · 4 · 4 · 4, 종장 3 · 5 · 4 · 3이라고 하는 설과 ② 초장 3 · 4 · 3 · 4, 중장 3 · 4 · 3 · 4, 종장 3 · 6 · 4 · 3이라고 하는 설 등 두 가지로 나뉘는데, 필자는 후자의 입장을 지지한다. 그렇다면 필자의 견해는 리태극설과 대동소이하다고 하겠는데, 필자는 단시조의 기준형을 3장 6구 12소절이라 하고, 리태극은 3장 6구 12분절이라 하는 것이 다를 뿐이다.

또 한 가지는 시조의 율격을 아무리 자수율이나 음수율로 구분한다 하더라도, 그 형태적인 특징을 설명할 때도 자수율이나 음수율을 적용하는 것은 이해가 안 간다. 우리들이 시조의 종류를 알아낼 때에 그것이 평시조인지, 엇시조인지, 사설시조인지를 판별할 때에 일일이 글자 수를 따져가면서 확인하는 일이 거의 없는데, 왜 대부분의 학자들이 시조의 형식을 설명하면서, 자수율을 염두에 두고 그것에 꿰어 맞추려 하는지 도무지 이해가 안 간다.

그래서 필자는 시조 형식을 설명하는데 있어서, 자수율 적용을 부정하고 그 대신 구수율 적용을 제창한다. 더 엄밀히 말하면 구절수로 시조 형식을 설명하고 시조의 형태도 이러한 구절 수에 의하여 논의

244) 리태극, 앞의 책, 69쪽.

하겠다는 것이다. 이러한 관점에 따라 평시조는 3장 6구 12소절 이상이라 하였고, 엇시조는 3장 7구 14소절 이상이라 하였고, 마찬가지로 사설시조는 3장 8구 16소절 이상의 장시 형태를 취한 시조를 일컫는 말이라 규정하였다.[245]

그 다음은 어떤 자료를 텍스트로 하여 사설시조의 형태구조를 규명할 것인가 하는 문제이다. 가장 최근에 출간된 박을수 편저의 『한국시조대사전』(아세아문화사, 1992)을 대상으로 하는 것이 좋겠지만, 이 글에서는 편의상 정병욱 편저의 『시조문학사전』(신구문화사, 1970)을 분석의 대상으로 삼고자 한다. 이 책에는 2,300여 수의 시조가 실렸다고 하니, 이들 작품을 검토하면 사설시조의 구조적 특징이 어느 정도 판명될 것으로 기대된다.

1) 시조와 비시조

정병욱의 『시조문학사전』에는 정확하게 2,376수의 시조가 실렸다. 이 중에는 아무리 좋게 생각해도 정형시이면서, 우리의 고유시인 '시조'라고 간주할 수 없는 것이 있어, 시조와 비시조에 대한 논의를 해보려는 것이다.

石崇이 죽어간제 무어슬 가져가며
劉伶의 분토 상에 어닉 술이 오르더니
아희야 盞 가득 부어라 사라신제 먹으리

평시조의 형식은 대체로 초 · 중 · 종 3장으로 분장된다. 각장은 2구로 분구되며, 다시 각 구는 2음보 또는 2마디로 나뉜다. 그래서 한 장이 4분절되는 것이다. 그 결과 시조 한수를 3장 6구 12음보라 하기도 하고 3장 6구 12소절이라 하는 것이다. 시조에는 기준 음수율이라는 것이 있는데, 초장 3434, 중장 3434, 종장 3643으로 설명하

245) 원용문, 문학의 해석과 방법(이회문화사, 1997), 38~39쪽.

기도 하고, 초장 3444, 중장 3444, 종장 3543으로 설명하기도 한다. 어느 설을 따르던 간에 종장의 첫마디는 3자 고정이라는 규칙이 있다. 이것이 3음절 이상 되거나 3음절 이하가 되어서는 안 된다는 이야기다. 이것 말고는 각 마디에 1 · 2음절 가감할 수 있다는 규정이 있어, 비록 정형시이지만 음수율에 융통성을 보여준다. 이러한 자유로움이 있기 때문에 시조를 정형이비정형(定型而非定型) 또는 비정형이정형(非定型而定刑)이라 하는 것이다.

우리의 옛시조가 보통 5천 수 가량 된다고 하는데 대체로 이런 규정을 잘 지켰고, 이런 규정을 잘 지킨 작품을 평시조라 부르고, 틀을 잘 지켰다고 해서 정격시조라 한다. 엇시조나 사설시조는 이러한 정격을 준수하지 않았기 때문에 변격시조 또는 파격시조라 하는 것이다. 상기 인용 작품을 보면 초 · 중 · 종 3장으로 분장되었다. 그리고 각 장은 2구로 나뉘어, 6구가 되었으며, 각 구는 다시 2마디로 나뉘어 모두 3장 6구 12소절의 형식에 맞는다. 그 음수율은 초장 3434, 중장 3434, 종장 3643으로 되었고, 종장의 첫마디 또한 3음절 고정이라는 규칙을 잘 지켰다. 그러나 이글에서 텍스트로 삼은 『시조문학사전』을 보면 도저히 정형시인 시조로 간주할 수 없는 것들이 있기에 소개하고자 한다.

江湖 둥실 白鷗로다
偶然히 밧튼 춈이 지거구나 白鷗 등에
白鷗야 셩닉지마라 세상 더러 ᄒᆞ노라

이 작품의 작자는 정철의 것이라 되었는데 진위 여부는 앞으로의 과제로 남겨두고, 다만 이 작품을 시조로 볼 것이냐 아니라고 할 것이냐 하는 점만을 따져보고자 한다. 초장은 나중에 이야기하고 중장을 보면 4음보에 3444조로 되어 있으니 시조의 정형에 맞는다. 종장도 4음보로 되었고 음수율도 3543조로 되었으니 하등에 문제될 것이 없다. 그러나 초장은 2음보로 구성되었으니, 완전히 한 개의 구가 떨어져 나간 것이다. 그래서 3434조나 3444조로 되어야 할 율격이 44조로 되었다. 3장 6구 12음보가 되어야 하는데, 3장 5구 10음보로 구성되었다는 이야기다. 이처럼 한 개의 구가 완전히 부족한 것도 정형시인 시조로 간주해야 되는지 난감하지 않을 수 없다.

필자의 관견으로는 이 작품을 '시조가 아니다.' 즉 '비시조'로 간주하고 싶다는 이야기다. 만약에 이것을 시조로 본다면 변태적인 시조나 기형적인 시조라고 해야 할 텐데 그런 구차스런 명칭을 붙여가면서까지 시조라고 할 바에는 차라리 '시조가 아니다'라고 하면서 시조의 범주에서 제외시키는 것이 온당하다고 본다.

窮達浮雲 ᄀᆞ치 보야 世事 이져두고
好山佳水의 노ᄂᆞᆫ ᄠᅳᆮ을
猿鶴이 내벋 아니어든 어ᄂᆡ분이 아ᄅᆞ실고

'窮達浮雲같이'를 한 음보로 보아야 할지 두 음보로 보아야 할지 판가름이 안 된다. '궁달부운'과 '같이'를 나누어 두 음보로 볼 수도 있고, 두 낱말을 합쳐서 한 음보로 계산할 수도 있다. 어떻게 보더라도 초장 때문에 시조의 결격 사유가 된다고 보지는 않는다. 종장도 4음보로 구성되었고, 음수율도 3644로 계산할 수 있어, 시조의 정형이나 율격에 맞는다고 본다.

그러나 중장에 이르러서는 문제가 심각하다. 음보도 2음보 즉 두 마디로 되었고, 율격도 44조가 되어 한 구가 완전히 떨어져 나갔기 때문이다. 필자는 3장 6구의 시조에서 한 구가 완전히 생략되었으면 비시조로 간주해야 된다고 생각한다. 왜냐 하면 중국의 한시 중에 절구나 율시는 한 구는커녕 한자만 부족해도 잘못되었다고 생각하기 때문이다.

그러니 정형시인 시조에서 한 구가 모자란다는 것은 6분의 1이 정형에 안 맞는다는 이야기인데, 이것을 어찌 정형시로 간주하며 시조로 판가름할 수 있단 말인가. 차라리 구절 수가 늘었으면 엇시조나 사설시조로 간주할 수 있는데 구절 수가 줄어들었기 때문에 '비시조'라 보아야 한다는 것이다.

치여다 보면 풀은 하날이요
나려다 보면 白沙地 짱이
(………)게 누을 바라고 살나

이 작품은 이희승본(李熙昇本) 해동가요(海東歌謠)의 무명씨부(無名氏部)에 실려 있다. 그리고 초 · 중 · 종 3장으로 구분할 수 있으니 시조라 할 수도 있다. 종장의 괄호 부분은 원래 그런 것이 아니고 전구를 잃어버려서 어쩔 수 없이 공란으로 둔 것으로 이해된다.

그러나 3장이 모두 음보율이나 음수율 면에서 맞지 않아, 이런 유도 시조로 인정해야 되는지 의심이 간다. 초장을 4음보로 계산하면 3224조가 되고, 2음보로 계산하면 56조가 되어, 어느 쪽으로 살펴봐도 시조의 율격과는 거리가 멀다. 중장도 마찬가지, 4음보로 계산하면 3232조가 되고, 2음보로 계산하면 55조가 되어 역시 시조의 틀과 격에는 거리가 멀기 때문이다.

종장은 괄호 속에 어떤 구절이 존재했는지 모르지만, 4음보에 3543조나 3643조가 되어야 하는 기본 틀과는 너무나 거리가 멀다. 그냥 "누구를 바라고 살아가나"라는 정도의 산문 문장으로 해석하는 것이 마땅할 것이다. 그래서 필자는 상기 작품을 '비시조'로 간주하려는 것이고, 시조의 범주에서 제외시키려는 것이다.

洛東江上에 仙舟泛ᄒᆞ니 吹笛歌聲이 落遠風이라
客子停驂 聞不樂은 蒼梧山色 暮雲中이로다
至今에 鼎湖龍飛를 못ᄂᆡ 슯허 ᄒᆞ노라

위의 작품은 아무리 좋게 해석해도 우리의 고유문학이요 전통시가인 시조로 보기는 어렵다. 초장은 4음보에 5555조로 되었고, 중장은 4음보에 4446조로 되었고, 종장은 4음보에 3543조로 되어 억지로나마 시조로 인정할 수 있다. 그러나 쓰여진 말이나 어구가 우리말이거나 아니면 한자어구라도 우리말화한 한자성어라야 되는데, 상기 작품은 완전히 한시의 7언 절구 형식을 갖추었기 때문에 한시로 보아야 한다.

한시의 첫행 "洛東江上 仙舟泛"은 우리말식으로 읽는 것이 아니라, 한시처럼 "낙동강 위에 좋은 배를 띄워놓고"라 해석해야 된다. 제2행 "吹笛歌聲落遠風"은 "피리소리와 노랫소리는 먼 바람에 떨어진다."라고 한시 식으로 해석해야 된다. 제3행 "客子停驂聞不樂"은 "나그네 멍에 말을 멈추는 소리 반갑지 않고"라 해석하고, 제4행 "蒼梧山色暮雲中"은 "창오산 산빛은 저녁 구름에 싸였구나."라고 해석해야 된다. 이처럼 한시나 한문을 해석하듯이, 읽어나가야 되는 글까지 우리의 고유 전통문학인 시조로 간주할 필요는 없다고 본다.

그래서 한시를 시조화 하느라고 한시의 제1행으로 시조 초장의 전구를 만들고, 한시의 제2행을 시조 초장의 후구를 만들었다. 같은 수법으로 한시의 제3행을 시조 중장의 전구를 만들고, 제4행을 시조 중장의 후구를 만들었다. 마지막으로 종장에 채울 한시의 시구가 없으니까, 작자가 임의로 "至今에 鼎湖龍飛를 못니 슬허 ᄒᆞ노라."라는 구절을 만들어 넣은 것이다. 그러니 상기 작품은 시조의 범주에 포함시킬 것이 아니라 본래의 한시 장르로 환원시키는 것이 마땅하다고 본다.

春風杖策 上蠶頭ᄒᆞ여 漢陽形址를 歷歷히 둘러보니
仁王 三角은 虎踞龍盤으로 北極을 괴얏고
終南 漢水ᄂᆞᆫ 金帶相連ᄒᆞ여 久遠ᄒᆞᆯ 氣象이
萬千歲之無疆이로다
君修德 臣修政ᄒᆞ니 禮儀東方이 堯之日月이요
舜之乾坤이로다

위 작품은 초 · 중 · 종 3장으로 분단된다. 초장은 5음보, 중장은 10음보, 종장은 6음보로 계산할 수 있다. 물론 나누는 사람에 따라 견해를 달리할 수도 있지만 큰 차이는 없을 것으로 사료된다. 그러니 그 형태 면에서 사설시조로 간주할 수도 있다는 이야기다. 그러나 그 문장을 보면 한문 문장에 가깝지 국어 문장에 가깝다고 보기는 어려운 점이 있다.

子曰 死生이 有命이요 富貴在天이니라. 王蠋이 曰忠臣은 不事二君이요 烈女는 不更二夫니라. 嚴父는 出孝子하고 嚴母는 出孝女니라. 酒中不語는 眞君子요 財上分明은 大丈夫니라.

여기 인용문은 『明心寶鑑』의 글을 몇 구절 적은 것이다. 「春風杖策」이란 시조의 문장이나 이 『明心寶鑑』의 문장이나 대동소이하다. 아무리 시조의 형식이나 율격에 근접했더라도 한문 문장으로 쓴 것까지 시조로 인정할 필요가 없다는 것이 필자의 견해이다. 그러므로 상기 「春風杖策」이란 글은 우리의 고유시요 전통시가인 '시조'의 범주에서 제외시키는 것이 마땅하다. 그리고 정병욱 편저의 『시조문학사전』에는 이러한 한시나 한문으로 된 작품이 50편 가량 실려 있다는 점도 아울러 밝혀둔다.

2) 엇시조와 사설시조의 구분

본고에서 텍스트로 삼은 『시조문학사전』을 보면 이것을 엇시조라고 해야 할지 사설시조라고 해야 할지 난감한 작품들이 많이 있다. 필자는 다른 글에서 엇시조는 3장 7구 14소절 이상이라 하였고, 사설시조는 3장 8구 16소절 이상의 장시 형태를 일컫는 것이라고 이야기한 바 있기에, 이러한 규정에 따라 엇시조와 사설시조를 분류해 보고자 한다.

그러나 어디까지를 한 절(음보)로 보고, 어디까지를 두 절(음보)로 볼 것이냐 하는 문제는 작품을 직접 분석해 가면서 논의해 나갈 것이다.

<u>金化ㅣ金城</u> <u>슈숫대</u> <u>半단만 어더</u> <u>죠고만 말마치</u> <u>움을 뭇고</u>
(1) (2) (3) (4) (5)
<u>조쥭 니쥭</u> <u>白楊箸로 지거</u> <u>자내 자소</u> <u>나ᄂᆞᆫ 매</u> <u>서로 勸ᄒᆞᆯ만정</u>
(1) (2) (3) (4) (5)
<u>一生에</u> <u>離別뉘 모로미</u> <u>긔 願인가</u> <u>ᄒᆞ노라</u>
(1) (2) (3) (4)

상기 작품의 형태를 보면 초장은 5절(음보)로 되었고, 중장도 5절(음보)로 되었고, 종장은 4절(음보)로 되었다. 그러니까 종장은 평시조의 기본 형식에 맞고, 초장과 중장에서만 한 절(음보)씩 구절 수가 늘어난 것이다. 이럴 경우 이것을 평시조로 볼 것이냐, 엇시조로 볼 것이냐 하는 문제가 발생한다.

필자는 엇시조를 3장 7구 14소절 이상이라 하였으니, 이와 같은 잣대로 재단하면 예의 작품은 평시조로 간주할 수밖에 없다. 왜냐 하면 초 · 중 · 종 3장 중 어느 곳에선가 한 구가 늘어나서 7구가 되어야 하는데 그런 곳이 없기 때문이다.

여기서 14절 이상이라 한 것도 7구라는 조건을 만족시켰을 때 해당되는 조건이지, 모두 뭉뚱그려서 14절 이상이 되어야 한다는 이야기는 아니기 때문이다. 그러니까 장별로 따졌을 때 한 절(음보)만 늘어난 것은 그냥 평시조로 간주해야 된다는 것이다.

<u>띄오리라</u> <u>띄오리라</u> <u>세빗사</u> <u>늙모얼네</u> <u>당쥴감아</u> <u>띄오리라</u>
(1) (2) (3) (4) (5) (6)
<u>반공</u> <u>운무즁에</u> <u>싸엿ᄉᆞ나</u> <u>구머리 장군에</u> <u>홍능화 긴코</u>
(1) (2) (3) (4) (5)

그즁에 덧거리 잇고 말잘듯고 토김톡 잘밧는 년은 ᄂᆡ연인가

(1) (2) (3) (4) (5) (6)

위의 시조는 출전이 남훈태평가(南薰太平歌)로 되어 있는 작자 연대 미상의 작품이다. 형태구조를 보면 초장이 3구 6절, 중장이 2구 5절, 종장이 3구 6절로 구성되었다. 그러니 초장에서도 한 개의 구가 늘어났고, 종장에서도 한 개의 구가 늘어난 셈이다.

이처럼 한 개의 구 즉 2절이 늘어났을 경우는 엇시조로 보아야 한다. 이런 현상이 초장에만 일어나도 엇시조이고, 중장에도 일어나서 두 군데가 한 구씩 늘어났어도 마찬가지이다. 초 · 중 · 종 3장 모두가 한 구씩 늘어나서 총 3구가 늘어났어도 이것은 엇시조이지, 사설시조로 간주할 수 없다는 것이 필자의 생각이다.

ᄒᆞᆫ盞 먹새그려 ᄯᅩᄒᆞᆫ盞 먹새그려

(1) (2) (3) (4)

곳 것거 算노코 無盡無盡 먹새그려 이몸 주근 後면

(1) (2) (3) (4) (5) (6)

지게우희 거적 더퍼 주리혀 ᄆᆡ여 가나 流蘇 寶帳의 萬人이 우러네나

(7) (8) (9) (10) (11) (12) (13)

어욱새 속새 덥가나무 白楊수페 가기곳 가면 누른 ᄒᆡ 흰 ᄃᆞᆯ ᄀᆞᄂᆞᆫ비

(14) (15) (16) (17) (18) (19) (20) (21)

굴근 눈 쇼쇼리 ᄇᆞ람 블제 뉘 ᄒᆞᆫ盞 먹쟈 ᄒᆞᆯ고

(22) (23) (24) (25) (26)

ᄒᆞ믈며 무덤우희 ᄌᆞᆫ나비 ᄑᆞ람 불제 뉘우ᄎᆞᆫᄃᆞᆯ 엇디리

(1) (2) (3) (4) (5)

너무 잘 알려진 송강 정철의 사설시조 「장진주사」이다. 이 작품을 사설시조의 효시 작품으로 보는 경우가 많다. 그 형태 구조를 보면 초장은 2구 4절로 평시조 형태를 취하였다. 종장은 3구 5절로 엇시

조의 형태를 취하였다. 그런데도 이 작품을 사설시조로 간주하는 것은 중장이 상당히 길어졌기 때문이다.

필자는 사설시조 형태를 3장 8구 16절 이상이라 하였는데, 상기 작품은 중장만 따져도 13구 26절이 된다. 그래서 대부분의 학자들이 위 작품을 사설시조라 칭했고, 이 작품 이전에는 이런 형태의 장형시조가 없었던 것으로 여겨 왔다.

그리고 사설시조가 되기 위해서는 3장 모두가 사설시조의 형태를 취해야 되는 것은 아니다. 초장 한 장만 2구 이상 즉 4절 이상이 길어져도 사설시조로 간주하는 것이다. 중장이 길어져도 또는 종장이 길어져도 마찬가지다. 3장 중 어느 한 장이 4절 이상 길어져도 사설시조이고, 두 장이 길어져도, 심지어는 3장 모두 4절 이상 길어져도 사설시조라 칭한다는 점에서는 이의가 없다.

님이 가오실 제 노고 네을 두고가니
(1) (2) (3) (4)
오노고 가노고 보ᄂᆡ노고 그리노고
(1) (2) (3) (4)
그 中에 가노고 보ᄂᆡ노고 그리노고란 다 몰속
(1) (2) (3) (4)
ᄉᆡ쳐바리고 오노고만 두리라.
(5) (6) (7)

상기 작품의 출전은 『최남선본 청구영언』이다. 작자 연대 미상의 작품인데, 꼼꼼히 따져보지 않으면 엇시조인지 사설시조인지 분간할 수 없다. 초장과 중장은 2구 4절(음보)씩으로 되어 평시조의 형식과 같아서 문제가 안 된다. 그러나 종장은 헤아리는 이의 주관에 따라서 7절로 계산할 수도 있고, 8절로 계산할 수도 있다.

전자처럼 헤아리면 엇시조가 되고, 후자처럼 헤아리면 사설시조가 된다. 그러나 시조의 종장 제2음보는 평시조이든 사설시조이든 5음절 이상이어야 된다는 규정이 있기에 "가노고 보내노고"를 한 개의 절로 계산하였다. 그래서 모두 7절로 보았고, 한 개의 장이 8절 미만이어서 이 작품은 엇시조라고 본다.

새악시 書房 못마자 애쓰다가 주근 靈魂
(1) (2) (3) (4)
건삼밧 쑥삼되야 龍門山 開骨寺에 니빠진 늘근 즁놈 들뵈나 되얏다가
(1) (2) (3) (4) (5) (6) (7) (8)
잇다감 ᄭᅮᆷ나 ᄀᆞ려온제 슬쩌겨 볼가 ᄒᆞ노라
(1) (2) (3) (4)

앞의 작품은 종장이 길어진 경우인데, 이 작품은 중장이 길어졌다. 이 작품도 얼핏 보고서는 엇시조에 해당하는지 사설시조에 해당하는지 판가름하기 어렵다. 초장은 2구 4절, 종장도 2구 4절로 되어 평시조와 다른 바가 없다. 그러나 중장은 4구 8절로 되었으니, 사설시조의 형태를 갖추었다고 하겠다.

필자는 사설시조의 형태를 3장 8구 16절 이상이라 설명했는데, 여기서 3장이란 사설시조도 초 · 중 · 종 3장으로 3분단할 수 있어야 된다는 이야기다. 8구는 시조의 한 장이 2구로 이루어졌으니, 적어도 그 갑절인 4구는 되어야 모두 합쳐서 8구가 된다는 의미이다.

이 말은 3장에 고루 늘어나서 8구가 되어야 한다는 뜻이 아니고, 3장 중 어디에선가 4구 이상이 되어 시조 한편이 8구 이상 되었을 때를 의미하는 것이다. 마찬가지로 16절 이상이라는 말도 어느 한 장이 4절의 배가 되어 8절이 되었을 때를 상정한 이야기다.

그러니까 3장 8구 16절 이상이란 시조 한편을 뭉뚱그려서 규정한 이야기라는 것을 전제해 둔다. 그러나 엇시조니 사설시조니 하는 것은 3장을 각기 따져서 일어난 현상을 두고 이야기한 것임을 알아야겠다. 시조의 한 장이 3구 6절 이상이면 엇시조, 시조의 한 장이 4구

8절 이상이면 사설시조로 보아야 한다는 것이다. 환언하면 초 · 중 · 종 3장중에서 어느 한곳에 한 구 이상 늘어나면 엇시조, 한 장 이상 늘어나면 사설시조로 본다는 뜻과 마찬가지다.

3) 사설시조의 구조

사설시조의 구조는 시조 1편이 3장 8구 16절 이상일 때 해당한다고 하였다. 그러나 사설시조로 인정받기 위해서는 3장 모두가 길어져야 한다는 뜻은 아니다. 3장 중 어느 한 장에서 1구 2절이 늘어났으면 엇시조, 2구 4절이 늘어났으면 사설시조로 간주할 수 있다는 이야기다. 그러나 늘어나는 절(음보)의 수는 작품마다 달라서 일률적으로 규정하기는 어렵다.

또 초장이 늘어난 경우, 중장이 늘어난 경우, 종장이 늘어난 경우 등 다양해서 사설시조의 기준 형태를 정한다는 것은 대단히 어려운 일이다. 그렇더라도 정병욱 편저의 『시조문학사전』에 실린 사설시조 작품 수가 몇 수나 되는지는 가늠해 볼 수 있을 것 같다. 이 책에는 모두 2천 3백여 수의 시조가 실렸는데, 필자가 조사한 바로는 2백 7십여 수가 사설시조인 것으로 파악되었다.

① 초장에서 절(음보) 첨가 현상이 일어난 경우

각시님 엣뿌든 얼골 저 건너 ᄂᆡ가에 홀노 웃뚝 셧ᄂᆞᆫ 슈양버드나무
(1) (2) (3) (4) (5) (6) (7)
고목 다 되야 셕어 스러진 광ᄃᆡ등거리 다 되단말가
(8) (9) (10) (11)
졀머ᄉᆞᆫ자 졀머ᄉᆞᆫ자 세다섯만 졀머ᄉᆞᆫ자
열ᄒᆞ고 다셧만 졀무량이면 ᄂᆡ 원ᄃᆡ로

상기 작품의 중장과 종장은 평시조의 형식과 율격으로 되어 있다.

그런데 초장은 5구 11절로 되어 있다. 물론 이것은 필자의 계산법에 의해서 나온 것이지만 논자에 따라서 6구 12절로 볼 수도 있다. 지금까지 누누이 밝혔지만 시조 3장 중 어느 한 장이 4구 8절 이상이면 사설시조로 보아야 하고, 그런 점에서 위 작품은 사설시조의 요건을 갖추었다고 본다.

시조의 한 장은 2구 4절로 이루어졌는데, 그 갑절인 4구 8절 이상이면 사설시조로 간주한다는 것은 다른 학자들에 의해서도 이미 검증된 사실이다. 그러나 종장의 율격이 3354조가 되어, 맞지 않으니 그냥 사설이나 타령이라고 이야기하는 것이 좋을 것 같다.

② 중장에서 절(음보) 첨가 현상이 일어난 경우

山밋ᄐᆡ 집을 지어두고 벨 것 업셔 草ᄉᆡ로 녜어시니
(1) (2) (3) (4) (5)

밤中만 ᄒᆞ야셔 비 오ᄂᆞᆫ 쇼ᄅᆡ는 우루룩 쥬루룩 몸에 옷시 업셔 草衣를
(1) (2) (3) (4) (5) (6) (7) (8) (9)

입어시니 ᄉᆞᆯ이 다 드러나서 울긋불긋 불긋울긋
(10) (11) (12) (13) (14)

다만지 칩든 아니ᄒᆞ되 임이 볼가 ᄒᆞ노라
(1) (2) (3) (4)

위의 작품은 중장이 길어진 사설시조의 예이다. 초장은 5절, 종장은 4절이니, 평시조의 격조를 유지하였다. 그러나 중장만은 7구 14절이니 구절 수가 상당히 늘어난 경우에 해당한다.

필자는 시조의 한 장이 4구 8절 이상이면 사설시조로서의 요건을 갖추었다고 보기 때문에 상당히 길어졌다고 표현한 것이다. 이 외에 중장이 늘어나서 사설시조가 된 작품들이 270여 편 가량 되니, 사설시조는 중장이 주로 길어진다는 평을 해도 좋다고 본다.

③ 종장에서 절(음보) 첨가 현상이 일어난 경우

얼골 조코 ᄠᅳᆺ 다라온 년아 믜정조차 不貞ᄒᆞᆫ 년아
(1) (2) (3) (4) (5)
엇더ᄒᆞᆫ 어린놈을 黃昏에 期約ᄒᆞ고 거즛 ᄆᆡᆨ바다 자고 가란 말이
(1) (2) (3) (4) (5) (6) (7)
ᄎᆞ마 도와 나ᄂᆞᆫ
(8) (9)
두어라 娼條冶葉이 本無定主ᄒᆞ고 蕩子之探春 好花情이 彼我의 一般이라
(1) (2) (3) (4) (5) (6) (7)
허믈ᄒᆞᆯ줄 이시랴
(8) (9)

사설시조 중에서 종장이 길어진 예를 들어본 것이다. 초장은 5절, 중장은 9절, 종장도 9절로 이루어진 작품이다. 필자는 시조의 한 장이 4구 8절 이상이면 사설시조로 볼 수 있다고 했으니, 상기 작품에서는 중장도 사설시조의 요건을 갖추었고, 종장도 사설시조의 요건을 갖추었다. 사설시조에서 장이 길어지는 것은 이처럼 어느 한 장에서만 길어지는 것이 아니라, 두 장 또는 삼장 전체에서 길어질 수 있다는 점을 확인한 것이다.

지금까지 논의된 바를 토대로 사설시조의 개념을 다음과 같이 정리하였다. 사설시조는 평시조보다 후에 발생했고, 그 평시조의 정형률을 깨고 파생한 시조의 발전적 형태이다. 그 형식은 대체로 평시조처럼 초 · 중 · 종장 3단으로 구분하는 것이 가능하다. 또한 초 · 중 · 종 3장 모두 구절수가 늘어나는 특징을 지녔다. 3장중에서는 중장에서 구절 첨가 현상이 제일 많이 일어나고, 그 다음은 종장과 초장의 순서이다. 율격면에서는 산문율, 내용면에서는 산문성, 계층면에서는 평민층들이 주류를 이루었다.

다음 사설시조의 명칭문제는 사설시조만 따로 떼어서 논의하기는 어렵고, 시조의 3가지 형태 전부를 대상에 놓고 이야기해야 마땅할 것이다. 이미 앞에서 논의한 대로 이것을 평시조 · 엇시조 · 사설시조라고 해야 한다는 견해와 이와는 달리 단시조 · 중시조 · 장시조라고 해야 한다는 견해가 대립되어 있다. 후자를 주장하는 이들의 논조는 평시조 · 엇시조 · 사설시조라는 명칭이 음악에서 온 것이요 시조의 형태상 종류와는 무관한 것이니 그 명칭부터가 음악적인 냄새를 풍기지 않게 단시조 · 중시조 · 장시조라 해야 한다는 주장이다. 이처럼 음악과의 결별을 선언하는 의미에서 명칭을 바꾸어야 한다는 데는 상당히 긍정적인 면을 지니고 있다.

그러나 3가지 형태로 되어 있는 시조의 종류가 단순히 그 구절 수나 길이에 의해서만 구분되고 다른 특성은 없는가 하는 점을 묻고 싶다. 제일 짧다고 해서 단시조, 그보다 조금 길이가 늘어났다고 해서 중시조, 평시조보다 자수와 구절 수가 상당히 많이 길어졌다고 해서 장시조라고 하는 논리는 그야말로 피상적이요 외형적으로 나타난 것만 중시해서 붙여진 이름이다. 그러니 사설시조란 명칭의 의미를 따져서 그 가부를 결정해야 된다고 본다.

이 사설시조는 음악 형태상 분류에서는 「엮음」에 해당된다. 「엮음」은 「編」으로서 시조에 있어서의 「辭說」·「주심」·「拾」과도 같은 것이다. 「평」과 「엇」과 「사설」은 자수의 많고 적음에 있는 것이 아니고 음악형태와 관계있는 것이다. 가령 중형인 엇시도 음악형태를 바꾸면 「사설」(엮음)이 되고, 장형인 「사설」도 그 형태를 바꾸면 「엇」이 될 수 있는 것이다.[246)]

그러니까 문학형태상의 사설시조와 음악형태상의 사설시조가 그 성격을 달리한다는 것은 재론을 요하지 않는다. 그러나 문학형태상에서 장형인 사설시조는 문자 그대로 「사설」(노랫말)을 그 나름의 미학에 맞게 배열한 것이고, 또 「사설」이란 낱말 속에는 어떤 말이

246) 장사훈, 시조음악론(서울대 출판부, 1986), 37쪽.

나 내용들을 길게 늘어놓는다는 의미가 들어있다는 점도 상고돼야 할 것이다. 이처럼 사설시조란 명칭은 장형시조의 구조와 성격에 맞는 이름으로 간주되고, 그런 의미에서 많은 선학들이 장시조라는 말보다는 사설시조란 명칭을 즐겨 썼던 것으로 이해된다.

다음은 사설시조의 형태 구조 문제이다. 이러한 문제를 알아보기 위하여 먼저 시조의 형태를 종류별로 알아보고, 이것들을 구분하는 기준을 제시하였다. 그래서 평시조는 3장 6구 12절 이상이라 하였고, 엇시조는 3장 7구 14절 이상이라 하였고, 사설시조는 3장 8구 16절 이상이라 하였던 것이다.

그리고 구절 수를 파악할 때에 많은 학자들이 구수율 보다는 자수율 적용에 관심을 두었는데, 필자는 자수율은 고려하지 않고 구수율만 적용하여 논의를 전개하였다. 특히 엇시조인지 사설시조인지를 구분할 때에는 시조 3장중에서 장별로 파악하는 방법을 선택했다. 그래서 3장 중 어느 한 장이 4구 8절 이상이면 그 요건을 갖춘 것으로 파악하였다.

그런데 본고에서 텍스트로 삼은 정병욱 편저의 『시조문학사전』을 보면 도저히 시조의 범주에 포함시킬 수 없는 작품들이 게재되었다. 평시조의 한 장이 4음보에 3434조나 3444조의 율격을 어느 정도 지켜야 되는데, 2음보에 44조가 되어 완전히 한 개의 구가 떨어져 나간 작품들이 있었다. 또한 시조와 마찬가지로 3장의 형식은 갖추었지만 초장은 3224조가 되고, 중장은 3232조가 되어 시조의 틀과 율조에는 거리가 먼 작품들이 있었다.

또 다른 예는 시조 3장의 정형은 갖추었지만 쓰여진 말이나 어구가 우리말이 아니고, 한자도 우리말화한 한자성어가 아니라 한시나 한문문장으로 된 작품들이 상당수 있었다. 이런 작품들은 우리의 고유시요 전통시가인 시조로 간주하기는 어렵고, 시조의 범주에서 제외시키는 것이 마땅하다고 보았던 것이다.

다음은 엇시조와 사설시조의 구분 문제이다. 구절 수가 어느 정도 늘어난 것이 엇시조이고, 또 얼마만큼 늘어난 것이 사설시조인지 그 경계선이 모호하다는 점이다. 그래서 필자는 다른 글에서 엇시조는 3장 7구 14절 이상, 사설시조는 3장 8구 16절 이상이라고 주장한 바 있기에 이 기준을 적용하여 작품 분석을 하였다. 그런데 문제는 시조 한편이 3장 14절 이상은 되는데, 7구라는 조건을 만족시키지 못했을 때이다. 이런 경우 장별로 따졌을 때 한절(음보)만 늘어난 것은 그대로 평시조로 간주하였다.

그리고 장별로 보아 1구 2절 이상 늘어난 것만 엇시조로 간주했던 것이다. 예를 들면 초 · 중 · 종장 모두 1구씩 늘어나서 총 3구가 늘어났어도 장별로 따져서 1구밖에 늘어나지 않았으면 그대로 엇시조로 간주해야 된다는 이야기다. 사설시조의 경우도 마찬가지여서 장별로 따졌을 때 어느 한 장에서 2구 4절 이상 늘어나면 사설시조로 간주하였다. 그러니까 엇시조는 3장중 어느 한 장에 구 한 개가 늘어난 경우, 사설시조는 3장중 어느 한 장에 장 한 개가 늘어난 경우라고 보면 틀림없을 것이다.

사설시조의 구조는 시조 1편이 3장 8구 16절 이상으로 되었다. 그리고 초 · 중 · 종 3장중에서 어느 한 장이 2구 4절 이상 늘어났으면 사설시조의 요건을 갖추었다고 보았던 것이다. 그러나 이러한 구절첨가 현상은 너무 다양하게 일어나서 일률적으로 규정하기는 어렵다.

그리고 시설시조의 구절 수는 3장중 어느 한 장에서 최소 8절부터 최다 87절까지 늘어난 경우를 확인할 수 있었으니, 그 격차가 너무 크다는 것을 실증적으로 증명해본 것이다. 그래서 사설시조를 자유시의 원류라고 주장한 사람까지 나오게 되었다고 본다. 한마디로 사설시조는 우리의 전통시가인 시조에서 파생한 시조의 한 종류이지만, 개념, 명칭, 형태 등 제 분야에서 성격을 달리한다는 사실을 깨닫게 된 것이다.

제V부 시조개념론

1. 시조의 개념

시조의 개념이나 정의를 내리는 문제가 그 어느 작업보다도 어렵다는 것은 지금까지 제시된 제가들의 이론을 살펴보면 저절로 증명된다. 그야말로 각양각색이어서 어느 것이 본질에 가까운 것이고 어느 것이 본질을 외면한 것인지 구분할 수 없는 정도이다.

또 문학에 대한 정의는 일정불변하는 것이 아니라 시대의 변화, 세계관과 문학관 등의 차이에 따라 달라질 수 있는 문제이기 때문에 완벽한 정의를 도출해낸다는 것은 거의 불가능한 일이다. 그렇더라도 본 논고에서는 제가들의 이론을 살펴보고 그 중에서 장점들만 추출하여 새로운 개념을 정립해 보는 순서로 진행하고자 한다.

1) 선행 연구의 내용

시조의 개념문제는 많은 분들이 이것을 해결해 보려고 노력해 왔다. 그러나 이 문제는 아직도 미결의 상태이고, 본 논고의 시도 또한 이 문제를 해결해 보기 위한 노력의 일단이라고 하겠다. 먼저 선행연구에서 논의된 내용들을 소개해 보고자 한다.

① 시조는 국문학의 가위 유일한 정형시오, 가장 오랜 생명을 유지하여 온 시가이다. 여기에 있어 시조의 형식미는 우리 민족의 율동생활과 잘 조화되고~중략~시조는 고려 중기에 성립하여 조선을 거쳐 지금에까지 그칠 줄 모르고 의연 우리의 생활문학으로서 쇠퇴함이 없다.~중략~위로는 왕공귀족으로부터 아래로는 사서인 천기에 이르기까지 이 시조를 애호하고, 그들의 감정은 확실히 이 시조를 통해

상통되었던 것이니, 이 점에 있어 시조는 명실 그대로 민족문학이 되었다.[247)]

② 평시조의 기본형은 45자이며, 그것이 때로는 35 · 6자까지 줄기도 하고, 또는 54 · 5자까지 늘기도 하고 있는 것이다. 그리고 3장의 구별이 똑똑하며, 각장은 대체로 3 · 4조로 된 45자 내외로 구성되었다.[248)]

③ 평시조는 초장 · 중장 · 종장의 句法과 자수가 제한되어 있는 格調詩型으로서의 성격을 구유한 우리나라 유일무이한 格調詩型이다.[249)]

④ 보통 시조라면 단시조를 호칭하게 되는 것인데, 그 단시조는 신라의 향가나 고려의 별곡 등의 영향을 힘입어 고려말경에 그 형태가 확립된 우리나라의 고유한 시가의 하나다. 그 형식은 3장 6구요 한 구의 구성 자수는 7자 내외가 되고 4율박식의 등수율을 갖춘 정형시오, 총 자수 44자 중심으로 된 이조시가의 대표가 되는 단형시로서 오늘에도 그 형식의 시조가 창작되고 있다.[250)]

⑤ 요컨대 시조란 고려 말엽부터 현대에 이르기까지 우리 시가의 대표적 정형시로서, 3장 4음보격의 기본 형식을 가지고 있는 단형시라 할 수 있다.[251)]

여기에 인용한 5분의 논설 외에도 단적으로 말하면 시조는 3장 내외 6구로 된 정형적 서정시이며, 점잖은 양반 계급의 창의 문학[252)]으로 발달해 왔다는 설, 시조의 형태를 한마디로 말한다면 3장 45자 내외의 단형적인 정형시라 할 수 있고, 좀 더 세밀히 분석해 본다면 시조는 3행으로써 1연을 이루고 있으며, 각 행은 4보격으로 돼있고, 이

247) 조윤제, 국문학개설, (탐구당, 1955), 114쪽.
248) 고정옥, 국어국문학 요해, (대학출판사, 1949), 394쪽.
249) 김종식, 시조개론과 작시법, (대동문화사, 1951), 88쪽.
250) 리태극, 시조개론, (새글사, 1959), 55쪽.
251) 김기동, 국문학개론, (정연사, 1964), 113쪽.
252) 김동욱, 개정국문학개설, (민중서관, 1975), 77쪽.

4보격은 다시 두 개의 숨 묶음으로 나뉘어져 있다[253]는 설, 시조는 우리 겨레의 각계 각 층에 널리 애호를 받으면서 가장 오랜 생명력과 가장 풍성한 유산을 남겨준 문학양식이요, 오늘날에도 창작되고 있고 앞으로도 계속 생명력을 지녀 나갈 민족적인 詩形[254]이라는 설 등 나름대로 개념 파악에 주력한 논설들을 찾아볼 수 있다.

그밖에도 시조시는 가곡과 시조의 두 곡조로 불리우던 것으로 시조로 불리울 때는 結章의 結句는 부르지 않고 歌曲으로 부를 때는 全文을 부른다. 그리고 가곡은 管絃의 律奏가 필요하나 시조는 杖鼓나 또는 없어도 무방하다.[255]고 진술한 양염규의 이론이나, 그것은 다름 아닌 우리 정신의 본향, 우리 정서의 본류인 민족시가다.~중략~이 3장 6구에는 우리 민족의 온갖 思考, 온갖 행위, 온갖 습속까지 다 담겨져 있다.[256]는 정완영 설 등은 시조의 개념 파악에 많은 도움을 준다. 그 외 시조의 개념을 광의와 협의로 나누어 설명한 경우도 있다.

광의 : 시조는 우리 민족의 고유한 시가 형식으로서 한민족의 성정과 시대정신을 운율적 혹은 산문율적으로 표현한 三章의 정형시이다.
협의 : 시조는 한민족의 고유한 시가 형식으로서 사상과 감정을 운율적으로 표현한 3장 6구 12음보의 율격을 갖춘 정형시이다.[257]

다음은 서원섭의 견해를 들어보고자 한다. 그 많은 시조 가운데서 공통된 요소인 음수율을 조사하여 그 음수율이 사용된 빈도수를 가

253) 정병욱, 한국고전시가론, (신구문화사, 1980), 134~135쪽.
254) 최승범, 시조론 『국문학신강』, (새문사, 1988), 113쪽.
255) 양염규, 국문학개설, (정연사, 1959), 279쪽.
256) 정완영, 시조창작법, (중앙신서, 중앙일보, 1981), 8쪽.
257) 김제현 · 고경식, 시조가사론, (예전사, 1988), 13쪽.

지고 기본 음수율을 만들고, 또 그것을 근거로 해서 시조의 개념을 규정해야 한다고 주장하면서, 평시조, 엇시조, 사설시조 등 종류에 따라 개념 설명을 하고 있다.[258)]

① **평시조의 개념** : 평시조는 시조 3장중에서 각장은 내외 2구로 되어 있고, 각 장의 자수는 20자 이내로 된 시조이다.

② **엇시조의 개념** : 엇시조는 시조 3장중에서 초 · 종장은 대체로 평시조의 자수를 유지하고, 중장은 그 자수가 40자까지 길어진 시조이다.

③ **사설시조의 개념** : 사설시조는 시조 3장중에서 초 · 종장은 대체로 엇시조의 중장의 자수와 일치하고, 중장은 그 자수가 제한 없이 길어진 시조이다.

2) 민족 고유의 전통시가

앞 단락에서는 시조 분야의 연구나 창작에 전념했던 분들이 시조의 개념을 어떻게 설명해 놓았는가 하는 것을 한눈에 파악할 수 있도록 정리해 보는 작업을 하였다. 그 결과 이미 예측했던 바와 같이 각인각색으로 이야기해 놓았다는 사실을 증명할 수 있었고, 그러면서도 그 다양한 이론들이 대동소이해서 그 시비와 장단점을 가리기가 어렵다는 사실을 발견하게 되었다. 위의 논설들을 종합적으로 고찰해 보면 시조의 성격, 발생 시기, 유래, 향유 계층, 형태, 형식, 종류, 율조, 내용 등 다각적인 면에서 개념 파악이 이루어졌다는 사실을 알 수 있었고, 본 논고에서도 이러한 면들을 논의하면서 그 특징적 요소들을 취사선택하여 시조의 개념을 정립하고자 한다.

먼저 그 성격 면에서는 우리 민족의 겨레시오, 가장 오랜 생명력을 지닌 민족시가란 점이다. 그것은 마치 영국에는 영시가 있고, 중국에

258) 서원섭, 시조문학연구, (형설출판사, 1983), 32~50쪽.

는 한시가 있고, 일본에는 俳句가 있어 그들 나라의 시가를 대표하고 있듯이 우리나라에는 시조가 있어 우리 시가문학을 대표하고 있는 것과 마찬가지다.

또 다른 예를 들어보면 음악에서는 국악이 있고, 미술에서는 한국화가 있고, 무용에서는 고전무용이 있고, 복장에서는 한복이 있고, 음식에서는 한식이 있고, 의약에서는 한약이 있고, 주택에서는 한옥이 있다고 한다면 문학에서는 시조가 있어, 가장 오랜 생명력을 지닌 우리 고유의 문학 형태요 전통 시가임을 자랑하고 있는 것이다.

다음은 시조 형태의 발생 시기 문제이다. 이에 대하여는 신라 말 발생설, 고려 초기 발생설, 고려 중기 발생설, 고려 말기 발생설, 조선 전기 발생설 등 다양한 이론들이 있는 것으로 안다. 그러나 아무리 다양한 이론들이 있다 하더라도 시조가 고려 말엽에 발생했다는 것은 이미 정설화 되었기에 더 이상의 재론을 요하지 않는다.

그 다음 유래 문제 또한 간단하지 않다. 왜냐 하면 ① 민요기원설, ② 한시기원설, ③ 佛歌기원설, ④ 神歌기원설, ⑤ 별곡기원설, ⑥ 향가기원설, ⑦ 속요기원설, ⑧ 음악기원설 등 다양하기 이를 데 없기 때문이다. 그렇더라도 현재까지 논의된 바로는 민요기원설이나 속요기운설이 가장 많은 공감을 얻은 듯하고, 특히 시조는 고려 속요에서 왔다는 설이 지배적인 것으로 안다. 그러나 이처럼 여러 가지 기원설이 난무하고 있는 것은 실상 어디에서 유래된 것이 아니고, 시대적, 사회적, 이념적 여건에 따라서 발생했을 가능성이 높다고 하겠다. 극단적으로 표현하면 그처럼 여러 가지 기원설이 설왕설래하는 것은 그 어떤 문학 형태에서도 유래되지 않았다는 사실을 반증해 준다. 이제는 시조가 어디에서 왔느냐는 문제는 그만두고, 누가 창안했느냐는 문제를 논의해야 한다.

그리고 향유 계층 문제는 이 문제를 논의하기 이전에 그 발생 시기의 담당 계층부터 분명히 해두는 것이 순서일 것 같다. 현재까지 연구된 바로는 시조는 고려 말엽 신흥사대부나 유학자들에 의하여 그들의 사상 · 이념 · 정서 등을 표출하기 위해서 만들어졌다는 것이 통설이다. 그것이 시대가 발전함에 따라 왕후장상이나 기녀 계층까지 확대되어 갔고, 특히 임병양란을 지나 조선 후기에 와서는 평민 계층의 전문 가객들이 대거 참여하게 되어 명실 공히 민족문학의 위치를 확보하게 되었다고 하겠다.

그 다음 형태면에서 시조는 어느 양식에 속하는 것일까. 시의 양식이란 시의 장르 즉 시의 종류를 말한다. 이러한 시의 종류는 외적 형식과 내적 형식이라는 측면에서 살펴볼 수 있겠는데, 바로 전자에 해당하는 것이 시의 형태면이라고 생각한다. 그 형태면에서 갈래지울 수 있는 중요한 기준은 일반적으로 운율의 성격에 따르게 되고 이러한 측면에서 본다면 시의 종류는 정형시 · 자유시 · 산문시 등으로 분류한다. 이 중에서 시조가 정형시에 속한다는 것은 논의하는 것 자체가 무의미할 정도이다.

다음으로는 시조의 형식 문제에 대하여 생각해 보자. 여기서 시조의 형식 문제는 그 구조를 알아보는 것이 되겠고, 따라서 章句 문제가 논쟁의 핵심이 되어 왔다. 이에 대하여는 3장 6구설, 3장 8구설, 3장 12구설 등이 거론되었고, 특히 시조가 3장 6구냐 3장 12구냐 하는 문제는 현금까지도 논란의 대상이 되어 왔던 것이다. 그러나 필자는 시조의 형식을 3장 6구 12소절이라고 발표한 바 있기에 더 자세한 논의는 예의 논문으로 미루려고 한다.

시조의 종류는 일반적으로 평시조, 엇시조, 사설시조 등으로 나누는 것이 보통이고, 이것을 달리 단시조, 중시조, 장시조 등으로 호칭하기도 한다. 시조의 개념을 논의할 때는 기본 틀인 평시조 중심으로 이야기해야 된다는 것이 필자의 생각이다. 특히 사설시조는 정통 시조로 볼 것이냐 아니냐 하는 문제가 논쟁거리로 되어 아직 결론이 안 난 상태다.

다음은 시조의 율조 문제이다. 시조는 보통 3 · 4조나 4 · 4조를 중심으로 하고, 초장 3 · 4 · 4 · 4, 중장 3 · 4 · 4 · 4, 종장 3 · 5 · 4 · 3의 기본 음수율로 이루어졌다는 것이 통념처럼 되어 왔다. 그런데 이러한 시조의 리듬에 대하여 조윤제는 시조의 형식미는 우리 민족의 율동생활과 잘 조화된다고 하였고, 정완영은 이것을 좀 더 구체적으로 설명하여 "춘하추동 계절의 행이, 할머님의 물래 잣던 손길, 늙은 농부의 도리깨 타작, 우리 어머님들의 다듬이 소리, 어깨춤도 절로 흥겹던 농악에 이르기까지 자세히 새겨보고 새겨들으면 3장 6구 아닌 것이라고는 하나도 없다."[259]고 하였던 것이다.

이러한 설명들을 밑받침해 보면 지금까지 시조는 정형시라고 해서 무조건 외형률이라고 규정해 왔는데, 이것은 잘못된 견해라고 본다. 흔히 시조의 형식을 "定型而非定型", "非定型而定型"이라고 표현해 왔는데, 마찬가지로 운율 면에서도 외형률과 내재율적 요소가 각기 절반씩은 포함되어 있다고 생각한다.

끝으로 언급해 보고 싶은 것이 시조의 내용 문제이다. 그러나 그 다양한 시조 내용을 어떻게 몇 가지 항목으로 정연하게 설명할 수 있겠는가. 그래서 우선 편의한 대로 서정적인 내용, 서사적인 내용, 교술적인 내용 등으로 분류해볼 수도 있겠고, 달리는 우리 민족의 사상, 감정, 체험 등이 잘 용해되어 있다고 표현해 볼 수 있을 것이다.

이제까지 시조의 특징을 여러 가지 면에서 고찰한 것은 이것들을 취사선택하고 종합하여 그 개념을 새롭게 규정해 보자는 의도에서였다. 그런 점에서 시조의 개념을 다시 정립해 보면 다음과 같이 이야기할 수 있을 것이다. 시조는 고려 말 경 유학자들에 의하여 만들어지고 가장 오랜 생명력을 지니면서 전승되어 오는 우리 민족 고유의 전통시가다. 아울러 3 · 4조 또는 4 · 4조를 기본 율조로 하고, 우리 민족의 사상 · 감정 · 체험 등을 담기에 가장 알맞은 그릇으로서, 그 형식은 3장 6구 12소절의 정연한 형태를 가진 정형시라고 하겠다.

259) 정완영, 앞의 책, 8쪽.

2. 시조 명칭에 대한 논의

다른 어느 문학 장르보다도 시조문학 연구는 활발하게 진행되었고, 그 연구 업적 또한 다대한 성과를 거둔 것으로 안다. 그것은 일반론, 작가론, 작품론 전 분야에 해당되는 이야기며, 특히 그 원리론이나 본질론에 대하여는 더 이상 새로운 학설을 제기하기 어려울 만큼 다양하게 논의되어 왔다. 그 결과 학자마다 주장하는 바가 달라서, 시조를 공부하려는 사람들은 누구의 설을 믿고 따라야 할지 갈피를 잡을 수 없고, 우왕좌왕하는 경우가 생기게 되었다. 그러한 현상은 이 글의 본론에서 논의하려는 시조의 명칭 문제는 말할 것도 없고, 그밖에 여러 가지 사항들도 통일된 견해를 찾아보기 어렵게 되어 있다. 따라서 본 논고에서는 상기 문제에 대하여 어떤 독창적인 견해를 제시하려는 것이 아니고, 가능한 대로 여러 사람의 제설을 소개하면서 그 시비를 가려보고 필자 나름의 견해를 밝혀 보고자 한다.

1) 시조와(時調)와 단가(短歌)에 대하여

시조문학이 우리 문학사에 나타난 시기는 고려 말경이라 보는 것이 현재까지의 통설로 되어 있다. 문헌상에 나타난 바로는 고구려의 을파소, 백제의 성충, 신라의 설총 등의 작품이 현전하다고 하나, 이러한 작품들은 작가가 와전되었거나 후세인의 의작일 가능성이 높아 그 작가와 작품을 인정할 수 없다는 것이 현 학계의 공통된 인식이다. 그러니까 시조는 지금으로부터 7백여 년에 가까운 역사를 지니고 있는 우리의 고유문학이며, 그것은 오늘날도 현대시조라는 이름으로 계승되어 창작 · 발전되고 있는 형편이다. 이처럼 오랜 전통을 지닌 문학형태이면서도, 그 〈시조〉라는 명칭의 유래는 그리 오래되지 않는다.

가람 이병기의 조사에 따르면, 이 시조라는 이름이 처음으로 쓰여진 것은 영조때 사람 申光洙(1712~1775)의 「石北集」〈關西樂府〉[260]에 의거한 것이라고 한다.

初唱聞皆說太眞　至今如恨馬嵬塵
一般時調排長短　來自長安李世春

일반적으로 시조는 장단을 배열해서 부르는데, 그것은 장안에 사는 이세춘으로부터 비롯되었다는 것이다. 여기에서 시조는 창곡상의 명칭으로 쓰였던 것이고, 이 문제에 대하여 리태극은 영조 때 사람 이세춘을 당대의 명성 높던 가객이라고 소개하면서, 윗 작품의 내용대로 그만한 시조창을 생각해 내어 일반 기생들 사이에 널리 유행케 한 인물[261]이라고 설명했던 것이다. 그러나 이러한 歌樂調가 일조일석에 제작될 수는 없었을 것이니, 그 때 유행하던 이 시조창을 이세춘이 더욱 잘 하였기 때문에 위와 같은 기록에까지 남게 되었다는 것이다.

이러한 〈관서악부〉의 내용을 근거로 해서 가람은 그의 논문 〈時調의 發生과 歌曲과의 區分〉에서 시조의 명칭은 영조 때의 가객 이세춘이 창도한 것이라 주장했던 것이고, 그 이후 후배들은 이 가람설을 그대로 받아들여 지금은 거의 모든 저서에 그와 같이 적어 놓게 되었다고 본다.

이에 대하여 조윤제는 예의 윗 작품을 즉흥시, 이세춘은 그 현장에 있던 인물, 그리고 일반시조의 시조는 지금 우리가 말하는 시의 명칭으로서의 시조가 아니고 시조 즉 유행가라는 말이니, 그 당장으로 말하면 평양 〈수심가〉 등류를 가리키는 말[262]이라고 했다.

그 이유는 대체로 놀이판에서 기생들이 노래하는 것을 보면 처음에는 대개 坐唱이라 하여 긴 노래의 時調 等類를 하고, 다음에 가서 주

260) 이병기, 시조의 발생과 가곡과의 구분, 진단학보 제1권, 1934. 113~114쪽.
261) 리태극, 앞의 책, 58~59쪽.
262) 조윤제, 한국문학사, (탐구당, 1978), 101~102쪽.

흥이 나면 六字백이 愁心歌 기타의 유행가를 부르게 되어 있기 때문이란 것이다.[263]

그러나 김대행은 조윤제의 이러한 해석에 반대 입장을 표명하면서, 시조라고 한 것이 수심가 같은 당시의 노래라고 하는 데는 문제가 있음을 지적하였다. 왜냐 하면 태진이의 이야기로 시작되는 풍류라면 그것이 가곡창이건 시조창이건 금방 수심가 가락 같은 노랫가락으로 넘어 갔을 리도 만무하고 또 그런 노랫가락의 장단에 관한 설명이 나올 까닭도 없다[264]라고 했던 것이다.

이 시조라는 명칭은 그 이후의 문헌에서 자주 찾아볼 수 있었던 것이니, 정조 때 사람 洛下生 李學逵의 『洛下生稿』 觚不觚詩集 感事三十四章에 다음과 같은 글이 보인다.

"誰憐花月夜 時調正悽懷"

이처럼 〈時調〉라는 명칭의 사용례를 찾아볼 수 있었던 것이고, 그 주해에는 "時調는 또한 時節歌라고 하는데 다 시골 마을의 속된 말로 되어 긴소리로 부른다."[265]라고 되어 있다. 이러한 기록으로 미루어 보면 시조란 時節短歌音調의 준말로서 時節歌調, 혹은 時節歌 등으로 통칭되었고, 그 의미는 시절의 노래, 즉 그 시대의 노래란 뜻을 지녔다고 하겠다.

또 정조 때 사람 徐有榘의 『林園十六志』 遊藝志 卷六 洋琴字譜에는 시조의 악보까지 실려 전하며, 철종 때 사람 柳晩恭의 『歲時風謠』 에는,

---

263) 여기에 덧붙여 조윤제는 初唱聞皆說太眞의 說太眞은 鄙藏 石北集의 後人追記注에 "說太眞蓋關西妓流 當筵輒先唱此曲 曲曰一笑百媚生 太眞麗質 明皇所以幸蜀 可憐馬嵬坡下馬前死 千古女娘悲라고 하듯이 곧 歌曲源流에 있는 一笑百媚生이 太眞의 麗質이라 明皇도 이러므로 萬里行蜀하였나니 至今에 馬嵬芳魂을 못내 글허하노라 라는 시조인데, 이것을 먼저 부르고 다음에 일반 유행가를 불렀을 것이다."라고 하였다.

264) 김대행, 시조유형론, (이화여대출판부, 1986), 32쪽.

265) 時調亦名時節歌 皆閭巷俚語曼聲歌之

寶兒一隊太癡狂 截路聯衫小袖裝
時節短歌音調蕩 風冷月白唱三章

이라 하여 〈時節短歌〉라는 명칭을 썼고, 그 주해에는 "俗歌曰時節歌"라고 되어 있으니 여기서의 시절단가란 바로 시조를 지칭하는 말임에 틀림 없다.

그밖에 헌종 때 사람 漢山居士의 〈漢陽歌〉에는,

거상죠 ᄂᆞ린후의 한숀으로 머리밧고
소ᄅᆡᄒᆞᄂᆞᆫ 어린기ᄉᆡᆼ 蛾眉를 반즘숙여
羽調라 界面이며 春眠曲 處士歌며
騷聳이 編樂이며 漁父詞 相思別曲
黃鷄打令 梅花打令 雜歌時調 듯기죠타

라는 이 노래에도 그 當筵 風流의 순서에 시조가 끼어 있음을 보여주는 것이다.[266)]

지금까지 여러 자료들을 통해서 시조 명칭의 사용례를 살펴보았거니와, 결론적으로 말하면 시조는 문학 장르의 명칭이라기보다 음악 곡조상의 명칭이란 사실이 밝혀진 것이다. 좀더 구체적으로 언급하면, "시조라는 명칭은 종래에 불리던 창법에 대하여 당시 새로이 등장한 창법을 가리키는 용어로 쓰이기 시작한 것이며, 이러한 창법이 어느 정도 안정이 되면서 시절가 또는 시절단가로 굳어지게 되었는데, 시절단가라는 용어가 쓰인 것은 그 이전에 시조 형식을 지칭하여 단가라고 많이 불렀던 사정"[267)]에 연유된 것이다. 그러나 근래에는 이 시조라는 용어가 반드시 창곡상의 의미만을 지녔던 것이 아니고, 문학상의 용어로도 병칭되었다는 기록이 나와 우리들의 관심을 끌게 되었다.

266) 이병기, 시조의 발생과 가곡과의 구분, 「가람문선」(신구문화사,1969), 353쪽.
267) 김대행, 앞의 책, 33~34쪽.

徐伐이 밝힌 바에 의하면 申光洙와 같은 시대 사람이면서 친구이기도 했던 채제명의 〈淸暉子詩稿序〉라는 글에 아래 인용문과 같은 글이 실려 있다는 것이다.

> 내가 일찍이 약산옹을 찾아 갔더니, 눈가에 은은히 기뻐하는 빛이 있었다. 웃으면서 나에게 말하기를 오늘 내가 선비를 얻었는데 그 사람의 성명은 황사술이고, 모양이 옥과 같이 깨끗했고, 두 눈동자가 가을 물같이 맑았다. 소매 속에서 시 약간 편을 꺼냈는데 모두 시조였다. 그 재주가 뛰어나 상줄 만했고 나에게 배우기를 청하기에 허락하였다.[268]

여기서 문제되는 것은 “소매 속에서 시 약간 편을 꺼낸 것이 모두 시조였다”라고 한 구절이다. 이것은 시조를 음악적 측면으로만 인식했던 것이 아니라 문학적 측면으로도 인식했다는 충분한 근거가 된다.

이러한 자료에 대하여 김제현은 그 문맥상으로 볼 때 채제명이 찾아간 藥山翁은 吳光運으로서 그의 스승벌 되는 한 세대 전대의 사람이라고 전제했다. 그래서 그가 황사술의 시를 꺼내 보이며 “이것이 모두 시조이다”라고 한 말을 채제명이 들은 대로 〈淸暉子詩稿序〉에 기록한 것임을 알 수 있게 되었다는 것이다.

상기 인용문에 의하면, 시조라는 명칭은 신광수나 채제명의 세대 이전부터 사용되었음을 알 수 있으니, 적어도 그 명칭의 사용 문제는 영조 이전으로 거슬러 올라가야 한다는 해석이 가능하게 되었다.
아울러 시조는 그 시대 이전에도 창곡상의 명칭만이 아니고 문학상의 명칭으로 도 통용되었다는 사실을 추인해야 될 것이다.

그러면 이 〈시조〉라는 명칭이 생기기 이전에는 이러한 실물을 무엇이라고 불렀던가. 이에 대하여 최승범은 그저 단순히 짧은 노래(短歌),노래(歌 · 歌曲 · 歌謠 · 樂 · 樂章 · 唱 · 永言), 새노래(新調 · 新

268) 余嘗侯藥山翁 翁眉際隱隱有喜色 笑謂余曰 今日吾得士矣 其人姓黃 思述其名 貌如玉 兩眸如秋水 袖中出詩若干篇 皆時調也 而其才絕可賞 請業於余 余肯之

聲·新曲·新飜), 한시와 구별되는 노래(詩餘)[269] 등으로 구분해서 설명한 바 있다.

그러나 이들 중에서도 〈短歌〉라는 명칭이 제일 많이 통용되었던 것으로 보고 이에 대한 고증을 제시해 보고자 한다.

> 예종 15년 가을 성서도에서 팔관회가 열렸는데 가상 둘이 있었다. 머리에는 잠을 끼고 붉은 복장을 하였으며 홀과 병기를 잡고 말을 타고 뛰면서 운동장을 빙빙 돌았다. 임금이 이상히 여겨 물으니, 좌우에서 말하기를 신숭겸과 김락이라고 하였다. 이어 본말을 아뢰니 임금은 슬퍼하면서 감개하고는 두 신하의 뒷일을 물었다. 임금께서는 4운1절과 단가 2장을 지어 주셨는데, 시의 내용은 "두 공신상을 보니 생각하는 바가 넘쳤다. 팔공산의 자취는 적막한데 평양에서의 일은 남아 전한다. 충의는 천고에 밝고 사생은 오직 한때의 일이다. 임금을 위하여 흰 칼날을 밟았으니 이로부터 왕의 기틀을 보전하게 되었다."[270]

여기 인용문에서 주목되는 곳은 끝 부분의 "四韻一絕 端歌二章"이라는 대목이다. 특히 〈端歌二章〉은 고려의 예종이 지었다고 하는 〈悼二將歌〉를 가리키는 말로, 예종이 西京에 行幸하였다가 그 당시 베풀어진 팔관회에서 고려 초의 공신인 申崇謙과 金樂 두 장군의 假像戲를 보고 느낀 바가 있어 지은 일종의 추도시라고 하겠다. 그러니까 윗글에서 〈端〉라는 말은 짧은 노래라는 뜻의 〈短歌〉와 같은 뜻으로 쓰여졌다고 하겠으나, 그것이 곧바로 시조 형식을 의미하는 〈短歌〉로 규정하기는 어렵다는 이야기가 된다.

다음은「松江別集追錄遺詞」卷二에

---

269) 최승범, 시조론,「국문학신강」, (새문사, 1988), 119쪽.

270) 張德順, 韓國文學史, 同和文化社, 1986,110쪽.

睿宗十五年庚子秋 成書都設八關會 有假像二 戴簪服紫 執笏紆金騎馬踊躍 周巡於庭
上奇而問之
左右曰 此申崇謙金樂也 仍奏本末 上悄然感慨 問二臣之後 賜御題四韻一絕 端歌二章

> 훈민가는 우제 충정 이후원이 말하기를 "단가 16장은 곧 선조 때의 재상 정모가 강원도 감사 시에 지은 것이다"[271]라고 하였다.

라는 기록이 있어, 송강의 시조 작품 〈訓民歌〉 16수를 〈短歌〉라고 지칭했던 사실을 증명해 준다.

又 石隱 宋達洙의 飜辭 다음에 短歌雜篇이라 하여 송강의 시조를 배열하여 놓았고, 朴仁老의 早紅柹歌 다음과 珍本靑丘永言의 漁父歌에 대한 聾巖 李賢輔의 自書에도 각각 短歌라고 하고 있다.[272]

이 밖에도 이러한 용례를 더 찾아보면 다음과 같다.[273]

> ① 삼가 장가 6장과 단가 2장을 지었는데, 붕우들과 더불어 가영하기도 하고, 혹은 밤에 노래하고 춤추면서 찬송하고 기도하기를 부지런히 하느라고 거의 헛되게 보내는 날이 없었다.
>
> ② 망녕되이 찬개를 가하여 1편 12장에서 3장을 버려 9장을 만들고, 장가를 지어서 노래하였다. 1편 10장을 줄여서 단가 5결을 만들고 엽을 만들어 노래 불렀다. 합하여 1부의 신곡을 이루었다.
>
> ③ 옹의 나이는 지금 87세인데 벼슬을 그만두고 한가롭게 지내기를 12년 되었다. 그의 만년의 거취와 편안하게 지낸 행적은 모두 이 3개의 단가 속에 있기에 이것을 써서 자랑으로 삼는다.

이러한 예문들로 미루어 볼 때에 〈시조〉라는 명칭이 보편화되기 이전에는 〈단가〉라는 말이 주로 사용되었음을 알 수 있다. 이 〈단가〉

---

271) 訓民歌 迂齋 李忠貞厚源曰 短歌十六章 卽宣祖朝相臣鄭某 爲江原監司時所作也

272) 徐元燮, 時調文學研究, (螢雪出版社, 1982), 53~54쪽.

273) ① 謹作長歌六章 短歌二章 或與朋友歌詠 或夜歌且舞 頌禱之勤 殆無虛日(成宗實錄 券三百二十二(丁克仁 上書文)
② 妄加撰改 一篇十二章 去三爲九 作長歌而詠焉 一篇十章 約作短歌五闋 爲葉而唱之 合成一部 新曲 (珍本 靑丘永言 退溪의 漁父歌序 중에서)
③ 翁之年 今八十七歲 致仕投閑 亦過一紀 其晩年去就 逸樂 行蹟 蓋于此三短歌 聊書以自詫(聾巖集生日歌 序文))

의 의미는 〈짧은 노래〉라는 뜻으로서 조선시대 歌辭를 〈長歌〉라고 부른데 대한 상대적 명칭인 것이다.

한마디로 이 〈시조〉라는 명칭이 생긴 이후에도 어느 시기까지는 〈단가〉라는 명칭이 병용되다가 후대로 내려오면서 〈시조〉라는 명칭에 그 바통을 넘겨주었을 것으로 생각된다.

2) 기타 명칭에 대하여

전항에서는 〈시조〉와 〈단가〉에 한하여 그 사용례를 살펴보았다. 더우기 시조라는 명칭이 생기기 이전에는 〈단가〉라는 명칭이 주로 사용되었음을 예증해 보았다. 그 다음에 많이 쓰인 명칭에는 〈가곡〉이 있다고 본다. 시조창이 생기기 이전에는 이 시조 작품을 가곡창으로 불렀던 것이다. 즉 歌曲唱을 平易化하여서 어디서나 누구나가 부를 수 있게 만든 것이 시조창인 것이다.

그러므로 歌曲源流니 校註歌曲集이니 하는 책명까지 붙게 된 것이요, 青丘永言이나 海東歌謠들도 歌曲譜로서의 편찬인 것을 알 수 있다.[274] 하여간에 歌曲(歌曲選 · 古今歌曲 · 歌曲源流), 永言(青丘永言), 歌謠(海東歌謠), 樂章(海東樂章), 太平歌(南薰太平歌), 女唱(女唱類聚), 風雅(大東風雅) 등은 책명으로 사용되었던 경우라 하겠고, 그 밖에도 新調, 新聲, 新飜, 新曲, 詩調 등이 시조의 명칭으로 사용되었던 예라고 하겠다.

그러나 東國通鑑에서의 〈詩調〉, 高麗史節要에서의 〈新聲〉, 삼국사기에서의 〈新調〉 등은 조선시대의 시조와는 무관하고, 다만 그 당시에 「새로 지은 노래」, 「새로 지은 곡조」라는 뜻의 용어로 사용되었음을 유의해야 된다.

다음 東國通鑑에 나온 「製詩調曰太平曲」은 「製新調曰太平曲」의 잘못이라는 것이 정설로 되어있다. 이 문제는 「동국보감」 보다 신빙

274) 리태극, 시조의 사적연구,(이우출판사, 1978), 17~18쪽.

할 만한 「고려사」나 「고려사절요」에는 모두 「製新調」로 되어 있다는 사실이 이미 선학들에 의하여 밝혀졌던 것이다.

또 한 가지 짚고 넘어가야 할 사항은 〈시조〉를 한자로 적을 때에 〈時調〉로 할 것이냐 〈詩調〉로 할 것이냐 하는 표기상의 문제이다. 이에 대하여 孫晋泰는 그의〈時調와 詩調에 表記된 朝鮮사람〉이란 글에서,

> "시조를 在來에는 時調라고 쓴 사람이 많다. 어느 「시」 자가 옳은지는 고전 학자들 사이에 무슨 意見이 있을 듯하나, 나는 詩字가 옳은 듯하기에 詩調라고 쓰고자 한다. 詩調는 혹 詩歌 혹 歌曲이라고도 하며, 國歌라고도 부를 수 있는 것이다. 詩調는 詩인 동시에 歌이며, 曲이 있으며, 調가 있는 것이다. 반드시 歌이며 曲이 있는 점에 今日의 新詩와 相異가 있는 것이다."[275]

라고 하여 〈詩調〉로 쓰자는 이론을 내세웠다. 이 문제에 대하여 서원섭은 "時調라고 표기했을 때 이는 작품 내용을 지칭하는 辭說을 말하는 것인지 曲調를 말하는 것인지 그 구별이 모호하여 曲名인 時調와 구별하기 위하여 詩調라고 표기한 듯하다."[276]는 해석을 내렸던 것이다.

상기 인용문을 자세히 살펴보면, 시조는 詩인 동시에 歌이며, 曲이 있으며, 調가 있기 때문에 〈詩調〉라고 표기해야 된다는 것이다.

그러나 〈향가〉〈여요〉〈별곡〉〈가사〉 등 우리 고전시가의 명칭들을 고려해 본다면 그러한 논리가 옳지 않다는 것은 자연스럽게 밝혀진다.

이러한 우리 시가 명칭에 〈詩〉자를 붙이지 않았어도, 〈향가〉〈여요〉〈별곡〉〈가사〉 등을 시가 아니라고 이야기할 사람은 아무도 없었기 때문이다.

하여간에 손진태는 〈시조〉라는 명칭이 발생할 당시에 〈詩에 있어

---

275) 孫晋泰, 時調와 詩調에 표현된 조선 사람, 新民 7월호, 1926(時調研究論叢), 23쪽.
276) 서원섭, 앞의 책, 57쪽.

서의 곡조〉가 아니라, 〈時節歌에서의 곡조〉라는 의미로 〈시조〉라는 명칭이 쓰여졌다는 사실을 간과한 데서 그러한 주장을 내세웠을 것으로 생각된다. 그리고 손진태 이후 아무도 이러한 주장을 밑받침해 줄 만한 이론가가 없었다는 점도 그의 주장에 설득력을 잃게 한다.

그밖에 시조 용어 해석에 대한 이설로는 時調를 新調, 新聲, 詩調 등으로도 표기한 것으로 안다. 時調란 用語의 成語가 漢字語에 의하여 이루어진 것이 아니고, 漢字音의 借字로서 '時·新·詩' 등 字를 '새'(東)의 義로 보고, 時調의 뜻을 〈東方의 새로운 曲調〉라 보는 설[277]도 있다는 것을 아울러 첨언해 둔다.

다음은 이처럼 다양하게 사용되었던 시조의 명칭들이 근대 이후로 넘어오면 어떠한 양상을 띠게 되는지에 대하여 살펴볼 차례다. 이른바 시조 부흥운동이 전개될 무렵에도 이 시조에 대한 명칭은 제자리를 찾지 못했던 것이니, 그것은 근대시조의 선구자라고 하는 崔南善의 경우를 살펴보아도 능히 잠작 되는 바이다.

그는 신문학 초기에 여러 잡지들을 발간하면서 〈시조〉를 지칭하는 말로 〈少年〉에선, 詩, 國詩, 國風이라 했고, 〈歌曲選〉에서는 時調, 歌曲, 風謠라 했고, 〈靑春〉에서는 時調, 國風, 土風이란 용어를 사용했던 것이다. 이처럼 다양한 명칭의 사용에 대하여 임선묵은 〈소년〉에서〈시〉라 칭찬한 것은 비약이며, 〈가곡선〉의 〈가곡〉은 물론이고 그 때의 〈시조〉는 음악과의 혼효개념으로 사용되었고, 〈청춘〉에서의 시조는 문학으로서의 명칭이었다.[278]고 설명한 바 있다. 아울러 여기에 일관한 國詩, 風謠, 國風, 土風은 집단성을 띤 개념이며, 특히 國風, 土風이라 했을 때는 시조 발생 이전의 〈起源〉의 해명에도 관계된다고 했던 것이다.

시조 명칭에 대한 혼용은 그 이후에도 계속되어 현재까지 알려진 바로는 국풍, 국시, 시조, 시죠, 노래, 정형시, 형태시, 삼장시, 삼행

---

277) 金起東, 國文學槪論,(進明文化社, 1983), 109~110쪽.
278) 林仙默, 時調詩學敍說 (靑字閣, 1974}, 99쪽.

시, 민족시, 겨레시, 시조시 등이 난립하면서 실험적으로 사용되기에 이르렀다. 특히 이 시기의 명칭에서는 유구한 역사성을 의식한 점, 민족정신이 담겨진 고유한 정형성을 강조한 점, 그리고 음악이 아니라 문학의 한 장르라는 강한 의식을 내포하고 있다.[279)]

이 시조 명칭에 대한 문제는 이른바 개화기라고 표현되는 근대 이후에도 여전히 난맥상을 이룬 사실이 증명되었다. 그러니 이제부터는 계속해서 새로운 명칭을 만들어 내는 데 관심을 둘 것이 아니라, 적어도 어느 한 가지에 대표성을 부여하는 작업이 선행되어야 할 과제라고 본다. 그런 의미에서 필자는 〈시조시〉라는 명칭에 대하여 관심을 갖게 되었고, 적어도 음악을 떠난 창작 위주의 시조 작품에 대하여는 이 명칭을 부여하는 것이 근대 이후 현대시조에 대한 온당한 대접이라고 본다. 이렇게 되면 시조 명칭에 대한 변천 과정은 "단가→시조→시조시"라는 화살표가 그려지게 될 것이다.

> "時調詩의 定型에 있어 제일 조건은 六句三章이다. 이 六句三章으로 조직된 것은 절대 불변의 형식이니, 이것은 시조시의 결정적 구성형식의 특성이다. 고로 시된 본성의 律動, 旋律, 和諧 등 三法은 이 六句三章 內에 배열하여 있는 것이다."[280)]

여기 안자산의 논설을 인용해 보았거니와, 그는 이미 1940년대 〈文章〉誌에 〈時調詩〉라는 명칭을 쓰고 있었던 것이다. 그 이후에도 이우종은, "시조시의 경우에 있어서도 時調와 詩의 대등 관계로 결합된 복합어가 아니라 이 때의 시조는 시를 꾸며주는 수식 관계로 파악되어야 옳을 것이다. 즉 시는 시로되 그 시형이 시조적인 시라는 말이다"[281)]라고 하면서 〈時調詩〉라는 명칭의 사용을 긍정적으로 받아들였다.

---

279) 韓春燮, 韓國時調詩論叢, (乙支出版社, 1990), 20쪽.
280) 安自山, 時調詩와 西洋詩, 文章 二卷一號, 1940, (時調研究論叢, 175쪽)
281) 李祐鍾, 韓國現代時調詩의 理解, (國際出版社, 1981), 55쪽.

이에 대하여 한춘섭은 自山 安廓(1884~?)의 「時調詩學」이 1940년도에 발간되었으며, 林仙默(1939~)의 「時調詩學敍說」이 1974년도에 간행되었음을 상기키면서, 〈時調〉는 노래(가락)요, 「시대 흐름에 맞는 새로움」이란 말뜻이므로 〈詩〉자가 첨가된다고 하여 번거로울 것이 없다고 했다. 자유시, 정형시, 서정시, 서사시 등의 명칭도 두 글자 아닌 세 글자이므로 이것이 거추장스러울 이유가 없다는 것이다.[282)]

하여간에 이러한 조건들 이외에도 시조에 대한 명칭은 시조 자체 내의 변천 과정과 무관하지 않다는 사실을 염두에 두어야 한다고 본다. 그러니까 시조 발생 이후 중기까지는 그저 〈짧은 노래〉라는 의미를 반영해서 〈단가〉라 했던 것이고, 그 다음 새로운 창법으로 노래하는 〈시절가조〉라는 의미를 반영해서 〈시조〉라고 하는 명칭이 생겼다고 한다면, 근대 이후 창곡과는 완전하게 결별한 창작 위주의 시조 작품에 〈時調詩〉라는 명칭을 부여하는 것은 시조문학사 발전에 의한 자연스러운 귀결인 것이다.

그리고 〈시조시〉라고 할 때에는 현대의 자유시와 병립한다는 의미도 내포되어 더욱더 그 타당성을 인정하지 않을 수 없다. 좀 더 구체적으로 말하면 현대시와 병립해서는 현대시조라는 용어가 있고, 자유시와 병립해서는 정형시라는 용어가 있어 그 말을 써야 하겠으나, 이미 시조의 개념 속에는 정형시라는 의미가 함축되어 있어, 굳이 생소한 〈정형시〉라는 말을 대표적 용어로 등장시킬 필요가 없다고 생각된다.

결론적으로 〈단가〉라는 용어가 영조 시대를 전후해서 〈시조〉라는 용어에 자리물림을 해준 것은 〈시조창〉이라고 하는 변혁을 불러옴으로 써 하나의 큰 획을 그었던 때문이고, 이제 그 〈시조〉라는 용어는 〈창곡〉이 제거되고 문학성 위주의 창작이 활발하게 진행되는 현금에 이르러서는 또 하나의 큰 획을 그은 것으로 판단되기 때문에 〈時調詩〉

282) 한춘섭, 앞의 책, 23쪽.

라는 용어에 자리물림을 해 주는 것은 역사 발전의 자연적인 추세라고 본다.

그러니까 적어도 갑오 이후에 지어진 근대시조나 오늘날 주로 창작되고 있는 현대시조에 대하여는 〈시조시〉라는 명칭을 부여해서, 그에 합당한 대접을 하는 것이 시조를 아끼고 공부하는 사람들의 도리라고 생각한다. 그렇더라도 〈시조〉라는 용어 속에는 〈시조창〉이라는 개념과 〈시조문학〉이라는 개념이 공존함과 동시에, 〈단가〉나 〈시조시〉라는 의미까지 포괄하고 있어, 지금까지 논의되었던 그 모든 명칭들을 대표하는 용어는 역시 〈시조〉라는 점을 다시 한 번 강조해 두는 바이다.

지금까지는 시조 명칭에 대한 문제를 통시적으로 살펴보고 논의하는 작업을 나름대로 시도해 보았다. 이제 그 본론에서 논의되었던 사항들을 요약 정리하면 다음과 같다.

① 〈시조〉라는 명칭이 〈시조창〉의 발생과 밀접한 관련이 있는 것이라면, 〈관서악부〉소재의 한시를 통해서 볼 때 그 시조창을 창안해 낸 이는 이세춘으로 생각되어지고, 따라서 〈시조〉라는 명칭은 영조 때의 가객 이세춘으로부터 비롯되었다는 선학들의 주장은 이의 없이 받아들여야 한다. 그러나 근자에 발견된 채제명의 〈淸暉子詩稿序〉에 의하면 그 이전 시대에 이미 〈시조〉라는 명칭이 사용되었을 가능성도 배제할 수는 없다고 하겠다.

② 예의 한시 제3구 "一般時調排長短"에서 〈一般時調〉를 우리가 보통으로 알고 있는 시조로 생각지 않고 그 당시의 유행가 즉 평양 〈수심가〉 등류로 해석한 조윤제의 견해는 잘못되었다고 생각한다. 그러한 해석은 "일반적으로 시조는 장단을 배열해서 부르는데"로 해석하면서〈일반〉을 부사로 보지 않고 〈일반시조〉라는 고유명사가 있는 것처럼 착각한 데서 연유했을 것으로 짐작된다. 만약에 〈수심가〉와 같은 노랫가락을 지칭하는 용어로 〈일반시조〉라는 명칭을 원용했다면, 그러한 사용례가 다른 문헌에도 도처에 나타나야 한다. 필자가

과문한 탓인지는 몰라도 그러한 유행가 등류를 〈일반시조〉라 지칭한 문헌을 찾아보지 못했기에 그러한 해석은 지나친 비약이라 아니할 수 없다.

③ 〈시조〉라는 명칭이 발생할 당시에는 문학 장르상의 명칭이라기보다는 음악곡조 상의 명칭으로 사용되었다는 사실이 여러 자료에 의하여 증명되었다. 그러나 전기 〈淸暉子詩稿序〉에 의하면 문학상의 의미를 부여했던 것도 틀림없는 사실이니, 오늘날 우리들이 생각하고 있는 〈시〉라는 의미의 시조가 아니라, 〈시〉와 〈음악〉의 양면성을 지닌 〈시가〉 정도로 인식했을 가능성이 높다고 보여진다.

④ 〈시조〉라는 명칭이 보편화되기 이전에는 〈단가〉라는 말이 주로 사용되었고, 그 다음으로는 〈가곡〉이라는 말이 많이 사용되었다. 그 밖에도 〈시조〉를 지칭하는 말이 너무 많이 파생되어 혼란스럽다는 느낌마저 들게 한다. 그러나 이 시조 명칭에 대한 문제는 이른바 개화기로 표현되는 근대 이후에도 여전히 난맥상을 보여 국풍, 국시, 시조, 시죠, 노래, 정형시, 형태시, 삼장시, 삼행시, 민족시, 겨레시, 시조시 등이 사용 되면서 갈피를 잡을 수 없게 되었다. 그래서 필자는 〈시조시〉라는 명칭에 대하여 관심을 갖게 되었고, 적어도 음악을 떠난 창작 위주의 작품에 대하여는 이 명칭을 부여하는 것이 근대 이후 현대시조에 대한 온당한 대접이라고 보았던 것이다.

⑤ 아울러 〈시조〉라는 용어 속에는 〈시조창〉이라는 개념과 〈시조문학〉이라는 개념이 공존함과 동시에, 〈단가〉나 〈시조시〉는 물론이고 옛시조나 현대시조를 지칭했던 그 모든 명칭들을 포괄하고 대표할 수 있는 용어는 역시 〈시조〉뿐이라는 것을 분명히 해둔다.

3. 시조문학사의 시대 구분

시조문학사를 이해하기 위해서는 제일 먼저 해결해야 할 과제가 그 시조문학사의 시대 구분 문제이다. 시대 구분은 문학사 서술의 편의

만을 위해서 필요한 작업이 아니고, 그 문학사를 체계적으로 이해하고 그에 대한 실상을 파악하는 데도 필요불가결한 작업이다. 그런데 이러한 문학사는 어떤 면에서는 시대사적 성격을 띠게 되고, 그리고 어떤 면에서는 이념 및 사상사적 성격을 띠게 되고, 또 달리는 문학 장르사적 성격을 띠게 된다. 시조문학의 경우는 그 형태상, 율격상, 형식면, 내용면, 전승면, 작가군 등에서 새로운 국면을 여러 번 겪어 왔던 것이고, 이러한 변모는 그 문학사에 대한 전개를 체계적으로 정리할 필요성을 느끼게 하였다.

그러나 문학사에서의 시대 구분은 바로 그 작품 중심으로만 이루어지기 어려운 난점이 있다고 하는 것은 그 방법 면을 살펴보아도 능히 짐작되는 바다. 오늘날 한국문학사에서의 시대구분을 하는 방법과 기준은 대체로 ① 정치 왕조사적 방법 ② 세기 중심적 방법 ③ 문학 양식사적 방법 ④ 문학 발달사적 방법 ⑤ 문화사적 방법 ⑥ 종교 사상사적 방법 ⑦ 경제 사회사적 방법 ⑧ 작품 중심에 역사적 정치 변동을 고려하는 방법 ⑨ 문학작품의 내용과 형식상의 주 특징을 고려하는 방법[283] 등이 있다고 하는데, 이러한 기준들은 그 시대 구분 문제가 작품 외적 요인에 좌우되는 경우가 많다고 하는 사실을 입증해 준다고 하겠다.

하여간에 그 어떠한 방법을 선택하더라도 그 방법에 절대적 가치를 부여할 수 없다는 데에 문제점이 있고, 아울러 자신이 선택한 방법에 만족할 만한 시대 구분을 전개하기도 어렵다는 데에 또 다른 문제점이 있다. 그 결과 국문학사나 시조문학사 시대 구분에 있어서 저자의 주관이 강하게 작용 되었던 것이고, 저서마다 상이한 시대 구분을 해 놓을 수밖에 없었던 것이고, 심지어는 자신이 제시한 방법이나 기준

283) 이러한 기준과 방법에 의하여 기술된 한국문학사로 ① 김사엽의 「개고국문학사」 ② 려증동의 「한국문학사」 ③ 장덕순의 「한국문학사」 ④ 김석하의 「한국문학사」 ⑤ 조지훈의 「한국문화서설」 ⑥ 박성의의 「한국문학배경연구」 ⑦ 이명선의 「조선문학사」 ⑧ 조윤제의 「한국문학사」 ⑨ 이병기 · 백철의 「국문학전사」 등을 예로 들 수 있다. (서원섭의 「시조문학연구」 참조)

에 맞지 않는 시대 구분을 한 경우도 찾아볼 수 있게 되었다. 이러한 점들을 고려하면서 본고에서는 먼저 제가들의 이론과 시대구분 안을 제시해 보고, 이들을 밑받침삼아 필자 나름의 새로운 방안을 제시하는 순서로 논의를 진행해 나가고자 한다.

1) 문학사의 기술 태도와 방법

시대 구분 문제에 여러 가지 방법이 적용될 수 있다는 것은 이미 전술한 내용 그대로다. 그 중에서 한 가지 방법을 선택 하려면 ⑧번의 작품 중심에 역사적 정치 변동을 고려하는 방법이 될 것이다. 그것은 문학사는 문학에 대한 역사이고, 문학에서는 작품이 우선되어야 한다는 명제가 있기 때문이다. 그러니 시조문학의 경우는 작가를 알 수 없는 무명씨의 작품이 상당한 비중을 차지한다는 점에서, 그 작품 중심으로 시대 구분의 방법을 제시하는 데도 한계가 있다는 점을 미리 밝혀 두는 바이다.

아울러 역사적 정치 변동 사항을 고려하지 않을 수 없는 것은 시대사 구분에 있어서 왕조의 교체나 체제의 변혁이 문학 작품에 끼치는 영향은 막대하기 때문이고, 임진왜란과 같은 역사적 사건이 정치, 경제, 사회, 문화 등 각 분야에 끼친 영향은 거의 혁명적이라 할 만큼 지대했기 때문이다.

그렇더라도 실제 시대 구분에 있어서는 ⑧번의 경우를 주된 방법으로 하되, 기타 문학 양식사적 방법, 문학 발달사적 방법, 문화사적 방법 등을 가미하면서 종합적으로 고찰하는 방법이 가장 무난할 것으로 생각된다. 더욱이 시조문학사의 경우는 이보다 상위 개념인 국문학사의 시대 구분이 어떻게 전개되었는가 하는 점과 제가들의 문학사 시대 구분에 대한 이론적 근거를 알아보는 것이 선행되어야 할 과제라고 본다.

"我朝鮮은 檀君부터 今日에 至하기 茫茫 五千年이라 歌를 詠하기는 建國

이전부터 잇슬새 이래로 時에 盛衰가 잇고 物에 興亡이 잇스니, 文學은 多少 파란이 업지 안하다. 혹시는 가요가 발달하고 散文이 行치 안은 時도 잇고, 혹시는 漢詩만 발달한 時도 잇섯스며, 思想으로 말하야도 情調的 勢가 有한 시도 잇고, 因果觀念의 傾向이 有한 시도 잇섯는지라. 此時勢는 勿論 政治上의 時代와 相異할지라. 然이나 其大勢는 政治의 消長과 伴함과 가튼지라. 故로 政治上의 시대를 中心으로 하야 文學上의 시대를 이하 五大期로 分區하노라.[284)]

이 밖에도 안자산은 문학사라고 하는 것은 문학의 기원 변천 발달을 질서적으로 기재한 것이라 그 국민의 심적 현상의 변천 발달을 추구하는 학문이라고 했다. 안자산이 추구하는 방법은 정치 왕조사적 방법이 주가 된다고 하겠고, 여기에 문학 발달사적 방법, 문학 양식사적 방법, 종교사상사적 방법 등이 참고 되어야 한다는 것을 암시해주고 있다.

또 그는 실제로 시대구분을 5기로 나누어 놓고도, 문학의 변천은 반드시 이같이 절연한 것이 아니라 전제하고는 좀 더 세분해도 무관하다는 것을 강조한 바 있다.

"國文學의 全領域을 總網羅하여 千有餘年의 國文學史를 어떻게 시대를 區分하여 編錄할 것인가 하는 것은 重大한 문제다. 단순히 시대로 말하면 上古 · 中古 · 近古 · 近代 · 最近世 · 現代라 하였으면 그만이지마는 이것이라 할지라도 어디까지를 上古라 하며, 어디서 어디까지를 中古 혹은 近古 等等이라 할 것이라 하는 것도 問題가 된다. 또 普通 政治的 事實에 依하여 신라 이전을 上古, 統三新羅 一代를 古代, 高麗 一代를 中世 云云이라 할 方法도 있을 듯하나, 문학적 사실이 정치적 사실과 반드시 시대적으로 附合된다고도 하기 어려운 점이 있을 뿐 아니라 비록 또 그것이 偶然히 附合된다 하더라도 古 · 中 · 近 · 現으로 시대를 구분하면 너무 漠然하여 內容을 충분히 把握하지 못하는

284) 안자산, 조선문학사, (한일서점, 1922), 3쪽.

점도 있다 할 것이다."[285)]

라고 하여 시대구분의 어려운 점을 설파하고 있다. 단순히 시대로 말하면 어디까지를 상고라 하며, 어디서 어디까지를 중고 또는 근고라 해야 할지 문제가 된다는 것이다. 또 문학적 사실이 정치적 사실과 반드시 시대적으로 부합되기도 어렵고, 또 古, 中, 近. 現으로 시대 구분하면 너무 막연해진다는 점도 지적해 놓았던 것이다.

그래서 조윤제는 실제로 정치왕조사적 방법에 의하여 시대 구분을 해놓고도, 여기에 태동시대, 형성시대, 위축시대, 잠동시대, 소생시대, 육성시대, 발전시대, 반성시대, 운동시대, 유신시대, 재건시대라는 별도의 명칭을 붙였던 것으로 이해된다.

> "文學史의 方法論 中 가장 決定的이요 또 重要한 部分은 各 時代의 特徵的 性格을 體系化하는 시대구분의 방법에 있다. 바꾸어 말하면 한 민족의 문학사란 恒常 明瞭하지 않은 因果關係를 明瞭하게 하고자 하고, 無關係인 것처럼 보이는 것을 關係있는 사실로 바꿔놓는 일임에도 不拘하고, 과거의 모든 문학적 사실은 끝없는 多樣性과 放散性으로 얽혀 있는 것이다. 좀 더 구체적으로 말한다면 어떠한 문학 작품에든지 그 작품 속에는 작가나 사회의 幻影, 憧憬, 興奮 등이 表現 反映되어 있는 것이다. 그런데 이러한 無數한 原因 結果의 가장 總括的이고 또 일반화된 個個의 원인 결과의 체계화를 우리는 법칙이라 부르고, 따라서 하나의 법칙은 움직일 수 없는 것으로 確認된 數千數百의 관계의 一般化된 것임을 뜻한다."[286)]

라고 하여 문학사란 명료하지 않은 인과관계를 명료하게 만들고, 무관계인 것처럼 보이는 것을 관계있는 사실로 바꿔놓는 작업이라 했다. 또 이러한 관계의 확인은 법칙에 선행하는 작가나 작품이나 조

---

285) 조윤제, 국문학사, (동국문화사, 1949), 7～8쪽.
286) 백철 · 이병가, 국문학전사, (신구문화사, 1960), 10～11쪽.

류나 시대의 성격을 신중히 분석함으로써 얻어진다는 것이고, 이러한 확인이 종합되는 곳에서 비로소 법칙이 확립될 수 있다는 견해를 밝혔던 것이다.

시대 구분에 있어서도 기계적으로 시대적인 기간이나 왕조의 경질 같은 데 의거하지 않고 문학작품의 내용과 형식상의 주 특징을 참고해야 된다는 것이다.

이러한 논설에 의하여 이병기는 그의 『국문학전사』에서 고전문학 분야를 〈여조이전의 문학〉과 〈근조문학〉으로 2대별하고, 다시 전자를 고대문학, 삼국시대의 문학, 통일신라의 문학, 고려시대의 문학으로 나누고, 후자는 시가문학의 난숙기, 산문정신의 맹아기 등으로 나누어 놓았다. 그러니까 여조 이전의 문학은 정치왕조사적 방법에 의하여 분류하고, 근조문학은 문학작품의 내용과 형식상의 주특징을 참고하여 나누어 놓았으니, 그 분류 기준에 일관성이 없었다는 비난을 면하기 어렵게 되었다.

이 밖에도 장덕순은 문학사의 시대 구분하는 방법으로 문학적 사건, 또는 문화적 사건을 위주로 하되 역사적 세계에서 거의 지배적 역할을 담당하고 있는 정치적 변동상 즉 시대적 사건을 고려에 넣는 아량이 필요하다[287]고 했던 것이다.

이상에서 문학사 기술에 대한 이론적 측면을 살펴보았거니와 대부분의 논자들이 정치왕조사적 방법을 완전히 외면할 수 없었다는 결론에 도달하게 된다. 여기에 문학양식사적 방법이나 문학발달사적 방법이 가미 되었던 것으로 생각되는데, 실제 작업에 있어서는 이론과 현실이 괴리 되는 현상도 찾아보게 되었다.

역사적 변동 상황을 중시하면 문학적 사건 그 자체를 소홀하기 쉽고, 문학적 변동 상황을 중시하면 역사적 사건에 배치되어 이 양자를 만족시키고 조화시킬 수 있는 방안을 얻어내기 어렵다. 더구나 시조문학사는 국문학사 전반에 걸친 문제점을 고려하면서 시조문학 중심

287) 장덕순, 국문학통론, (신구문화사, 1960), 53쪽.

으로 그 시대 구분을 해야 하는 일종의 장르사란 점에서 또 다른 난점이 있다고 생각된다.

2) 제가(諸家)들의 시대 구분안 고찰

1) 金鍾湜: 時調概論과 作詩法[288)]

1. 三國時代의 時調
2. 高麗時代의 時調
3. 李朝時代의 時調
   ① 時調文學 建設時代(李朝開國~成宗까지)
   ② 時調文學 發揮 時代(中宗朝~宣祖 25年 壬辰亂까지)
   ③ 時調文學 民衆化 時代(宣祖 25年 壬辰年~肅宗朝까지)
   ④ 平民文學時代(肅宗朝~正祖朝까지
   ⑤ 時調唱曲 時代(純祖朝~韓國末年 庚戌 韓日合併 成立까지)
   ⑥ 時調文學 復興時代(庚戌韓日合併~現在 1950년까지)

여기서는 정치왕조사적 방법과 문학발달사적 방법을 조화시키면서 시대 구분을 시도하였다. 최고 삼국 시대로부터 최근 6.25전쟁 발발시까지를 시조문학사의 시대 구분 기간으로 설정한 것도 특기할 만한 일이다. 삼국시대의 작품으로 고구려의 을파소, 백제의 성충, 신라의 설총 등의 작품이 현존한다고 하나, 이것은 그 신빙성 여부가 불확실하여 아예 논외로 하는 것이 우리 학계의 형편이고 보면, 시조문학의 기점을 삼국시대로 잡는 것은 객관성이 결여된 처사라 아니할 수 없다.

다음은 고려시대의 시조에 대하여 생각해 볼 차례다.

> "시조작가로서 삼국시대의 乙巴素 · 成忠 · 薛聰까지 등장되어 있는 실정이다.~중략~따라서 乙巴素부터 郭輿에 이르는 6명의 작품은 아무리

288) 김종식, 시조개론과 작시법,(대동문화사, 1950), 67~ 77쪽.

많은 시조집에 실려 있다 하더라도 이것은 작가가 와전되었거나, 혹은 후세의 의작이라 할 수밖에 없는 것이다. 鄭知常과 李奎報의 작품이 1수씩 전하는데 이들의 작품 역시 신빙성이 없다. 정지상의 작품은 그의 漢詩 '送人'(七言絕句)에다 토를 달고, 종장 부분을 다른 語句를 붙여 시조화한 것이며, 李奎報의 시조라 하여 전하는 것은 그의 '春日訪山寺(七言絕句)'를 의역한 데 지나지 않는다."[289]

이러한 논리로 미루어 보면 지금 강감찬, 최충, 곽여, 정지상, 이규보의 작품이라 하여 전하는 것도 믿을 수 없다는 이야기다. 그렇다면 고려 말경에 작품 활동을 했던 우탁, 이조년 등 10여 분이 고려시대를 대표하는 작가군이라 생각되는데, 이들을 위하여 〈이조시대의 시조〉와 대등한 의미의 〈고려시대의 시조〉라는 항목을 별도로 설정해야 되는지 이해가 안 간다.

그리고 시조사를 6기로 구분하고 ① 건설시대 ② 발휘시대 ③ 민중화시대 ④ 평민문학시대 ⑤ 창곡시대 ⑥ 부흥시대로 명명한 것은 가능하면 정치왕조사적 방법을 탈피하고 시조문학의 특수성을 고려했다는 의미에서 타당성을 인정받을 수 있다. 그러나 문학사는 작가 작품의 역사이며, 장르의 발전사이며, 문학에 반영된 제도사인 동시에 그 민족의 진실한 정신사[290]라는 것을 인정한다면, 적어도 〈건설시대〉라는 용어는 부적합한 것 같고, 아울러 각 시기를 대표하는 명칭도 오직 그 시기에만 해당되는 용어가 될 수 없다는 데에 문제점이 있다고 본다.

2) 李能雨: 理解를 위한 李朝時調史[291]

1. 15世紀 時調 (李朝建國 1392~成宗 末 1494)
2. 16世紀 時調 (燕山 初 1495~壬辰 前 1591)

289) 최동원, 고시조론, (삼영사, 1980), 48~50쪽.
290) 김석하, 한국문학사, (신아사, 1978), 20쪽.
291) 이능우, 이해를 위한 이조시조사, (이문당, 1956), 목차 참조.

3. 17世紀 時調 (壬辰 後 1592~顯宗 末 1674)
4. 封建王朝의 末期時調 (肅宗 初 1675~李朝 末 1910)
5. 李朝의 王 및 君들의 時調
6. 李朝 女性 作品

예문을 보아서 알겠지만 이능우는 세기 중심적 방법에 의하여 시대 구분을 해 놓았다.

이 외에도 이러한 방법을 적용한 저서로는 려증동의 『한국문학사』[292]를 들 수 있다. 정치사도 아닌 문학사를 그처럼 세기별로, 기계적으로 나누는 것은 그 민족의 정신사라로 하는 문학의 속성을 너무나 도외시했다는 데에 문제점이 있다. 과연 15세기 시조와 16세기 시조, 또는 16세 시조와 17세기 시조가 문학사의 시대 구분을 요할 만큼 확연하게 세기별로 달라진다는 것인지 설명을 듣고 싶다.

아울러 제4, 봉건왕조의 말기 시조는 〈18세기 시조〉라고 해야지 전후 관계에 모순이 없다. 다시 말해서 1, 2, 3항을 세기별로 구분했으면 4항도 세기별로 구분해야지, 느닷없이 〈봉건왕조의 말기 시조〉라 한 것은 자신이 선택한 방법을 자신이 앞장서서 무너뜨리는 결과를 가져온 것이다.

그밖에 〈이조 왕 몇 군들의 시조〉나 〈이조여성 작품의 시조〉도 본항에 포함시켜 논의할 사항이지 이것을 별항으로 설정할 아무런 이유가 없다는 것을 첨언해 둔다.

3) 李泰極; 時調의 史的 研究[293]

제1기 成長期 (李朝 初 1392~成宗 末 1494)

292) 려증동은 그의 「한국문학사」에서 ① 개척의 7세기, ② 감성주의 운문시대, ③ 지성개
발의 18세기, ④ 암흑의 19세기, ⑤ 서러움의 20세기 전반기 등으로 나누었다.
293) 리태극, 시조의 사적 연구, (선명문화사, 1974), 268~295쪽.

제2기 發展期 (燕山主 1495~肅宗 末 1720)
前期 16世紀 (燕山主 1495~宣祖 25 1592)
後期 17世紀 (宣祖 26 1593~肅宗 末 1720)
제3기 衰退期 (景宗 初 1721~高宗 末 1907)

여기서는 문학 발달사적 방법을 주로 하고 정치왕조사적 방법을 종으로 했다는 생각이 든다. 게다가 세기 중심적 방법까지 약간 가미하여 시대 구분을 해 놓았다.

이제 리태극의 방법을 다시 한 번 생각해 보면 ① 성장기, ② 발전기, ③ 쇠퇴기 등으로 나누고 있어, 문학 장르의 발달 변천사를 진화론적 방법에 의하여 설명하고 있음을 깨닫게 된다.

하여간에 문학 장르의 형성, 발전, 소멸 관계를 생물학적 원리에 의하여 설명하는 것이 과연 합리적인가 하는 것이 문제된다. 더욱이 시조문학의 경우는 갑오경장 이후에도 신시조, 근대시조, 현대시조라는 이름으로 변용, 발전되고 있으니, 그 중간 시대인 경종 초에서 고종 말까지를 〈쇠퇴기〉라고 명명하는 것은 잘못된 기술 태도라고 생각된다. 왜냐하면 〈쇠퇴기〉가 왔으면 소멸하여 이 지구상에서 사라지는 것이 자연의 이법인데, 어떻게 해서 〈현대시조〉라는 이름으로 계승 발전될 수 있다는 것인지 이해가 안 간다.

그러니까 리태극의 소론대로 하면 〈고시조〉와 〈현대시조〉는 전연 별개라는 의미가 되고, 그것은 현대시조의 뿌리는 고시조라고 하는 공인된 학설을 부정하는 결과를 가져오게 된다. 다시 말해서 리태극의 소론은 고시조와 현대시조 사이의 맥락 관계를 인정하지 않는 전통 단절론을 주장한 것으로 밖에 받아들일 수가 없다. 아울러 성장기는 1392년에서 1494년까지, 발전기는 1495에서 1720년까지, 쇠퇴기는 1721년에서 1907년까지라고 한 치의 착오도 없이 연수로 계산하는 방법 또한 재고해야 될 사항이라고 본다.

4) 朴晟義; 韓國詩歌文學史(中)[294]

제1기 形成期 (高麗 中葉~高麗 末)

제2기 成長期 (李朝 初~成宗 末)

제3기 勃興期 (燕山朝~壬辰倭亂 直前)

제4기 爛熟期 (宣祖 25년 壬辰~肅宗 末)

제5기 衰退期 (景宗朝~韓末)

이 책에서는 진화론에 의한 문학발달사적 방법을 중심으로 하고 그 시기 구분을 왕조 변천사에 의하여 표기하고 있다. 각 시기에 명칭을 부여하는 방법도 리태극보다 더 세분하여 〈형성기〉, 〈성장기〉, 〈발흥기〉, 〈난숙기〉, 〈쇠퇴기〉라고 했던 것이다. 그러나 시조문학의 역사가 예의 방법대로 형성, 성장, 난숙, 발흥, 쇠퇴의 과정을 그대로 답습했는 지가 의문이다. 즉 문학의 변천사를 식물의 성장 소멸 과정과 같이 볼 수 있느냐는 것은 문제가 된다는 사실이다.

예를 들면 난숙기의 작품이 마땅히 형성기나 성장기의 작품보다 질적, 양적으로 훌륭한 성장이 있어야 할 것이나, 우리 시조문학에서는 그렇지 못한 실정이다.[295] 아울러 시조문학의 기점을 고려 중엽으로 잡은 것도 다시 논의되어야 할 사항이고, 또 그 중간 기점으로 〈성종〉이나 〈숙종〉시기를 제시한 것도 그에 걸맞는 타당한 설명이 있어야 할 것이다.

> "현명한 왕으로 학문을 좋아하고 사예서화를 잘하고, 문무를 병용하고, 외교 정책으로 변방을 안전하게 하는 등 치적이 많았으니 중요한 업적은 다음과 같다. 친히 적전을 갈고, 형옥을 불쌍히 여기며, 인재를 등용하는 등 권농민치에 힘썼고, 경사백가에 능통한지라 학문의 진흥과 치국의 요도를 위하여 홍문관, 존경각, 독서당을 설립하고, 대학, 향학에 전지를 내리고 서적을 보내어 학문 장려에 노력하였으며, 〈동

294) 박성의, 한국시가문학사(中), 고대민족문화연구소, 1967, 845~868쪽.

295) 박을수, 한국시조문학전사,(성문각, 1978), 27~28쪽.

국통감〉, 〈동국여지승람〉, 〈동문선〉 등을 편찬케 하는 한편, 〈경국대전〉을 반포하고 〈대전속록〉을 편찬토록 하였다."[296]

성종은 나라를 잘 다스려서 제2의 세종대왕이라 일컫기도 하고, 그의 재위 기간을 태평성대라 불렀다는 것도 잘 알려진 사실이다. 더구나 학문과 문화 발전에 기여한 공로가 다대하다는 것은 상기 인용문을 통해서도 능히 짐작되는 바다.

그러나 시조문학사에서 한 시기를 그어야 할 만큼 성종 시기가 시조문학사에서 중요한 위치를 차지한다고는 생각지 않는다. 이것은 김종식의 『시조개론과 작시법』에서 성종 때를 중간 기점으로 잡은 이래 그것을 후학들이 무비판적으로 답습한 데서 나온 결과일 것이다. 그러나 성종 자신은 그 어느 임금보다도 시조를 사랑해서 그가 직접 작품을 창작했다는 것은 특기할 만한 사실로 기억된다.

5) 朴乙洙 ; 韓國時調文學全史[297]

1. 高麗 末期의 時調文學 (光宗 24년 973~恭讓王 4년 1392)
2. 第1期의 時調文學 (太祖 1년 1392~成宗 25년 1494)
3. 第2期의 時調文學 (燕山君 1년 1495~宣祖 41년 1608)
4. 第3期의 時調文學 (光海君 1년 1609~肅宗 46년 1720)
5. 第4期의 時調文學 (景宗 1년 1721~高宗 31년 1894)
6. 復興期의 時調文學 (高宗 32년 1895~純宗 4년 1910)

우선 생물학적인 성장 과정이나 진화론적 방법을 탈피해 보려는 의도를 엿볼 수 있다. 그래서 제1기의 시조문학, 제2기의 시조문학 등 자연수에 의하여 시대별 표기를 하고 있는 것이다. 그러나 철저하게 정치왕조사적 방법에 의거하고 있다는 점도 간과하지 못할 사실이다. 예를 들면 선조 때는 〈임진왜란〉으로, 고종 31년은 〈갑오경장〉

296) 이홍식 편, 국사대사전, (삼영출판사, 1984), 745쪽.
297) 박을수, 앞의 책, 29쪽.

등으로 역사적 사건 위주로 기술할 수도 있었는데, 이것들을 모두 왕조명으로 표시한 것은 통일된 시대 구분 방법을 제시하려는 의도에서 비롯된 것이다.

조선시대의 시조 문학을 4기로 구분해 보고, 그밖에 위로는 고려말기의 시조문학, 아래로는 부흥기의 시조문학 등을 설정한 점이 이 책에서의 특징이라고 하겠다. 그러나 시조문학의 시발점을 고려 광종 24년까지 올려 잡은 데 대한 해명이 있어야 하겠고, 아울러 부흥기의 시조를 순종 4년으로 잡는데 대해서도 분명한 설명이 있어야 한다고 생각된다.

또 앞에서 문제 제기한 바 있지만 그 중간 기점을 〈성종〉이나 〈숙종〉으로 잡은 것도 시조문학의 발달사와 관련지어 해명하는 작업이 이루어져야 할 것이다. 여기서 〈성종〉에 대하여는 이미 전술한 바 있기에 생략하고 〈숙종〉에 관련된 사항만 열거해 보자. 숙종의 치적으로 들 수 있는 것은 1676년 대흥산성을 준공하고 상평통보를 주조하였고, 1712년 북한산성을 수축하고 함경감사 이선부를 시켜 백두산 정계비를 세웠다.

아울러 선조 말기 이래 계속된 사업인 대동법을 실시하여 실효를 거두었고 임진왜란, 병자호란 이후 계속된 토지 개혁을 추진하여 종결시켰으며, 鑄錢을 본격적으로 시작하여 중앙관청, 지방관아 등에 통용토록 하는 등 경제 시책의 결실을 보았다.

문화사업으로는 「선원록」, 「대명집례」 등이 간행되고, 「대전속록」, 「신증동국여지승람」 등이 편찬되었으며, 특히 그의 재위 기간 중 그의 치적이 많은 것도 사실이나 반면에 조선왕조 중 당쟁이 가장 격심했던 기간으로 정치적 혼란을 자초했던 인물이란 점도 간과하지 못할 사실이다.

하여간에 숙종 시기는 기억될 만한 문학적 사건이나 문화적 사건이 있었던 것도 아니고, 그렇다고 임진왜란과 같은 대역사적 사건이 있었던 것도 아니다. 더욱이 시조문학사에 획을 그을 만한 작가나 작품이 등장한 것도 아니고, 시조 양식상의 변천을 가져온 것도 아니어서, 이 시기를 시대 구분의 기점으로 잡는 것은 재고의 여지가 많다고 생각된다.

6) 徐元燮 : 時調文學硏究[298)]

제1기 胎動形成期 (高麗 高宗朝~恭讓王朝)
제2기 成長定着期 (朝鮮 太祖朝~成宗朝)
제3기 隆盛爛熟期 (燕山朝~宣祖朝)
제4기 發展普及期 (光海朝~景宗朝)
제5기 歌唱撰集期 (英祖朝~純宗朝)

서원섭의 시대 구분은 문학적 사건을 중심으로 하고, 정치왕조사를 종으로 하겠다는 의도가 뚜렷이 엿보인다. 그래서 〈태동형성기〉, 〈성장정착기〉 등의 용어를 전면에 내세운 것으로 이해된다. 그러나 〈태동〉,〈성장〉, 〈융성〉이라는 용어 뒤에 〈발전〉, 〈가창〉이라는 이름을 붙인 것은 일관성이 없다는 비난을 면하기 어렵다. 융성이 왔으면 그 뒤에 〈쇠퇴〉나 〈종말〉이라는 용어가 와야지, 〈발전〉 〈가창〉이 와서는 전혀 이질적인 내용을 의도적으로 접합시켰다는 이야기밖에 안 된다.

또 한 가지 여기서 특기할 사항은 시대 구분의 상한선을 고려 고종조로 잡고 그 하한선을 조선시대 순종조로 잡았다는 점이다. 고려시대의 시조문학을 〈태동형성기〉로 설정한 것은 그 나름의 타당성을 인정받을 수 있다.

그러나 그 말기 시조인 영조조에서 순종조까지를 〈가창찬집기〉로 명명한다면, 그것은 음악적인 측면만을 고려한 것이지 문학적인 측면을 도외시하거나 소홀히 했다는 비난을 면하기 어렵다. 또 시대 구분이란 전대에서 다음대로 넘어 오는 교체기에 어느 정도 완충적 역할을 담당할 수 있는 기간이 필요한 것이지, 마치 경주자가 다음 사

298) 서원섭, 앞의 책, 22쪽.

람에게 바통을 넘겨주듯이 고려 공양왕에서 조선태조, 성종에서 연산군, 선조에서 광해군, 경종에서 영조로 한 치의 착오도 없이 인수인계가 가능하다고는 생각되지 않는다.

아울러 그 시조문학의 하한선을 순종조로 잡는다면 1910년 경술국치 이전에 발표했던 최남선의 작품들은 모두 고시조에 포함시켜 논의해야 된다는 결론이 나와 혼선을 빚게 된다. 이 밖에도 시조문학사의 시대구분 문제에 대하여 그 나름의 탁견을 제시한 분들이 많이 있으나 번거로움을 피하기 위하여 이 정도에서 그치고자 한다.

3) 시대 구분의 이론과 실제

문학사의 시대 구분하는 방법으로 작품 중심에 역사적 정치 변동을 고려하는 것이 가장 무난할 것이라는 견해는 이미 전항에서 밝힌 바 있다. 여기에 문학 발달사적 방법, 문화사적 방법, 사회 변천사적 방법 등을 가미하면서 합리적인 시대 구분 안을 모색해 보려는 것이 이 글의 목적이다. 그러면 먼저 시조문학의 기점 문제부터 생각해 보자. 그 시조문학의 상한선을 어느 시기로 잡느냐 하는 것은 논의자마다 의견을 달리해서 갈피를 잡을 수 없지만 대체로 고려말경 설을 주장하는 이들이 많은 것 같다. 바로 그 고려말경 설을 이의 없이 받아들인다면 시조문학의 역사는 현재까지 줄잡아도 7백년 이상 된다. 이처럼 장구한 역사를 지닌 우리 고유의 시가이기에 그 기간에 산출되었던 작가와 작품의 양도 방대하기 이를 데 없다.

> "校本歷代時調全書에 실려 있는 시조는 3,335수이다. 이들 시조 중에서 有名氏의 作者와 그들의 시조를 보면, 평시조는 2,759수로 작자는 288명에 그들의 시조는 1,760수이고, 엇시조는 326수로 작자는 26명에 그들의 시조는 86수이고, 사설시조는 250수로 작자는 16명에 그들의 시조는 57수가 되어 결국 3,335수의 시조 중 밝혀진 작자는

330명이고 그들의 시조는 1,903수로, 이 중에서 생몰 연대를 알 수 없는 작자는 46명에 그들의 시조는 105수가 되고 있다."[299]

심재완의 『역대시조전서』를 모본으로 하여 위와 같은 통계를 산출해 내었다는 것이다. 이 책의 발간 연대가 1972년(世宗文化社刊)이고 보면 그 이후 20년 가까운 세월이 흐르면서 그 사정은 많이 달라졌을 것으로 생각된다. 이보다 앞서 1966년 정병욱에 의하여 발간된 『시조문학사전』(新丘文化社刊)에는 총 작품 수가 2,300여 수로 되어 있고, 아울러 박을수의 『시조문학사전』에는 무려 5천여 수 이상의 옛시조가 주해되어 발간되었으니, 질적인 면은 차치하고라도 그 방대한 양에 압도 되지 않을 수 없다.

고려 말 이후 시조문학사 해당 기간에 시대 구분의 지표로 삼을 수 있는 큼지막한 사건들을 들어보면 ① 왕권교체 ② 훈민정음 창제 ③ 임진왜란 ④ 실학사상의 전래 ⑤ 갑오경장 ⑥ 8.15 민족 해방 등이다. 여기서 ①은 고려왕조가 조선왕조로 뒤바뀌었던 역성혁명을 두고 일컫는 말이니, 조선왕조의 성립은 정치, 경제, 사회, 문화 등 각 분야에 대변혁을 가져올 수밖에 없었던 것이다. 그 당시 새 왕조가 추구했던 정책들을 들어보면 외교적으로는 친명정책, 종교적으로는 억불숭유정책, 경제적으로는 농본주의, 학문적으로는 성리학의 전파 등을 들 수 있겠다.

그러나 고려 말 신흥사대부의 이념을 반영하면서 출현한 시조문학은 조선 건국 초기에도 여전히 그들에 의하여 창작되어지고, 그 형식이나 내용에 별다른 변화를 가져온 것이 없었기에 왕권교체 자체를 시대구분의 분수령으로 삼는 것은 정치 왕조사적 방법에 지나치게 집착한 때문이라고 생각하지 않을 수 없다. ①의 왕권교체가 정치적 사건이라면 ②의 훈민정음 창제는 우리나라 문화의 대전환점을 이룬 문화적 사건이다.

---

299) 서원섭, 위의 책, 21쪽.

"이제 晩時之歎은 있으나 시기가 익어 世宗朝에 와서 마침 인재를 얻어 문자의 탄생을 보게 된 것이다. 이 문자의 탄생은 세기적인 대사건이요, 역사적인 일대 계기가 되는 것이다. 원래 국문학을 규정하는 기준이 국어요, 국자라면 우리 민족의 생활감정을 표현한 國文作品이야말로 진정한 국문학이 되는 것이다. 이 국자로써 작품화하게 되면서부터, 작품의 多寡優劣 如何를 불문하고, 國字 以前까지의 국문학과는 그 類가 다른 것이다. 따라서 한글의 出現을 契機로 국문학의 概念이나, 國文學史의 시대 구분을 시도하는 所以然도 과연 여기에 있는 것이다."[300)]

상기 인용문을 통해서 보면 한국문학사에서 훈민정음 창제의 의의 이상으로 더 중요한 사건은 없는 것으로 생각된다. 우리가 보통 문학을 언어예술이라 하고, 그래서 기술문학 이전의 구비문학을 상당히 가치 있게 규정하기도 하지만, 참다운 문학은 문자에 의하여 정착된 기록문학들을 염두에 두고 하는 말들이다. 그것은 자국 문자에 의하여 기록 되었는가 타국 문자에 의하여 기록되었는가 하는 표기 수단의 차이에서 그 가치 평가 또한 천양지차로 달라질 수밖에 없다는 생각이 든다.

그런 의미에서 훈민정음 창제 이후 우리의 국문자로써 기록된 문학작품들을 참다운 문학, 진정한 국문학, 협의의 국문학이란 표현을 사용하기에 이르렀던 것이다. 이처럼 국문학사에서 중요시되는 훈민정음 창제가 시조문학이라고 해서 예외가 될 리는 없다. 그런데 앞 단락에서 살펴 본 제가들의 시대 구분 안은 한결같이 훈민정음 창제에 대한 의의를 외면하고 있으니, 그 연유가 어디에 있는지 아무리 생각해 보아도 납득되지 않는다. 다음은 ③의 임진왜란이라고 하는 역사적 사건에 대하여 생각해 볼 차례다.

"前後 7년에 걸친 임진왜란은 한 · 중 · 일 3국을 뒤흔든 대전란으로서 동

300) 장덕순, 한국문학사, (동화문화사, 1986), 157쪽.

아시아에 있어서 심각한 영향을 끼쳤다. 즉 중국에서는 명 · 청이, 일본에서는 風臣 · 德川氏의 왕조 또는 정권교체를 가져왔는가 하면 조선에서는 전국토가 거의 전장화하여 왜적의 약탈과 살육으로 인한 피해는 물론, 이 전란으로 인한 조선 왕조의 정치, 사회, 경제 및 사상면에 획기적인 변혁을 초래하여 한 王朝를 전 · 후기로 나누는 하나의 분기점이 되게 하였다."[301]

이처럼 임진왜란은 조선의 정치, 경제, 사회, 사상면에 획기적인 변혁을 초래하면서 조선의 역사를 전후기로 나눌 수 있는 분수령이 되었다. 아울러 국어국문학적인 측면에서도 마찬가지 이론이 성립되어, 훈민정음 제정 당시의 문자 중에서 사용되지 않는 것이 생겼는가 하면, 귀족문학 중심에서 평민문학 중심으로, 운문시대에서 산문시대로, 고려시대부터 전래하던 경기체가가 사라지고 가사문학이 번창하는 시대에로의 이행을 가져왔다.

더구나 시조문학에서도 정철의 〈장진주사〉와 같은 사설시조 형태가 출현하여 발전적 변혁을 가져온 사실은 시대 구분의 분기점으로 삼기에 충분하다고 생각된다. 그런데 그 시대 구분에 있어서 이 시기를 〈임진왜란〉이라 표시하지 않고, 단지 〈선조〉조라고 명명한 것은 임진왜란의 중차대한 의의를 그만큼 희석시키는 결과 외에 아무런 의미가 없다는 것을 강조한다.

다음은 ④실학사상의 전래에 대하여 살펴보고자 한다. 국학을 포함한 조선 후기의 실학은 붕괴되어 가던 봉건적 질서의 재편성을 위한 적극적인 구조적 개혁의 기도였을 뿐만 아니라, 당시의 역사적 현실을 대담하게 비판한 학문관이자 사상체계였다.[302] 그러면 이러한 실학에서의 문학사적 의의는 어떻게 규정하는 것이 바람직한가, 첫째 민족적인 자아의식의 각성, 둘째 새로운 가치관의 정립, 셋째 현실비판 정신, 넷째 실증적인 학문 방법 등을 들 수 있겠다.

301) 박성식, 임진왜란의 연구, 영남대대학원, 1985, 3쪽.
302) 국사편찬위원회, 한국사14, (탐구당, 1983), 360쪽.

"그러나 磻溪는 實學을 倡導한 이고, 정말 실학이 학풍을 이루어 滔滔히 一世를 풍미하게 된 것은 영조 이후이었던 것이니, 李瀷, 丁若鏞을 위시하여 安鼎福, 李德懋, 朴齊家, 柳得恭, 洪大容, 申景濬, 朴趾源, 徐有榘, 李學逵, 李圭景 등 학자가 相繼輩出하여 완연히 실학파가 전 학계를 지배한 듯한 감을 주었다. 지금 그들의 저서를 보면 星湖僿說(李瀷), 與猶堂全書(丁若鏞), 順庵全書(安鼎福), 青莊館全書(李德懋), 北學儀(朴齊家), 冷齋集(柳得恭), 湛軒書(洪大容), 諺文志(申景濬), 燕巖集(朴趾源), 林園經濟志(徐有榘), 洛下生稿(李學逵), 五洲衍文(李圭景) 등은 모두 주자학파의 공담준론과는 전연 달라 사실을 실질적으로 파악하고 모든 것을 실제 문제로 해결하려 하였다."[303]

이처럼 많은 실학자와 그들의 관련 저서가 우후죽순처럼 쏟아져 나온 것을 보면 이미 道學의 시대가 가고 實學과 西學의 시대가 도래하였음을 증명케 해 준다. 모든 부문에서 새로운 방향을 찾고자 하는 시대적 요구는 다시 한 번 과거의 문화 전반에 걸쳐서 반성할 기회를 갖게 되었다. 즉 종래의 관념적인 유교 정신을 비판하는 데서 출발한 이 실학은 공리공론을 버리고 실사를 구하며 국민의 복리후생을 제일의 과제로 삼았던 것이다.

이 실학이 일세를 풍미하게 된 것은 영조 이후였던 것이니, 문학사에서 영조시대를 시대 구분의 지표로 삼는 것은 너무나 당연하다고 본다. 더구나 시조문학의 경우는 영조 이후 본격적인 가집 편찬사업이 활발하게 진행되었고, 사설시조 또한 평민문학 시대의 도래와 함께 그 융성기를 맞이했으며, 음악적인 측면에서도 이전의 가곡창에서 시조창으로의 전환과 함께 새로운 국면을 맞게 되었으니, 시조문학사에서 영조시대를 일기로 잡는 것은 국문학사의 시대 구분과도 일치한다는 점에서 설득력이 있다고 하겠다.

그리고 ⑤갑오경장은 김홍집을 수반으로 하여 친일계와 중립계로 정부를 개편하면서 실시된 내정 개혁을 일컫는 말이다. 갑오경장은

303) 조윤제, 한국문학사, (탐구당, 1978), 299쪽.

새정부가 설치한 군국기무처란 회의 기관에 의해서 주도되었는데, 이제 그 개혁의 내용을 살펴보면 대체로 다음과 같다. 첫째, 정치상의 개혁에 있어서는 개국기원을 사용함으로써 청나라와의 종속 관계를 청산하려고 했다. 둘째, 중앙 관제뿐만 아니라 지방 관제까지도 개혁하는 기회로 삼았다. 셋째, 사법권은 행정기구에서 분리 독립시키었다. 넷째, 경제 개혁에 있어서는 재정의 일원화가 행해졌으며, 그 재정에 관한 사무는 度支部에서 관장토록 하였다. 다섯째, 사회적인 개혁으로는 우선 신분제도의 철폐를 들 수 있다. 예를 들면 서민은 법률상 평등하고 평민도 관리에 등용될 수 있다는 것, 공사 노비의 전적을 폐지하고 인신매매를 금한 것, 과거를 폐하고 신관리 등용법을 실시한 것, 혜민한 소년을 뽑아 해외에 유학시킬 것 등이 있다.[304)]

이러한 제반 사항들로 미루어 볼 때 갑오경장은 구국가 체제를 버리고 새국가 체제를 확립한 제도적 개혁이라고 할 수 있다. 다시 말하면 조선의 봉건제도는 무너지고 정치사회의 체제는 완전히 서구식 신체제로의 이행을 촉구하게 되었던 것이다. 여기에 필수적으로 수반된 것이 신문화 운동이었고, 국한문 혼용체의 언문일치를 단행한 국문학 운동이었다. 아울러 시조문학의 경우도 고시조 시대를 마감하고 신시조 또는 근대시조 시대로, 시조창을 완전히 결별한 시조문학 시대에로의 새로운 국면을 맞게 되었던 것이다.

한 가지 문제되는 것은 근대시조의 개념을 어떻게 설정하느냐 하는 점이고, 그 근대시조기는 어느 시기부터 어느 시기로 잡아야 되는가 하는 점이다. 이러한 문제점에 대한 구체적 논의는 이 글의 주지가 아니므로 생략하고, 다만 근대시조의 하한선을 1945년 광복절로 잠정적이나마 설정해 두는 바이다.

제1기 고려말경~훈민정음 창제시
제2기 정음창제 이후~임란 이전

304) 조윤제, 위의 책, 398쪽.

제3기 임란 이후~영조 대
제4기 영조 이후~갑오경장
제5기 갑오 이후~민족 해방기

이제 필자 나름의 시대구분 안을 제시해 보았거니와, 이처럼 나눌 수밖에 없었던 것은 다음과 같은 사항에 유의했기 때문이다.

첫째, 각 시기의 명칭을 〈형성기〉 〈성장기〉 〈발흥기〉 등의 명칭을 붙일 수 없었던 것은 문학의 생성, 발전, 소멸 관계가 반드시 생물의 진화론적 법칙에 따라 만들어지기도 하고 없어지기도 하느냐에 대한 강한 의문점이 생겼기 때문이다.

아울러 서원섭의 경우처럼 〈발전보급기〉, 〈가창찬집기〉 등으로 명명할 수 없었던 것은 다음과 같은 이유에서였다. 예를 들어 광해조에서 경종조까지 발전보급기라고 표현했는데, 시조문학에 대한 발전보급이 어디 그 기간에만 이루어졌느냐 하는 점이고, 좀 더 극단적으로 이야기하면 오늘날도 시조의 발전보급기에 해당된다는 점에서 그 명칭은 부적합하다고 생각되었다.

또 영조조에서 순종조까지를 〈가창찬집기〉라고 했는데, 이것은 그 시대의 특성을 잘 대변해 준다고 생각되었지만, 이 시기로 말하면 사설시조가 그 융성기를 맞이했던 기간이고, 그와 동시에 시조인들의 개인 창작품도 많이 산출되었던 기간이라고 생각되어, 이 기간을 〈가창찬집기〉라고 명명한 것은 보편성을 상실한 작명법이라 아니할 수 없다.

둘째, 문학사에서의 시대 구분은 기계적으로 토막 낼 수는 없다고 생각되었다. 안자산이 밝혔던 바와 같이 그 시대 구분이 절연하게 나타날 수 만은 없다는 이야기다. 적어도 문학사의 교체기는 전시대적 요소와 후시대적 요소가 복합되게 마련이고, 그렇지 않다면 전시대와 후시대 사이에 완충적 구실을 하는 시간상의 거리가 필요하게 마련이다.

따라서 어느 임금 때부터 다른 임금 때까지는 무슨 기간이고, 바로 그 다음의 임금부터는 무슨 기간이고 하는 릴레이식 시대구분은 불가능하다는 것이고, 더구나 이것을 한 치의 착오도 없이 연도별로 산출하여 표시하는 것은 그 발상 자체가 대단히 위험하다고 생각된다. 아울러 문학사의 시대 구분이 너무 세분되어 복잡성을 띠는 것은 바람직하지 못하다고 생각되어 시조사 전 시기를 제5기로 나누는 데 만족하였다.

셋째, 각 시기를 구분하는 데 있어서 왕조 중심으로 표시하지 않고 역사적 사건 중심으로 표시하였다. 이를테면 훈민정음 창제는 문화적 사건, 임진왜란은 전쟁사적 사건, 갑오경장은 사회변혁적 사건, 8.15해방은 국권회복 사건 등으로 규정할 수 있으나, 이러한 사건들은 모두 역사적 사건의 범주 안에 포괄할 수 있는 내용들이다.

또 이러한 역사적 사건들은 시조문학 발전에 다대한 영향을 끼친 것으로 생각되어 시대 구분의 지표로 삼게 되었다. 좀 더 구체적으로 설명하면 〈세종조〉라 하지 않고 〈훈민정음 창제시〉라 한 것이나, 〈선조조〉라 하지 않고 〈임란 전후〉로 표시한 것은 문학사에 영향을 끼친 것이 그러한 사건들 때문이지, 세종이나 선조 등 그 당시의 임금이나 인물들 때문이 아니라고 판단되었기 때문이다.

다만 실학사상의 전래만은 그 실학사상이 우리나라에 도입되고, 발전되고, 쇠퇴했던 기간들을 통산하면 몇 백 년 간 되기 때문에 그 융성발전기였던 영조대를 시대 구분의 지표로 삼을 수밖에 없었다. 정치왕조사적 방법에 지나치게 의존하는 획일적 방법만은 그것이 통일된 기준을 제시한다는 장점이 많음에도 불구하고 탈피해야 되겠다는 것이 필자 나름의 일관된 견해였음을 밝혀 두는 바이다.

(1) 제1기, 고려말경~훈민정음 창제시

여기서 제 1기라 함은 시조문학이 발생하여 형성된 시기를 일컫는 말이다. 고려 말경 원종조로부터 조선조의 세종 임금 때 훈민정음 창제 이전까지 대략 200여 년 간이 이 기간에 해당된다고 할 수 있겠다. 이제 1기에 특별한 역사적 사건으로는 고려조가 망하고 조선조가 개국한 왕권 교체라는 혁명적 사건을 들어야 한다. 이로 말미암아 조선조는 모든 점에 있어서 전조의 것을 과단성 있게 개혁하는 작업을 추진했던 것이니, 그 중에서도 억불숭유 정책에 의하여 불교를 배척하고 유교를 숭상케 한 일이 가장 특기할 만한 일로 기록된다.

그러나 시조문학의 경우는 발생초기에 아직 확고한 자리를 잡기 이전이라 왕권 교체라는 역사적 사건에 특별히 영향 받은 바가 없었다. 고려말 신흥 사대부들에 의하여 발생했던 시조문학은 조선 개국 이후에도 여전히 유학이념을 구현하는 성리학자들의 전유물이 되었던 것이고, 3장 6구 형식의 기본적 형태에도 하등의 변화를 가져오지 않았다는 점에서 이 왕권 교체 사건을 시대 구분의 기준으로 삼는 것은 정치 왕조사적 방법에 지나치게 의존한 결과라고 밖에 생각되지 않는다.

또 고려조의 시조작품에는 백발한탄, 위국충절, 감물서정 등이 주류를 이루었고, 조선조의 것은 고려 유신들의 회고가와, 개국공신들의 송축가 등이 주류를 이루었으나 이 또한 시대 구분의 기준으로 삼기에는 미흡한 감이 없지 않다. 다만 이 시기에 기억될 만한 작가와 작품을 들어보면, 우탁 3수, 최영 2수, 이조년, 성여완, 이색, 이지란, 길재 등의 시조가 있고, 원천석의 〈회고가〉, 정도전의 〈회고가〉, 정몽주의 〈단심가〉, 이방원의 〈하여가〉, 변계량의 〈송축가〉 등이 있다.

(2) 제2기, 정음창제 이후~임진왜란 이전

제2기는 훈민정음 창제 이후 임진왜란 이전까지 약 150년간이 여기에 해당된다고 볼 수 있다. 훈민정음 창제의 의의와 임진왜란에 대한 역사적 의미는 전술한 바 있기에 생략하고, 기타 참고 사항들을 열거하면 다음과 같다. 정음 창제 이후 〈용비어천가〉와 〈월인천강지곡〉 등의 악장 문학이 본격적으로 발달하였고, 경서류로는 〈소학언해〉, 〈효경언해〉 등이 나왔으며, 불경류로는 세조 때 간경도감을 설치하여 〈능엄경〉,〈법화경〉, 〈금강경〉 등의 언해 사업이 활발하게 진행되었다. 또 정부의 교육기관으로 설립된 성균관을 비롯한 5부학당과 집현전이 문화 발전을 위하여 다대한 공로를 끼쳤음은 재론을 요하지 않는다.

또 역사적 사건으로는 단종 복위 운동으로 시발된 사육신 사건과 당쟁의 실마리를 제공한 4대 사화 즉 무오사화, 갑자사화, 기묘사화, 을사사화 등을 들 수 있다. 이러한 이유들로 해서 시조문학에는 〈수절가〉류와 〈한거가〉류가 발생하게 되었고, 치사한객이나 사림파 문인들에 의해서 귀거래시조나 자연시조가 주류를 이루게 되었다. 그 밖에 기녀시조가 등장하게 된 것도 이 시기의 특징이라고 할 만하다.

그러나 무엇보다도 중요한 것은 비로소 우리의 문자를 갖게 된 훈민정음 창제사건이다. 그 이전에 구비문학도 있었고, 한자를 빌어다 쓴 향찰문학도 있었고, 한자로 직접 기술한 한문학도 있었으나 이런 것들은 우리의 문학이면서도 불완전한 문학이었고, 이제 훈민정음 창제로 인해서 우리말로 된 문학, 우리 문자로 기록된 문학을 갖게 됨으로써 정음 창제 이후의 국문학은 비로소 완전한 문학의 자리에 놓일 수 있었던 것이다.

또 한 가지 특기할 만한 일은 이 시기에 맹사성의 〈강호사시가〉와 정철의 〈장진주사〉가 나와서 본래의 단형시조가 장형의 시조로 발전할 수 있는 가능성을 보여주었다는 점이다. 여기서 맹사성은 엄밀하게 따지고 보면 훈민정음 창제 이전의 인물로 간주할 수 있겠으나, 그는 세종대에 주로 활동했던 인물이고, 그의 작품은 창작된 후 얼마 안 되어 정음으로 기록되었을 가능성이 있어 제2기의 인물로 분류하였다.

이 시기에 2편 이상의 작품을 발표했던 인물들을 들어보면 맹사성의 〈강호사시가〉 4수, 황희 2수, 김종서 2수, 남이 2수, 성삼문 2수, 하위지 2수, 소춘풍의 기녀시조 3수가 전한다. 좀더 시기를 내려오면 이현보의 〈귀전록〉 3수와 〈어부단가〉 5수, 주세붕의 〈오륜가〉 등

15수, 이황의 〈도산십이곡〉 등 13수, 유희춘 2수, 이후백의 〈소상팔경〉 3수, 고응척의 〈대학곡〉 등 28수, 권호문의 〈한거십팔곡〉 19수, 이이의 〈고산구곡가〉 10수, 정철의 〈훈민가〉 등 87수, 장경세의 〈강호연군가〉 12수, 박인로의 〈조홍시가〉 등 67수, 김광욱의 〈율리유곡〉 17수 등 일일이 예거할 수 없을 정도로 많은 작가가 출현했고, 그에 따른 작품량도 방대하기 이를 데 없어 시조문학의 성장발전기를 이루었다.

(3) 제3기, 임란 이후~영조 대

임진외란 이후 영조대까지 130여 년 간은 제3 기에 해당된다. 이 기간에는 임진왜란 외에도 병자호란이라고 하는 미증유의 대전란이 있었다.

이 전쟁은 1636년 후금의 태종이 스스로 칭제하고 우리나라에 〈형제의맹〉을 〈군신의 의〉로 고칠 것을 강요한 데서 발단된 것이다. 이와 같은 청나라 측 횡포에 대하여 조선정부는 크게 반발했으니, 인조는 청나라 사신을 인견하지도 않고 그 국서 받는 것도 거절했다.

조선정부의 이러한 태도에 격분한 청태종은 1636년 (인조 14) 12만의 대군을 거느리고 침략하여 왔으니, 이른바 병자호란이란 것이다. 청나라 군사는 그 집결지였던 심양을 떠난 지 14일 만에 서울 근교에 다다르고 말았다. 이 때 왕자와 비빈들은 일단 강화로 피신시킬 수 있었으나, 인조는 통로가 막혀 남한산성으로 들어가야 했다. 모든 군영의 군사들도 인조를 따라 산성으로 들어가서 수성태세에 돌입했다. 그러나 청군은 곧 남한산성을 포위하게 되었고, 조선 정부는 50일 분의 식량밖에 없는 산성에 갇히어 고립무원의 경지에 놓여 있었다.

게다가 강화가 함락되어 그곳에 피신해 있던 왕자, 비빈 등이 포로가 되었던 것이다. 이에 인조는 최명길 등 주화파의 주장을 좇아서 항복을 결심하고 삼전도의 청태종 진영에 나아가 성하의 맹을 맺고 말았던 것이다. 이 때의 항복 조건은 청에 대한 군신례, 명에 대한 사대관계 단절, 왕자의 인질, 청에 대한 세폐 납부, 경조사절 파견, 명나라 공격 때의 원병 파견 등이었다. 그밖에 소현세자와 봉림대군은 인질로 잡혀가게 되었고, 척화론을 주장한 관리들을 비롯하여 무려 50만 명의 남녀가 청나라에 잡혀가게 되었다.

이제까지 병자호란의 경개에 대하여 살펴보았거니와, 이 병자호란은 그 규모에 있어서는 임란보다 작았다고 하겠으나, 거기서 입은 우리 민족의 정신적 물질적 피해는 임란보다도 훨씬 더 컸다고 생각된다. 여기에 필수적으로 수반된 것이 자기반성 내지 자기비판의 기운이었던 것이니, 모든 부분에서 새로운 방향을 찾고자 하는 실사구시의 학풍을 적극적으로 받아들이게 되었다. 이에 부흥책으로 학식이 구비된 사표를 추천하고, 실록을 재판하며, 각 도에 산재한 서적을 광구하여 이들의 복간 보수에 진력하게 되었다. 그리고 청을 통하여 수입된 서양문물의 전래는 서양에 대한 지식이 싹트고, 화포, 천리경, 자명종과 같은 기계 문명이 수입되었으며, 서적으로는 역법, 풍속기, 과학서, 종교서 등이 들어왔다.[305)]

다시 문학의 경우를 살펴보아도 운문 시대에서 산문시대로, 귀족문학 시대에서 평민문학 시대로, 한문소설 시대에서 국문소설 시대로, 시가에 있어서도 가사와 같은 장가형의 발전 시대로 여러 가지 면에서 새로운 국면을 맞게 되었던 것이다.

그 결과 소설에서는 역사소설, 군담소설, 가정소설이 발달하게 되었고, 시조에 있어서는 평시조, 엇시조, 사설시조가 동시에 창작되는 다양성을 보여주었고, 그 작가 층에 있어서도 왕군작가, 장상작가, 평민작가 등 각계각층이 참여하는 국민생활 시조로서의 양상을 띠게 되었다.

아울러 시조의 내용면도 ① 비분강개 ② 설분설욕 ③ 도피자연 ④ 기세유락 ⑤ 생활술회 등의 다양한 작품들이 생산되어 전시대와는

---

305) 백철 · 이병기, 앞의 책, 141～142쪽.

또 다른 모습으로 발전하게 되었다.

이 시기에 발표한 작가와 작품의 예를 들어보면 강복중의 〈천운순환칠조가〉 6수, 이신의의 〈사우가〉 4수, 이시의 〈조주후풍가〉 3수, 윤선도의 〈어부사시사〉 등 75수, 낭원군의 〈월하독조가〉 등 30수, 신계명의 〈전원사시가〉 10수 등 일일이 열거할 수 없을 정도다. 그 밖에 이명한, 정두경, 채유후, 송시열, 이정환, 효종, 안평대군, 남구만, 이윤후, 송응현, 박태보, 김창업, 김유기, 주의식, 김춘택 등도 이 제 3기를 대표할 수 있는 작가들로 생각되며, 그 많은 작가와 작품들에 대하여 구체적으로 언급하지 못함을 안타깝게 생각한다.

(4) 제4기 영조 이후~갑오경장

이 제 4기는 영조 이후 갑오경장까지 대략 170여 년간이 이 기간에 해당된다. 이 기간에 가장 중요한 사건은 실학사상의 융성기를 맞이했다는 사실이다. 그러나 실학사상에 대하여는 이미 전술한 바 있기에 생략하고 여기서는 다만 국문학의 전개 양상에 대하여 언급해 보고자 한다.

먼저 소설 분야를 보면 숙종 시대부터 대두하기 시작한 평민문학이 영조조로 들어서면서 본격적인 발달을 보게 되었다. 그 예를 들면 박지원의 〈허생전〉, 〈양반전〉, 〈호질〉 등을 비롯한 한문 소설은 논외로 하더라도, 〈춘향전〉, 〈흥부전〉, 〈배비장전〉 등의 판소리계 소설이 출현하게 되었고, 〈이춘풍전〉, 〈오유란전〉, 〈삼선기〉, 〈옥단춘전〉, 〈채봉감별곡〉 등의 창작 소설도 등장하게 되었다.

다음은 가사문학에 대하여 살펴볼 차례다. 조선조의 초기에는 가사의 작가가 학자와 관료계급에 국한되었다고 하겠으나, 후기로 내려오면서 서민계급과 부녀자들까지도 가사를 짓는 작업에 동참하게 되었다. 그러니까 조선시대 전기는 양반가사가 주류를 이루었고, 그 후기는 서민가사나 내방가사 등이 주류를 이룬 것으로 생각된다.

아울러 이 시기에는 기행가사와 유배가사도 발달하게 되었으니, 전자의 예는 김인겸의 〈일동장유가〉, 박순우의 〈금강별곡〉, 조성신의 〈도산별곡〉 등이 있고, 후자의 예는 안조환의 〈만언사〉, 김진형의 〈북천가〉 등을 들 수 있다. 후기의 장편 가사들은 수천 수백 구의 가사로 서정보다는 서사를, 창보다는 낭송에 그쳐서 수필적인 성격이 특히 농후한 것이라 하겠다. 그렇기 때문에 가사를 중세의 산문이라고 하는 이도 있는 것이다.[306)]

더구나 시조의 경우는 이 시기에 와서 전대의 가곡창이 활발하던 시대에서 시조창이 번창하는 시대로 넘어오게 되었고, 〈경정산가단〉 등 가단의 형성을 보게 되었고, 그밖에 활발하게 진행되었던 가집 편찬 사업은 제4기 시조문학의 시대적 특성을 대변해 주는 것들이다.

이제 이 시기의 대표적인 작가와 작품들을 예시하면 다음과 같다. 김천택 69수, 김수장 108수, 김우규 16수, 이정보 84수, 조명리 6수, 김묵수 5수, 김성기 8수, 김진태 26수, 송계연월옹 14수, 신현조 25수, 김민순 14수 등 부지기수이다. 아울러 김천택의 「청구영언」, 김수장의 「해동가요」, 박효관 · 안민영의 「가곡원류」, 송계연월옹의 「고금가곡」, 작자 미상 「근화악부」 작자 미상 「남훈태평가」, 김교현 「대동풍아」 등이 있어 이 시기는 특별히 가집 편찬시기라고 할 만하다.

(5) 제5기, 갑오 이후~민족 해방기

갑오개혁 이후 8.15 광복절까지 대략 50여 년간을 제5기에 해당되는 것으로 간주하였다. 이 기간에 우리나라는 을미사변(1895), 노일전쟁(1904), 을사조약(1905), 한일합병(1910), 남북분단(1945) 등 세기적 사건들이 잇달아 일어나서 민족의 자존마저 위협받기에 이르렀던 것이다. 그 중에서도 갑오경장이 갖는 의미는 이미 전술한 바 있지만, 이 사건을 분기점으로 해서 신구 질서를 가른다는 데에 무엇

306) 임기중, 조선조의 가사, (성문각, 1982), 108쪽.

보다도 커다란 의의가 있다고 생각된다. 그러니까 이 갑오경장은 구국가 체제와 신국가체제, 봉건사회와 근대사회, 구문화와 신문화, 구소설과 신소설, 고시조와 신시조 등 신구를 가르는 전환점이 되고 있다는 사실이다.

이제 그 갑오경장을 중심으로 우리나라에 일어났던 신문화운동의 예를 들어보면, 첫째, 신문잡지의 발간을 들 수 있다.

1896년에는 〈독립신문〉이 나왔고, 뒤이어 1898년에는 〈황성신문〉, 〈제국신문〉, 〈매일신문〉, 1903년에는 〈한성순보〉, 1905년에는〈만세보〉등의 신문이 출간되었다. 그리고 1896년에는 〈친목회 회보〉, 〈대조선 독립협회 회보〉, 1906년에는 〈조양보〉, 〈대한자강회 월보〉, 〈태극학보〉,〈소년한반도〉, 〈서우〉, 1907년에는 〈대한유학생회 학보〉, 〈가정잡지〉,1908년에는 〈장학월보〉, 〈대한협회 회보〉, 〈호남학보〉, 〈기호흥학회 월보〉등의 학회보나 월보가 속출하게 되었다. 아울러 육당 최남선이 1908년에 〈소년〉, 1912년에 〈붉은 저고리〉, 1913년에 〈아이들보이〉, 1914년에 〈새별〉, 〈청춘〉 등의 잡지를 발간했던 것도 나라를 도로 찾겠다는 구국의 문화운동이라고 생각된다.

둘째, 신교육기간의 설립이다. 1886년에는 배재학당과 이화학당이 설립 되었고, 1895년 2월에는 신교육령이 제정되었으며, 같은 해 7월에는 소학교령, 1899년에는 중학교령과 사범학교령이 공포되기에 이르렀다. 이에 서울에서는 보성학교, 양정학교, 휘문학교 진명여학교, 협성학교 등이 설립되었고, 지방에는 평양의 대성학교, 강화의 보창학교, 인천의 영화학교 등이 설립되어 신교육을 실시하고 서양의 새로운 문물들을 받아들일 수 있게 되었다.

다음은 국어운동의 전개에 대하여 언급하고자 한다. 1907년에는 〈국어연구소〉라는 국문연구기관이 설립되었고, 민간 주도로 국어사전 편찬사업이 활발하게 진행되었고, 그 밖에 여러 학자들에 의하여 국어에 관한 연구와 저술 활동이 전개되어 다대한 성과를 거두었다.

예를 들면 1897년에는 이봉운의 「국문정리」가 출간되었고, 이어서 1905년에는 지석영의 「신정국문」, 1908년에는 주시경의 「국어문전음학」, 같은 연도에 최광옥의 「대한문전」, 1909년에는 유길준의 「대한문전」, 1910년에는 주시경의 「국어문법」 등이 출현되어 국어사랑의 숭고한 정신을 엿볼 수 있게 해 주었다. 이러한 국어운동은 한편으로 언문일치를 통한 국문사용 운동을 수반하게 되어, 1894년에는 모든 법률과 법령을 국문으로써 본을 삼고 한역을 붙일 것이며 또한 국한문을 혼용하라는 칙령을 반포하기에 이르렀다.

이러한 신문화 사조의 유입에 따라 국문학 분야에 새로운 모습으로 등장하게 된 것이 이른바 개화가사, 창가, 신체시, 신소설, 신시조 등이었던 것이다. 그런데 이 신시조에 대하여는 개화기시조, 근대시조라는 이름으로 통용되어 논의의 어려움을 느끼게 한다. 갑오경장 이후 적어도 1920년대까지는 시조문학의 부흥기라 할 수 있으니, 그 시조부흥 운동을 주도한 선구자는 육당 최남선이었다. 그는 1907년 대한유학생 회보에 〈국풍 4수〉라는 작품을 발표하였고, 이어서 〈소년〉지에 12편의 시조를 발표하였는데, 그 예를 들어 보면 〈봄맞이〉 〈태백에〉 〈또 황령에〉 〈대동강〉 〈압록강〉 〈대조선 정신〉 〈때의 부르짖음〉 〈더위치기〉〈청천강〉 등 제목들을 붙여 고시조와는 사뭇 다른 모습을 보여주었다.

육당은 1926년 〈조선국민문학으로서의 시조〉라는 논설을 발표하여, 시조를 그 창작면에서 뿐만 아니라 이론면에서도 부흥시켜야겠다는 의지를 천명했던 것이다. 그 밖에도 다음과 같은 논설들이 있어 시조부흥논의가 얼마나 활발했던가를 미루어 짐작케 해준다.

1. 최남선, 시조태반으로서의 조선민성과 민속, 조선문단, 1925. 6
2. 최남선, 조선국민문학으로서의 시조, 조선문단, 1926. 5
3. 염상섭, 시조에 관하여 조선일보, 1926.12. 6
4. 손진태, 시와 시조에 표현된 조선사람, 신민 7월호, 1926.7

5. 허영호, 시조부흥에 대한 관견, 신민 24호 1927.3
6. 염상섭, 시조와 민요, 동아일보, 1927.4.30
7. 이은상, 시조문제, 동아일보, 1927.4~5
8. 이은상, 시조문제소론 동아일보, 1928.2.7~9
9. 이은상, 시조단형추의 동아일보, 1928.3.18~25
10. 이광수, 시조의 의적 구성 동아일보, 1928.1
11. 이병기, 율격과 시조, 동아일보, 1928.11.12.
12. 이병기, 시조원류론, 신생 제 2권, 1929. 1~3
13. 안자산, 시조의 연원 동아일보, 1930.9.24.
14. 이병기, 시조를 혁신하자, 동아일보, 1932.1.7.

이처럼 시조에 대한 부흥논의는 활발하게 진행되었던 것이고, 이러한 논의는 시조인들의 창작 의욕을 북돋아 주었고, 따라서 전문적인 시조 시인들이 등장하게 되었다. 최남선, 이병기, 이은상, 양상경, 정인보, 한용운, 주요한, 김영진, 조운 등이 이 시대 전반기를 장식해 주었던 인물들이다.

그리고 최남선의 「백팔번뇌」, 이광수의 「춘원시가집」, 이병기의 「가람시조집」, 주요한의 「봉선화」 정인보의 「담원시조집」 오신혜의 「망양정」 이은상의 「노산시조집」, 장정심의 「금선」 등은 이 시기를 대표할만한 시조집들로 기억된다. 한마디로 이 제5기는 갑오경장을 중심으로 옛시조와 근대시조의 분수령을 이루면서 현대시조로 발전할 수 있는 토대를 구축한 중요한 시기란 점에서 그 문학사적 의의는 크다고 본다.

앞 단락에서는 시조문학사의 시대 구분 문제를 해결하기 위하여 ① 문학사의 기술태도와 방법 ② 제가들의 시대 구분안 고찰 ③ 시대 구분의 이론과 실제라는 항목으로 나누어 논리를 전개해 보았다. ①항에서 안자산은 정치상의 시대를 중심으로 해서 문학상의 시대를 가르겠다는 방법론을 제시했고, 조윤제는 정치적 사실에 문학적 사실을 조화시키는 방법론을 제시하고 시대 구분을 한 다음, 그 시대별 특성에 맞게 〈태동시대〉 〈형성시대〉 〈위축시대〉라는 별도의 명칭을 붙여 놓았다.

그리고 이병기는 문학작품의 내용과 형식상의 주 특징을 고려하는 방법론을 제시하면서 여조 이전의 문학은 정치왕조사적 방법에 의하여 분류했고, 근조문학은 문학발달사적 방법에 의하여 분류하는 이중적 태도를 보여 주었다. 그리고 ②항에서는 시조문학사에 대한 제가들의 시대 구분안을 제시하고, 그에 대한 장단점을 가려보는 기회로 삼았다.

이러한 논의들을 밑받침 삼아 ③항에서는 다음과 같은 사항에 유의하면서 필자 나름의 시대구분안을 제시했던 것이다.

첫째, 각 시기에 대하여 〈형성기〉 〈성장기〉 〈발흥기〉 등의 명칭을 부여하지 않는다. 그것은 인간들의 정신 활동의 소산인 문학의 생장소멸 관계가 생물들의 변천 과정인 진화론적 방법과 반드시 일치한다는 확신이 서지 않았기 때문이다.

아울러 〈발전보급기〉 〈가창찬집기〉 등으로 명명할 수 없었던 것은 전자는 시조의 발전보급이 어디 그 기간에만 이루어졌느냐 하는 점이고, 후자는 음악적인 측면만을 고려한 것이지 문학적인 측면을 도외시한 듯한 작명법이라 생각되었기 때문이다.

둘째, 문학사에서의 시대 구분은 절연하게 나타날 수만은 없다고 생각되어 기계적으로 토막 내는 방식은 탈피해 보았다. 적어도 문학사의 교체기는 전시대적 요소와 후시대적 요소가 복합되게 마련이고, 그렇지 않다면 전시대와 후시대 사이에 완충적 역할을 하는 시간상의 거리가 필요하다고 생각된다. 따라서 왕조별로 인계인수하는 릴레이식 방법이나, 연도별로 산출하여 표시하는 산술적 방법 등은 그 발상 자체가 위험하다고 생각되어 적용하지 않았다.

셋째, 각 시기를 구분하는 데 있어서 왕조 중심으로 표시하지 않고 역사적 사건 중심으로 표시하였다. 이를테면 훈민정음 창제는 문화적 사건, 임진왜란은 전쟁사적 사건, 갑오경장은 사회개혁 사건,

8.15 해방은 국권회복 사건 등으로 규정할 수 있겠으나, 이들은 모두 넓은 의미의 역사적 사건의 범주 안에 포괄할 수 있는 내용들이다. 동시에 이러한 사건들은 시조문학 발전에 상당한 영향을 끼친 것으로 생각되어 시대 구분의 지표로 삼게 되었던 것이다.

넷째, 이런 점들에 유의하면서 시조문학사 전체를 5기로 나누어 보았고, 제1기는 고려 말에서 훈민정음 창제까지, 제2기는 정음 창제 이후 임진왜란 이전까지, 제3기는 임란 이후 영조대까지, 제4기는 영조 이후 갑오경장까지, 제 5기는, 갑오 이후 민족 해방기까지로 구분하게 되었다.

다섯째, 제1기는 시조문학이 발생하여 형성된 시기, 제2, 3, 4기는 시조문학의 성장, 발전, 보급기, 제5기는 근대문학기로 간주하였다. 특히, 이 제5기는 갑오경장을 중심으로 옛시조와 근대시조의 분수령을 이루면서 현대시조로 발전할 수 있는 토대를 마련해 준 시기라는 점에서 그 문학사적 의의는 중차대하다고 본다.

제VI부 육당 최남선론

1. 육당의 생애와 시조

육당 최남선은 그의 타고난 재능과 비교적 부유한 가정환경과 신구문화의 교체기라는 시대적 특수 상황 속에서, 우리나라 신문화 발전에 다대한 공로를 남겼던 인물로 기억된다. 그가 생존했던 최근세의 70년 동안은 역사상 유례가 없는 민족적 시련기로서 그야말로 감당하기 힘든 대사건들이 연달아 일어났다. 갑오경장(1894), 을미사변(1895), 노일전쟁(1904), 을사조약(1905), 한일합방(1910), 남북분단(1945), 유월전쟁(1950) 등 세기적 사건들이 민족의 자존마저 위협하였다.

그의 소년기는 외세로부터의 국권수호가 우리 민족의 지상명령이었고, 청장년 기에는 일본에 강점당한 국권을 회복하는 일이 무엇보다도 시급한 과제였다. 육당은 이러한 시대적 명제들을 해결하기 위하여 무슨 사업을 어떤 방법으로 추진해 왔으며, 그 결과는 어떻게 나타났는지 더욱이 시조작가로서의 면모가 어떠했는지를 살펴보려는 것이 이글의 의도하는 바다.

이제 그의 행적들을 구체적으로 살펴보면 〈少年〉, 〈靑春〉 등 계몽잡지와 서적들을 발간하여 민중들을 깨우쳐 주는 일에 앞장섰고, 언문일치의 시문체 운동을 전개했는가 하면, 신체시를 창시하고 시조를 부흥시키는 일에 선구적 역할을 했던 것으로 안다.

역사 분야에도 관심을 두어 「단군론」, 「불함문화론」, 「삼국유사 해제」, 「조선역사 통속강화」, 「조선독립운동사」 등을 발표하였고, 〈조선정신〉, 〈조선주의〉를 고취시켜 사라져가는 민족정기와 부인당한 문화적 자아를 회복하려고 남다른 정열을 기울였다.

그 밖에 〈백두산 근참기〉, 〈금강 예찬〉, 〈심춘 순례〉 등의 장편 기행문을 발표하면서 조국애 · 민족애 · 국토애 등을 진작시켰던 것이다. 이처럼 가계각층에서 눈부신 활동을 전개하였고, 그 업적 또한 상상을 초월할 정도로 많아 전집류[307] 16권을 발간하기에 이르렀다고 본다. 요컨대 그의 활동반경이 다양하고 그의 업적들이 방만하여 그를 작가론적 입장에서 조명하는 일도 상당히 어려울 것으로 생각된다. 그렇더라도 육당에 관한 논의는 어느 작가보다도 활발하게 이뤄졌다고 본다. 이러한 논의를 밑받침 삼아 육당의 인간상을 재조명하고 그의 작품세계를 알아보는데 주력하고자 한다.

1) 인간적 면모

문학연구에서 작가에 대한 관심이 뒤따르는 것은 의식적이든 무의식적이든 작가의 사상과 개성이 그의 작품 속에 용해된다고 보기 때문이다. 그러니까 작가에 대한 바른 이해는 그의 작품세계마저 바르게 해석할 수 있는 단서를 제공해 준다고 본다. 물론 문학연구에서 가장 중요한 것은 창작 당시 작가의 신변적 사실을 넘어서서 이미 산출된 작품 자체의 문학성과 형식적 미학의 변증법적 관계[308]를 해명하는 일이다.

그러나 그에 앞서 작가에 대한 전기적 사실들이 그의 작품을 해결해 주는 중요한 열쇠로 활용될 수 있다는 점도 간과해서는 안 된다. 이제 그의 연보를 참고해 보면 다섯 살 어린 나이로 국문을 깨우쳤다고 하며, 여섯 살부터는 형 창선과 함께 관철동 무조의 서당에 다니면서 한문을 공부했다. 열 살 때에는 「春香傳」, 「沈淸傳」, 「洪吉童傳」 등을 비롯하여 한글 이야기책들을 즐겨 읽었고, 그 밖에도 기독교의 성경책, 중국소설, 신문학 관계 서적들을 두루 찾아 읽었다.

아울러 〈時事新論〉, 〈泰西新史〉, 〈皇城新聞〉, 〈獨立新聞〉 등을 읽

307) 六堂 崔南善全集, 高麗大 亞細亞問題硏究所編, 玄岩社, 1973.
308) 兪美江, 六堂時調硏究, 中央大碩士論文, 1985, 1쪽.

고서 개화와 문명에 대한 깨우침을 받았다고 한다. 열세 살 적에는 경성학당에 들어가 3개월 동안 일본말과 산술을 배웠고, 다시 열다섯 살에 일본에 건너가 동경부립 제일중학교에서 3개월가량 공부하고, 와세다대학 고등사범부에서 또 3개월 동안 강의를 들은 것이 학교교육의 전부인 것이다.[309] 그 동경 유학시절에 홍명희, 이광수 등 명사들과 사귀게 된 것도 특기할 만한 일이라고 생각된다.

그 후 학교를 그만두고 귀국한 그는 자기 집에 출판사의 인쇄시설을 갖춰놓고 新文館이란 이름 아래 월간잡지 〈少年〉을 창간하여 문화사업의 첫 발을 내디뎠다고 한다. 또 휘문, 정신 등 각 중학교에 조선 역사를 가르치는 강사로 출강한 사실도 있었다. 이처럼 육당의 성장과정과 수학과정을 구체적으로 살펴본 것은 청소년기의 이러한 행적들이 육당의 생애와 그의 사업과 그의 업적들을 산출하는 중대한 요소로 작용했다고 판단되기 때문이다.

결국 그의 수학과정은 육당을 시조시인, 수필가, 역사학자, 교육자, 문화운동가, 민족주의자, 언론출판인, 사상가, 애국수호자, 국토순례자 등으로 부를 수 있는 기틀을 마련해 주었다고 본다. 그에게 이처럼 다양한 칭호를 붙일 수 있는 것은 그만큼 초인적인 능력을 지닌 사람이라는 뜻도 되겠고, 달리 말하면 시조시인 한 가지로는 도저히 만족할 수 없었던 인물이란 점을 실증해준 예가 된다고 하겠다. 그렇더라도 본항에서는 〈시조시인〉, 〈대문장가〉, 〈역사학자〉, 〈독립운동가〉, 〈조선주의자〉라는 면을 부각시켜 그에 대한 인물론을 전개해 나가고자 한다.

육당은 우선 먼저 시조시인이라는 측면이 강조되어야 하겠다. 창가 · 신시 · 시조 등 육당이 산출한 다양한 시가형태 중에서 육당의 시가로서 가장 중요한 역할을 한 것은 바로 시조문학이었고, 그것은 육당의 전 생애를 통해 그의 노년기까지 지속적으로 창작되었다고 보기 때문이다.

---

309) 趙容萬, 六堂 崔南善(三中堂), 1964), 61쪽.

그의 전집 시가편을 참고해 보면 작품집 『백팔번뇌』 이외에도, 해방 이전의 작품으로 22편이 보이고, 해방 이후의 작품으로는 〈四時〉, 〈花木虫鳥〉, 〈紀行〉, 〈勝地〉, 〈慶節〉, 〈祝悼〉, 〈其他〉 등으로 분류되어 상당량의 작품들을 선보이고 있다. 또 그는 일찍이 國風이라는 이름으로 시조 창작에 임했던 사실이 있고, 누구보다도 앞장서서 시조부흥운동을 전개했던 선구자적 인물이며, 더욱이 1926년에 발간한 시조집 『백팔번뇌』는 우리나라 현대시조집의 효시라는 점에서 문학사상 융숭한 대접을 받아왔던 것으로 안다. 그런 점에서 현대시조의 최초 작품을 다른 데서 찾을 것이 아니라 육당 작품에서 찾는 것이 온당하다고 본다.

다음은 육당의 문필가로서의 면모를 고찰해 보고자 한다. 그의 연보를 보면 1901년 12세 때에 이미 〈皇城新聞〉등에 논설을 투고한 사실이 기록되고 있다. 이후 1919년에는 〈獨立宣言文〉을 집필했고, 그가 경영하는 잡지 〈東明〉에는 〈朝鮮歷史通俗講話〉를 연재했으며, 1925년 36세 때는 동아일보의 사설을 맡아 쓰면서 언론계에 몸담기도 했다. 이렇게 해서 언론출판계와 인연을 맺었던 그는 그후에도 지속적으로 각 일간지와 잡지 등에 역사관계 논문이나 장편 기행문 등을 여러 번에 걸쳐서 연재했던 것으로 안다.

그 밖에 저서들로는 『시조유취』(1925), 『삼국유사해제』(1925), 『단군론』(1926), 『이씨조선』(1926), 『심춘순례』(1926), 『백두산근참기』(1927), 『금강 예찬』(1928), 『조선 유람가』(1928), 『조선역사』(1928), 『조선독립운동사』(1945), 『국민조선역사』(1945), 『쉽고 빠른 조선역사』(1945), 『천만인의 상식』(1945), 『국란 극복사』(1952), 『조선역사사전』(1952) 등을 예로 들 수 있다. 게다가 그가 집필한 글의 종류도 다양해서 시조 관련 저서 이외에 역사, 상식문답, 고사관계, 신화, 설화, 시가, 수필, 기행, 자전, 지명사전, 역사사전, 논설, 번역물 등 어느 한 가지 분야에 국한시킬 수 없는 다재다능함을 보여주고 있다.

그가 발표한 글들 전부를 모아 六堂全集 16권을 발간하기에 이르렀으니, 그의 대문장가 다운 면모를 유감없이 발휘한 것으로 생각된다. 그리고 위에서 언급한 저서들의 내용을 살펴보면 역사관계 서적들이 대종을 이룬다는 사실 또한 간과할 수 없다고 본다. 그는 일찍이 "역사적 유물은 반드시 유형적 방면에만 한하는 것이 아니다. 성정 · 습관 · 언어 · 설화 등 무형적 유물도 역사적 가치가 심대하다."[310]고 자신의 역사관을 피력한 바 있다. 그래서 우리나라 고대사 연구에 온 심혈을 기울이게 되었고, 아울러 신화와 설화에도 깊은 관심을 나타내었다.

① 바쁜 시간임에도 불구하고 부탁해 오는 대로 강의를 맡아서 중앙학교 · 휘문학교 · 경신학교에서 조선 역사의 시간을 맡았다. (조용만의 「소년육당의 풍모」 에서)

② 그가 듣던 대로 과연 심상한 學究가 아닌 열렬한 패기만만한 대학자요 정열적인 계몽운동자, 대교사임을 알기에 족하였다.(양주동의 「文酒遍歷錄」 중에서)

③ 그를 학자라고 일컫는다. 또 그 자신도 학자 되기를 힘쓰려 한다. 세상은 그를 조선역사학자 또 널리 조선학자라고 생각한다. (춘원의 「六堂 崔南善論」 중에서)

④ 육당은 글자 그대로 博學强記 · 多聞多識이었으므로, 역사에 있어서도 國史뿐 아니라 東洋史 · 日本史 · 西洋史에까지도 널리 섭렵하고 있었으며 (이병도의 「六堂과 史學」 중에서)

⑤ 그는 史學에 관한 여러 저서도 내었고, 뒤를 이어 「조선어사전」이라는 거창한 사업에 단독으로 착수하고도 ~중략~ 위협의 손이 뻗쳐와 매우 곤경에 빠졌던 모양 같다. (염상섭의 「속세를 등진 晩年」 중에서)

⑥ 古書가 천정까지 빽빽이 쌓인 응접실을 겸한 서재에서 선생은 歷史의 위력을 力說하시는 것이였다.(李鍾桓의 「六堂先生을 回想하며」 중에서)

이제까지 여러 사람들의 六堂論을 장황하게 인용해본 것은 六堂과

310) 최남선전집2 현암사, 1973, 417쪽.

역사와의 관계를 규명해보고 싶은 뜻에서였다. 다시 말해서 그가 남긴 연구업적들이나 대방가들의 위와 같은 평가들을 미루어 볼 때, 육당에게 또 하나 〈역사학자〉라는 칭호를 추가할 수 있게 되었다는 사실이다. 일찍이 春園은 "時調와 六堂은 國語와 周時經과 같은 관계가 있다."[311]고 말한 바 있는데, 歷史와 六堂과의 관계 역시 똑같은 말을 적용할 수 있다고 본다.

다음은 육당의 〈문화운동가〉로서의 면모를 예증해 보고자 한다. 그가 우리나라 신문화운동에 몸 바치려고 한 것은 일본이 한국을 병합하기 이전부터였다고 알려졌다. 그는 이미 20년 전후에 많은 돈을 들여서 잡지와 책을 발간해 가지고 개화한 선진국가의 새로운 문화를 수입하여 백성들을 깨우쳐주고, 또 일면으로는 우리나라의 고전을 간행해서 일본의 통치 아래 잃어버리기 쉬운 민족의 얼을 불러일으키기에 힘썼다고 한다.[312]

그래서 육당이 문장구국의 이념을 실현하기 위하여 첫 사업을 시작한 것이 1908년 〈少年〉 지의 창간이었다. 新文館 발행의 이 잡지에는 "新大韓의 少年으로 깨달은 사람이 되고, 생각하는 사람이 되고, 아는 사람이 되어서 혼자 어깨에 진 무거운 짐을 감당하도록 敎導하자"[313]는 발간취지문이 있어서 이 잡지의 성격을 미루어 짐작케 한다.

한마디로 육당의 이 〈少年〉의 발간은 나라를 도로 찾는 구국의 문화운동이라고 생각했던 것이다. 이러한 일념으로 발간했던 〈少年〉은 1908년 창간호를 내서 1911년 1월까지 4년 동안 총 발행 부수 23호를 낸 다음 대단원의 막을 내리게 되었다. 그러나 육당은 계속해서 새로운 소년 잡지 〈붉은 저고리〉를 1912년 7월에 역시 소년잡지 〈아이들 보이〉는 1913년 9월에 창간하는 열성을 보여주었다.

이 〈아이들 보이〉의 특징은 이전의 잡지들과는 달리 제목과 내용에

311) 李光洙, 六堂과 時調 「百八煩惱」의 발문 참조.
312) 趙容萬, 앞의 책, 39쪽.
313) 少年 創刊號 參照.

모두 순국문을 사용하여 〈국주한종〉, 〈언주문종〉의 새 문장도를 확립해 나간데 있다. 이후 1914년에는 춘원 이광수의 도움을 받아 또 다른 잡지 〈새별〉을 창간했는데, 그 취지 또한 문화운동을 통하여 민족의 역량을 함양하려는데 있었던 것으로 이해된다. 이 잡지 또한 오래 지속되지 못하고 1914년 10월 드디어 〈靑春〉 창간호를 내게 되었으니, 이 잡지는 청년들에게 문학열을 크게 북돋아 주었으며, 이로 말미암아 우리나라에 비로소 문단의 성립을 가져오게 되었다.

어떻든 종합교양지로서의 면모를 갖춘 〈청춘〉지는 그 당시 청년들에게 대단한 인기를 끌게 되었고, 따라서 그 내용에 민족사상을 고취하는 면이 많다고 하여 일시 정간되기도 하고, 마침내 인가가 취소되는 등 비운을 맞기도 하였다. 그래서 1918년 9월 종간호인 제15호를 내놓고는 폐간된 것으로 안다. 다시 말해서 그가 新文館을 설립하여 새로운 잡지들을 창간해내고, 光文會를 만들어서 우리나라의 고서적들을 수집 · 정리 · 재출판 해내고, 언론계에도 뜻을 두어 時代日報를 발간해 내는 등 그가 우리 민족의 문화수준을 향상 · 발전시키는데 이바지한 공로는 타의 추종을 불허한다는 것이 제가들의 중평이다. 그런 의미에서 六堂은 우리나라 개화기 시대의 신문화운동을 주도한 선구자이며 그 지도자였다고 할 수 있겠다. 그러나 육당의 점진적 문화주의 이상은 직접적인 항일투쟁으로서는 일제를 제압하고 독립을 쟁취할 수 없다.[314]는 그 나름의 시대관을 반영한 것임에 틀림없다고 보아진다.

그러면 육당은 무엇 때문에 온갖 애로와 갖은 압박을 무릅써 가면서 그러한 문화운동가를 자처하고 나섰을까. 그는 민족을 위해서 문화사업을 하다가 아버지 재산을 다 없애고 그 위에 빚을 산더미처럼 지고, 어떤 때는 끼니를 굶을 지경에 이르렀으며, 심지어는 일람각에서 전기료를 지불하지 못할 정도로 곤궁한 생활을 영위한 적도 있었다고 하니, 그의 새문화운동 사업은 거의 광적이었다는 생각이 든다.

314) 신동욱, 최남선의 산문과 민족관, 「최남선과 이광수의 문학」,(새문사, 1981)

여기에는 그의 민족의식 · 국토의식 · 역사의식 등이 복합되어 산출한 〈조선주의〉 정신이 하나의 신앙처럼 밑받침되었기 때문에 가능했으리라고 본다.

① 그로부터 조선의 原始宗教와 동방의 고대문화로 번져가면서 朝鮮精神의 근본을 檀君에 두려는 데에 평생 동안의 연구 제목이 되었다. (「書齋閑談」 중에서)

② 조선의 국토는 山河 그대로 조선의 역사며 哲學이며 詩며 정신입니다. 文學 아닌 채 가장 명료하고 정확하고 또 재미있는 기록입니다. ~중략~ 나는 조선 역사의/ 學徒요 조선정신의 어설픈/ 探究者요 진실로 남다른 愛慕嘆美와 한 가지 무궁한 궁금스러움이 이 山河大地에 가지는 자입니다. (「巡禮記의 卷頭」 중에서)

③ 本會는 조선 舊來의 文獻圖書中 重大하고 緊要한 자를 編輯 · 編纂開刊하여 귀중한 문서를 保存 · 傳布함을 목적으로 한다.(「朝鮮光文會 規定」 중에서)

④ 조선사람이여! 염치없는 조선사람이여 용기가 있거든 「있다」 고 대답할지어다. 아아 可憐한 것은 조선 사람이 아니라 「朝鮮」 그것이오, 조선의 산하 그것이오, 조선 산하의 精靈 그것이다.(「東明」의 폐간사)

⑤ 조선의 역사에서 아무든지 驚歎치 아니치 못할 점은 그 連綿性이오 持久相이오 강인성이요 應化能이다.(「역사를 통하여서 본 朝鮮人」 중에서)

인용문들은 육당의 朝鮮愛精神이 표출된 글로만 모아본 것이다. 이밖에도 이러한 내용의 글들을 얼마든지 찾아볼 수 있었지만 그 번거로움을 피하기 위하여 더 이상 예를 들지 않았다. 일제 강점기에 나라를 도로 찾는 방법은 인재 양성과 산업진흥의 길밖에 없었고, 나라를 근대화시키는 방법은 문화적으로 깨우쳐 주는 길밖에 없었다는 것이 그 당시 뜻있는 분들의 생각이었던 것이다. 육당이 젊은 시절부터 새문화운동 사업에 온갖 정열을 다 바쳤던 것도 이러한 시대적 상황에 대한 그 나름의 처방전이었다고 생각된다.

다시 말해서 육당의 사상적 측면에는 항상 조선주의 정신이 튼튼하게 자리 잡고 있었다는 것을 의미해 준다고 하겠다. 예를 들면 그가 〈少年〉에서 〈青春〉까지의 새 문화잡지를 출판해낸 일이나, 朝鮮光文會를 통하여 우리나라 고서적들을 재발간한 일들이나, 東明社를 통하여 주간잡지 〈東明〉을 펼쳐낸 그 바탕에는 항상 조선주의 정신을 배경에 깔고 있었던 것이다. 아울러 〈時代日報〉를 창간해내고 조선역사에 대하여 특별한 관심을 기울이고, 新詩 · 唱歌 · 時調 등을 통하여 그가 담아내려고 했던 것이 모두 조선주의 정신에 귀일된다는 것을 강조해 두고 싶다. 그래서 春園도 "안창호씨로 말미암아 전 조선을 풍미한 조선정신을 논문으로, 노래로, 역사로 즉 글로 선전한 이가 바로 육당 최남선"[315]이라고 이야기할 수 있었던 것이다.

더욱이 그는 라디오 강연을 통해서도 〈朝鮮精神〉과 〈朝鮮文化〉를 깨우쳐 주는 일에 남다른 정열을 기울였다고 한다. 실제로 해방 후에 발간된 〈六堂崔南善講演集〉을 보면 그 목차가 ① 조선의 산수 ② 조선의 고적 ③ 조선의 문화 ④ 조선의 문학 ⑤ 조선의 민담 등으로 분류되어 있었다. 이러한 그의 행적들로 미루어 볼 때, 육당은 〈조선주의〉 사상에 심취했던 선구적 인물이었다는 생각이 든다. 동시에 그의 〈조선주의〉 사상에 일관성을 유지하지 못했던 것은 그 자신의 한계점이요, 자아부정의 모순점이란 것을 아울러 밝혀두는 바이다.

이제까지 육당 최남선의 인간상을 〈시조시인〉, 〈대문장가〉, 〈역사학자〉, 〈문화운동가〉, 〈조선주의자〉라는 면에 강점을 두어 논의해 보았다. 이 밖에도 그에게 수필가, 사업가, 언론출판인, 정치가, 국토순례자, 교육자 등의 다른 이름들을 추가할 수 있으리라. 그래서 兪鎭午도 일찍이 "시대는 그에게 '무슨 하나'가 되는 것보다도 '모든 무엇'이 되기를 요구했기에 그는 文學人, 學者, 思想家, 事業家, 저널리스트, 政治家가 되었고, 또 아무것도 아니었다면 아무것도 아닌

315) 崔南善, 百八煩惱, (東光社, 1926), 2쪽.

인물이 되었다."[316]라고 이야기한 바 있다. 그렇더라도 우리나라 최초의 개인시조집 『백팔번뇌』를 펼쳐낸 사실과 그 전후에도 신시나 창가보다는 거의 시조 일변도로 작품 활동이 이루어진 사실을 간과해서는 안 된다.

2) 육당의 문학 세계

(1) 임을 그리워하고 찾는 노래

위하고 위한 구슬
싸고 다시 싸노매라
때묻고 니빠짐을
님은 아니 탓하셔도
바칠 제 성하옵도록
나는 애써 가왜라

보면은 알련마는
하마 알 듯 더 몰라를
나로써 님을 헤니
헤올사록 어긋나를
믿으려 믿을 뿐이면
알기 구태 차즈랴

찾는 듯 뷔인 가슴
바다라도 담으리라
우리 님 크신 사랑
그지 어이 잇스리만
솟는 채 대시옵소서
벅차 아니 하리다 　 – 궁거워 1,2,3수

316) 鄭漢模 編著, 崔南善 作品集,(螢雪出版社, 1982), 152쪽.

인용시는 百八煩惱 작품집에서 제일 앞에 나온다. 백팔번뇌는 1926년 12월 1일에 간행된 우리나라 최초의 개인 시조집이다. 이 책의 구성은 3부로 되어 있는데, 제1부 동청나무 그늘(36수), 제2부 구름 지난 자리(36수), 제3부 날아드는 잘새(36수)로 되어 있다. 그 밖에도 崔南善의 自序와 朴漢永 · 洪命熹 · 李光洙 · 鄭寅普 등의 발문이 있고, 東光社에서 출판되었다. 위에 예로 든 작품은 제1부에 들어 있고, 제목은 〈궁거워〉이다. 그 〈궁거워〉는 9편 있는데, 앞부분 세 편만 인용하였다.

하여간에 〈궁거워〉는 궁금하다는 뜻이고, 무엇을 속 시원하게 알고 싶어 마음이 안타깝다는 뜻이다. 제1편에서는 위하고 위한 구슬을 임에게 드리기 위하여 싸고 다시 싸는 정성을 들였다는 것이다. 그 구슬이 때가 묻고 이가 빠지는 것을 임께서는 탓하지 않겠지만, 바칠 때 성하옵도록 애써 감싸둔다는 것이다.

둘째 수는 임의 정체성에 대해서 이야기한 것 같다. 그 임을 보면 알 것 같은데, 알 듯 하다가는 더 모르겠다는 것이다. 그래서 임을 헤아리니 헤아릴수록 어긋난다 하였고, 그냥 믿기만 해도 된다면 구태어 알려고 하지도 않았다는 이야기다.

셋째 수에서는 가득 찬듯하면서도 텅 빈 가슴에는 바다라도 담을 것이라 하였고, 그 가슴에 우리 님의 크신 사랑을 논에 물 대듯이 대주어도 벅차하지 않을 것이라 하였다.

이제까지 윗 작품의 내용을 대강 살펴보았거니와, 이 작품에 등장하는 〈임〉의 정체가 무엇인지 궁금하지 않을 수 없다. 그 〈임〉의 정체가 불분명하다는 것은 〈궁거워〉의 4번째 작품에서도 확인된다. "모진가 하얏더니 그대로 둥그도다./ 부핀 줄 여겼더니 또 그대로 길 차도다./ 어떠타 말 못할 것이 님이신가 하노라."라고 되어 있다. 이 작품을 보면 육당은 "어떠하다고 말할 수 없는 것", "말로서는 설명할 수 없는 것"을 임이라고 하였다. 조선시대 시가를 보면 시조이든 가사이든 많은 작품에 등장하는 〈임〉을 발견하게 된다. 그런데 그 작품이 사대부의 것이면 그 임은 임금님이 되고, 기녀의 것이면 그 임은 사랑하는 남자가 된다. 그리고 일제 시대 만해 한용운의 『님의 침묵』 시집을 보면 전편에 〈임〉이 자주 등장하는데, 그 한용운의 〈임〉은 많은 사람들이 조국, 부처, 자연, 절대자 등으로 보았다. 그러나 한용운의 〈임〉을 조국이라 보는 편이 우세하다. 그 한용운보다 약간은 앞서서 작품을 발표한 육당의 임은 누구인가? 그것을 알기 위하여 『백팔번뇌』의 제일부 "등청나무 그늘"에 있는 六堂의 自序를 살펴보자.

"그래도 봄빛이 마음에 떠나지 아니하고 목마르고 다리 아픈 줄을 도무지 모르기는 진실로 진실로 내 세계의 태양이신 그이 …… 님이라고 하는 그이가 있기 때문이었다. 여기 뽑은 몇 마리는 그를 따르고 그리워하고 그리하여 가까웠다가 멀어지기까지의 내 마음과 정곡을 그대로 그려낸다 한 것이니 조금만큼이라도 엄살과 외누리를 끼우지 아니하였음이 물론이다. ~중략 ~ 그는 이미 늙었다. 사랑의 우물이든 그의 눈에는 뿌연 주름이 비추게 되었고, 어여쁨의 두던이던 그 두 볼은 이미 찾을 수 없는 나라로 도망가 버렸다."[317)]

이 글을 보면 최남선은 그 임을 태양이라 불렀고, 그리고 백팔번뇌의 글들은 태양 같은 그를 따르고 그리워하고 가까워졌다가 멀어지기까지의 생각을 그려낸 것이라 하였다. 또 그 임은 이미 늙었다 표현하였고, 그의 눈에는 뿌연 주름이 비치게 되었고, 그의 두 볼은 찾을 수 없는 나라로 도망가 버렸다고 하였다. 그렇다면 육당의 〈임〉은 일제 식민지 시대의 잃어버린 조국 아니겠는가? 그는 평생 동안 조국 즉 조선의 광복을 위하여 여러 가지 신문화 운동을 전개하였다. 그의 조선애정신과 조선주의 사상은 그의 신앙심 같은 것이었다.

317) 최남선 백팔번뇌,(태학사, 2006) 11쪽.

님 자채 달도 밝고
님으로 해 꽃도 고아
진실로 님 아니면
꿀이 달랴 쑥이 쓰랴
해 떠서 번하옵기로
님 탓인가 하노라

감아서 뵈든 그가
뜨는 새에 어대간고
눈은 아니 믿드래도
소리 어이 귀에 있나
몸 아니 계시건마는
만져도 질 듯 하여라

무어라 님을 할까
해에다나 비겨볼까
쓸쓸과 어두움이
얼른하면 쫓기나니
아모리 겨울 깊어도
음달 몰라 좋아라 – 안겨서 1,2,3수

위 작품은 제1부 "등청나무 그늘"에 두 번째로 실려 있다. 제목은 〈안겨서〉이고 이 작품 또한 9편으로 되어 있다. 이 백팔번뇌는 우리나라 현대시조 문학사상 최초의 개인시조집이고, 그렇다면 여기에 실려 있는 작품들을 현대시조의 효시작품이라 할 수 있다. 그런 만큼 백팔번뇌의 작품들은 고시조에서 현대시조로 넘어가는 과도기적 작품이라 할 수 있고, 그러기에 이들 작품에는 고시조다운 요소도 있고, 현대시조다운 요소도 있다.

우선 고시조다운 요소를 보면 표기법에서 고어표기를 그대로 사용했고, 초장 3,4,4,4, 중장 3,4,4,4, 종장 3,5,4,3이라는 기준 음수율을 철저히 지켰고, 용어 사용에서도 고어에 쓰이던 말들을 그대로 사용한 것이 많다. 그 표현 면에서는 은유나 상징 등 고도의 수사법을 응용한 것이 아니라, 거의 직설법에 가까운 문장 서술을 한 점이 한계점이라 하겠다. 현대시조다운 요소는 고시조가 줄글형식으로 되어있는데, 육당은 6행 표기를 주로 한 점, 그 용어 면에서 간혹 고어가 들어있기는 하나 현대국어를 주로 사용한 점, 그 내용 면에서 당시의 개화사조나 국권회복의 의지를 담고 있는 점 등을 들 수 있다.

그러나 줄잡아도 시조가 인류의 시적 충동, 예술적 울읍의 유로 선양되는 주요한 일 범주, 시의 본체가 조선국토 · 조선심 · 조선인 · 조선어, 조선음률을 통하여 표현한 필연적 이 양식, 세계 온갖 계통 또는 조류 문화 · 예술이 흘러서 흘러서 조선이란 체로 들어가서 받쳐나온 ~ 걸러나온 일 정액인 것은 아무라도 앙탈할 수 없는 일이요, 또 그것이 본질에 있어서 상당한 공과를 나타낸 것임과, 또 아직 충분한 발전 개부를 보이지 못하였을 법하여도 기왕보다 퍽 많은 장래가 그 속에 포장되어 있다.[318)]

윗글은 육당의 “조선국민문학으로서의 시조”라는 논설에서 일부 인용한 것이다. 육당은 『백팔번뇌』라고 하는 최초의 개인시조집을 내기도 했지만, 이처럼 쇠퇴해가는 고시조를 다시 일으켜 세워야 한다는 시조부흥론을 최초로 제기한 사람이다. 그것은 육당이 시조의 본체를 조선국토 · 조선심 · 조선인 · 조선어 · 조선 음률을 통하여 표현한 필연적 양식이라고 인식했기 때문이다.

이러한 전제 아래 위작품의 제1수를 보면 임 때문에 하늘의 달이 밝고, 임으로 해서 그 많은 꽃들도 곱게 핀다고 하였다. 그러니 임 아니면 꿀도 달지 않고 쑥도 쓰지 않다는 것이고, 해가 떠서 환하게 밝은 것도 모두 임 때문에 가능한 것이라 하였다. 제2수에서는 눈을 감으

318) 李泰極 編, 時調研究論叢, (乙酉文化社, 1965), 16쪽.

면 뵈었던 임이 뜨는 새에 어디로 가버리고, 그 눈은 믿을 수 없다 하더라도 그 임의 소리가 어째서 귀에 들리느냐고 하였다. 그러니 그 임의 몸체는 계시지 않지만 손으로 만지면 만져질 듯도 하다는 것이다.

제3수에서는 그 임을 〈해〉에다 비겨볼 수 있다 하였고, 쓸쓸함과 어둠 같은 것을 쫓아낼 수 있다 하였고, 아무리 추운 한겨울에도 그 임과 함께 있으면 항상 양지에 있는 것 같아서 응달을 모르고 추위를 모른다고 하였다. 그러니 육당이 그처럼 그리워하고 찾는 〈임〉의 존재가 무엇이겠는가? 그는 자나 깨나 나라를 걱정하고 조선의 앞날을 걱정했던 선각자였다는 점에서 그의 〈임〉은 다름 아닌 조국을 의미하는 것으로 해석된다.

(2) 애국의식을 나타낸 작품

터…… ㄹ썩, 터…… ㄹ썩, 턱, 쏴 …… 아.
따린다, 부슨다, 문허바린다
태산 갓흔 놉흔 뫼, 딥태 갓흔 바위ㅅ 돌이나,
요것이 무어야, 요게 무어야,
나의 큰 힘, 아나냐, 모르나냐, 호통까지 하면서,
따린다, 부슨다, 문허버린다,
터…… ㄹ썩, 터…… ㄹ썩, 턱, 튜르릉 콱.

터…… ㄹ썩, 터…… ㄹ썩, 턱, 쏴…… 아.
내게는, 아무 것, 두려움 업서,
육상에서, 아모런 힘과 權을 부리던 者라도,
내압헤 와서는 꼼짝 못하고,
아모리 큰, 물건도 내게는 행세하디 못하네.
내게는 내게는 나의 압헤는
터…… ㄹ썩, 터…… ㄹ썩, 턱, 투르릉, 콱. – 海에게서 少年에게

이 작품은 1908년 11월 발행된 「少年」 창간호에 실려 있고, 전부 6연으로 구성되었는데, 여기서는 1 · 2연만 인용하였다. 그리고 이 작품은 한국 근대문학사의 허두를 차지하는 신체시를 대표한다. 본래 신체시란 낡은 양식의 詩歌 곧 古典詩歌에 대해서 새로운 단면을 드러낸 유형의 작품들을 총괄하는 명칭이다.[319)]

이 신체시의 특징은 그 형태면에서 찾을 수 있는데, 그것은 기존의 시조와 가사의 형식을 거부하고 전혀 새로운 면을 보여주었기 때문이다. 그런 점에서 김현승 같은 이는 "우리나라 최초의 자유시로서 역사적인 의미에선 기념비적인 시다. 무엇보다도 그때까지의 시의 外形律을 깨드리고, 완전히 자유로운 형식을 처음으로 만들었다는 점에서 이 시는 의미를 갖는다."[320)]라고 하였던 것이다. 그러나 이 작품을 보고 "최초의 자유시"라느니, "외형률을 깨뜨리고 완전히 자유로운 형식을 만들었다" 느니 하면서 자유시라고 설명할 수 있는지는 의문이 간다. 왜냐 하면 이 작품은 각행 첫줄이 2 · 2 · 3, 둘째 줄이 3 · 3 · 5, 셋째 줄이 4 · 3 · 4 · 5, 넷째 줄이 3 · 3 · 5의 음수율을 취했기 때문이다.

이처럼 각 연의 각 행이 일정한 음수율을 취했으므로 완전히 자유로운 형식을 만들었다고 볼 수는 없고, 고전시가에서 현대자유시로 넘어가는 과도기적 형태를 취했다고 보아야 맞을 것이다.

윗작품 〈海에게서 少年에게〉는 바다가 소년한테 하는 이야기로 들리고, 실제 내용을 살펴보아도 그렇게 설명할 수 있다. 그 내용을 살펴보면 제1연에서는 태산 같은 높은 뫼와 집채 같은 바윗돌을 때려 부수거나 무너뜨려 버린다고 하였다. 제2연에서는 육상에서 아무런 힘과 권세를 부리던 자라도 자기 앞에서는 꼼짝 못한다는 것이고, 제3연에서는 진시황, 나팔륜 등 인류역사상 가장 큰힘을 가졌던 이들도

---

319) 金容稷, 〈海에게서 少年에게〉의 이해, 申東旭 編著, 『崔南善과 李光洙의 문학』 (새문사, 1981), 25쪽.

320) 金顯承, 韓國現代詩解說, (關東出版社, 1975), 11쪽.

자기 앞에서는 모두 굽혔다는 것이고, 제4연에서는 작은 섬이나 손벽만한 땅을 가지고 영악한 체를 하면서 위대하다고 자부하는 자는 나와 보라고 하였다. 제5연에서는 바다와 짝이 될 만한 것에는 푸른 하늘이 있다 하였고, 제6연에서는 저 세상 사람 모두 미우나 딱하나 사랑하는 사람이 있다고 하였다. 그것은 담 크고 순진한 소년배들인데, 재롱부리고 귀여워서 자기의 품에 안겨 주기를 바란다고 하였다.

이제 제6연까지의 내용을 살펴보았거니와, 우렁차고 넓은 기개를 지닌 존재라는 것이고, 육상에 존재하는 것들은 아무것도 두려운 것이 없고, 상대되지 않는다고 하였다. 그런데 소년배들에 대하여는 귀엽고 사랑스럽고 재롱둥이라고 하면서 자기의 품에 와서 안기라고 했던 것이다. 그러니까 육상에 존재하는 것들을 모두 부정적으로 대했는데, 오직 소년들에 대해서는 긍정적 태도와 호감을 나타내었던 것이다.

이것을 다시 설명해 보면 바다는 큰힘을 가진 존재, 無敵者, 우렁찬 기개를 가진 존재라 하였고, 짝이 될 만한 것은 푸른 하늘이고, 사랑하는 대상은 소년들이라 하였다. 그것은 우리나라의 청소년들이 큰 힘을 가진 자가 되고, 무적자가 되고, 우렁찬 기개를 지닌 사람으로 성장해 주기를 바라는 육당의 염원이 〈바다〉와 〈소년〉을 통하여 표출된 것이라 보아진다.

그러니까 구한말의 기울어져가는 나라를 다시 일으켜 세우고 자주독립된 나라를 건설하기 위해서는 〈少年〉 들밖에 믿을 것이 없다는 육당의 절박한 심정을 나타낸 것이라 이해된다. 그런 의미에서 〈바다〉와 〈소년〉은 별개의 존재가 아니라 이들은 동격이고, 바다가 소년이고 소년이 바다라는 등식이 성립된다고 하겠다.

판수야 벙어리야 귀머거리야
문둥이 멸름발이 온갖病身아
우리게 疑心말고 나아오너라

딜겨서 어루만뎌 낫게하여라
우리는 너의위해 火鞭가지고
神靈한 뺨더씀을 베풀양으로
반갑게 딥신으로 일을해나간
하날의 뽑은나라 自由大韓의
뽑힌바 소년임을 생각하여라. 〈少年 大韓〉

이 작품은 1908년 12월 〈소년〉 제1년 제2권에 실려 있다. 전부 3연으로 되어 있는데, 인용된 작품은 제3연이다. 우선 특이하게 생각되는 것은 이 작품이 기존의 시조와 가사와는 달리 율격적인 변화를 시도하고 있다는 점이다. 이 〈少年大韓〉은 3 · 4 · 5조를 취했는데, 그 밖에도 〈太白山과 우리〉, 〈世界一週歌〉 등이 여기에 속한다.

또 六堂詩歌에서 취한 음수율을 살펴보면 3 · 4조, 3 · 3 · 5조, 3 · 3 · 3 · 3조, 4 · 4조, 4 · 3 · 5조, 4 · 4 · 3조, 4 · 4 · 5조 등 실로 다양하다. 이처럼 육당의 시가에서 다양하게 전개되는 시 형태의 실험은 우리 근대시의 출발과도 긴밀한 관계가 있을 것으로 보고, 시 자체에 대한 巧拙을 云謂하기에 앞서 그 존재만으로서 충분한 의의를 갖는다고 본다.[321] 그 다음 이 작품의 제목이 〈少年大韓〉이기도 하지만, 그 내용 또한 소년이 주인공으로 등장하고 있다. 판수, 벙어리, 귀머거리, 문둥이, 절름발이 등 온갖 병신이라도 우리들 앞에 나오면 그것을 어루만져서 낫게 해준다고 하였다. 여기서 '우리'라는 대명사를 썼지만 실은 大韓의 少年輩들을 가리키는 것이다. 그처럼 병신들이 나오면 우리들은 그들을 위해서 火鞭을 가지고 신령한 〈쌈디씀〉을 베풀겠다는 이야기다. 여기서 쌈디씀은 영어 Batism을 가리키는 말로 세례, 침례, 영세의 뜻이 있다. 그런데 소년배들은 하늘이 뽑은 나라 自由大韓에서 또 선택받은 사람들이라 했으니, 육당은 당시 이 땅의 소년들에게 희망과 용기를 주고, 또 보다 나은 미래를 창조하기 위해서 〈少年輩〉들을 주인공으로 등장시켰다고 본다.

---

321) 金澤東, 新體詩와 六堂의 선구적 위치, 申東旭 編著, 앞의 책, 12쪽.

그 다음은 이 작품이 게재되어 있는 〈少年〉誌를 주목해 볼 필요가 있다. 이 잡지는 六堂이 개화계몽을 통하여 새 국가와 새시대를 열어보고자 한 꿈을 안고 일본유학에서 돌아온 이후 설립한 新文館에서 발간한 책이다. 다시 말해서 민족사의 새 지평을 열어가고자 하는 계몽사업의 일환으로 이 잡지를 발간했다는 사실이다. 그런 점에서 그 누구보다도 가능성이 있는 〈少年〉을 잡지의 표제로 삼고, 작품의 주인공으로 등장시키고 내세웠던 이유를 되새겨 보아야 한다.

(3) 자연 예찬과 자아성찰의 시조

저맵씨 저향기로 봄빛속에 섞인데도
모자랄 아무것이 있을 리가 없건마는
겸손히 오늘에와서 홀로피어 있고녀

봄바람 여름장마 차례차례 물리치고
가을의 이 英華가 그 구루에 맺혔거늘
지난날 싸운자취야 묻는이가 있던가

일년의 모든 영화 아낌없이 남맡기고
허술한 울타리밑 귀퉁이땅 의탁하되
찬서리 집없는 서슬 눈띄우지 않는가. – 국화

이 작품의 제목은 〈국화〉인데, 1956년 11월 〈한국일보〉에 발표하였다. 국화는 매화 · 대나무 · 난초 등과 함께 4군자라 불리는데, 고결하고 지조있는 선비를 상징한다. 우리들이 시적 소재로 삼는 것은 주로 자연과 인간이다. 인간마저 자연의 일부로 본다면 시인들은 자연을 노래하고 감상하고 재해석하는 작업을 즐겨 한다고 하겠다.

제1연에서는 국화가 피어 있는 계절이 가을이란 것을 일깨워주고 있다. 그 맵씨로 보나 향기로 보나 백화가 만발하는 봄철에 피어도 부족할 것이 없는데, 가을철에 홀로 피는 것은 겸손하기 때문이란 이야기다. 제2연에서는 국화가 피어있는 모습을 개성적인 안목으로 관찰하고 그렸는데, 그것은 자연 그대로 저절로 핀 것이 아니라 싸우고 노력해서 얻은 투쟁의 결과라고 하였다. 그래서 봄바람과 여름 장마를 다 싸워서 물리쳤다는 것이고, 그 국화가 아름답게 피어있는 모습을 가을의 英華라고 표현하였다. 그런데 많은 사람들이 그것이 아름답게 피어있는 결과만 보고 이야기하지, 그 과정에 싸워서 이기느라고 숱한 어려움이 있었던 것은 도외시한다는 것이다.

제3연에서는 국화가 살아가는 처지와 매운 기품에 대하여 이야기하였다. 모든 영화를 자기가 차지하는 것이 아니라 남한테 맡기고, 울타리 밑이나 귀퉁이 땅을 차지하고 살아간다는 것이다. 그래서 찬 서리에 집없이 살아가는데도 그 매운 기품만은 사람들에게 인정받기에 "눈띄우지 않는가" 라고 반문하였다. 한마디로 이 작품은 자연물로서의 국화를 칭송하는데 그친 것이 아니라, 그것에 인격을 부여하여 국화의 겸손성, 쟁취성, 강인성 같은 것을 찬양했다는 데에 의미가 있다고 본다.

다 부서지는 때에
혼자 성키 바랄소냐

금이야 갓슬망정
벼루는 벼루로다

물은 듯 단단한 속은
알이알가 하노라 — 깨진 벼루의 銘

인용한 시는 『백팔번뇌』에 실려있는 맨 마지막 작품이다. 백팔번뇌의 내용은 주로 〈임〉을 노래했는데, 이 작품만은 시각을 안으로 돌려서 작자 자신의 처지와 심정을 노래했다. 그 당시 벼루가 얼마나 많이 있었는지는 모르지만 다 부서지는 때에 해당된다는 것이고, 그처럼 다 부서지는데 혼자 성하기를 바라겠느냐는 것이 초장의 내용이다.

여기서 다 부서진다는 말은 우리 민족의 지도자급 인사들이 모두 지조를 굽혀 일본에 협조한다는 말이고, 〈혼자〉란 육당 혼자라는 말로 이해해야 될 것이다. 중장에서는 금이야 값을망정 벼루는 벼루라고 하였다. 여기서 〈벼루〉는 조선사람이나 조선사람 중의 지도자급 인사들을 상징하는 말로 봐야 한다. 즉 어쩔 수 없이 지조를 굽혀 親日을 했을망정 朝鮮人은 朝鮮人이라는 이야기다.

그런데 종장에서는 그 벼루의 무른 듯하면서도 단단한 속을 알만한 사람은 모두 안다고 하였다. 비록 어쩔 수 없이 일본에게 굽혀서 물러 뵈지만, 그 내면 즉 속마음은 단단하기 이를 데 없다고 했으니, 마음이나 정신까지 변한 것은 아니라는 사실을 강조한 것이다.

육당의 생애를 전후반기로 나눈다면, 그 가르는 기준은 3.1운동이 될 것이다. 3.1운동 이전에는 누구보다도 다양한 활동을 해서 우리 만족 문화 운동사에 높은 봉우리가 되었다. 그러나 그의 생애의 후반기는 훼절로 인한 비난과 공격을 받았으니, 이에 대하여 한국사전연구사에서 나온 『국어국문학자료사전』을 보면 다음과 같이 기록되어 있다.

“ 3.1운동으로 구금 투옥되고 나서 석방된 뒤 계속 일제의 감시 · 규제를 받아 친일의 길을 걸었다. 그리하여 식민지 정책 수행과정에서 생긴 한국사 연구 기구인 조선사 편수회에 관계를 가졌고, 이어 만주 건국대학에서 교편을 잡았으며, 뿐만 아니라 일제 말기에는 침략전쟁을 미화 · 선전하는 언론 활동도 하게 되었다. 그리하여 광복 후에는 민족정기를 강조하는 사람들에 의하여 비난과 공격의 과녁이 되었다. 총체적으로 보면 유능한 계몽 운동가였고, 우리 민족의 근대화 과정에 중요한 임무를 담당한 문화운동가의 한 사람이다. 죽은 뒤 1958년 만년에 기거한 서울 우이동 素園에 기념비가 세워졌다.” [322)]

322) 韓國辭典硏究社 編, 國語國文學資料辭典, 1994, 2903쪽.

인용문의 내용대로 육당이 자의든 타의든 후반기에 와서 親日로 돌아섰던 것만은 사실이다. 그리고 3.1운동 이후 절망한 나머지 독립운동을 했던 사람이나 문화운동을 했던 사람들이 지조를 굽혀 친일로 돌아섰던 일이 많이 있었는데, 그러한 상황이 상기 작품의 초장으로 나타났다.

그렇더라도 朝鮮人이 日本人으로 완전히 변질될 수는 없지 않겠는가. 그러한 사실이 상기 작품의 중장으로 형상화되었다. 그리고 어쩔 수 없이 외형상으로는 일본에게 굽혔지만, 속마음은 여전히 조선에 대한 충성심이 강하다는 것을 상기 작품 종장에서 "물은 듯 단단한 속"이라고 표현하였다. 六堂의 朝鮮愛思想이 얼마나 끈질기고 강인한가를 상기 작품은 증명해 주고 있는 것이다.

앞단원에서는 육당 최남선의 인간적 면모와 문학세계를 살펴보았다. 이러한 작업을 수행하기 위하여는 먼저 그의 생애와 업적들을 구체적으로 파악해 보아야 한다. 이러한 일에 치중하다보면 본의 아니게 평범한 전기문을 작성하게 되거나 화려한 경력이나 업적들을 소개하는 기념문집처럼 꾸며질 가능성이 있게 된다. 그래서 이글에서는 육당의 성장과정과 수학과정을 살펴보는데 만족했던 것이고, 청소년기의 이러한 행적들은 육당의 생애와 그의 사업과 그의 업적들을 산출하는 중요한 요소로 작용했으리라 미루어 생각해본 것이다.

다시 말해서 그의 성장과정, 가문의 전통, 교육과정, 당시의 사회환경 등이 육당을 여러 가지 측면에 종사하는 인물로 만들어냈다는 이야기다. 이러한 복합적 요소로 인해서 육당은 시조인, 수필가, 역사학자, 교육자, 문화운동가, 민족주의자, 언론출판인, 사업가, 사상가, 정치가, 애국수호자, 국토순례자 등 다양한 이름으로 불리게 되었다.

그런데 이처럼 많은 분야에 종사했다는 것은 초인적 능력으로 1인 10역을 했다는 이야기도 되겠고, 어떻게 보면 유진오의 표현 그대로 〈아무것도 아닌 인물〉로 평가받을 수 있게 되었는지도 모른다. 이런 점들에 유의하면서 그가 중점적으로 종사했던 분야와 업적, 활동 내용, 이념 등을 고려하고, 유사한 명칭들을 포괄적으로 묶어서 다음과 같은 결론을 얻어낼 수 있었다.

첫째로 그는 1907년 대한유학생회보에 최초의 근대시조 〈국풍사수〉를 발표한 사실이 있었고, 또 1926년에는 우리나라 최초의 개인 시조집 『백팔번뇌』를 발간한 사실이 있었다. 아울러 그는 『백팔번뇌』 이후 다른 어느 장르보다도 시조에 대한 애정을 지속적으로 갖고 상당량의 작품을 발표했던 것으로 안다. 그런 의미에서 육당은 〈시조시인〉이란 이름이 우선되어야 한다고 생각한다.

또 육당은 시조관련 저서 이외에 역사, 상식문답, 고사성어, 신화, 설화, 시가, 수필기행, 자전, 지명사전, 역사사전, 논설, 번역문 등 다방면에 걸쳐서 집필했던 것이고, 그가 발표한 방대한 원고량들은 육당전집 16권을 발간하기에 이르렀으니, 그를 〈대문장가〉라 부르는 것이 마땅하다고 본다.

다음은 그가 평생 동안 집념을 갖고 추구했던 학문 분야다. 그는 〈단군론〉을 위시해서 우리나라 고대사 연구에 심취했었고, 〈국민조선사〉 등 평이한 역사책을 써서 국사의 대중화에 기여한 바 크다고 생각한다. 또 그의 전집 가운데는 역사 관련 저서와 논문 등이 대종을 이루었던 것으로 생각되어, 또 하나 〈역사학자〉라는 이름을 추가해야 된다.

네 번째로 육당은 신문화 보급을 위하여 출판사 신문관을 설립하고 고전문헌의 보급을 목적으로 조선광문회를 설립했던 것으로 안다. 그밖에도 잡지사 東明社를 발족하고, 뒤이어 時代日報를 발간했던 일은 잘 알려진 사실이다. 아울러 우리나라 최초의 종합잡지인 〈少年〉지를 창간하였고, 이어서 〈붉은 저고리〉, 〈아이들 보이〉, 〈새벽〉, 〈청춘〉 등을 발간하여 신문화운동의 제1선에서 뛰었던 인물이다. 그는 이러한 운동의 일환으로 新文章運動, 新文學運動도 전개했던 것으로 안다. 그러니 육당을 〈문화운동가〉라 부르는 것은 당연하다고 생각한다.

2. 백팔번뇌의 시조사적 위치

최남선(1890~1957)은 시조시인, 사학자, 문화운동가이다. 호는 六堂이고 대한제국의 유학생으로 와세다대학 고등사범부 지리역사과를 수학하였다. 중퇴와 복학을 반복하다가 1907년 와세다대학 재학 중 동맹휴학 사건으로 퇴학당하였다. 신문화 수입과 보급을 목적으로 新文館을 설립했고, 고문헌의 보존을 위하여 朝鮮光文會를 설립하였다. 1919년 3.1운동 당시 민족대표 중의 한 사람으로 참여하였고, 기미독립선언서를 작성하였다.

1907년 소년지를 창간하였으나 일제의 압력으로 폐간 당하였고, 1912년 이광수의 도움으로 「붉은 저고리」, 1913년 「아이들 보이」 등의 잡지를 발간하였으나 역시 일제 탄압에 의하여 폐간되었다. 1914년 잡지 「청춘」을 발간하였으나 이 또한 강압에 의하여 폐간되었다. 1919년 투옥에서 풀려 나와 東明社를 발족하고, 1924년에 時代日報를 발간하였다. 1928년 조선총독부의 朝鮮史編修會 위원이 되고, 1938년 滿蒙日報 고문, 그리고 만주의 建國大學 교수가 되었다. 해방 후 반민족 행위자로 몰려 서대문 형무소에서 복역하였다. 1957년 10월 10일 뇌출혈로 타계한 그는 이광수, 홍명희와 함께 조선의 3대 천재라 불리었다.

『백팔번뇌』는 최남선의 작으로, 1926년 12월 1일에 간행되었다. 이 책은 우리나라 최초의 개인 시조집이라는 의의를 지니고 있다. 그는 “시조를 한 문자 유희의 구렁에서 건져내어 엄숙한 사상의 容器를 만들어 내자”고 했는데, 현대시조를 쓰는 우리들에게 시사하는 바가 크다. 시조집은 제1부 등청나무 그늘, 제2부 구름 지난 자리, 제3부 날아드는 잘새 등 3부로 구성되었다. 제1부에 작품 36수, 제2부에 작품 36수 제3부에 작품 36수 등 도합 108수가 실려 있다. 여기에는 自序와 朴漢永, 洪命熹, 李光洙, 鄭寅普 등의 跋文이 붙어 있다.

『백팔번뇌』는 읽기가 쉽지 않고, 이해하기도 쉽지 않다. 古語와 古

表記法이 그대로 사용되고, 너무 압축되어 난해한 면이 있기 때문이다. 그래서 이글에서는 우리시대 현대시조 100인선에서 첫 번째인 최남선의 백팔번뇌를 텍스트로 삼았음을 밝힌다.

1) '님'을 위한 노래

① 모진가 하였더니/ 그대로 둥그도다
부핀 줄 여겼더니/ 또 그대로 길차도다
어떻다 말 못할 것이/ 임이신가 하노라. – 제4수

② 뒤집고 엎질러서 / 하나밖에 없건마는
온 즈믄 말가져도/ 못 그리올 이 내 마음
왼이로 바치는밖에/ 더 할바를 몰라라. – 제5수

이 작품들의 큰제목은 〈궁거워〉이다. 이 〈궁거워〉는 단시조 9편으로 된 연작시조이다. 이 9편 속에는 〈임〉이 등장하는데 그 〈임〉의 정체를 밝혀내야 나머지 문제들이 풀린다. "등청나무 그늘"이란 서문에는 임이 어떤 존재인가를 설명했는데, "그래도 봄빛이 마음에 떠나지 아니하고 목마르고 다리 아픈 줄을 도무지 모르기는 진실로 진실로 내 세계의 태양이신 그이- 님이라는 그이가 있기 때문이었다."[323]라는 구절이 나온다.

여기서 그 임을 육당은 '진실로 내 세계의 태양이신 그이'라고 하였다. 그 임을 태양에 비유했던 것이다. 그렇다면 그 임은 절대자이시다. 그런 의미에서 육당의 〈임〉은 조국이라 생각한다. 인용 작품 ①에서는 그 임의 모양새를 형용해 본 것이다. 모가 난 줄 알았더니 그대로 둥글다고 하였다. 옆으로 퍼져 뚱뚱한 줄 알았더니 그대로 키가 크시다고 하였다. 어떻든 말로서 표현할 수 없는 것이 임의 존재라는 것이다. ②에서도 임의 존재를 형용하고 있는데, 뒤집고 엎질러

323) 최남선 : 백팔번뇌, 우리시대 현대시조 100인선(태학사, 2006), 11족.

서 하나밖에 없는 존재라는 것이다. 백마다, 천 마디 말을 동원해도 그릴 수 없는 이 내 마음이라고 하였다. 왼 이로 있는 그대로 바쳐야지 어떻게 할 바를 모르겠다는 것이다. 그래도 모든 것을 다 받쳐 섬기겠다는 의미가 함축되어 있다고 본다.

③ 감아서 뵈든 그가/ 뜨는 새에 어대 간고
눈은 아니 믿드래도/ 소리 어이 귀에 있나
몸 아니 계시건마는/ 만져도 질듯하여라.

④ 제 맘도 제 뜻대로/ 아니 됨을 생각하면
억지로 못하시는 / 님을 어이 탓하리만
알면서 나는 짜증은 /더 못 눌러 하노라.

인용 작품들은 모두 임에 대한 생각을 쓴 작품이다. 앞에서 이야기한 것처럼 육당이 찾는 임은 잃어버린 조국이다. 잃어버렸기에 더욱더 안타깝게 찾는 것이다. 육당은 누구보다도 조선을 사랑한 사람이다. 그래서 그의 임을 잃어버린 조국이라 보는 것이다. "육당이 식민지로 기울어가는 위태로운 때에 「태백산 시집」을 발표한 것은 의미심장하다. 그는 여기서 그 이후 단군연구를 비롯한 여러 글에서 확인할 수 있는 조선정신 탐구의 첫발을 시적인 측면에서 확고하게 내어밀고 있다. 그가 이전에 단순히 우리 전통의 여러 부분들을 교양적인 수준에서 조금씩 소개하던 것과 완전히 차원을 달리하여 이제는 조선정신의 신앙적인 고취가 엿보이도록 한 것이다."[324] 신범순의 글에서 인용했는데, 그는 육당이 조선정신 탐구의 첫발을 확고하게 내어밀었다고 하였다. 그리고 조선정신의 신앙적인 고취가 엿보인다고 하였다. 그렇다면 육당의 임은 조선이라 할 수 있고, 잃어버린 조국이라 할 수 있는 것이다.

더욱이 홍명희는 「백팔번뇌」의 발문에서 육당의 「단군론」이나

324) 신범순 : 육당시조의 의미, 위의 책, 121쪽.

「백팔번뇌」나 그가 찾는 임은 조선이라 하였다. 인용 작품 ③은 〈안겨서〉라는 제목으로 된 연작시조이다. 〈안겨서〉는 모두 9수이다. 초장에서는 감아서 뵈던 그가 눈을 뜨니 안 보인다고 하였다. 눈은 안 믿더라도 소리가 왜 귀에 남아있느냐고 하였다. 몸은 안 계셔도 만져질 듯하다는 것이 종장 겸 결론이다. 만져질 듯하다는 것은 임이 먼 곳에 있는 것이 아니라 가까이 계심을 의미한다.

인용 작품④의 큰제목은 〈떠나서〉이다. 모두 9수로 되어 있는데, 그 중에서 두 번째 작품을 인용한 것이다. 이 작품에서는 제 맘도 제 뜻대로 안 되는데, 억지로 못하시는 임을 어찌 탓할 수 있느냐는 표현이다. 그런 줄 알면서도 임에 대하여 짜증이 난다는 것이고, 더 이상 못 참겠다는 것이 결론이다. 임을 지극히 사랑하면서도. 짜증날 때가 있다는 것을 실토한 것이다.

2) 국토순례의 기행적인 작품

① 허술한 꿈 자취야 / 석양 아래 보잤구나
동방 십만리를/ 뜰 앞 만든 님의 댁은
불끈한 아침 햇빛에 /환히 보아 두옵세.

② 인간에 발부티고/ 한울 우에 머리 두어
아침 해 저녁 달을/ 금은 한 쌍 공만 여겨
번갈라 두 편 손끝에 /주건 받건 하더라.

이 작품들은 제2부 "구름 지난 자리"에서 인용한 것이다. 그 서문에는 다음과 같은 기록이 있다. "다 거츨었다 하여도 여전히 소담스러운 것, 다 슬어졌다 해도 그래도 그대로 지녀있는 것, 겉으로 감쪽같이 없는 듯하면서도 보이지 않는 중에 뜨거운 불이 항상 활활거리는 것은 우리의 흙덩이오, 그 모래 틈마다 끼어있는 대대조상의 애쓴 자리가 아닌가."[325] 우리의 흙덩이, 우리의 모래들을 사랑한다는 것

325) 위의 책, 45쪽.

이다. 우리의 산하, 조선의 냄새를 사랑한다는 것이다.

인용 작품 ①은 제목이 〈석굴암에서〉이다. 이 석굴암은 불국사에서 8.2km 올라가면 망망대해 동해바다가 한눈에 내려다보이는 토함산 565m 지점에 위치해 있다. 이 석굴암은 경덕왕 11년 불국사를 지은 김대성에 의하여 창건되었다고 한다. 국가 전체의 역량을 모아 호국의 기원을 담고 중요한 국방상 요지에 신라 문화예술의 최고 결정체를 조성한 것이다. 인용 작품①은 이처럼 위대한 석굴암을 작품의 소재로 했다는 점에서 의의가 크다. 모두 3수로 된 연작시조인데, 여기서는 제1수를 인용하였다. 초장에서는 허술한 꿈 자취는 저녁 때 석양 무렵에 보아야겠다고 하였다. 우선 해 뜨는 모습을 먼저 보아야겠다는 것이다. 중장에 나오는 동해 십만 리는 동해의 아득히 넓은 바다를 의미한다. 석굴암은 그 넓은 바다를 뜰 앞이라 생각하고 만들어졌다는 것이다. 그 정경이 밝고 환한 아침 햇살에 그대로 눈 안에 들어오니 얼마나 아름답겠는가. 자연과 인간의 솜씨가 조화를 이루어 최고의 경지를 연출해낸 것이다.

인용 작품 ②의 제목은 〈天王峰에서〉이다. 천왕봉은 지리산의 주봉이고 남한에서는 1950m의 한라산 다음으로 높은 봉우리이다.(1915m) 지리산은 금강산, 한라산과 더불어 三神山이라 불리운다. 백두대간의 맥을 타고 흘러왔다고 해서 頭流山이라 불리운다. 또 깨달음을 얻은 높은 스님의 처소를 가리키는 '方丈'의 의미를 붙여 方丈山이라고도 한다.

이 작품은 3수로 된 연작시조인데 제1수를 인용하였다. 초장에서는 지리산의 천왕봉이 인간 세상에 발을 붙이고 있고, 하늘 위에 머리를 두고 있다고 하였다. 지리산 천왕봉이 얼마나 높이 솟아 있는 가를 빗대어 표현한 것이다. 아침에 뜨는 해, 저녁에 솟는 달을 금은으로 만든 한 쌍의 공이라 생각하겠다는 것이고, 그것을 번갈아 두 손 끝에 잡고 주고받는 공놀이를 하겠다는 것이다. 참으로 웅대한 작품이라 생각된다. 해와 달을 공에 비유해서 그것으로 공놀이 하겠다는 착상은 기발한 아이디어라고 생각한다.

③ 옛사람 일들 없어 / 예와 눈물 뿌렸단다.
天地도 업히거니/ 王業이란 무엇이니
석양의 滿月臺 터를 / 웃고 지나 가노라.

④ 말 씻겨 먹이든 물 / 풀빛 잠겨 그득한데
威化 섬밖에 / 떼 노래만 높은지고
마초아 궂은 비 오니/ 눈물겨워 하노라

인용 작품③의 제목은 〈滿月臺〉에서이다. 만월대는 고려의 정궁터로 개성시 송악산 남쪽 기슭에 있다. 만월대라는 이름은 주로 조선시대 불리어졌는데, 음력 정월대보름날 달을 바라보기 위하여 만들어졌다는 의미에서 유래되었다. 고려는 元의 침략으로 강화도로 도읍을 옮긴 39년간을 제외하고는 이곳 만월대를 정궁으로 사용하였다. 지금의 만월대는 바닥의 초석과 계단만 남아서 폐허 상태이지만 과거에는 영화를 누리고 백성을 호령했던 곳이다. 인간무상을 실감시켜 주는 곳이다.

초장을 보면 옛 사람들 할 일이 없어 여기 와서 눈물을 뿌렸다고 하였다. 원천석이 “오백 년 王業이 牧笛에 부쳐시니/ 석양에 지나는 客이 눈물겨워 하노라”라고 노래한 것을 염두에 둔 구절이다. 중장에서는 “천지도 업히거니”라고 했는데, ‘업히거니’의 기본형은 ‘엎다’라고 본다. ‘엎다’는 ‘伏’의 뜻이 있다. 하늘이나 땅도 뒤집히거나 굴복하는 경우가 있는데, 왕업 즉 왕조가 바뀌고 뒤집어지는 것은 별것 아니라는 이야기다. 그래서 종장에서는 석양에 만월대 터를 웃으며 지나간다고 했던 것이다. 나라 가 뒤바뀌는 것쯤은 별것 아니라는 의미이다.

인용 작품④의 제목은 〈鴨綠江에서〉이다. 압록강은 백두산 천지 부근에서 발원하여 우리나라와 만주와의 국경을 이루는 국제하천이다.

혜산, 중강진, 만포, 신의주를 거쳐 용암포에서 황해로 들어간다. 압록강은 100km가 넘는 여러 하천과 수많은 지류로 이루어졌다.

우리나라에서 제일 긴 강으로 길이는 803㎞이고 유역 면적은 31,000㎢이다. 초장 전구에서는 '말 씻겨 먹이든 물'이라 했는데 이곳은 국경지대이니, 군사들이 지키던 곳이고, 군사용으로 쓰던 말을 씻겨주거나 물 먹이던 곳이란 의미이다. 후구에서는 그 물이 풀빛에 잠겨 그득하다고 하였다. 강물이 짙푸른 색을 띠니, 이런 표현을 한 것 같다. 그런데 위화도 섬 밖에 떼 노래만 높다고 하였으니, 그 당시는 전시가 아니고 평상시임을 나타내 준다.

위화도는 이성계가 군사를 되돌린 곳으로 유명하다. 고려는 최영의 주도로 명나라를 치기 위해 요동 정벌을 추진했고, 이성계는 이를 강력하게 반대하면서 위화도 회군을 하였다. 이후 이성계는 고려의 왕을 폐위시키고 역성혁명에 성공한다. 그리고 종장에서는 "궂은비가 오니 눈물겨워 하노라"라고 했는데, 이 종장에서는 맥이 빠진다. 겨우 비가 오니 눈물을 참기 어렵다는 말을 하기 위해서 이 작품을 썼단 말인가. 너무 평범해서 작품의 가치를 떨어뜨린다.

3) 생활 서정을 나타낸 작품

① 드는 줄 모른 잠을 / 깨오는 줄 몰래 깨니,
누엿이 넘는 해가/ 사리짝에 붉었는데
울 우에 움크린 괴는/ 선하품을 하더라.

② 재 넘어 해가 숨고/ 풀끝에 이슬 맺혀
바람이 겨드랑에/ 선들선들 스쳐가면
구태라 좇지 않건만/ 더위 절로 가더라.

인용 작품①은 〈一覽閣에서〉라는 연작시조의 제1수이다. 일람각은 육당이 거처하는 방의 현판이다. "옛사람처럼 높은데 앉아서 낮은데 있는 모든 것을 한눈에 내려다볼 턱은 본대부터 없는 바이로되, 그 중에 스스로 한일월(閒日月)이 있고 호소견(好消遣)이 있어 間背小景에 일람일소할 거리가 꽤 적지도 아니하였다."[326] 이처럼 일람각에 대하여 해석을 해놓았다.

위 작품을 보면 육당이 너무 한가해서 낮잠을 자고 난 것 같다. 드는 줄 모른 잠을 깨는 줄도 몰랐다고 하였다. 뉘엿이 넘는 해가 사립문 쪽에 붉었다고 하였다. 그런데 종장에서는 울타리 위에 웅크리고 앉은 고양이가 선하품을 하더라는 것이다. 한가롭고 고요한 정경을 감지할 수 있는데, 종장에서는 감정이입의 수법을 쓴 것 같다. "이때 시인은 모든 자연을 자신 속으로 끌어들여 그것을 내적으로 인격화하는 동화의 방식을 취할 수도 있고, 자연 속에 자신을 투여하는 投射의 방식을 취할 수도 있는 것이다."[327] 감정이입이란 이처럼 자아의 감정을 자연물에 투여하거나 동화하는 방법이다. 위 작품에서 고양이가 선하품을 한다고 했지만 자아도 자고나서 선하품을 하고 있었는지 모르겠다. 그냥 자아의 느낌을 고양이에 빗대어 표현한 것이라 이해해도 좋을 것이다.

인용 작품②의 제목은 〈東山에서〉이다. 모두 3수로 되어있는 연작시조인데 제2수를 인용하였다. 작품의 내용은 한여름 동산에 올라가서 느낀 점을 적은 것이다. 별것 아닌 것을 별것 있는 것처럼 썼다고나 할까? 초장에서는 고개 너머로 해가 지고 풀끝에는 이슬이 맺혔다고 하였다. 여름철 서산에 해가 지고 나면 풀끝에 이슬이 맺히는 것은 너무 당연하다. 너무 당연한 이야기를 했는데, 속뜻은 산에 올라가니 좀 시원해졌다는 의미이다. 중장도 마찬가지이다. 바람이 겨드랑에 선들선들 스쳐 가면이라 했는데, 이것도 당연한 이야기다. 해는 지고 바람이 겨드랑이를 스쳐 가면 시원할 수밖에 없다. 그래서 종장과 같은 결론이 나온 것이다. 구태여 쫓아내지 않아도 더위는

326) 위의 책, 81쪽.
327) 홍문표: 현대시학 (양문각, 1987), 399쪽.

절로 가더라는 것이다. 더위가 절로 가면 시원해지는 것은 당연하지 않는가? 이처럼 시조 속에는 겉뜻이 있고 속뜻이 있다. 그처럼 속뜻이 내포된 작품을 함축성이 있다고 한다.

③ 멀거니 가깝거니/ 바르거니 비뚤거니
질거니 마르거니 / 나는 다 모르옵네
이 길이 그 길이라기 / 예고 옐뿐이옵네.

④ 달 뜨자 일이 없고 / 벗 오시자 술 익었네
어려운 이 여럿을 / 고루고루 실었으니
밸랑은 바람 맡겨라 /밤새올까 하노라.

인용 작품③의 제목은 〈세 돌〉이다. 사람은 태어나서 만 일 년 되면 '첫 돌'이라고 한다. 그 돌잔치를 크게 하는 것이 우리의 관습이다. 제목을 '돌'이라 했으면 그 내용에 돌 이야기를 해야 마땅한데, 그 이야기는 안 하고 '길'이야기만 하고 있는 것이다. 그 길이 멀거나 가깝거나 바르거나 삐뚤거나 나는 다 모른다고 하였다. 모른다는 것은 '不知'의 뜻이 아니고 '不關' 즉 상관하지 않겠다는 뜻이다. 질거나 마르거나 다 모른다고 하였다. 이 길이 그 길이라기에, 나는 그 길을 갈 수밖에 없다는 것이 자아의 솔직한 고백이다. 시에서 필요한 것은 은유와 상징이다.

여기서 '길'은 은유법으로 쓴 것 같다. 직유가 A=B의 관계라면 은유는 A는 B이다 라는 관계를 갖는다. ~같은, ~처럼 등의 말로서 동등하게 비유되는 것이 직유라면, 은유는 그러한 말이 없이 그대로 A를 B로 대치해 버리는 것이다. 말뜻 그대로 은유는 숨겨진 비유로 元觀念은 뒤에 숨고 補助觀念이 표면에 나타나는 것이다."[328] 이처럼 은유법에 대하여 알아보았거니와 은유는 보다 직관적이고 주관적인 표현이라 할 수 있다. 은유가 독단적이지 않고 참신하면서도 보편적

328) 정한모: 현대시론(보성문화사, 1979), 35쪽.

인 생명으로 살아나기 위해서는 직유법 이상으로 사물과 사물 사이, 관념과 관념 사이, 사물과 관념 사이의 새로운 유추의 발견이 있어야 한다.[329)]

하여간에 위 작품에서 '길'은 무엇을 은유한 것인가. 사람에 따라 해석이 다를 수 있지만 필자는 그 '길'을 독립운동의 길, 조국 광복의 길이라 주장한다. 이 작품 말미에 "壬戌 三月 一日"이란 기록이 있기 때문이다. 임술년은 기미독립운동이 일어나고 정확하게 삼년이 되는 해이다. 그래서 작품의 제목도 〈세 돌〉이라 했던 것이다.

인용 작품④의 제목은 〈한강의 밤배〉이다. 육당은 일제강점기를 살면서 나라를 빼앗긴 괴로움에 하루도 편안하게 산 날이 없었다. 직접 투사가 되어 일제와 맞서서 싸우지는 않았지만, 글로써 조국애 운동을 하여 그 영향력은 필설로 설명하기 어려울 정도이다. 그에게 언제 마음 놓고 쉬고 편안하게 잠잘 날이 있었던가. 위 작품을 읽어보면 육당 최남선의 낭만적인 성격이 그대로 드러난다. 초장에서는 "달이 뜨자 일이 없고, 벗 오시자 술 익었네."라고 하였다.

달과 벗과 술이 있으니, 마음이 들뜨게 된 것이다. 중장에서는 어려운 이 여러 가지를 고루고루 실었다고 하였다. 이러한 조건이면 누구나 즐겁게 놀고 싶은 것이 당연한 것이다. 풍류를 즐기고 싶은 생각이 들었을 것이다. 풍류는 자연과 인생과 예술이 혼연 일체된 상태에서 나오는 멋이다. 풍류는 자연을 가까이 하는 것, 멋이 있는 것, 음악을 아는 것, 자유분방한 것 등 많은 뜻을 내포하고 있다. 그래서 "배는 바람에 맡기고 밤새워 놀고 싶다"는 심정을 토로했던 것이다. 육당의 또 다른 모습, 솔직한 면모를 점쳐볼 수 있는 작품이다.

---

329) 위의 책, 36쪽.

4) 현대시조의 효시작품

우리의 시조는 7백년 이상의 역사를 지녔다. 효시 작품은 역동 우탁의 탄로가이다. 이처럼 하나로 출발한 시조가 현재는 두 가지 형태로 존재한다. 시조가 우리의 전통문학이면 두 가지 형태가 존재할 수 없다. 그런데 실제로 두 가지 형태가 존재하니 난감하지 않을 수 없다. 하나는 조상이 물려준 그대로 쓰자는 전통시조와 다른 하나는 실험이라는 미명 아래 그 형식을 흔들면서 자유시 비슷하게 쓰는 부류가 있다. 이처럼 혼란스러우니, 한국시조협회가 주관하여 2016년 12월 〈시조 명칭과 형식 통일안〉을 발표하기에 이르렀다. 그 내용은 옮기면 다음과 같다.

① **운율** : 시조는 각 장 3 또는 4음절로 된 소절이 4번 반복하는 리듬이다.

② **구성** : 시조는 초장, 중장, 종장의 3장으로 되어 있으며 각 장은 다시 내구와 외구로 되어 6구를 이룬다. 각 구는 2개 소절로 되어 있다. 장별로 보면 1장 2구 4소절이며 전체로 보면 3장 6구 12소절로 이루어졌다.

③ **글자수** : 초장 3,4,4,4, 중장 3,4,4,4, 종장 3,5,4,3, 총 45자를 기본형으로 한다. 종장 첫 소절은 3자 고정, 둘째 소절은 5~7자로 한다. 나머지는 소절 당 2~5자까지 허용하며, 총 음수는 기본형에 2~3자 가감을 허용한다.[330)]

필자의 소견은 이 통일안에 맞게 썼으면 전통시조요, 맞지 않게 썼으면 그냥 자유시라고 본다. 육당의 시조가 이 통일안에 맞는지 검증해보자.

330) 시조명칭과 형식 통일안 : 시조사랑 2018년 상반기, 통권 제10호, 23쪽.

가만히 오는 비가 / 낙수져서 소리하니
오마지 않는 이가/ 일도 없이 기다려져
열릴 듯 닫힌 문으로 / 눈이 자조 가더라.

먼저 이 작품의 형식과 율격을 논의해 보자. 첫째 초장, 중장, 종장 3장으로 이루어졌다. 각 장을 '/'으로 구분했는데, 그것은 내구와 외구를 구분한 것이다. 그래서 총 6구가 되었다. 각 장의 음수율을 따져보면 초장 3,4,4,4, 중장 3,4,4,4, 종장 3,5,4,3으로 시조의 기본형에 맞는다. 3장 6구 12소절로 된 기본형에 충실한 작품이다. 이런 시조를 우리는 전통시조 또는 정격시조라 부른다. 육당은 고시조의 틀에 맞춰 시조를 썼으니, 전통시조시인이라 부를 수 있다.

제목이 〈혼자 앉아서〉인데 가만히 오는 비가 낙수져서 소리를 낸다고 하였다. 가만히 오는 비는 아마도 보슬보슬 내리는 봄비를 형용한 것 같다. 그런데 중장에서는 오마지 않는 이가 일도 없이 기다려진다고 하였다. 여기서 그 '오마지 않는 이'는 누구를 지칭한 것인가? 오겠다고 약속한 사람이 있으면 기다려지는 것이 당연한데, 그처럼 약속한 사람도 없는데, 일도 없이 기다려진다는 것이다. 약속을 안 했는데도 기다려지는 사람, 볼일이 없는데도 기다려지는 이는 누구인가. 그이는 바로 육당의 〈임〉이다. 임이 아니라면 기다릴 필요가 없다. 그 임이 얼마나 보고 싶었으면 일도 없이 기다려진다고 표출했겠는가. 육당의 간절한 마음을 읽을 수 있는 것이다.

그래서 종장에서는 "열릴 듯 닫힌 문으로/ 눈이 자주 간다"고 했다. 문을 완전히 닫아버리지 않는 것은 혹시나 임이 올 지도 모른다는 생각 때문이다. 그래서 약간 열어놓았던 것이고, 그곳으로 눈이 자주가게 되었던 것이다. 이것은 육당의 놀라운 집념이다. 포기할 수 없는 임에 대한 사랑이다. 직설적으로 "임이 무척 보고 싶다."라고 하면 될 것을 열릴 듯 닫힌 문으로 눈이 자주 간다고 표현하였다. 이것이 시적 표현이다. 시나 시조는 이렇게 써야 한다.

현대시조는 현대적인 언어로 현대의 기록문자로, 현대적인 사상과 감정을 나타냈으면 현대시조라 할 수 있다. 이 작품이 『백발번뇌』 속에 발표되었지만 21세기 현재 발표되는 작품과 비교해도 손색이 없다. 현대시의 요건을 다 갖추었다. 현대시의 특징에는 ① 참신성, ② 함축성, ③ 상징성이 있는데, 상기 작품은 남들이 안 하는 이야기를 했고, 다른 시인들의 비슷한 작품도 없으니 참신하다. 그리고 사실은 임이 너무 그립다고 했으면 될 것을 '임'이란 단어를 쓰지 않았고, '그립다'는 말도 하지 않았다.

이 시조에는 함축성이 있기 때문에 그러한 표현이 가능한 것이다. 그 다음 시에는 은유나 상징을 써야 한다. 상기 작품 전체가 은유법을 활용했고, '임'을 암시하는 상징법을 썼다. 1926년에 발표된 육당의 〈혼자 앉아서〉는 현대시조이다. 아니 현대시조의 효시작품이다. 앞으로 100년을 더 기다려도 이보다 더 좋은 효시작품은 나오지 않을 것이다.

제Ⅶ부 민족시조론

1. 시조문학의 역사성과 표현 기법

시조는 우리의 역사요 역사는 우리의 시조이다. 그만큼 시조와 역사는 분리해서 생각할 수 없다. 문학은 그 문학이 산출된 시대와 사회상을 반영하는 거울이다. 우리 시조가 이 땅에 그 모습을 드러낸 것은 고려 말 우탁(1262~1342) 선생부터이다. 필자는 우리의 시조 형식을 창안한 사람이 역동 우탁이라 생각한다. 따라서 그의 〈탄로가〉는 시조의 嚆矢 작품이다. 대충 생각해도 7백년 이상의 역사를 지니게 된 것이다.

이 기간에 역사적 대사건이 많이 일어났다. 고려가 망하고 조선이 건국되는 왕권 교체기, 단종 때의 사육신 사건, 우리의 국토를 황폐화시킨 임병양란, 시조가 양반 귀족의 손에서 평민 가객의 손으로 넘어간 變移, 신문화가 들어온 개화기, 일제 의 강점기 즉 식민지 시대 등 수많은 사건을 겪게 되었다. 이러한 시대상을 반영해서 나온 작품들이 懷古歌, 節義歌, 戀君歌, 憂國歌, 開化詩歌, 獨立歌 등이다.

이러한 시조를 노래할 때는 집권세력의 눈치를 보아야 하기 때문에 직접적인 표현을 삼갈 수밖에 없었다. 자연스럽게 비유법, 은유법, 상징법 등이 원용된 것이다. 그래서 이글에서는 시조문학에 나타난 역사적 가치를 탐색하면서, 거기에 따른 표현기법도 아울러 살펴보려 한다.

1) 고려 말과 조선 초기의 시조작품

구름이 無心탄 말이 아마도 虛浪ᄒᆞ다
中天에 ᄠᅧ 이셔 任意로 ᄃᆞᆫ이면서
구타야 光明ᄒᆞᆫ 날빗츨 ᄯᆞ라가며 덥ᄂᆞ니 – 이존오

구름이 아무런 邪心이 없다는 것은 허무맹랑한 말이다. 하늘 한가운데 떠서 마음대로 다니면서 구태여 밝은 햇빛을 따라다니면서 덮으니 알다가도 모를 일이다. 이 작품에서는 구름의 속성을 잘 표현한 것 같다. 구름 하면 일반적으로 한가로운 장면을 떠올리게 되는데, 여기서는 햇빛을 가리는 존재로서 부정적인 면을 부각시킨 것이다. 이 작품을 대충 읽으면 자연물 구름에 대하여 노래한 것 같다. 선인들이 자연을 노래할 때는 자연예찬, 자연사랑, 한가하게 놀이함 등을 노래해서 자연을 긍정적으로 바라보는 것이 일반적이다. 그런데 이 작품은 자연을 부정적으로 바라보았으니, 당시의 시대상을 반영했을 것이라는 생각이 든다.

우선 작자 이존오에 대하여 알아보자. 그는 1341년에서 1371년까지 생존한 인물이다. 충혜왕 복위 2년에서 공민왕 20년까지이다. 호는 石灘 또는 孤山이고 본관은 경주이다. 20세에 문과에 급제, 수원서기를 지내고 史官에 뽑혀 鄭夢周, 朴尙衷과 벗하면서 학문을 강론하였다. 26세 때 右正言이 되어 辛旽의 횡포를 탄핵하다가 왕의 노여움으로 長沙監務로 좌천되었다. 공주의 석탄에서 은둔생활을 하며 울분 속에 지내다가 31세로 병사하였다.[331)]

이존오의 전기적 측면을 알아보았거니와 그는 辛旽을 탄핵한 인물이다. 신돈은 玉泉寺 寺婢의 아들이었으나 공민왕의 총애를 받은 인물이다. 眞平侯라는 벼슬에 올라 國事를 마음대로 농단하였다. 이 때 李存吾는 正言으로서 이를 비난하는 상소문을 올렸으나 도리어 왕의 노여움을 받게 되었고, 신돈에 의하여 옥살이를 하게 되었다.

이존오는 공민왕 시대에 높은 벼슬을 한 사람으로 신돈과는 갈등을 빚은 인물이다. 그래서 이존오의 위의 時節歌는 당시의 시대상을 빗대어 쓴 작품으로 간주된다. 공민왕과 신돈 두 권력자와 맞섰으니, 그의 위치가 온전할 리 없다.

---

336) 서울대 동아문화연구소 편저: 국어국문학사전, 신구문화사, 1989, 520쪽.

상기 시조에서 핵심 단어는 '구름'과 '날빛'이다. 구름은 신돈을 비유하고, 날빛은 공민왕을 은유한 것이다. 간신인 신돈이 공민왕의 총명을 흐리게 하여 국정을 농단했다는 것이 위 작품의 주제이다.

白雪이 자ᄌᆞ진 골에 구름이 머흐레라
반가온 梅花ᄂᆞᆫ 어ᄂᆡ 곳에 픠엿ᄂᆞᆫ고
夕陽에 홀로 셔 이셔 갈 곳 몰라 ᄒᆞ노라　　- 이 색

흰 눈이 녹아 없어진 골에 구름이 험악하게 일어난다. 이른 봄에 피는 반가운 매화는 어느 곳에 피어 있는가? 날이 저물어 가는데 홀로 서서 어디로 갈 것인지를 모르겠다. 이 작품에 나타난 자연 소재는 '백설', '구름', '매화', '석양' 등이다.

이 네 가지는 각기 다른 성격을 지니고 있다. 이러한 소재에 착안하면 자연 그대로를 노래한 것처럼 느껴진다. 그러나 작자 연구를 해보면 상황이 달라질 것이다.

이색은 1328년에서 1396년까지 생존했던 고려 말의 문신이다. 호는 牧隱 본관은 韓山이다. 14세에 진사가 되고 21세에 원나라 燕京에 다녀왔다. 在元 3년만에 부친상을 당해 귀국했으며, 26세에 李齊賢이 主試한 과거에 장원, 그 후 다시 연경에 가서 다음 해 원나라 殿試에 2등으로 합격했다. 일단 귀국하여 書狀官이 되었으며, 翰林院에 보임되었다. 그 뒤 藝文館大提學, 成均館大司成 등 최고 명예를 누렸으며, 그를 중심으로 유학자들이 모여 들었다.

이 때 고려 왕조는 몰락해 가는 한편, 이성계 일파의 신흥세력이 급격히 대두하고 있었다. 그는 이성계와는 친구이며 그 신흥세력이 대부분 그와 관련되거나 그의 문인이었다. 그는 구왕실을 지키기 위해 노력하였다. 위화도 회군 이후 昌王을 옹립하고 명나라에 가서 신임을 얻고, 외교적으로 이씨 세력을 견제하려 했으나 실패하고, 오히려 이씨 세력에 의해 유배당하고 박해를 받았다.

일반적으로 그를 성리학 계통으로 지목했으나, 불교와의 절충론을 폈으며, 佛家와 문학적인 교류가 많았다. 그는 스승 이제현과 쌍벽을 이루는 대문장가였다. 그의 문학이 조선 중엽까지 200여 년 간의 문풍을 지배하였다.[332)]

그의 이러한 행적을 보면 이성계의 신흥세력에 줄을 선 것이 아니라 고려 왕조 편에 줄서기 했음을 직감하게 된다. 그런 점에서 위의 시조도 시대상이 반영되었음을 알 수 있고, 따라서 빗대어 쓸 수밖에 없었다는 한계점을 지닌다. 이러한 비유법을 썼다면, '백설'은 기울어져가는 고려왕조, '구름'은 이성계의 신흥세력, '매화'는 고려를 그리워하는 우국지사, '석양'은 곧 무대에서 사라질 존재라는 해석이 가능하다.

興亡이 有數ᄒᆞ니 滿月臺도 秋草ㅣ로다
五百年 王業이 牧笛애 부쳐시니
夕陽에 지나ᄂᆞᆫ 客이 눈물계워 ᄒᆞᄃᆞ라 　　– 元天錫

흥하고 망하는 것이 운수가 있는 것이니, 고려의 옛 궁궐터인 滿月臺도 가을 풀만 우거졌구나. 오백년 이어온 고려의 王業이 목동이 부는 피리 소리에 부쳐시니, 석양에 지나는 길손이 눈물을 이기지 못하여 슬프구나.

이 작품에는 '추초', '석양' 등의 소재가 이미 사양길에 들어섰음을 암시해 주고 있다. 초장에서의 '滿月臺'는 고려 또는 고려왕조를 상징해주는 단어이다. 그 象徵이란 어떤 뜻인가? 상징이란 "어느 感覺的 對象이 다른 對象을 표시하거나 본래의 고유한 의미 외에 비본래의 의미를 표현하는 수사법"을 뜻한다.

Moulton은 비유와 상징을 구분하여 "比喩는 繪畵的 比較지만 象徵은 慣例的 比較"라고 말하였다. 또 Warren은 「文學의 理論」에서

332) 위의 책, 505쪽.

이 상징은 반복 고집되는 점에 그 특징이 있다고 하였다. 따라서 隱喩와 象徵은 상당히 비슷하지만, 元觀念이 쉽게 나타나고 일시적으로 비유하는 것은 隱喩이고 은유가 여러 차례 되풀이 되어 관례화하면 원관념이 씌어 지지 않는 象徵이 된다고 하였다. 시인이 만드는 상징의 중요한 사용은 인습적인 상징이 아니니, 시인은 자주 자기 자신의 상징을 창조하지 않으면 안 된다.[333)]

이처럼 비유와 상징은 구별하기 힘들지만 '만월대'는 은유가 여러 차례 반복되어 관례화된 것으로 해석해서 고려를 의미하는 상징물로 보았던 것이다.

이에 비해 '秋草'는 황폐하였음을 은유한 낱말이다. 중장의 "五百年 王業이 목적에 부쳐시니"도 화려했던 고려 왕궁 터가 황폐화 되었음을 다시 은유화 하였다. 그래서 석양에 지나는 객 즉 원천석이 눈물을 흘리면서 안타깝다고 했던 것이다.

원천석은 고려 말의 시인이요 학자이다. 자는 子正이고 호는 耘谷이다. 벼슬에 뜻을 두지 않고 치악산에 들어가 몸소 밭 갈며 부모 봉양에 힘썼다. 90세 정도 사신 것으로 추정되는데 60년은 고려조에, 30년은 조선조에 생존했다. 고려가 망하고 한참 후에 개성을 방문하니, 고려 왕궁 터가 황폐되어 눈물을 흘리면서 이 懷古歌를 지었다고 사료된다. 끝까지 고려를 위하여 절의를 지키신 분으로 후세의 모범이 된다.

2) 단종(端宗) 복위운동과 관련된 작품

首陽山 ᄇᆞ라보며 夷齊를 恨ᄒᆞ노라
주려 주글진들 採薇도 ᄒᆞᄂᆞᆫ 것가
비록애 푸새엣 거신들 긔 뉘 싸헤 낫ᄃᆞ니 – 成三問

333) 구인환 : 문학개론, 삼영사, 1981, 127쪽.

수양산을 바라보며 백이와 숙제 형제를 한탄하여 마지않는다. 周나라 곡식이 먹기 싫거든 차라리 굶어 죽을 것이지, 고사리는 왜 캐서 먹었느냐? 비록 보잘 것 없는 풀이지만, 그것이 누구의 땅에서 났더냐.

이 작품을 바르게 해석하기 위해서는 작자 성삼문에 대하여 자세히 알아야 한다. 그는 1418년에서 1456년까지 생존한 단종 때의 문신이다. 자는 謹甫, 호는 梅竹軒, 集賢殿 學士로서 詩文에 능통하였다. 세종께서 훈민정음 창제 시 音韻을 연구하기 위하여 요동에 귀양 와 있던 黃瓚을 열 세 번이나 방문했다고 한다.

벼슬이 承旨에 올랐으나 단종의 복위를 도모하다가 세조에 의하여 형장의 이슬로 사라졌다. 다음은 수양산에 대하여 알아볼 차례다. 수양산은 중국의 山西省에 있는데, 伯夷와 叔齊가 숨어 살다 굶어 죽은 곳이다. 이들은 殷나라의 諸侯 孤竹君의 두 아들로 殷의 신하로서 周의 곡식을 먹을 수 없다 하여 수양산에서 고사리만 캐먹고 살다가 생을 마치었다고 한다.

이러한 故事를 알고 나면 작품의 내용은 자연스럽게 풀린다. 초장의 首陽山은 백이와 숙제가 숨어 산 산이지만, 세조의 대군시절에 이름이 '수양대군'이니, 두 가지 뜻을 함께 포함하고 있다. 일종의 重義法을 쓴 것으로 이해된다.

그러면 왜 夷齊를 한스럽게 생각한다고 했는가? 백이와 숙제는 주의 무왕을 부정적으로 보았지만, 결국 주나라 땅에서 나는 고사리를 먹고 살았기 때문이다. 굶어 죽을망정 고사리를 캐먹으면 안 된다는 것이 위 작품의 의도이다. 보잘것없는 푸성귀이지만 그것이 뉘 땅에서 났느냐고 묻는 것이다.

그 당시 백이숙제는 殷의 紂王을 치러가는 武王의 말고삐를 잡고 간하면서 말리었다. 그 간하는 말을 듣지 않으니 수양산에 들어가 고사리를 캐먹으며 연명하였던 것이다. 전하는 설에 의하면 성삼문이 형을 받을 때, 그 집을 수색해 보니, 세조가 등극한 후에 받은 國祿은 조금도 먹지 않고 그대로 보존했다고 한다. 이 정도로 절의를 지켰으니, 백이숙제를 꾸짖을 만하다. 상기 인용 시조는 節義歌 또는 忠義歌의 典範에 해당한다.

가마귀 눈비 마자 희는 듯 검노매라
夜光明月이 밤인들 어두오랴
님 向ᄒᆞᆫ 一片丹心이야 고칠 줄이 이시랴 — 朴彭年

까마귀가 눈비를 맞아 희어지는 듯하더니 도로 검어지는구나. 밤에 빛이 난다는 명월이 그 밤이 깊어진다고 해서 어두울 수가 있겠느냐. 임금을 향한 나의 충성심도 변할 수가 없는 것이다. 이 작품을 지은 이는 사육신 박팽년이다.

그는 1417년에서 1456년까지 생존한 인물이다. 자는 仁叟, 호는 醉琴軒, 본관은 순천이다. 18세 때 謁聖試에 급제, 성삼문과 함께 집현전 학사로서 훈민정음 창제에 참여하였다. 31세 때는 文科重試에 급제, 39세 때 세조가 즉위하자 경회루 연못에 투신 자살하려 했으나, 성삼문의 만류로 참았다.

이어 충청도 관찰사로 있는 동안 조정에 올리는 글 가운데 '臣'자를 '巨'자로 바꿔 썼다고 한다. 이듬해 刑曹參判이 되어 단종 복위를 꾀하다 金礩의 밀고로 체포되어 사형 당하였다. 사육신의 한 사람이다.

상기 시조도 단종 복위운동과 관련이 있으니 빗대어 쓰거나 비유법을 활용해서 썼을 것이다. 초장의 까마귀는 누구를 빗대어 쓴 것이냐가 문제이다.

한춘섭은 "불의를 자주 저질러 마침내는 왕위까지 빼앗은 수양대군을 까마귀에 비유하였다"[334]는 해석을 하였다. 그런가 하면 최장수는 "까마귀는 世祖를 비유한 것이다. 희는 듯하지만 검은 까마귀에

334) 한춘섭 편저: 고시조해설, 홍신문화사, 1988, 59쪽.

지나지 않는다고 빗댄 것이다."[335]라고 하였다. 그러나 필자는 다르게 해석한다. 여기서 '까마귀'는 변절자 김질을 은유한 것이다. 단종 복위운동에 참가하여 사육신들과 뜻을 같이하다가 변절했기 때문이다.

그러면 '夜光明月'은 누구를 비유했는가 "이에 대하여 한춘섭은 박팽년이나 성삼문을 위시한 사육신들과 온 백성의 마음을 비춰주는 어린 임금 단종을 야광명월이라 했다"는 것이다.

최장수는 "야광명월은 어린 단종으로 세상은 캄캄한 밤 같지만 역경 속에서도 언제나 빛나는 존재"라고 하였다. 그러나 필자의 생각에는 사육신 6명을 야광명월에 비유했다고 본다. 사육신의 존재는 캄캄한 밤하늘을 밝게 비추는 달과 같은 존재였기 때문이다. 그리고 종장의 '님'은 단종을 상징한 것이다.

> 간밤의 우던 여흘 슬피 우러 지내여다
> 이제야 싱각ᄒᆞ니 님이 우러 보내도다
> 져 물이 거스러 흐르고져 나도 우러 녜리라　　－元昊

지난밤에 울면서 흐른 여울물이 슬피 울면서 지나갔다. 이제야 생각하니 님이 울면서 나에게 보낸 것이구나. 저 물이 거슬러 흘렀으면 좋겠다, 나도 울면서 슬픈 마음을 전해 드리리라.

이 작품은 생육신 원호가 임금을 그리워하면서 지은 戀君時調이다. 생육신은 元昊, 金時習, 李孟專, 趙旅, 成聃壽, 南孝溫 등이다.

원호의 자는 子虛, 호는 霧巷 또는 觀瀾, 본관은 原州이다. 세종 5년 즉 1423년 式年文科에 급제하여 문종 때는 벼슬이 集賢殿直提學에 이르렀다. 단종이 위태롭게 되자 벼슬을 버리고 고향 원주 남송으로 돌아갔다.

단종이 영월 청령포에 유배되자 제천 사내평으로 가서 높은 언덕에

335) 최장수: 고시조해설, 세운문화사, 1977, 62쪽.

觀瀾亭을 짓고서 기거하였다. 이 때 날이면 날마다 영월 쪽으로 흘러가는 물을 바라보면서 단종의 無事安寧을 빌었다. 바로 이 관란정에 기거하면서 상기 시조를 노래했던 것이다. 날마다 하는 일이 단종을 그리워하면서 영월 쪽으로 흘러가는 강물을 바라보셨으니, 자신의 호를 觀瀾이라 했던 것이다.

단종이 최후를 마치자 영월의 수주면 무릉리로 가서 움막집을 짓고 그곳에서 단종의 3년상을 치루었다. 이곳에서 그 유명한 한문소설 元生夢遊錄을 창작한 것으로 추정된다. 뒤에 세조의 특별 배려로 戶曹參議에 임명되었으나 끝내 불응하고 여생을 마치었다.

이 작품은 작자가 感情移入의 수법을 썼다. 자신의 슬픈 감정을 강물에 의탁해서 표현한 것이다. 중장에서의 '님'은 어린 단종을 상징한 것이다. 여기서 '여울물'은 단종의 뜻을 은유했다고 보아진다. 단종이 강물이요 강물이 단종의 입장이 된 것이다. 강물이 슬피 울면서 지나간 것은 단종이 슬피 울면서 지나간 것과 마찬가지이다. 이 글에서 단종과 강물과 관란은 삼위일체 되었다. 충신연주지사의 전범을 보여준 작품이다.

3) 임병양란(壬丙兩亂)과 당쟁이 반영된 작품

春山의 불이 나니 못다 ᄑᆡᆫ ᄭᅩᆺ 다 붓ᄂᆞᆫ다
져 뫼 져 불은 ᄭᅳᆯ 물이나 잇거니와
이 몸의 ᄂᆡ 업슨 블이 나니 ᄭᅳᆯ물 업서 ᄒᆞ노라 　– 金德齡

봄동산에 불이 나니 미처 피지 못한 꽃이 다 타죽는구나. 저 산에 저 불은 끌 수 있는 물이나 있지마는 이 몸에는 연기도 없는 불이 타고 있으니 끌 물이 없어 안타깝도다. 이 시조는 봄 동산의 정경을 노래했으니 '春山曲'이라 불러도 좋을 것이다. 내용은 봄 동산에 큰불이 났다는 것인데, 봄 동산의 화재는 봄바람을 타고 크게 번지는 특징이 있다. 2019년 봄에 동해안과 속초지방에 산불이 크게 났는데, 미처 끄지 못해서 피해지역과 피해 입은 사람들이 상상을 초월할 정도로 많게 되었다.

이 작품의 지은이는 김덕령인데, 그가 어떤 인물인지 자세히 살펴보겠다. 그는 1567년에 나서 1596년에 타계하였다. 본관은 光州로 成渾의 문인이다. 1592년 임진왜란이 일어나자 潭陽府使 李景麟, 長城縣監 李貴의 천거로 조정에서 從軍의 명령을 받았으며, 全州의 光海分朝로부터 虎翼將軍의 호를 받았다.

1594년 의병을 정돈, 宣傳官에임명된 후 權慄의 휘하에 들어가 일본군의 호남지방 진출을 막기 위해 鎭海, 固城 지방을 방어했다. 의병장 郭再祐와 협력하여 수차에 걸쳐 적의 대군을 물리쳤고, 1595년 고성에 상륙하려는 일본군을 기습, 격퇴하여 일본군이 가장 무서워하는 의병장이 되었다. 1596년 都體察使 尹根壽의 奴屬을 杖殺하여 한 때 체포되었으나 왕명으로 석방되자 이때부터 왕의 신임을 질투하는 대신들과 갈등이 시작되었다.

다시 의병을 모집, 반란을 일으킨 李夢鶴을 토벌하려다가 이미 진압되어 도중에 회군했음에도 불구하고, 李夢鶴과 내통했다는 충청도 순찰사 종사관이던 辛景行의 무고로 피체, 국문을 받았으나 혐의 사실을 부인, 대신들 간에도 찬반양론이 분분한 가운데 獄死했다. 1661년 伸寃되어 관직이 복구되었다.[336)]

김덕령 의병장의 이러한 생애와 활동을 감지하면 상기의 시조가 무엇을 의미하는지 파악할 수 있다. '춘산에 불이 난 것'은 바로 왜적의 조선 침략을 은유한 것이다. 왜적의 침입을 막아내기 어렵듯이, 봄철의 큰 산불도 끄기가 어렵기 때문이다. 그래서 못 다 핀 꽃이 다 타죽는다고 했던 것이다. 그래도 저 산의 큰불은 끌 수 있는 물이라

336) 辭典編纂委員: 한국인명대사전, 신구문화사, 1983, 90쪽.

도 있는데, 내 몸의 연기 없는 큰불은 끌 물도 없으니, 괴롭고 안타깝다는 것이다. 그러면 '내 몸의 연기 없는 불'은 무엇을 의미하는가? 그것은 반란을 일으킨 적장과 내통했다는 모함을 받고 구속된 자아의 처지를 은유한 것이다. 모함을 받고 죽게 되었으니, 이보다 더 억울한 일은 없을 것이다. 김덕령의 충성심을 높이 평가한다.

가노라 三角山아 다시 보자 漢江水야
故國山川을 써나고쟈 ᄒᆞ랴마는
時節이 하 殊常ᄒᆞ니 올동말동 ᄒᆞ여라. – 金尙憲

떠나간다 삼각산아 다시 보자구나 한강수야, 고국의 산천을 떠나고자 하겠느냐마는, 시절이 하도 뒤숭숭하니 다시 돌아올지 어떨지를 모르겠구나. 이작품의 역사적 배경은 병자호란이다. 1636년에 청 태종의 침입으로 일어난 우리나라와 청나라 사이의 싸움이다.

1627년의 정묘호란으로 우리나라와 후금은 형제지국의 맹약을 맺었다. 1632년에는 형제관계를 고쳐 군신관계를 맺고 歲幣를 증가시켰다. 1636년(인조 14)에는 용골대, 마태부 등을 보내어 더 많은 供物을 요구하므로, 인조는 청나라 사신을 인견하지도 않고 國書도 받지 않았다. 같은 해 4월 황제의 칭호와 더불어 국호를 淸이라 고친 태종은 조선의 태도에 불만을 품고 원정군을 조직하여 침략 준비를 하였다.

청 태종은 그 해 12월 10만 대군을 친히 거느리고 압록강을 건너 침입하였다. 청국을 출발한지 10여 일에 서울 근교에 육박하였으므로, 인조는 소현세자와 廷臣을 동반하고 남한산성으로 피난하였다. 그러나 남한산성은 청군에 포위되었고, 추위와 식량 부족으로 마침내 성문을 열고 항복하기에 이른 것이다.[337)]

그러면 김상헌(1570~1652)은 어떠한 인물인가? 자는 叔度, 호는

337) 이홍식편, 국사대사전, 1984, 588쪽.

淸陰 또는 石室山人이다. 金尙容의 아우이다. 선조 29년에 문과에 급제하여 校理를 지냈다. 仁祖 때는 都承旨, 大司憲, 大提學 등을 거쳐 禮曹判書, 工曹判書, 刑曹判書, 吏曹判書 등을 지냈다. 병자호란 때는 斥和를 주장하다가 패전 후 청나라에 끌려갔다. 위 작품은 청나라에 끌려가면서 지은 것이다.[338)]

초장에서는 三角山과 漢江水에 하직 인사를 하였다. '三角山'과 '漢江水'는 왕도 한양을 상징해 주는 낱말이다. 중장에서는 그것을 故國山川이라 불렀다. '時節이 하 殊常하니'는 청나라에 굴욕적인 항복을 한 다음의 불안한 정세를 빗대어 표현한 것이라 본다.

> 鐵嶺 노픈 峰에 쉬여 넘는 져 구름아
> 孤臣寃淚를 비사마 씌여다가
> 님 계신 九重深處에 뿌려본들 엇드리 - 李恒福

철령 높은 봉우리를 쉬었다가 넘는 저 구름아, 외로운 신하의 원통한 눈물을 비 대신으로 띄워가지고 가서, 임금이 계신 궁궐 깊은 곳에 뿌리는 것이 어떻겠는가? 여기서 철령은 강원도 淮陽에서 함경도 安邊으로 넘어가는 고개라고 한다. 우선 작자 이항복에 대하여 알아보자.

이항복(1556~1618)은 명종 11년에서 광해군 10년까지 생존하였다. 자는 子常, 호는 白沙, 본관은 慶州이다. 25세 때 謁聖文科 丙科에 급제, 成均館典籍, 正言, 吏曹佐郎, 應教, 直提學, 同副承旨, 戶曹參議, 都承旨, 吏曹參判, 刑曹判書 등을 역임하였다. 44세에 左議政, 이듬해는 右議政, 이어서 領議政에 올랐다. 47세에 鰲城府院君, 49세에 扈聖功臣 1등에 봉해졌다. 62세(1617)에 仁穆大妃 廢母論이 일어나자 이를 극력 반대하다가 관직이 削奪되고, 이듬해 北靑에 유배되었다.[339)]

상기 시조는 북청으로 유배되었을 때 鐵嶺을 넘으면서 지은 것이라고 한다. 인목대비 廢母論에 극력 반대하다가, 충간은 받아들여지지

---

338) 앞의 책, 한국인명대사전, 114쪽.
339) 위의 책, 752쪽.

않고 오히려 유배 길에 오르게 된 것이다. 철령이 얼마나 높은 고개이기에 구름도 쉬었다가 넘는 고개라고 표현했을까? 자아가 넘기 힘든 고개라는 것을 빗대어 나타낸 것이다. 중장에서의 '孤臣'은 작가 자신을 은유한 것이다. 바른 말 했다가 귀양 가는 신세가 되었으니, 원통한 눈물이 쏟아지게 된 것이다. 그 원통한 눈물을 비로 삼아서 구중궁궐에 계시는 임금께 뿌려드리고 싶다는 것이다. 자신의 충성심을 달리 전할 길이 없으니, 이런 방법을 선택할 수밖에 없었을 것이다. 여기는 시적 상상력이 돋보이는 대목이다. 불가능한 것을 가능한 것처럼 나타냈어도 어색하지 않고 자연스럽게 느껴진다.

4) 개화기와 조선정신

> 蒼穹碧海 두틈트고 불끈 솟는 아츰햇빗
> 萬二千峰 等待햇다 덤썩혼자 다밧으니
> 보리라 大朝鮮情神 이中에도, – 公六, 大朝鮮精神 제1수

이 작품은 1910년 8월 〈少年〉지에 실려 있다. 제목은 〈大朝鮮精神〉이고 부제는 〈國風七首〉이고 지은이는 〈公六〉이라 되어 있다. 푸른 하늘과 푸른 바다 사이의 두 틈을 트고서 불끈 솟은 아침 햇빛, 금강산 1만 2천봉이 미리 준비하고 기다렸다가 덥썩 혼자 다 받으니, 보리라 대조선정신을 이 中에도, 이 작품에는 고시조적인 요소와 현대시조적인 요소가 반반 섞여 있어, 장르상으로는 개화기시조라고 본다. 지은이는 '公六'이라 되어 있는데, 최남선의 별호인 것 같다.

개화기 시조에는 지은이의 성명을 밝히지 않고, 〈樂天子〉, 〈友古崔〉, 〈何心〉, 〈笑山人〉, 〈觀天生〉, 〈二遊子〉 등의 별호나 가명을 쓴 것이 특징이다. 현대시조와 거리가 먼 〈蒼穹碧海〉, 〈萬二千峰〉, 〈大朝鮮精神〉의 한자어구를 사용했다. 종장 첫 소절에 〈보리라〉라는 감탄어구를 썼는데, 이것은 고시조의 특징이다. "일반적으로 古時調의

종장 第一句가 감탄사로 많이 되어 있는 연유는 음악 형태상의 殘影이며, '두어라', '어즈버', '아희야' 등이 감탄사의 약 2/3를 차지하고 있는 점으로 볼 때, 시조에 쓰인 감탄사는 결국 無意味語로서 관용적 용법의 虛辭라는 면이 확인된다.[340] 그리고 작품의 율격이 초장 4444, 중장 4444조로 되어 있는데, 이러한 율조 역시 현대시조와는 거리가 멀다. 종장을 보면 "보리라 대조선정신 이중에도"라 하여 끝 소절을 생략했는데, 이것도 창을 중시하던 고시조의 흔적이라고 본다.

이 작품이 쓰인 시기가 1910년 국권을 빼앗겼을 때이니, 작품의 내용이 시의적절하다고 본다. 그러나 동방의 자그마한 나라가 '대조선정신'을 부르짖는 것은 과장법이다. 허장성세일 수 있다. 공허한 메아리가 될 수 있다. 그러나 미래세대를 깨우쳐주고, 자주독립정신을 고취하기 위해서는 이러한 과장법도 필요한 것이다. 개화라는 시대정신에 알맞은 작품이라 헤아려진다.

님이 거긔 계시다하니 뵈오려면 가올거시
님이 거긔 안계셔도 가보아야 아올거시
그리는 그님이시니 아니가고 어이리 – 님

이 작품의 제목은 '님'인데 〈靑春〉지에 실려 있다. 靑春은 1914년 10월에 창간되었고, 新文館 崔昌善 발행이라고 되어 있다. 이 작품은 1914년 10월호에 실렸으니 창간호에 실린 셈이다. 3수 연시조인데 제2수만 인용하였다. 지은이는 〈한샘〉인데 누구의 필명인가? 신문관은 최남선이 설립한 출판사이니, 그 한샘도 최남선일 가능성이 높다.

이 작품의 제목이 '님'이기도 하지만 작품 내에 '님'이 세 번 등장한다. '님이 거긔 계시다하니', '님이 거긔 안계셔도', '그님이시

340) 김용덕 : 황진이시조론(황진이 연구, 창학사, 1985), 10.

니' 이처럼 3번 등장하니 '님'으로 도배를 한 것 같다. '님이 거기 계시다하니'라는 말은 님이 여기에 안 계신다는 뜻이다. 님이 거기에 계시면 당연히 찾아가 뵈옵겠지만, 안 계셔도 찾아가 뵈어야 한다는 것이다. 얼마나 귀하고 높은 님이기에 안 계시는데도 찾아가 뵈온다고 했을까? 종장은 이 작품의 전결부이다. "그리운 그 님이시니" 안 가고는 못 배긴다는 것이다.

여기서 그리운 그님이라 했는데, 육당의 님은 누구이신가. 육당은 한 평생 잃어버린 조국을 되찾기 위하여 노심초사하였다. 그래서 그를 조선주의자라 부른다. 그의 언행에서 조선이란 단어를 빼면 말을 이어갈 수 없다. 그러니 육당의 님은 조국이요 조선이다. 식민지 시대 드러내놓고 말할 수 없으니까 '님'이란 대유법을 쓸 수밖에 없었던 것이다.

시조가 이 땅에서 발생한 것은 고려 말 1.300년 경으로 본다. 이때는 역동 우탁이 〈탄로가〉를 지은 시기이니, 대략 720년 전의 일이다. 그 이후 우리 역사에서 큰 획을 그을 만한 사건들이 많이 일어났으니, 고려와 조선의 왕권 교체, 단종의 퇴위와 사육신 사건, 임병양란과 당쟁 문제, 개화기의 새바람과 시대정신 등이 좋은 예이다. 이런 것은 잊으려 해도 잊을 수 없는 역사적 사건들이다.

이러한 사건들이 일어날 때마다 시조시인들은 그 사건에 직접 휘말렸거나 간접적으로 참여하였다. 그러한 때 우리 시조시인들은 역사적 사건을 배경으로 해서 작품을 썼거나 아니면 주제나 소재로 해서 작품으로 형상화 하였다. 그저 방관자로 있거나 무관심자로 남아 있지 않았다. 이글에서는 그러한 시조시인들로서 이존오, 이색, 원천석, 성삼문, 박팽년, 원호, 김덕령, 김상헌, 이항복, 공육, 한샘의 작품을 예로 들어 논의하였다. 그 결과 우리 시조는 역사를 노래한 詠史詩가 많다는 사실을 확인하였다. 시조와 역사가 융합된 사실을 발견하게 된 것이다.

2. 혈죽가에 대한 논의

우리 고시조의 효시작품은 우탁의 〈歎老歌〉이다. 그러나 현대시조의 효시작품이 누구의 어떤 작품인지 아직 밝혀지지 않고, 학자마다 다른 이야기를 해서 혼란스럽기 이를 데 없다. 그런데 느닷없이 1906년 대구매일신보에 발표한 대구여사의 〈血竹歌〉를 현대시조의 효시작품이라 내세우고, 바로 2006년에 현대시조 100주년 기념행사를 마쳤고, 그리고 매년 7월 21일을 〈시조의 날〉로 선포하였는데, 그 의도는 좋으나 무리하다는 느낌이 든다.

가문으로 따지면 그 성씨의 시조(始祖)가 그 옛날 어느 시대 어떤 분이냐 하는 문제와 같다. 만약에 엉뚱한 사람을 자기네 시조라고 정해서 모신다면 그보다 어리석은 짓은 없을 것이다.

우리 시조 단에서도 그 〈혈죽가〉가 누가 보아도 효시작품이 틀림없다면 다행한 일이지만, 현대시조라 할 수 없는 것을 현대시조의 효시작품으로 간주한다면 그야말로 웃음거리밖에 안 된다.

사람이 어느 나라 사람인가를 판단할 때, 우선 그 외모를 보고서 판단하는 것이 상례이다. 우선 겉모습을 보고 한국 사람인지, 미국 사람인지, 중국 사람인지, 동남아 사람인지 판단하게 되고, 그러한 방법으로 판단해도 크게 틀리지 않는다.

마찬가지로 문학의 장르도 외형적으로 먼저 판단하게 된다. 외형적으로 보아서 소설인지, 시인지, 시조인지, 수필인지, 평론인지 파악하게 되고, 소설 중에서도 외형적으로 보아 고소설인지 현대소설인지, 단편소설인지 장편소설인지를 파악하게 된다.

필자가 이런 판단기준으로 보면 그 〈혈죽가〉는 외형적으로 고시조와 비슷하게 생겼지 현대시조의 모습과는 거리가 멀다. 그런데 그 〈혈죽가〉를 현대시조로 간주하고, 나아가 효시작품이라 확정 지어서 공식 행사를 치루는 것은 큰 문제라 아니할 수 없다. 시조학 연구자나 시조시인들이 더 연구하고 검증해서 바로잡아야 할 것이다.

1) 혈죽가에 대한 해설 및 감상

협실의 소슨 ᄃᆡ는 츙정공 혈적이라
우로를 불식ᄒᆞ고 방즁의 풀은 뜻은
지금의 위국충심을 진각세계

츙졍의 구든 졀ᄀᆡ 피을 ᄆᆡ자 ᄃᆡ가 도여
누샹의 홀로 소사 만민을 경동키ᄂᆞᆫ
인ᄉᆡᆼ의 비여 잡쵸키로 독야청청

츙졍공 고든 졀ᄀᆡ 포은선셩 우희로다
셕교에 소슨 ᄃᆡ도 션쥭이라 유전커든
허물며 방즁에 ᄂᆞᆫ ᄃᆡ야 일너 무삼

위의 작품은 박을수 편저 「한국시조대사전」 하권(下卷) 1306쪽에 있는 것을 그대로 옮긴 것이다. 작가는 寺洞寓 大丘女史라 되어 있고, 출전은 大韓每日申報 第 276號라 되어 있고, 날자는 1906년 7월 21일 발행한 것으로 되어 있다. 작품의 작자는 대구여사이지만 작품 속의 등장인물은 충정공(忠正公) 민영환(閔泳煥)이다.

이 작품의 주인공은 민영환(1861~1905)이다. 구한말의 문신으로 순국지사이다. 고종 14년(1877)에 童蒙敎官에 임명되고 이듬해 廷試文科에 급제하였다. 1881년 同副承旨가 되고 이듬해 大司成이 되었다. 이 해 생부 민겸호가 壬午軍亂으로 살해되자 벼슬을 버리고 3년 동안 居喪, 후에 吏曹參議에 임명되었다. 이어 都承旨, 弘文館 副題學, 吏曹參判, 海防總管을 역임, 1837년 親軍前營使를 거쳐 禮曹判書가 되었다. 1890년 兵曹判書, 1893년 刑曹判書, 1894년 督辦內務府事 등 요직을 지냈다. 1895년 駐美全權公使에 임명되었으나, 乙未事變으로 明成皇后가 弑害되자 부임하지 못하고 사직했다.

1897년 1월 영국, 독일, 러시아, 프랑스, 이탈리아, 오스트리아의 6개국 特命全權大使에 겸직 발령되었다. 1896년 獨立協會를 적극 후원, 시정의 개혁을 시도하다가 민씨 일파들에게 미움을 사 파직되었다. 후에 다시 參政大臣, 度支部大臣, 表勳院 總裁, 憲兵司令官에 기용되었다.

1904년 내부, 학부대신을 지내고, 大勳과 李花章을 받았으나, 친일적인 각료들과 대립하여 일본의 내정간섭을 성토하다가 侍從武官長으로 밀려났다. 1905년 을사조약이 체결되자 趙秉世와 백관을 인솔, 궁궐에 나가 이를 반대했으나, 일본헌병들의 강제해산으로 실패, 다시 종로 白木廛都家에 疏廳을 열고 상소를 의논하던 중 이미 대세가 기울어짐을 보고 典洞 李完植의 집에 가서 '警告韓國人民'이란 유서 3통을 남기고 자결했다.[341]

고려 말에 충신 정몽주 선생이 있었다면 조선 말에는 충신 민영환 선생이 있었다고 본다. 이 작품은 민충정공의 혈죽을 존숭하고 찬양하는 의미가 담겨 있다. 혈죽은 민영환이 자결한 방에 솟아난 푸른 대나무이다. 이 대나무는 민영환의 위국충심의 상징물이다. 이 대나무는 충정공의 血蹟이고, 굳은 절개를 상징하고, 곧은 지조를 상징한다. 일반 사람은 잡초에 비유했고, 민충정공은 독야청청한 대나무에 비유했다.

민충정공에 대한 사적(史蹟)을 알아보았거니와, 그는 나라가 망하자 울분을 참지 못해 자결했던 것이고, 그의 피 묻은 옷을 보관한 방의 마루 바닥을 뚫고 청죽(青竹)이 나왔다는 전설이 전한다. 이러한 역사적 사실과 전설을 형상화한 것이 상기 작품 〈혈죽가〉이다. 작품의 내용을 현대어로 쉽게 풀이하면 다음과 같다.

제1수 : 협실(夾室)에 솟아난 대나무는 충정공(忠正公)의 혈적(血蹟)이라/ 비바람에도 쉬지 않고 방중(房中)에 푸른 뜻은 / 지금의 위

341) 앞의 인명사전, 254쪽.

국충심(爲國忠心)을 온 세상이 다 깨닫게 함이다.

제2수 : 충정(忠正)의 굳은 절개(節槪) 피를 맺어 대가 되어/ 누상(樓上)에 홀로 솟아 만민(萬民)을 경동(驚動)키는 / 인생에 비겨 잡초(雜草)키로 대나무가 독야청청(獨也靑靑)함 같다.

제3수: 충정공(忠正公)의 곧은 절개 포은(圃隱) 선생보다 위에 있다./ 석교(石橋)에 솟은 대도 선죽(善竹)이라 유전(遺傳)커든 / 하물며 방중(房中)에 난 대나무야 일러 무엇 하리오.

한마디로 민충정공의 혈죽을 존숭(尊崇)하고 찬양(讚揚)한 작품이다. 혈죽은 민영환이 자결한 방에 솟아난 푸른 대나무다. 이 대나무는 민영환의 위국충심(爲國忠心)의 상징물인 것이다. 이 대나무는 충정공의 혈적(血蹟)이고, 굳은 절개를 상징하고 곧은 절개를 상징한다.

일반 사람은 잡초에 비교했고, 민충정공은 독야청청한 대나무에 비교했다. 민충정공을 고려 말의 충신 포은 정몽주보다 위라 했고, 혈죽을 포은 선생이 맞아죽은 선죽(善竹)에 비유했다. 이 작품의 주제는 한마디로 요약하면 위국충절이다.

2) 현대시조와 고시조의 차이점

현대시조와 고시조의 차이점을 알아보려는 것은 위의 〈혈죽가〉에 고시조적인 요소가 많은가 현대시조적인 요소가 많은가 하는 점을 알아보기 위해서다. 그러나 현재까지 고시조와 현대시조의 차이점을 분명하게 밝힌 글을 아직 발견하지 못했다.

古時調에서는 태반이 標題를 붙이지 않는데 반하여 現代時調에서는 구체적인 제목을 붙이고 있다는 것, 또 고시조에서는 行區分이나 章區分을 완전히 무시하고 줄글로 적었는데 반하여 현대시조에서는 3行 또는 6行, 7行 등 매우 자유롭게 행구분을 지어놓고 있다는 것, 觀念語나 虛辭部分이 實辭로 바뀌었다는 것, 模倣踏襲이나 套語亂調의 止揚, 中國的 故事나 人名 引用의 배제 등의 것들은 古時調나 現代時調의 성격적 변모를 설명하는 일은 될지라도,[342] 김동준의 논설을 인용해 보았거니와 여기에 제시한 것만 가지고는 고시조와 현대시조의 성격적 차이를 완전하게 구분하기는 어렵다. 그래서 필자 나름대로 그 기준을 제시해 보고자 한다.

첫째, 고시조는 음악[唱]을 전제로 해서 지었는데 현대시조는 음악과 결별하였다. 그런데 〈혈죽가〉는 창을 전제로 지은 것 같다. 그것은 각 수의 종장에서 제4음보를 생략했기 때문이다. 위의 작품에서 '진각세계' '독야청청', '무삼' 다음에 '하다'라는 어미가 와야 하는데 모두 생략되었다. 이것은 고시조의 모습 그대로를 보여준 것이다.

둘째, 〈혈죽가〉의 제목 문제이다. 고시조에 보이는 제목들은 「~歌」「~曲」「~謠」 등의 일정한 틀 안에 놓인다. 그래서 얼핏 보기엔 訓民歌니 江湖歌니 하는 노래의 종류에 따른 분류 항목과 같은 인상을 주기도 하는 것이 고시조의 제목이다.[343] 대구여사의 상기 작품의 제목은 〈血竹歌〉라고 해서 「~歌」를 붙였으니, 고시조의 성격에 가깝다. 현대시조에서는 특수한 경우를 제외하면 작품의 제목에 「~歌」라고 하는 경우가 드물다.

셋째, 시어의 표기법 문제이다. 이 〈혈죽가〉는 고시조와 같은 고어(古語) 표기를 하고 있다. 〈딕는〉, 〈불식ᄒᆞ고〉, 〈방즙〉, 〈ᄯᅳᆺ은〉, 〈츙

342) 김동준: 시조문학론, 우성문화사, 1981. 26쪽.
343) 임종찬: 현대시조론, 국학자료원, 1992. 33쪽.

정공〉, 〈잡쵸키로〉, 〈누샹의〉 등은 고어표기이다. 필자는 이 표기문자를 가장 중요하게 생각한다. 영시는 영문자로 표기했고, 한시는 한자로 표기했고, 일본의 단가는 일본문자로 표기했다. 마찬가지로 고소설이나 고시조는 우리의 고문자(古文字)로 표기했다. 〈혈죽가〉는 고문자 또는 고어 표기이다.

넷째, 한자투어나 고사성어를 썼으면 고시조이다. 현대시조는 의도적으로 순수 우리말을 갈고 닦아서 쓴다. 김동준도 위의 인용문에서 투어난조를 지양하고, 고사나 인명 인용을 하면 고시조에 가깝다고 하였다. 위의 작품에서 〈爲國忠心〉, 〈盡覺世界〉, 〈獨也青青〉 등은 한자숙어이다. 이런 모습은 고시조에서는 흔히 볼 수 있었지만 현대시조에서는 자취를 감추었다.

다섯째, 종장 첫 음보에 쓰인 투어문제이다. 고시조에서 빈출도가 높은 어즈버, 두어라, 아희야, 아마도, 우리도 등의 투어는 보이지 않지만, 엇더타, 행여나, 아모리, 잇다감, 누구서, 매양에, 다시금, 차라로 등은 비교적 고시조에 자주 나오는 투어[344]라고 하였다. 이러한 논리는 임종찬이 육당 최남선의 시조를 논의하면서 한 이야기다. 육당의 시조는 아니지만 대구여사의 〈혈죽가〉에서 종장 첫 음보에 '지금의' '허믈며' 등을 사용한 것은 역시 고시조에 등장하는 투어에 준한다고 본다.

3) 현대시조 개념 문제

여기서는 현대시조의 개념이나 시대구분에 대하여 연구자들이 제시한 이야기를 인용해 보자.

① 시조를 현대문학의 한 장르로 발견한 이는 六堂임이 분명하다.

344) 위의 책, 57쪽.

그러나 이를 현대문학의 장르로 현대화 시킨 이는 가람과 鷺山이라 하지 않을 수 없다. 왜냐 하면 최초의 개인 시조집 '百八煩惱'를 육당이 내기는 했으나, 그의 時調는 古時調를 모방한 것이거나, 擬古的 시조에 지나지 않지마는 가람과 노산의 시조에서는 확실히 그 用語, 取材, 想, 句法, 章法, 篇法 등에 있어서 현대적이었다. (김동준: 보정 시조문학론)

② 현대시조는 현대어로 현대 생활이나 사상을 시를 지향하면서 묘사, 표현한 시조를 말하는 것이다. 육당이나 춘원 등의 작품들은 현대시조 부흥기의 작품으로 보고, 1930년 전후해서 가람, 노산, 조운 등의 시조부터를 그 형식과 내용이 부합된 현대시조라 할 수 있다. (리태극: 현대시조작법)

③ 1940년부터 오늘에 이르기까지의 시조를 하나로 묶어 현대시조라 부르는 것부터가 무리한 주장일지 모르나, 한마디로 현대시조란 (가) 현대적인 언어를 가지고, (나) 현대적인 사상과 감정을, (다) 현대적인 기법으로 구축한 시조를 의미하는 것이라고 할 수 있다. (가)의 조건만 가지고 있는 것을 신시조, (나)의 조건까지 지니고 있는 것을 근대시조, (다)의 조건마저 고루 갖추고 있는 것을 현대시조라 바꾸어 말할 수도 있을 것 같다.(이우종: 한국 현대시조시의 이해)

④ 현대시조란 무엇인가? 우리 문학사에서 현대시의 출발점을 보는 견해는 다양하지만 대체로 1930년대에 이르러 도입된 이미지즘과 그 영향 아래 창작된 소위 시각적 이미지를 추구한 시들이 대두한 시기로 보는 견해가 일반적이다. 시조 역시 1930년을 전후하여 시조작법 상에 변화를 보이기 시작했다. 즉 청각적 이미지에 의존해 오던 시조가 시각적 이미지를 제시하는 작시태도를 보이기 시작하면서 적어도 전대의 시조들과는 구분되는 혁신적인 경향을 띠게 된 것이다.

가람의 혁신시조가 그 좋은 예로서, 현대시조의 출발점은 바로 여기에 놓인다고 할 수 있다. (김제현: 현대시조 작법)

⑤ 신체시가 창가가 가졌던 속성을 일면은 거부하면서 일면은 그대로 수용하여, 창가와 현대시의 중간에 위치하고 있다던가, 신소설이 고소설이 가졌던 속성을 일면은 거부하면서, 일면은 그대로 수용하여, 고소설과 현대소설의 중간에 위치하고 있다는 사실, 즉 창가〉 신체시〉 현대시이나, 고소설〉 신소설〉 현대소설이라는 시조 주위의 문학의 진행과정과 보조를 같이하여, 시조문학도 고시조〉 신시조〉 현대시조 방향으로 진행하였다고 보아 육당시조를 新時調라 함이 적당하다고 주장하기에 이르렀다. (임종찬: 현대시조론)

⑥ 위의 「혈죽가」는 시조로서의 세 수 짜리 연시조 형태인데 본래 3행 分章은 되어 있지 않고 종장 말구의 음보도 생략되어 있다. 뒤이어 1907년 「대한유학생회보」에 발표된 최남선의 「國風四首」도 현대시조의 초기 작품으로 주목 받고 있는데, 필자는 「혈죽가」나 「국풍4수」 등 개화기 시조는 그 표현이나 내용 전개에 있어서 현대적인 감각을 아직 살려내지 못했음으로 '근대시조'의 범주로 다루고, 현대시조의 실질적 출발점은 근대화의 여과 과정을 거친 「백팔번뇌」(1926) 출간 이후부터라고 설정해야 옳다고 본다. (이광녕: 현대시조의 창작기법)

현대시조에 대하여 여러 사람의 견해를 인용하였다.

①에서는 육당의 「백팔번뇌」를 고시조를 모방한 것이거나 擬古的인 작품이라 하였다. 그리고 가람과 노산의 시조에서는 현대적인 면모를 보여주었다고 하였다. 그러니 육당의 「백팔번뇌」보다도 먼저 발표되고 고티가 나는 〈혈죽가〉는 현대시조의 범주에서 제외될 수밖에 없는 것이다.

②에서는 육당이나 춘원의 작품들은 시조 부흥기의 작품으로 보고, 1930년 전후의 가람, 노산, 조운 등의 시조부터 현대시조로 볼 수 있다는 논리를 펼치었다.

③에서는 현대시조란 현대적인 언어를 가지고, 현대적인 사상과 감정을, 현대적인 기법으로 구축한 시조를 의미한다고 하였다. 그러니 〈혈죽가〉를 현대시조로 볼 수 없다는 것이 밝혀진 것이다.

④에서는 1930년을 전후하여 시조작법 상의 변화를 보이기 시작했고, 가람의 혁신시조가 그 좋은 예라 했고, 현대시조의 출발점은 가람의 혁신시조부터라고 하였다.

⑤에서는 시조의 발전단계로 나누어 고시조〉 신시조〉 현대시조라 구분하였다. 그런데 육당시조를 신시조에 포함시켜야 한다고 했으니, 대구여사의 작품도 신시조에 포함시키는 것이 당연하다고 본다.

⑥에서는 〈혈죽가〉는 3수 연시조인데, 본래는 3행 分章이 이루어지지 않았다고 하였다. 그야말로 줄글로 기록되어 있었다는 이야기다. 그리고 〈혈죽가〉나 〈국풍 4수〉는 개화기 시조로서 그 표현이나 내용 전개에 있어서, 아직 현대적인 감각을 살리지 못하였다고 하였다. 그러면서 1926년 「백팔번뇌」 발간 이후부터 현대시조의 출발점으로 삼아야 한다는 견해를 제시하였다.

문제는 1906년 7월 21일 大韓每日申報에 발표한 大丘女史의 〈血竹歌〉를 현대시조로 볼 것이냐 안 볼 것이야 하는 기로에 서 있다. 이 작품의 주제는 한마디로 요약하면 爲國忠節이다. 이 작품을 발표한 시기가 1906년이니, 그 전년 1905년에는 강압에 의하여 을사조약이 맺어졌던 것이다. 이때 울분을 참지 못해 민영환이 자결하였고, 그 민영환을 추모하고 존숭하고 찬양한 작품이 〈혈죽가〉이다. 그야말로 당시의 나라 형편과 시대상이 잘 반영된 저항시조라 할 수 있다.

우리의 시조를 시기별로 고시조와 현대시조로 나눌 수도 있고, 고시조〉 개화기 시조〉 현대시조로 나누어 볼 수 있다. 이 〈혈죽가〉에는 고시조적인 요소가 많이 함유되어 현대성이 강한 현대시조라 하기에는 무리한 점이 있다. 그렇다고 고시조라 할 수도 없지 않는가? 필자는 이 〈혈죽가〉를 개화기 시조 또는 신시조라고 본다.

대구여사는 1906년 7월 大韓每日申報에 〈血竹歌〉를 발표하였고, 최남선은 1907년 3월 大韓留學生會學報에 〈國風四首〉를 발표하였다. 시간별로 대구여사의 〈혈죽가〉 발표가 최남선의 〈국풍사수〉보다 8개월 앞선다. 그래서 일부에서는 대구여사의 〈혈죽가〉를 현대시조 효시 작품이라고 주장한다. 그렇다면 최남선의 〈국풍사수〉가 혈죽가의 영향을 받아서 창작되었는가? 최남선과 대구여사의 작품은 전혀 별개이다. 그리고 대구여사가 〈혈죽가〉 외에 수많은 작품을 남겼다면 이의를 제기하지 않겠다. 〈혈죽가〉는 외딴섬이다. 어쩌다가 하나가 툭 튀어나온 것이다. 작가의식이나 시조를 발전 보급시키겠다는 의지가 전혀 없는 것이다.

그러나 육당 최남선은 시조부흥기의 선두주자이다. 〈國風四首〉 외에, 1908년 〈少年〉지를 창간했고, 그 잡지에 많은 시조작품을 발표하였다. 그가 발표한 작품들은 〈國風一首〉, 〈쾌소년세계주유시보〉, 〈봄마지〉, 〈태백에〉, 〈대동강〉, 〈압록강〉, 〈위화도〉, 〈國風二首〉, 〈대조선정신〉, 〈때의 부르짖음〉, 〈더위 치기〉, 〈청천강〉 등이다. 그 이후에는 孤星, 한빛, 혈탄, 하심, 옥련암주인, 소산인, 관천생, 무심도인, 북계은사, 성암생, 자하산인, 양구생 등 무명작가, 아마추어 들의 작품이 계속 발표된다.

그 다음에 춘원이나 노산이나 담원의 작품이 보이는데, 이들은 전업자가라 작품 수도 많다. 춘원, 노산, 담원은 육당의 작품을 접하고 그 맥을 이은 사람들이다. 대구여사는 본명을 밝히지 않고 작가의식이 없이 여타 무명존재의 작가들과 마찬가지 부류이다. 그 존재도 없는 가명으로 작품 한두 개 발표한 사람과 시조에 새생명을 불어넣고 소생시킨 육당 최남선과 같은 급이라 생각하는가.

대구여사는 작가의식이 없는 무명존재이다. 요즘말로 하면 아마추어이다. 그 아마추어가 어쩌다 한 수 지은 〈혈죽가〉는 현대시조의 효시작품이 될 수 없다. 차라리 개화기시조라 명명하는 것이 합당한 대접이라 생각된다. (혈죽가에 대한 논문은 2013년 시조사랑 연간집 제2호에 실림)

3. 시조문학과 우리 민족

시조와 우리 민족과는 어떤 관계가 있는가? 이 점에 대하여 구체적으로 언급한 학자나 시조시인이 별로 없다. 시조는 우리의 전통문학이요 고유문학이요 민조문학이라는 정도를 우리들에게 일러준 것이다. 그러나 필자는 기회가 있을 때마다 시조 형식, 우리 민족, 우리 국어는 한 덩어리요 분리될 수 없는 존재라고 하였다. 그래서 이 세 가지를 한데 묶어 삼위일체라고 불렀던 것이다.

1) 시조의 정체성

① 시조는 국문학의 가위 유일한 정형시오, 국문학사상 가장 오랜 생명을 유지하여 온 시가이다. 여기에 있어 시조의 형식미는 우리 민족의 율동생활과 잘 조화되고 ~중략~ 시조는 고려 중기에 성립하여 조선을 거쳐 지금에까지 그칠 줄 모르고 의연 우리의 생활문학으로서 쇠퇴함이 없다. ~중략~ 위로는 왕공귀족으로부터 아래로는 사서인 천기에까지 이 시조를 애호하고, 그들의 감정은 확실히 이 시조를 통해 상통되었던 것이니, 이 점에 있어 시조는 명실 그대로 민족문학이 되었다. (조윤제: 국문학개설)

② 평시조의 기본형은 45자이며, 그것이 때로는 35,6자까지 줄기도 하고, 또는 54.5자까지 늘기도 하고 있는 것이다. 그리고 3장의 구별이 똑똑하며, 각장은 대체로 3,4조로 된 15자 내외로 구성되어 있다. (고정옥: 국어국문학 요해)

③ 평시조는 초장 중장 종장의 句法과 자수가 제한되어 있는 格調詩型으로서의 성격을 구유한 우리나라 유일무이한 格調詩型이다.(김종식: 시조개론과 작시법)

④ 보통 시조라면 단시조를 호칭하게 되는데, 그 단시조는 신라의 향가나 고려의 별곡 등의 영향을 힘입어 고려 말경에 그 형태가 확립된 우리나라의 고유한 시가의 하나다. 그 형식은 3장 6구요 한 구의 구성 자수는 7자 내외가 되고, 4율박씩의 등수율을 갖춘 정형시오, 총 자수 44자 중심으로 된, 이조시가의 대표가 되는 단형시로서 오늘에도 그 형식의 시조가 창작되고 있다. (리태극: 시조 개론)

⑤ 요컨대 시조란 고려 말엽부터 현대에 이르기까지 우리 시가의 대표적 정형시로서, 3장 4음보격의 기본 형식을 가지고 있는 단형시라 할 수 있다. (김기동: 국문학개론)

이제까지 5분의 학설을 살펴보았는데, 겉으로 드러난 사실만 언급했지, 본질적인 사항은 피해갔다. 드러난 사실을 요약하면 "우리 민족의 율동생활과 잘 조화됨", "생활문학", "민족문학", "격조시형", "이조시가의 대표", "대표적 정형시", "창의 문학" 등이다. 이들에 비하여 시조의 본질을 파악하고 그 정신면을 강조한 분이 육당 최남선이다.

時調는 실로 朝鮮에 있어서 句調, 音節, 段落, 體制의 정형을 가진 유일한 成形文學이다. 思想의 담는 법과 音律의 나타내는 法으로 미상불 快活順坦한 동시에 悠長閒雅한 朝鮮情調의 특질을 용하게 織出한 匹練이다. 말로, 調로, 또 가락으로나 그곳의 인정과 자연을 아울러 착 들어붙게 터럭 하나 낄 틈 없이 홈싹 표현되기를 朝鮮의 시조 같은 것은 世界詩壇에서 많이 볼 수 없으리라고 할 만하다. 또 한 옆으로 朝鮮人 민족생활 …… 더욱 그 思想的 生活의 발자국을 남겨 가진 것이 不

幸히 朝鮮에는 다시 보기 어려운데, 시조의 庫裏에 能히 千餘 年 계속한 약간의 遺珠가 간직되어 있어, 그 絕無僅有의 一物을 지음은 朝鮮生活의 중요한 一淵源을 알려주므로 많은 감사를 그 앞에 드려야 할 일일 것이다. (崔南善 : 朝鮮國民文學으로의 時調)

최남선의 논설을 인용했는데, 시조는 조선에 있어서 句調, 音節, 段落, 體制의 정형을 가진 유일한 成形文學이라고 하였다. 이 말의 뜻은 시조가 우리 말, 우리의 국어와 관련이 깊다는 것을 강조한 것이다. 말로, 調로, 또 가락으로나 그곳의 인정과 자연을 탁 들어붙게 터럭 하나 낄 틈 없이 표현되기를 조선의 시조 같은 것을 세계시단에서 많이 볼 수 없다고 하였다. 이 말은 시조란 우리의 인정, 사상, 자연을 표현하기에 가장 알맞은 그릇이다. 라는 말로 들린다.

고시조의 효시 작품은 역동 우탁(1262~1342)의 〈탄로가〉이다. 우탁은 시조형식을 창안한 선구자이다. 고려 말 그 당시부터 지금까지 우리 국어로 시조를 썼으니, 시조와 우리 국어는 7백년 이상을 공생한 것이다. 궁합이 너무 잘 맞는다. 시조는 우리 말로 써야 제 맛이 난다. 우리 국어가 존재하는 한 시조도 영원히 생명력을 이어갈 것이다. 다음에는 백수 정완영 선생의 논설을 인용해 보겠다.

여기 아주 국보급 중에서도 국보급인 유산이 그 바다의 深底에 가라앉아 있는 채 인양자의 시선이 닿지 못하고 있는 것이다. 그것은 다름 아닌 우리 정신의 本鄕, 우리 정서의 본류인 민족시가, 시조다. 다시 말해 3장 6구에 갈무리되어 있는 민족혼의 內在律 3,4,3,4(초장), 3,4,3,4(중장), 3,5,4,3(종장)의 시조인 것이다. 이 3장 6구에는 우리 민족의 온갖 思考, 온갖 행위, 온갖 습속까지 다 담겨져 있는 것이다. ~중략~ 춘하추동 계절의 행이, 할머님의 물레 잣던 손길, 늙은 농부의 도리깨 타작, 우리 어머님들의 다듬이 소리, 어깨춤도 절로 흥겹던 농악에 이르기까지 가만히 새셔 보고, 새겨 들으면 3장 6구 아닌 것이

라고는 하나도 없는 것이다. (정완영: 시조창작법)

백수 선생의 견해를 인용해 보았거니와, 이런 식으로 이야기하면 한국의 자연, 한국의 문화, 한국인의 생활양식 등 모든 것이 시조의 가락인 3장 6구 아닌 것이 없다는 이야기다. 그만큼 시조와 우리 민족은 궁합이 잘 맞는다는 이야기고, 코드가 잘 맞는다는 이야기로 이해하고 싶다. 그래서 필자는 시조와 우리말과 우리 민족은 삼위일체되어 서로 떨어질 수 없는 운명적인 인연관계라 보는 것이다. 그래서 모르긴 몰라도 이 지구상에 대한민국이 존재하고 배달민족이 존재하는 한 시조는 영원히 존속하고 계승발전하리라 보는 것이다. 이러한 연유로 시조를 민족시, 겨레시, 전통시, 국민시, 순수 한국시라 불러도 좋을 것이다.

인용문을 보면 이 3장 6구에는 우리 민족의 온갖 思考, 온갖 행위, 온갖 습속까지 다 담겨져 있다고 하였다. 그러니 우리 민족이 시조요 시조가 우리 민족이라는 공식이 성립되는 것이다. 우리 민족의 역사가 시조의 역사요 시조의 역사가 우리 민족의 역사인 것이다. 그래서 고려 말 조선 초의 왕권교체기에는 시조도 두 가지 계열로 나누어졌다. 고려에 충성하고 절의를 지키려는 이들은 節義歌를 불렀고, 이성계에 줄을 서서 영광을 누리려는 이들은 頌祝歌를 불러서 자기만족을 하였다. 그리고 조선조 말엽 나라가 망해갈 때는 박효관과 안민영 같은 가객들이 있었으나 조선의 마감과 함께 고시조도 쇠해서 시조가 완전히 지구상에서 사라질 뻔했다.

그러나 육당 최남선 같은 걸출한 인물이 나타나서 개화기 시조 시대를 열고 죽어가는 시조에 새 생명을 불어넣었다. 아울러 현대시조로 발전할 수 있는 계기를 마련하였다. 그 결과 필자는 최남선의 〈혼자 앉아서〉를 현대시조의 효시작품이라 단언한다. 만약에 그 당시 최남선이 없었다면 시조는 다시 살아나지 못했을 것이다. 우리 민족이 번창할 때는 시조도 따라서 번창하고, 우리 민족이 쇠망할 때는 시조도 쇠망해서 막을 내리게 되었던 것이다.

그러나 일제강점기를 지나 우리 민족이 번영할 때는 시조도 번영해서 우리의 자존심을 지켜 주었다. 그래서 필자는 시조와 우리 민족은 공동운명체라고 본다.

시조는 34조와 44조가 기본 율격이다.. 이 율격은 우리의 호흡에 맞는다. "태산이 높다하되 하늘 아래 뫼이로다"는 3444조이다. 그 율격과 우리의 호흡이 일치한다. 호흡은 우리의 생명이다. 호흡이 끊기면 죽는 것이다. 그러니 시조의 34조나 44조는 우리의 생명 그 자체인 것이다.

2) 시조와 한글

우리는 지금 세계한글작가대회에 참여하였다. 한글은 우리말을 적는 문자이다. 우리 先祖들이 시조를 표기할 때 한글로 적었다. 필자는 시조를 지을 때 순수국어로 지어야 제 맛이 난다고 강조한 적이 있다. 그러니 순수 우리말로 된 작품을 찾아서 논의하려는 것이 본고의 목적이다.

간밤에 울던 여울 슬피 울어 지내여다
이제야 생각하니 님이 울어 보내도다
저 물이 거슬어 흐르고저 나도 울어 예리라 – 원호

원호선생은 1396년에서 1463년까지 생존하신 인물로 생육신 중의 대표 인물이다. 원호는 단종이 영월로 귀양 가자 영월군 서면 사내평에 관란정을 지어놓고 매일 정자에 올라가서 청령포 쪽으로 흘러가는 물을 바라보았다는 것이다. 강물을 바라보았다는 의미에서 선생의 호도 觀瀾이 되었다.

중장에서의 '임'은 세조에게 왕위를 빼앗기고 영월에서 귀양살이 하던 어린 단종이다. 그런데 종장에서는 "저 물을 거슬러 흐르게 하고 싶구나, 그러면 나도 울면서 흘러 가리라."라고 하였다. 이것은 관란 선생의 충절의 뜻과 임 생각하는 마음을 그대로 단종에게 전해 올리고 싶다는 이야기다. 이 작품 전체를 다시 음미해보면 단종과 관란 선생과 청령포로 흐르는 강물 모두가 삼위일체 되어 함께 밤새워서 울었다는 의미가 된다. 한마디로 이 작품은 忠臣戀主之詞이다. 순수 우리말로만 지은 작품이란 데에 유의해야 된다.

묏버들 가려 꺾어 보내노라 님의 손대
자시는 창 밖에 심어 두고 보소서
밤비에 새잎 곧 나가든 날인가도 여기소서 – 홍랑

이 작품은 조선 선조 때의 기녀 홍랑의 시조이다. 주인공이 사랑하는 임과 이별하면서 그 임에게 사랑의 정표로 준 작품이다. 그렇다면 그 '임'에 해당하는 인물은 누구인가? 그는 선조 때 北海評事로 鏡城에 가 있던 崔慶昌(1539~1583)이다.

최경창은 그곳에서 홍랑을 만나 사랑에 빠지게 된다. 벼슬이 바뀌어 서울로 돌아오게 되니, 홍랑은 쌍성(지금의 영흥)까지 따라와서 전송한다. 묏버들 가지 하나를 꺾어주면서 이 노래를 불렀다. 그 버들가지를 주무시는 창 밖에 심어 두고서 보라는 것이다. 밤비가 와서 그 가지에 새잎이 나면 '나' 곧 홍랑이라 생각해 달라는 것이다. 이 작품의 주제는 사랑과 이별이다. 주인공 홍랑의 진실과 정성과 최선을 다하는 배려 정신이 배어 있다.

성춘향과 이도령의 사랑보다도 더 순수하고 아름답다고 생각한다. 그리고 이 작품은 순수 우리말을 구사해서 지었다는 장점이 있다. 우리말과 한글의 아름다움을 상징적으로 나타내 준다.

어버이 살아신 제 섬길 일란 다하여라
지나간 후면 애닯 다 어이하리
평생에 고쳐 못할 일이 이뿐인가 하노라 – 정철

송강 정철(1536~1593)은 조선시대 문관이며 시인이다. 송강에게는 시조 88수, 가사 4편, 한시 760수가 전한다. 그의 시조에는 訓民歌 16수가 있는데, 이 훈민가는 송강이 강원도 관찰사로 부임했을 때 강원도민을 교화하기 위하여 지은 것이다. 위 작품에는 '子孝'라는 소제목이 붙어 있는데, 자식은 부모에게 효도를 다해야 된다는 인륜을 강조한 것이다.

초장에서는 부모가 살아계실 때 효도를 다하라는 의미이고, 중장에서는 시기를 놓치게 되면 후회하게 된다는 것이고, 종장에서는 평생에 고쳐서 못할 일이 '子孝'라고 하였다. 유교에는 삼강오륜이라는 것이 있는데, 그 중에서도 충과 효가 핵심 덕목이다. 孝는 萬行의 근원이라고 하였으니, 오직 실천하는 것이 제일 중요하다. 이 작품도 순수 우리말을 부려서 썼으니, 문학적 가치가 그만큼 상승된다고 생각한다.

잘 가노라 닫지 말며 못 가노라 쉬지 마라
부디 긋지 말고 촌음을 아껴 쓰라
가다가 중지 곧 하면 아니 감만 못 하니라 – 김천택

김천택(1687~1758)은 평민 출신으로 가객이다. 창에 뛰어났으며 시조도 잘 지어 57수의 작품을 남겼다. 영조 4년에 가집『청구영언』을 편찬하였으며, 시조의 정리와 발달에 공헌하였다. 위에 인용한 작품은 너무 유명하여 인구에 회자되는 시조이다. 별도의 설명이 필요 없을 정도로 내용이 평이하다. 그러면서도 우리 인간이 반드시 지켜야 하는 행동강령을 제시하였다. 격언이나 속담 같은 느낌이 든다. 이 작품도 순수 우리말을 잘 부려서 썼기 때문에 친근감이 간다.

> 가만히 오는 비가 낙수져서 소리 하니
> 오마지 않는 이가 일도 없이 기다려져
> 열릴 듯 닫힌 문으로 눈이 자주 가더라. – 최남선, 혼자 앉아서

육당 최남선(1890~1957)의 작품이다. 이 작품은 1926년에 발간한 그의 창작시조집 『백팔번뇌』 속에 수록되었다. 이 작품의 주제는 임을 보고 싶다는 것이다. 일도 없이 기다려지고, 문 쪽으로 눈이 자주 간다고 하였다. 그러면 최남선이 기다리는 '임'은 누구인가? 필자는 최남선의 '임'을 조국이라고 주장한다. 그는 평소 조선국토, 조선인, 조선심, 조선어, 조선음율, 조선주의라는 말을 애용하였다. 그러니 위 작품은 애인 즉 여인을 기다리는 시조가 아니다. 조국 조선의 광복을 기다리는 시조이다.

필자는 우리 민족, 우리 말, 우리 시조는 한 덩어리가 되어 분리될 수 없다고 생각한다. 우리 말을 표기하는 문자가 한글이다. 그런 연유로 시조와 한글은 하나이다. 한 덩어리이다.

저자 원 용 우

- 서울대학교 국문학과 졸업
- 고려대학교대학원 박사과정 국문학과 졸업(문학박사)
- 경동대학교의 도움으로 여강문학관 개관
- 경상대학교 인문대 국문학과 교수 역임
- 한국교원대 국어교육과 교수 역임(명예교수)

문단
- 1975년 월간문학 시조 부문 등단
- 한국시조협회 고문
- 한국문인협회 자문위원

전공 저서
- 고전문학논해
- 시조문학원론
- 윤선도문학연구
- 시조 이렇게 써라
- 운곡 원천석 선생의 절의정신

시조집
- 그리움의 미학
- 시간의 징검다리
- 거울보는 연습
- 한강변의 봄맞이
- 맛있는 시조

수상
- 제1회 역동시조문학상
- 제2회 일두시조문학상
- 제5회 월하시조문학상
- 제54회 한국문학상

시조와 성리학

인쇄일 2022년 9월 5일
발행일 2022년 9월 5일

지은이 원용우
발행인 김화인
펴낸곳 도서출판 조은
편집인 김진순
주소 서울시 중구 을지로20길 12, 대성빌딩 405호
전화 (02)2273-2408
팩스 (02)2272-1391
출판등록 1995년 7월 5일 신고번호 제1995-000098호
ISBN 979-11-91735-44-4
정가 30,000원